W0273186

GARTENKUNST IN EUROPA

Ehrenfried Kluckert

GARTENKUNST IN EUROPA

VON DER ANTIKE BIS ZUR GEGENWART

Herausgegeben von Rolf Toman

Fotografien von Markus Bassler, Achim Bednorz
Markus Bollen und Florian Monheim

ULLMANN & KÖNEMANN

ABBILDUNG VORDERSEITE :
„Multitude“ Eibenallee
Packwood House, Warwickshire
Courtesy of the National Trust
Foto: © Florian Monheim, Meerbusch-Büderich

ABBILDUNG RÜCKSEITE:
Nymphenburg, Schlossgarten
Jupiter-Statue nach einem Modell von I. Günther
(1765) im Großen Parterre
Foto: © Florian Monheim, Meerbusch-Büderich

FRONTISPIZ:
Salignac, Manoir d'Eyrignac
In geometrische Formen geschnittene Allee

© 2005 Tandem Verlag GmbH
KÖNEMANN ist eine Marke und ein Imprint der Tandem Verlag GmbH
ISBN-10: 3-8331-1044-9
ISBN-13: 978-3-8331-1044-3

Redaktion und Produktion: Rolf Toman, Espéraza, Birgit Beyer, Köln
Lektorat: Ulrike Weber-Karge, Dresden, Thomas Paffen, Münster
Index: Andreas Gäßler
Bildbeschaffung: Stefanie Huber, Köln
Covergestaltung: Werkstatt München

© 2007 für diese Ausgabe: Tandem Verlag GmbH
ULLMANN & KÖNEMANN ist ein Imprint der Tandem Verlag GmbH
Sonderausgabe
ISBN 978-3-8331-3500-2

Printed in China

10 9 8 7 6 5 4 3 2 1
X IX VIII VII VI V IV III II I

Inhalt

Vorwort des Herausgebers	6
Mythen vom Paradies	8
Gärten der Antike	12
Hortulus – Der mittelalterliche Garten	20
Islamische Gärten in Spanien	32
Gartentheorien der Renaissance	40
Der italienische Renaissancegarten	48
Der giardino segreto	90
Gärten der Renaissance in Frankreich	100
Gärten der Renaissance in Deutschland, Österreich und England	128
Gärten des Barock in Italien	144
Der französische Barockgarten	186
Die Gartentheorie des A. J. Dézallier d'Argenville	228
Gärten des Barock, Rokoko und Klassizismus in Spanien und Portugal	232
Gärten des Barock und Rokoko in Deutschland und Österreich	276
Gärten des Barock und Rokoko in den Niederlanden, England, Skandinavien und Russland	330
Der englische Landschaftsgarten	352
Exotismus	388
Englische Gartentheorien im 18. und 19. Jahrhundert	392
William Beckford und Fonthill Abbey	398
Landschaftsgärten in Deutschland um 1800	401
Landschaftsgärten in Frankreich, den Niederlanden, Skandinavien und Osteuropa	440
Aspekte und Erscheinungsformen der Gartenkunst von 1850 bis heute	457
Anhang (Glossar, Bibliographie, Personen-, Ortsverzeichnis, Bildnachweis)	485

Vorwort des Herausgebers

Der vorliegende Band über die Gartenkunst in Europa behandelt hauptsächlich Gärten in Italien, Spanien, Portugal, Frankreich, England, den Niederlanden, Deutschland und Österreich. In diesen Ländern wurden die meisten der gezeigten Gärten neu für dieses Buchprojekt fotografiert. Nordeuropa (Skandinavien) und Osteuropa (Russland) werden wenigstens gestreift; einige europäische Länder fehlen ganz. Dennoch wird der Anspruch, ein geografisch hinreichend umfassendes Bild des europäischen Gartens zu zeigen, weitgehend eingelöst.

Etwas problematischer verhält es sich hinsichtlich des im Untertitel benannten Zeitraums: »Von der Antike bis zur Gegenwart«. Tatsächlich gelten fast vier Fünftel des Buches den Gärten der Renaissance und des Barock sowie den Landschaftsgärten der Aufklärung, des Klassizismus und der Romantik, also ungefähr dem Zeitraum zwischen 1500 und 1850. Die Erklärung, dass dies die hohe Zeit der Gartenkunst sei, trifft zwar zu, ist aber nicht der einzige Grund, warum die Zeit nach 1850 so knapp behandelt wird. Ab dieser Zeit wird es immer schwerer, die Fülle der verschiedenen Gärten in Europa zu klassifizieren, d. h Ordnungsschemata zu finden, unter denen sie sich kapitelweise behandeln lassen. Die epochalen Zuordnungen der Kunstgeschichte greifen nicht mehr, andere organisierende Gesichtspunkte sind nur bedingt tauglich. Von »Aspekten und Erscheinungsformen« zu sprechen, wie es im letzten Kapitel heißt, drückt die Verlegenheit brauchbarer Klammerbegriffe aus. Es bedürfte eines weiteren Bandes, um der beträchtlichen Verschiedenartigkeit der Gärten des 20. Jahrhunderts gerecht zu werden. Wie in den anderen Bereichen der Kunst auch lässt sich ein fortschreitender Individualismus konstatieren. Eine Darstellung dieser facettenreichen Entwicklung ist außerordentlich spannend, hätte aber den Rahmen dieses Bandes gesprengt.

Die vergleichsweise knappe Behandlung des Zeitraums von der Antike bis zum Mittelalter hat damit zu tun, dass es hierzu zwar viel zu sagen, aber wenig zu zeigen gibt. Auch die Gärten der Renaissance und des Barock sind natürlich nicht mehr in ihrem ursprünglichen Zustand erhalten. Aber hier sind alte zeichnerische Darstellungen und in dem ein oder anderen Fall auch gartenarchitektonische Rekonstruktionsversuche in der Lage, uns ein adäquates Bild der historischen Gärten zu verschaffen.

Potsdam, Klein-Glienicke
»Natürlich« arrangierte Baumgruppen des Landschaftsgartens

Mythen vom Paradies

Paradiesische Szene, Detail aus *Das Goldene Zeitalter* (Abb. gegenüber)

Der Garten des Paradieses
Schatzbehälter oder Schrein der wahren Reichtümer des Heils und ewiger Seligkeit, 1491

Der Garten aller Gärten liegt in der unerreichbaren Ferne eines Wunschraumes, in dem die Sehnsüchte und Hoffnungen, aber auch die Nöte der Menschen Zuflucht finden. Da die Erfüllung der letzten Wünsche im Diesseits nicht zu erlangen ist, wird sie – Not macht erfinderisch – im Jenseits angesiedelt. Dessen Abbild aber wird auf Erden ausgemalt und gestaltet, damit der Wunschraum niemals vergessen würde: Die Rede ist vom Goldenen Zeitalter, von den Elysischen Gefilden, von Arkadien und schließlich vom *locus amoenus*. Der Garten oder das Paradies ist den uralten Vorstellungen von einer verlorenen, aber verheißungsvoll zu erwartenden Glückseligkeit der Menschen gemeinsam.

Diese Projektionen haben in einer ganz entscheidenden Weise die Struktur und die Thematik der abendländischen Gartenkultur geprägt. Die Aussage gewinnt besonders dadurch an Bedeutung, dass die Begriffe Garten und Paradies eine gemeinsame Sprachwurzel besitzen. Das Wort Paradies lässt sich aus dem Alt-Persischen *pairi-dae'-za* ableiten, was so viel wie umzäumter Park oder Lustgarten des Königs bedeutet. Das spätbabylonische Wort *paradisu* ist nichts anderes als eine weitere Wortvariante des *pairi-dae'-za*. Wörtlich kann man es mit Umzäunung, Umwallung oder einfach abgesteckter Bezirk übersetzen. Das hebräische *pardes* und das griechische *paradeisos* meinen dasselbe und bezeichnen ebenfalls den Lustgarten des persischen Königs. Es ist interessant, dass sich der Begriff des Eingrenzens und Umzäunens ebenso auf den Garten bezieht. Der indogermanische Wortstamm *ghordho* bedeutet sowohl Hof als auch Gehege. Das lateinische Wort *hortus*, Garten, steht ebenfalls in diesem etymologischen Zusammenhang.

Inwiefern aber sind die Begriffe Zaun und Garten miteinander in Einklang zu bringen? Die Antwort führt uns geradewegs zu dem schon angesprochenen Wunschraum: Der eingegrenzte Ort ist zugleich auch ein abgegrenzter, also ein geheimer Ort. Er ist nur für besondere Personen zugänglich, die erwählt sind, diesen Ort zu betreten. Wer sich als unwürdig erweist, wird vertrieben.

Der Lustgarten des persischen Königs erschien den Bewohnern eines Landes, das aus wüsten- und steppenähnlichen Landschaften besteht, als Ort aller nur denkbaren Genüsse und Wonnen. Die Umzäunung weckte Begehrlichkeiten. Der Garten wurde, wenn man so will, nach seinem Zaun Paradies benannt.

Aus den Wüstengegenden des Vorderen Orients stammen auch die ersten Paradies- und Gartenschilderungen. Sie finden sich im akkadischen Adapa-Mythos des 15. Jahrhunderts v. Chr., im sumerisch-babylonischen Gilgamesch-Epos des 12. Jahrhunderts v. Chr. und in der biblisch-hebräischen Paradiesesvorstellung des 8. Jahrhunderts v. Chr. Bei den ersten beiden Mythen geht es um die Unsterblichkeit der Menschen. Das Paradies spielt dort eher eine untergeordnete Rolle. Die Entscheidung aber, ob der Mensch ewiges Leben erreichen oder behalten kann, fällt im Paradies. Natürlich ist das Leben des Menschen begrenzt, genauso wie der Garten umzäunt und nur bedingt zugänglich ist. Die im Gilgamesch-Epos geschilderte Sintflut aber verschont den Gar-

ten. Das Paradies existiert irgendwo auf der Erde und ist ähnlich ausgestattet wie die Lustgärten der persischen Könige. Es verspricht demjenigen, der es findet, ewiges Leben, also Unsterblichkeit. Die Suche lohnt sich, auch wenn der Held Gilgamesch selbst gescheitert ist.

Mit diesem Motiv verknüpft sich die alttestamentarische Paradiesesvorstellung, deren Beschreibung mit einer genauen Lokalisierung beginnt: »Und Gott der Herr pflanzte einen Garten in Eden gegen Morgen und setzte den Menschen hinein, den er gemacht hatte« (1. Mose, 2,8). Eden wird im ersten Buch Mose genauer als Quellbereich der vier Flüsse angegeben, die den Garten bewässern. Das sind die Flüsse Euphrat und Tigris sowie Pischon und Gihon. Die beiden zuletzt genannten Paradiesströme aber sind auf keiner Landkarte verzeichnet. Man sucht sie vergebens. Aus diesem Grund hatte es im Laufe der Zeit immer wieder Versuche gegeben, den Paradiesgarten auf der Erde zu finden. Man glaubte, die unbekannten Flüsse in einem unentdeckten Land doch noch aufspüren zu können, schließlich hatte Gott den Garten Eden für den Menschen geschaffen. War der Garten Eden ein Kontinent, der von vier großen Flüssen bewässert und aufgeteilt wurde? Man darf wohl voraussetzen, dass die unbekannten Flüsse Pischon und Gihon so lang und so mächtig wie die bekannten Ströme Euphrat und Tigris waren. Hierbei handelte es sich um einen jenseitigen, einen göttlichen Kontinent. Bekanntlich nannte sich jeder der frühbabylonischen Könige des dritten Jahrtausends v. Chr. Herr der Vier Quartiere. Dieser Titel spielte auf die symbolische Weltherrschaft an, machte sich also den Pantokrator-Gedanken zu Eigen. Die Vier Quartiere bezeichneten die Vier Weltgegenden, in deren Zentrum der Quellstrom des Lebens austrat, um sich zu teilen und die Welt zu gliedern.

Hierin ist das Grundmodell angelegt, das den Garten beschreibt, der von einem zentralen Brunnen aus bewässert wird. Dieser Idealtypus des orientalischen Gartens, des Lustgartens persischer oder ba-

Das Goldene Zeitalter
Gemälde von Lukas Cranach d. Ä., um 1530
Holz, 73,5 x 105,5 cm
München, Bayerische Staatsgemäldesammlungen

Valencia, Park Monforte
Formale Gartenanlage mit Skulpturen

bylonischer Könige, verhält sich zum altorientalischen oder alttestamentarischen Himmelreich wie später die christliche Kirche zum Nova Jerusalem des Neuen Testaments. Garten und Kirche waren und sind noch heute das irdische Abbild eines himmlischen Wunschraumes, in dem der Mensch ewiges Leben und Glück zu finden hofft.

Wenn es darum geht, die mythisch definierten Vorgaben im konkret ausgebildeten Garten wieder zu finden, dann wird neben der Umzäunung und den Quellflüssen – die auf Gartenmauer und Bewässerung verweisen – eine weitere Konstante bedeutsam: Bäume und Pflanzen, die unerschöpflich blühen, reifen und Früchte tragen. Im vierten Gesang der Odyssee des Homer werden die Elysischen Gefilde vom Meer begrenzt. Es handelt sich um eine Insel im westlichen Ozean, am Rande der Welt. Diese Insel ist für Sterbliche nicht zugänglich, sondern nur für Heroen, die durch die besondere Gunst der Götter dort leben dürfen, wie beispielsweise Menelaos. Anders als dieser erwartet Odysseus nach seiner Irrfahrt den Tod. Von einem regelrechten Garten kann hier noch nicht die Rede sein, eher von einem himmlischen Paradies auf Erden, wo der Mensch sein ewiges Leben in Glückseligkeit verbringt und wo er, von der Natur begünstigt, alle köstlichen Früchte zu jeder Jahreszeit zu sich nehmen kann. Wenn Odysseus daran auch nicht teilhaben konnte, so durfte er doch die irdische Variante des paradiesischen Ortes betreten, den Garten des Alkinoos, Königs der Phäaken und Vaters der Nausikaa. Im siebten Gesang lustwandelt der Seefahrer und Held im Garten mit der Pforte und der »ringsumzogenen Mauer« und bewundert die »süßen Feigen und rötlich gesprenkelten Äpfel«. In einem Winkel des Gartens glaubt Odysseus den Hauch des Himmels zu verspüren, denn dort entdeckt er »immerduftende Beete, voll balsamischer Kräuter und tausendfarbiger Blumen«.

Dieser *locus amoenus* ist ein Topos der Renaissanceliteratur und als solcher zum Vorbild von Lustgärten geworden. Die höfische Liebe wird mit Metaphern aus dem Garten geschildert. Allegorische und didaktische Traktate bedienen sich ebenfalls dieses antiken Topos, der mit christlichen Gartenmotiven des Mittelalters verschmolzen wird.

Während bei Homer das Elysium am Ende der Welt streng getrennt ist vom Garten des Alkinoos, vermischt sich bei Vergil in einer idyllisch-bukolischen Pastorale das zeitlos-ferne Reich Arkadien mit der ländlichen Alltagswelt: Frieden, Harmonie und Geborgenheit sind die Attribute eines Bildes, das der trüben Gegenwart der römischen Bürgerkriege entgegengehalten wird. Arkadien wird ebenfalls zum Topos eines Wunschraumes und zur Metapher musischer Empfindsamkeit. Arkadische Gärten sind häufig intime Abteilungen innerhalb der riesigen spätbarocken Anlagen. Ruinenromantik und Hirtenidylle, die in Hohenheim bei Stuttgart zum ikonografischen Programm gehören, begegnen uns auch im frühen Landschaftsgarten.

Der Sprung von antiken Vorstellungen, die als Gartentopoi tradiert wurden, zum Renaissancegarten oder zum Landschaftsgarten des späten 18. und frühen 19. Jahrhunderts ist groß. Zu groß, um damit die Frage befriedigend zu beantworten, inwiefern diese antiken Garten- und Paradiesesvorstellungen auf die Ausprägung realer Gärten gewirkt haben könnten. Die »Odyssee« des Homer und die »Georgica« des Vergil mögen lediglich poetische Stoffe zur Verfügung gestellt haben, die später literarisch weiterverarbeitet wurden und damit dann bisweilen Gartenmotive anregten. Die Gartentheorie der Renaissance (siehe S. 40 f.) wird diesen Sachverhalt erhellen. Es geht aber weniger um die komplizierte Struktur der Beetornamentierung als um das Grundmodell des abendländischen Gartens: um die über einer Kreuzform angelegten Beete mit einem zentralen Brunnen. Das Modell der Vier Quartiere kommt hier wieder ins Spiel. Dabei sind zwei Bezugspunkte zu berücksichtigen: Zum einen war es die hellenistisch-römische Tradition, die zur Übernahme des in Persien und im Vorderen Orient ausgebildeten kreuzförmig angelegten Gartens beitrug, zum anderen waren es maurisch-sarazenische Gärten, die als Varianten orientalischer Vier-Quartier-Gärten die Grundstruktur der frühen christlichen Kloster- und Domänengärten prägten. Die Betrachtung antiker Gärten macht uns sowohl mit diesem Grundmodell und dessen Varianten bekannt als auch mit der motivischen Verarbeitung der Paradiesesvorstellungen von Elysium, *locus amoenus* oder Arkadien.

In diesem Sinne läßt sich eine Brücke schlagen von den ersten gärtnerischen Anfängen in der Antike bis zum Garten der Empfindsamkeit in der Zeit um 1800. Die Projektion einer »Hoffnungsinsel« nahm in den Gärten von Kassel oder im englischen Stowe konkrete Züge an. Zumindest sollten die Staffagebauten im Zusammenspiel mit der künstlich gestalteten Wildnis, durch die sich Bächlein winden und Teiche ausbreiten, ein Vorstellungsmodell der einst gepriesenen Elysischen Gefilde präsentieren.

London, Hampton Court Palace
Luftansicht des *privy garden*

Florenz, Boboli-Garten
Zentraler Brunnen des »Isolotto«

Gärten der Antike

Pompeji, römischer Villengarten
Haus der Vettier, Peristyl mit archäobotanisch wiederbepflanztem Garten

Bekanntlich ist der Nachweis von Wundern schwierig, besonders dann, wenn sie zeitlich weit zurückliegen. Das betrifft allerdings nicht die Sieben Wunder der antiken Welt, die von Zeitgenossen und später lebenden Gelehrten authentisch und glaubhaft beschrieben wurden – bis auf eine Ausnahme: die Hängenden Gärten der Semiramis. Die meisten der antiken Weltwunderlisten, darunter die »Laterculi Alexandri« oder die »Anthologia Palatina« des Antipatros von Sidon aus dem 2. Jahrhundert v. Chr. führen diese babylonischen Gärten nicht ausdrücklich auf. Entweder ist vage und ohne Ortsangabe von hängenden Gärten die Rede, oder es wird der von der Königin Semiramis gestiftete Obelisk als *opera miranda* erwähnt. Sogar in der ältesten Stadtbeschreibung, die aus Babylon selbst stammt, sucht man vergeblich nach Bemerkungen über hängende Gärten. Vielleicht sollten wir Quintus Curtius Rufus, der – freilich erst im 2. Jahrhundert n. Chr. – eine umfassende Biografie Alexanders des Großen verfasste, Glauben schenken. Er bezog sich auf ältere griechische Schriften, etwa auf die »Persika« des Ktesias von Knidos aus dem 4. Jahrhundert v. Chr., die nur noch fragmentarisch überliefert ist. Hier finden sich Stellen über Babylon, die monumentalen Mauern und die Hängenden Gärten. Rufus hat daraus offensichtlich Passagen zitiert:

»Beim Palast von Babylon sind – ein in griechischen Erzählungen [die des Ktesias; d. Verf.] gefeiertes Wunder – die Hängenden Gärten. Sie liegen in der Höhe der Mauerkrone und sind durch viele Schatten spendende, hoch gewachsene Bäume anmutig. Aus Naturstein sind Pfeiler errichtet, die das ganze Werk tragen, und über den Pfeilern ist ein Boden aus Quadersteinen verlegt für die Erde, die hoch darauf liegt, und auch für das Wasser, das diese feucht hält. Und derart mächtige Bäume trägt dieses Bauwerk, dass ihre Stämme 8 Ellen dick werden und sie bis zu 50 Fuß hoch in den Himmel ragen, ja sogar Früchte tragen, als würden sie vom Mutterboden genährt.«

Die Maßangaben sind verräterisch: Bäume mit einem Durchmesser von 8 Ellen – 3,5 m – sind für diese Gegend ausgeschlossen. Sind die Hängenden Gärten ein Produkt der Phantasie? Zu diesem Schluss wird man unweigerlich kommen, wenn man weitere antike Berichte liest. Mal ist von einem Garten der Semiramis die Rede, mal von einem Garten der Nebenfrau eines syrischen Königs. Dann wird Nebukadnezar ins Spiel gebracht, der einen riesigen Palast mit Terrassengärten anlegen ließ. Während sich die antiken Autoren über die Urheberschaft des Gartens uneinig sind, stimmen sie in der Beschreibung der Bewässerungstechnik überein. Dabei handelt es sich um Schnecken, um Schraubengänge, die – von Rindern angetrieben – das Wasser aus einem Fluss stetig in die Höhe pumpen. Nur waren diese auch archimedische Schrauben genannten Fördermaschinen zur Zeit Nebukadnezars II., der um 620 v. Chr. lebte, oder zur Zeit der Semiramis (8. Jh. v. Chr.) noch nicht erfunden – Archimedes kam erst um 287 v. Chr. zur Welt.

Schon für die antiken Historiographen lag Babylon, die Stadt der Wunder, im Dunkel der Geschichte. Sie übernahmen ältere Quellen und schmückten diese aus mit dem Wissen bzw. mit den Gartenvorstellungen ihrer Zeit. Kaum verwunderlich also, dass der babylonische Garten mit Attributen des homerischen Gartens des Alkinoos versehen wurde. Oder anders gesagt: Mit dem griechisch-römischen Phantasiegarten in Babylon wird der entrückte Paradiesgarten erstmals konkret und gewinnt an Profil, da er in die Gesellschaft der Weltwunder aufgenommen worden ist.

In einem Stich nach Maarten van Heemskerk aus dem Jahr 1572 sind die Mauern, der Obelisk und

Die Stadt Babylon mit ihren Hängenden Gärten
Zeichnung von Maarten van Heemskerk, 1572

der mit einem Dachgarten versehene Garten Babylons zu sehen. Wohl ausgehend von der seit der Antike überlieferten königlichen Urheberschaft des Obelisken, wurden auch die anderen Wunderbauten der Semiramis zugeschrieben (Abb. gegenüber).

Mit den Berichten über die Hängenden Garten der Semiramis tritt der mythische Paradiesgarten in die Realität des antiken Gartenbaus, dessen Umsetzung ohne göttlichen Rückbezug jedoch undenkbar gewesen wäre. Der ägyptische Garten beispielsweise war als eine Art Zwischenzone definiert, die das Diesseits mit dem Jenseits verband. Die in den Palästen der Pharaonen oder Fürsten genossenen Gartenfreuden erschienen als Wandmalereien in deren Gräbern. Echnaton, der Religions-Revolutionär des Neuen Reiches (1550–1080 v. Chr.), ließ zusammen mit seiner Frau Nofretete im neu erbauten Amarna inmitten seines Palastes eine riesige Anlage aus Tempeln und Gärten errichten, die den Göttern geweiht war. Dem Sonnengott Aton war, wie die um 1350 v. Chr. entstandene große Aton-Hymne ausweist, der prächtigste Garten zugeordnet:

»Alles Vieh befriedigt sich an seinen Kräutern,
Bäume und Pflanzen wachsen.
Die Vögel fliegen aus ihren Nestern …«

In den Ruinen der königlichen Residenz wurden Reste und Hinweise auf üppige Gartenanlagen entdeckt. Der Übergang von der Realität zur Illusion war fließend. Die Gärten gingen über in Räume, deren Wand- und Bodenmalereien mit Blumen- und Tiermotiven geschmückt waren. In Ägypten wurde der Garten als mythischer Ort angelegt – ja mehr noch, als religiös motivierter Ausdruck all dessen, was man unter Natur verstand. Aton, die Sonnenscheibe, wurde als Leben spendende Kraft, die zur ständigen Erneuerung der Natur beiträgt, angebetet. Daher ließ sich Echnaton häufig in einer bestimmten Situation abbilden: wie er zusammen mit seiner Frau und den beiden Töchtern der Sonnenscheibe ehrfurchtsvoll Blumen entgegenbringt.

Die Lotusblüte war im alten Ägypten das Symbol der Wiedergeburt. Im Grab des Sen-Nufer in Theben, der in der 18. Dynastie unter der Regierung

Idyllisch-bukolische Sakrallandschaft
Wandmalerei aus Pompeji, 3. Viertel 1. Jh., Neapel, Museo Nazionale

Gartenlandschaft
Wandmalerei aus der Villa der Livia bei Primaporta, 1. Viertel 1 Jh. n. Chr. Rom, Museo Nationale Romano

Thutmosis III. (1490–36 v. Chr.) Aufseher über die königlichen Gärten und Parks war, ist der Verstorbene mit seiner Schwester Merit im früchtetragenden Himmelsbaum sitzend und mit einer Lotusblüte in der Hand gezeigt.

Während ägyptische Gärten der Pharaonenzeit teilweise noch archäologisch erforscht und in Grabmalereien dokumentiert sind, lassen sich antike griechische Gärten kaum nachweisen. Vereinzelte Bemerkungen von Aristophanes oder Plutarch aus dem 5. Jahrhundert v. Chr. lassen darauf schließen, dass die Philosophische Akademie in Athen mit Gärten versehen war. Ferner dienten Hausgärten in Athen nicht nur dem Gemüseanbau, sondern auch der Freude am Lustwandeln zwischen Ziersträuchern und Blumen. Ein städtischer Garten oder Park ist auf Grund der dichten Bebauung kaum vorstellbar. Dass aber ein Bedarf nach Plätzen mit Schatten spendenden Bäumen bestand, mag eine Notiz Plutarchs belegen, der berichtete, dass der athenische Staatsmann Kimon die Agora mit Platanen versah und offensichtlich für weitere Pflanzungen in der Stadt sorgte. Letztere wurden entlang der Wasserleitungen und Kanäle, die zu den Brunnenhäusern führten, angelegt. Für Platon gehörte dieses mit den städtischen Baum- und Gartenzonen verbundene Wassersystem zu den Elementen einer idealen Stadtanlage, worauf er im sechsten Buch seiner »Nomoi« (»Gesetze«) hinwies.

Das *oikia kai kepos*, das System Haus und Garten, wurde besonders in den Vorstädten und auf dem Land bedeutend. Die von der griechischen Kul-

tur geprägten Römer übernahmen u. a. das Haus-Garten-Konzept auch, um die landwirtschaftliche Produktion zu optimieren. Im achten Buch seiner Abhandlung »De Agricultura« schreibt Cato:

»In der Nähe der Stadt ist es ratsam, einen Garten (sub urbe hortum) mit allen Sorten von Gemüsen und Blumen für Kränze, megarischen Zwiebeln, Hochzeitsmyrte, weißer und schwarzer Myrte, delphischem, zyprischem und wildem Lorbeer und auch mit Nussbäumen ... zu haben.«

Obgleich der Myrtenkranz als Brautkranz im antiken Griechenland nicht nachweisbar ist, schien sich Cato am römischen Venuskult zu orientieren, der Myrtenkränze für die Hochzeit vorsah. Zum Nutzgarten gehörten demnach auch schmückende Pflanzen. Catos Konzept wurde von den großen römischen Landwirtschaftstheoretikern wie Marcus Terrentius Varro (116–27 v. Chr.) und Lucius Iunius Moderatus Columella (1. Jh. n. Chr.) übernommen und erweitert. In Columellas Lehr- und Handbuch der Acker- und Viehwirtschaft ist das zehnte Buch dem Gartenbau gewidmet. Hier bricht der römische Autor mit seinem eher nüchternen Stil und setzt den Hexameter als poetische Form ein, um den seelischen Regungen angesichts eines Gartens gerecht zu werden:

»Aber sobald nun gekämmt und sauber gescheitelt die Erde
Nicht mehr roh liegt und wüst und strotzend nach Samen verlanget,
Dann malt bunt sie mit mancherlei Blumen, den irdischen Sternen,
Pflanzet weiße Levkojen und die goldenen Leuchten der Calta,
Pflanzt Narzissengefieder, das Maul des grimmigen Löwen
Grässlich klaffend, zu weißlichen Kelchen aufsprossende Lilien,
Auch Hyazinthen, schneeweiß schimmernd, himmelblau strahlend.
Setzet Violen – blassblütig kriecht eine, die andre wächst aufrecht
Grünend im purpurnem Gold – und die allzu schämige Rose.«

Ein buntes und üppig blühendes Blumenbeet wird vor den Augen des Lesers entfaltet – wohl zum erstenmal in der Kulturgeschichte der europäischen Gartenkunst. Dass Augenlust zugleich auch Sinnenlust bedeutet, war Columella sehr wohl bekannt, da er im folgenden Abschnitt nicht nur vom Kerbel und der Endivie, die »gut für erschlaffte« Gaumen sind, spricht, sondern auch von der Megara-Zwiebel und der Rauke, die den trägen Gatten zum »Dienst der Venus entflammen«.

Columellas poetische Ambitionen, die zweifellos von der Jahrzehnte zuvor verfassten »Georgica« des Vergil inspiriert wurden, stehen im Gegensatz zu den eher pragmatischen Hinweisen und Anleitungen zur Viehzucht und zum Ackerbau. Deswegen kann man seine Gartenpoesie auch nicht als eine theoretische Grundlage der römischen Gartenkunst ansehen. Festzuhalten ist, dass Columella den Nutzgarten um einen eigenständigen Ziergarten erweiterte. Die rhetorische Form seiner Aussagen verleitet dazu, sich dem Lustwandeln im schattigen Garten hinzugeben. Hierin wäre dann vielleicht doch ein theoretischer Ansatz zu sehen, zumal in der römischen Kaiserzeit die Forderung nach *rus in urbe*, nach einem Stückchen Landschaft in der Stadt, mit zunehmender Bevölkerungsdichte und dem damit einhergehenden wachsenden Lärm immer dringlicher formuliert wurde.

Pompeji, Pfauenvilla

Pompeji, Haus des Loreius Tiburtinus
Treppenbrunnen

Rom war die Metropole der antiken Welt. Wenn von *urbs* oder allgemein von Stadtkultur die Rede war, war Rom gemeint. Marcus Valerius Martial, ein Zeitgenosse Columellas und Senecas, verfasste Epigramme, in denen er den unerträglichen Geräuschpegel in der Stadt schilderte. Er flüchtete auf sein Landgut. Umso euphorischer beschrieb er den Garten des Stadthauses seines Freundes Julius oberhalb von Trastevere, er war sich nicht sicher, ob er dieses Anwesen *villa rustica* oder *villa urbana* nennen sollte. Zu dieser Zeit nahm die Bedeutung der städtischen Garten- und Parkanlagen als Erholungsräume zu. Das *rus in urbe* sollte aber nicht nur zum Lustwandeln anregen, sondern die Römer auch an ihre bäuerliche Herkunft erinnern. Augustus ließ im Jahr 12 v. Chr. nach einem Brand des Forums zu Füßen des Kapitols einen Bereich aussparen, wo das Erdreich hervorschaute, und dort einen Ölbaum, einen Weinstock und einen Feigenbaum pflanzen. Diese drei Pflanzen standen stellvertretend für die Produktion der Grundnahrungsmittel und waren der Anstoß für die Idee der *rus in urbe*. Sie weckten die Sehnsucht der Römer, einen kleinen Teil des Landlebens in die Stadt zu holen.

Über achtzig Gärten verteilten sich im Stadtgebiet des kaiserlichen Rom. Dabei handelte es sich sowohl um kleinere Gärten (*hortulus*) von einfachen Wohngebäuden als auch um die größeren Gärten (*hortus*) prächtiger Villen. Neben dem Nutzgarten öffneten sich kleine, mit Buchs gesäumte Wege, die zu den Zierbeeten hinführten. Cicero gibt in seinen Briefen ziemlich genau Auskunft über die Anlage und die Ausstattung der Gärten. In einem Brief an seinen Bruder Quintus schreibt er:

»Deinen Gärtner konnte ich loben. Er hat alles mit Efeu verkleidet, den Sockel der Villa und die Interkolumnien der Wandelhalle, so dass die Mantelstatuen eine Kunstgärtnerei zu betreiben und den Efeu zu verkaufen scheinen.«

Die Ausstattung der Gärten mit Skulpturen war eine Neuerung, die in republikanischer Zeit noch als orientalischer Luxus abgelehnt worden war. Durch die Eroberungen der Mittelmeerländer und die Einrichtung römischer Provinzen gelangten Skulpturen und andere Kunstwerke nach Rom. Der einstige, dem Gebäude angegliederte *hortus* – nichts anderes als ein Küchengarten – wurde abgelöst vom reich ausgestatteten Prunkgarten.

Ein mit Kunstwerken beladenes römisches Schiff war zu Beginn des 1. Jahrhunderts v. Chr. unterwegs nach Rom, als es durch einen Sturm in die Kleine Syrte verschlagen wurde und vor der Ostküste von Tunis sank. Zweitausend Jahre später hob man das Wrack und führte die Kunstwerke, zumeist Skulpturen, im Jahr 1995 ihrer ursprünglichen Bestimmung zu – allerdings wurden sie nicht in römischen Gärten aufgestellt, sondern im Innenhof des Bonner Landesmuseums (Abb. gegenüber). Die Kandelaber, Becken und Springbrunnen sowie Skulpturen wurden in die gärtnerische Gestaltung des Innenhofes integriert. Diese »Rekonstruktion« führt recht genau die Gestaltung der römischen Gärten um die Zeitenwende vor Augen. Sie entspricht den Beschreibungen von Cicero und anderen römischen Gelehrten jener Zeit und stimmt mit einer weiteren wichtigen Quelle überein, die uns heute noch das Aussehen eines römischen Gartens vermittelt: mit den Gartenmalereien in den Vesuvstädten Kampaniens. So zeigen die Wandgemälde in den Villen der Insula Occidentalis in Pompeji, dass römische Gärten nicht nur architektonisch gestaltet und mit Blumenrabatten oder hohen Bäumen und Büschen bepflanzt, sondern auch mit Marmorbecken, Hermen und lebhaft wirkenden Skulpturengruppen geschmückt waren. Darüber hinaus hatten die Römer eine Vorliebe für Vögel aller Art, die das Gesträuch belebten. Die Malereien zeigen, dass in manchen Gärten ein Vogelpark integriert war (Abb. S. 14). Über die aufschlussreichen Gartenmalereien hinausgehend sind die Stadtgärten in Pompeji gründlich erforscht, so dass sich eine Typologie aufstellen lässt, die auch für Rom verbindlich ist. Fast jeder Garten war zumindest an einer Seite mit einer Säulenstellung eingefasst. Im hinteren Teil des Anwesens befanden sich zum Teil Gemüsebeete, Obstbäume und Weinstöcke. Auch weniger wohlhabende Handwerker verfügten über einen kleinen Hausgarten, der manchmal im Innenhof angelegt war und nur über einen Schacht sein Licht empfing.

In der Villa des Loreius Tiburtinus in der Via dell' Abbondanza in Pompeji finden sich sowohl ein mit Säulen umgebener Hof (Peristyl) als auch ein großer Garten. Dieser wird in der Längsrichtung von einem Bewässerungskanal, der von einer Pergola überfangen ist, in zwei Teile geteilt. Zu beiden Seiten der Pergola befanden sich Beete und Obst- und Olivenbäume (Abb. gegenüber). Sie waren vielleicht so gestaltet wie in dem Garten, den Plinius der Jüngere – der adoptierte Sohn des Gaius Plinius Secundus, des Verfassers der »Naturalis Historia« – im Tibertal aufsuchte und wie folgt beschrieb:

»Vor den Arkaden eine Terrasse, in Blumenbeete in vielerlei Gestalt aufgeteilt, von Buchsbaumhecken eingefasst; weiterhin ein sanft abfallender Rasenteppich, in den der Buchsbaum paarweise einander gegenüberstehende Tiergestalten eingezeichnet hat.«

Der Garten war also eng auf das Haus bezogen, gehörte zum erweiterten Lebensraum der Villa.

Die wohl berühmteste römische Gartenanlage war die des Lucius Licinius Lucullus (117–56 v. Chr.), von dem Plutarch in seiner anderthalb Jahrhunderte später verfassten Biografie sagte, dass er nach einem kampferprobten Leben, in dem er unermessliche Reichtümer angehäuft hatte, »die ruhevolle Beschäftigung mit der Philosophie suchte«. Um die Muße des Alters in Zurückgezogenheit genießen zu können, ließ sich Lucullus inmitten Roms seine Villenanlage auf dem Pincio, dem *collis hortulorum* (Gartenhügel) genannten Steilabfall am Marsfeld, erbauen. Die Horti Luculliani erstreckten sich zwischen der heutigen Spanischen Treppe und der Villa Borghese. Die Höhenunterschiede des Geländes wurden durch Terrassen mit Treppenläufen bewältigt. Antiken Dokumenten zufolge ließ Lucullus auf der mittleren, von Säulenhallen eingefassten Terrasse Bäume anpflanzen, die – 100 Jahre nach seinem Tod hoch gewachsen und Schatten spendend – ein einzigartiges Zeugnis von der Idee der *rus in urbe* ablegten. Pirro Ligorios Stiche vom antiken Rom sind vielleicht geeignet, uns die Anlage des berühmten Römers etwas näher zu bringen (Abb. links).

Der Palatin war zur Zeit der Republik und des frühen Kaisertums der bevorzugte Wohnort der römischen Aristokratie. Cicero besaß dort seine Villa und auch der berühmte Redner Hortensius, der seine Villa samt Garten an Kaiser Augustus veräußerte. Der römische Imperator baute die Anlage aus und schuf damit die Keimzelle des Kaiserpalastes,

Rekonstruierter römisch-antiker Garten mit Skulpturen aus dem Wrack von Mahdia
Bonn, Landesmuseum (Installation der Ausstellung »Das Wrack«)

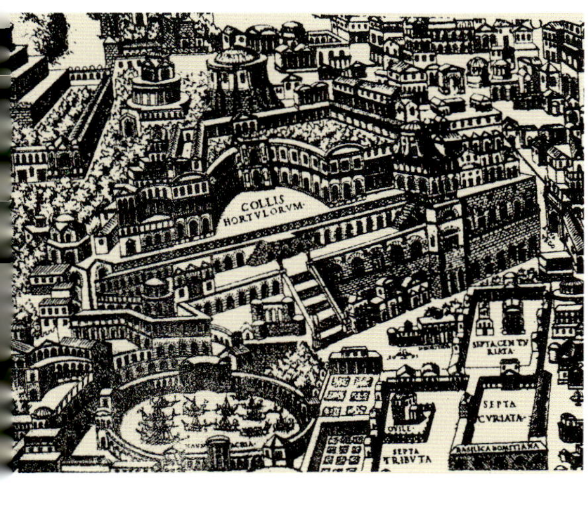

Der Collis Hortulorum mit den Gärten des Lucull nach der Vorstellung des Pirro Ligorio, aus: »Roma antica«, 1561

Tivoli, Villa Hadriana
Inselvilla oder »Teatro marittimo«, ionische Säulen mit Architrav des Rundtempels

ABBILDUNG GEGENÜBER:
Tivoli, Villa Hadriana
Serapeion, Säulen mit Statuen um das zentrale Bassin (oben)

der seine endgültige Form erst durch Domitian gegen Ende des 1. Jahrhunderts erhielt. Vermutlich waren selbst im 16. Jahrhundert noch Spuren dieser prachtvollen Anlage vorhanden, da die Familie Farnese auf Initiative Kardinal Alessandro Farneses an dieser Stelle ihre Gärten anlegen ließ, die später so genannten Orti Farnesiani (siehe S. 74/75). Noch heute lassen sich in diesem Gebiet die wesentlichen Elemente der römischen Gartenkunst nachweisen. Der Gartenweg *(ambulatio)* zwischen Beeten, Rasenflächen und Buschzonen verbindet die Pavillons *(dietae)* miteinander. Die breiteren Wege, die um den gesamten Komplex der Beete herumführte, nannte man *gestatio*. Viele der antiken Wasserspiele und Brunnenhäuser, die *nymphaei*, sind ebenfalls noch vorhanden. Im gelben Fries des Hauses der Livia ist ein Sonnensegel *(solarium)* dargestellt, so wie es in der heißen Jahreszeit auf den Gartenterrassen aufgestellt wurde, um Schatten zu spenden.

Villa Hadriana in Tivoli

Im Jahre 118 n. Chr. ließ Kaiser Hadrian zu Füßen der Stadt Tibur (Tivoli) eine riesige Villenanlage errichten. Nach Ausgrabungen und Forschungen des vergangenen Jahrhunderts sind heute vor allem die Bereiche des »Teatro marittimo« und des »Canopus-Serapeion« sehenswert (Abbn. oben, unten und gegenüber). Letzteres wird mit dem Konzept eines Triklinium, eines Speisesaals verglichen. Das Serapeion, eine sich bewußt auf den ägyptischen Götterkult beziehende Anlage, setzt sich aus einer zweiteiligen Grotte, einem langgestreckten Bassin und einem Säulenkranz zusammen, in dessen Freiräumen Statuen aufgestellt sind. Das sogenannte »Teatro marittimo«, auch »Inselvilla« genannt, war ein in sich geschlossener Villenkomplex, der von einer Ringmauer umgeben war. Im Zentrum ließ der Kaiser eine Insel mit kleinen Wohnräumen errichten. Die »Cento Camerelle«, die hundert kleinen Zimmer für die Dienerschaft sind teilweise freigelegt und rekonstruiert worden. Schließlich sind noch die Thermen zu erwähnen, die sich in unterirdische Gewölbegänge mit Fussbodenheizung sowie in Wasserleitungen und weite Räume verzweigen.

Tivoli, Villa Hadriana
Inselvilla oder »Teatro marittimo«, ionische Säulen der ehemaligen Kolonnade mit dem ringförmig angelegten Wasserlauf

Hortulus – Der mittelalterliche Garten

Bäume und Vögel aus dem *Paradiesgärtlein* (Detail aus der Abbildung gegenüber)

Mittelalterliche Gärten sind heute nicht mehr vorhanden. Bei den wenigen, die als solche ausgegeben werden, handelt es sich um Rekonstruktionen. Sie beruhen auf den zahlreich vorliegenden Schriftquellen und den anschaulichen Gartendarstellungen in gotischen Fresken, Tafelbildern, Teppichen oder grafischen Blättern. Die Erkundung des mittelalterlichen Gartens sollte demnach nicht schwer fallen. Doch Vorsicht ist geboten. Gotische Gemälde können nur eingeschränkt als Quelle für die Anlage mittelalterlicher Gärten herangezogen werden. Als Beispiel sei das *Paradiesgärtlein* eines oberrheinischen Meisters genannt, das um 1410 entstanden ist (Abb. gegenüber). Hier wird ein ummauerter Garten mit Blumen, Bäumen, Vögeln, der Muttergottes mit Kind, einem Engel und Höflingen gezeigt. Unterhalb des sitzenden Ritters ist ein erschlagener Drache zu sehen, ein Zeichen für die Besiegung des Bösen durch die Geburt Christi. Die Lilie wird deutlich als Mariensymbol, und der auffallend in sich gewundene Baum ist eine Anspielung auf den Baum der Erkenntnis. Ein neben dem Engel platziertes Äfflein sowie Rotkehlchen, Buchfinken, Distelfinken und andere bekannte heimische Vogelarten (Abb. links) sollen auf das paradiesische Ambiente aufmerksam machen. Maria blättert in einem Buch, und das Christuskind spielt unter der Anleitung einer Zofe auf einem Psalterium.

Es geht hier also nicht um die Darstellung einer Gartenanlage, sondern um die Suggestion des Paradieses, das der Mensch verloren hat, aber durch die Geburt des Erlösers wieder erlangen kann. Der Garten und seine Attribute wurden idealisiert, um als Träger von Symbolen und als Folie für die sakrale Aussage zu fungieren. Dem oberrheinischen Meister ging es somit in erster Linie um die Aufzählung von Marienattributen und Sinnbildern für das himmlische Paradies. Verständlicherweise lassen sich daher

Der große Liebesgarten
Der Meister der Liebesgärten
(um 1450)

von solchen Darstellungen kaum historisch feststellbare Gartenanlagen rekonstruieren. Das gilt auch für Minnelieder, höfische Epen oder Heldensagen und deren Illustrationen sowie für Kupferstiche mit Liebesallegorien. Zwar liefern solche Texte und Bilder eine Fülle von Einzelheiten, wie Schilderungen von Blumen- oder Baumarten, in den wenigsten Fällen jedoch werden Aussagen über die Anlage eines Gartens gemacht.

Dennoch kann es in Einzelfällen sinnvoll sein, von mittelalterlichen Bildern auf die Gestaltung der Gärten zu schließen. Das Motiv des Lebensbrunnens wurde häufig verwendet. In einer Miniatur des Evangeliars aus St. Médard, das um 800 in einer Werkstatt der Aachener Palastschule entstand, ist der Lebens- oder Paradiesbrunnen vor einer imposanten Exedra und auf dem Boden eines mit Pflanzen reich gesegneten Geländes dargestellt (Abb. S. 22 oben). Zahlreiche Tiere, Hirsch, Hund und Vögel, bevölkern das Szenarium. Die architektonische Gestaltung des Brunnens lässt sich zum einen aus den Kanontafeln ableiten, die häufig einem Evangeliar vorangestellt sind; zum anderen verweist der gebogene Architrav auf die halbkreisförmigen Säulenumgänge antiker Villen, wie beispielsweise in der Villa des Kaisers Hadrian (117–138) bei Tivoli. Hier war der so genannte Große Speisesaal auf drei Seiten von halbkreisförmigen Säulengängen umgeben, auf der vierten Seite schloss ein großes rechteckiges Wasserbecken an, das ebenfalls von Säulengängen eingefasst wurde (Abb. S. 22 Mitte). Der Säulenumgang war zusammen mit der übrigen Villenarchitektur ein Ausdruck der verfeinerten Lebenskultur der Römer. Die Forschung sieht eine Verbindung solcher

Das Paradiesgärtlein
Oberrheinischer Meister (um 1410)
Holz, 26,3 x 33,4 cm
Frankfurt a. M., Städelsches Kunstinstitut

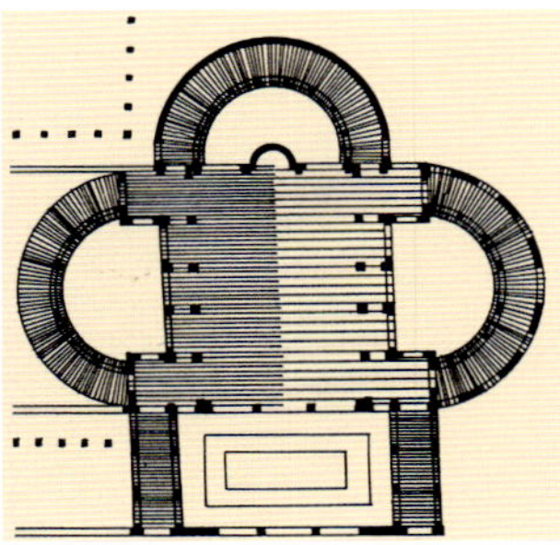

Lebensbrunnen, Buchmalerei aus dem Evangeliar St-Médar, um 800 (oben, obere Abb.)

Villa Hadriana, Grundriss des Großen Speisesaals (oben, untere Abb.)

Architekturmotive aus dem römischen Villenbau und der Ausgestaltung der ersten größeren christlichen Sakralanlagen des Mittelalters. Das Paradies des St. Gallener Klosterplans ist ähnlich gestaltet, wenngleich es auch eigens für liturgische Zwecke konzipiert worden war (Abb. unten). Als Paradies bezeichnet der St. Gallener Klosterplan die halbrunden Vorräume, die als offener bzw. überdachter Teil der Hauptkirche im Osten und Westen vorgelagert waren. Dieses Schema ist vergleichbar mit den Vorhöfen frühchristlicher Basiliken, wie beispielsweise bei der Anlage von Alt-Sankt-Peter in Rom aus dem frühen 4. Jahrhundert. Der Begriff Paradies bezeichnet bei mittelalterlichen Kirchen einen architektonisch gestalteten Vorraum vor der Kirche, in dem sich die Gläubigen versammelten, um sich auf den Gottesdienst vorzubereiten. Hier reinigten sie sich in einem Brunnen. Diese Vorhöfe waren Dokumenten zufolge gepflastert oder bepflanzt. Im Mittelalter tauchen für »Paradisus« die deutschen Übersetzungen »wunnigarto« oder »ziergarto« auf. Die Bezeichnung Rosenhag zeigt, dass man sich das himmlische Paradies auch als einen Rosengarten vorstellte. Der St. Gallener Plan bezeichnet den Vorraum auf der Westseite der Hauptkirche als »paradisiacum«, als paradiesisches Feld also. Man kann mit ziemlicher Sicherheit davon ausgehen, dass dieses Feld bepflanzt war.

Die Verbindung von der Lebensbrunnendarstellung in der karolingischen Miniatur aus St. Médard mit der Villa Hadriana und dem St. Gallener Klosterplan erscheint auf den ersten Blick gewagt. Berücksichtigt man aber, dass die karolingische Epoche sich selber eindeutig auf die Antike bezog, dann sind solche Kulturtransfers denkbar. Alkuin, der Lehrer Karls des Großen, nahm in seine Landschaftsschilderungen die bukolische Motivik der spätantiken Ideallandschaft auf. Der *amoenus locus*, der Lustort oder auch Lustgarten, setzte sich zusammen aus Rosenbüschen, Kräutern, Lilien, einem klaren Bach und einem schattigen Hain. Solche Bilder wirkten in der Literatur und Kunst des frühen und hohen Mittelalters nach und beeinflussten sicherlich auch die Gartenkonzepte.

Klostergärten

Abgesehen von den Spekulationen um eine Bepflanzung des St. Gallener Paradieses, bietet dieser früheste Klosterplan zusammen mit entsprechenden zeitgenössischen Dokumenten konkretere Hinweise auf die Gestaltung des mittelalterlichen Gartens. Der Plan verzeichnet verschiedene Gärten, darunter einen Heilkräutergarten und einen Gemüsegarten sowie Bepflanzungen des Friedhofs und des Kreuzganggevierts. Herbularius wurde der Heilkräutergarten hinter dem Komplex von Arzthaus und Apo-

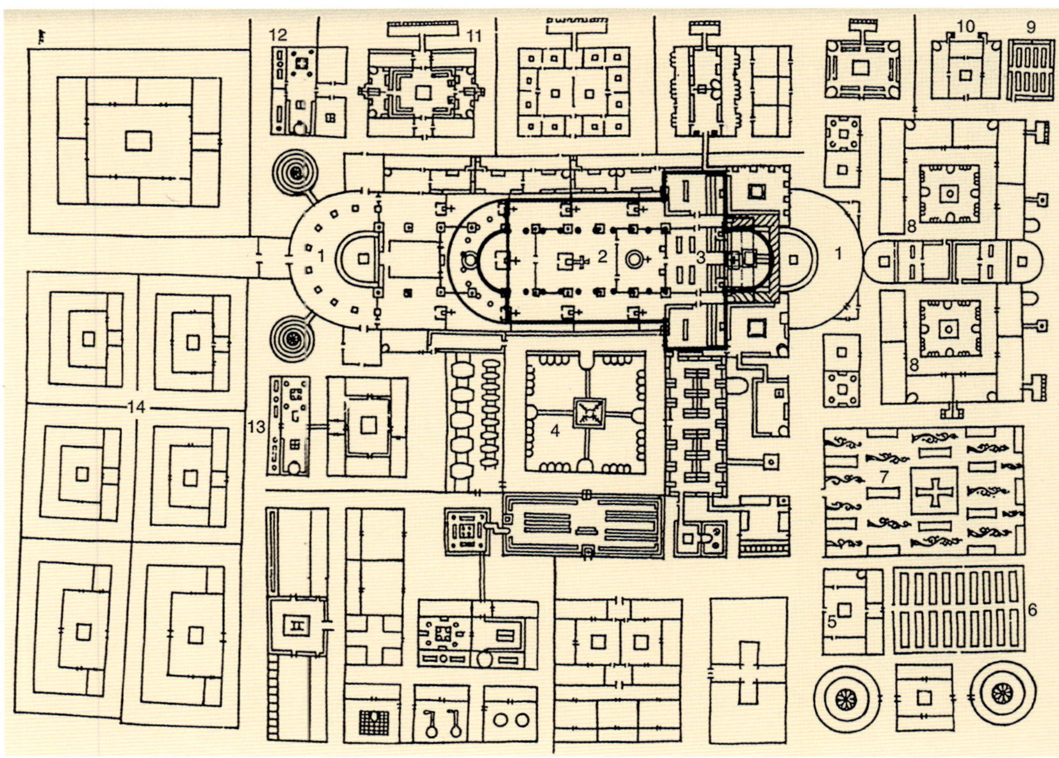

Klosterplan von St.Gallen, um 820
1 Paradies
2 Klosterkirche
3 Chor
4 Kreuzgang
5 Haus des Gärtners
6 Gemüsegarten
7 Friedhof
8 Kreuzgänge der Novizenschule und des Spitals
9 Heilkräutergarten
10 Arzthaus und Apotheke
11 Gästehaus
12 Wirtschaftshaus
13 Brauerei und Bäckerei
14 Stallungen

Fontenay (Burgund), ehem. Zisterzienserkloster
Garten des Kreuzgangs (oben)
Gartenanlage südlich der Klostergebäude (links)

Santes Creus (Katalonien), Zisterzienserabtei
Garten des Kreuzgangs (Detailansicht)

theke genannt. Die Struktur ist denkbar einfach und auf reinen Nutzen hin ausgerichtet. In einem von schmalen Rabatten eingefassten Rechteck liegen zwei Viererbeetreihen mit Heilkräutern. Salbei, Weinraute oder Kümmel sind ebenso vertreten wie Fenchel oder Liebstöckel. Minze, Mohn, Absinth und andere Kräuter waren in den Seitenrabatten angepflanzt. Dort finden sich auch Rosa und Lilium, die für einen Klostergarten unerlässlichen Marienblumen. Der damit verbundene religiöse Gedanke schränkt den Nutzaspekt sicherlich nicht ein. Ganz im Gegenteil, das Nebeneinander von Kräutern und Blumen ist typisch für die Synthese von medizinisch-naturwissenschaftlichen, religiösen und ästhetischen Vorstellungen des Mittelalters. Es ging um das göttliche Heil und den davon abhängigen medizinischen Heilungsprozess.

Walahfried Strabos Gedicht »Hortulus« aus der ersten Hälfte des 9. Jahrhunderts ist wohl die erste umfassende Äußerung im christlichen Abendland über den Gartenbau. Es steht mit dem St. Gallener Klosterplan in Verbindung – jedenfalls entsprechen die geschilderte Anlage und die Art der Bepflanzung in vielen Details dem Herbularius. Von den 27 Strophen des Gedichts beschreiben die ersten drei Strophen die Arbeiten des Gärtners und die übrigen die einzelnen Pflanzen, beginnend beim Salbei und endend bei der Rose.

Die mittelalterlichen Kräutergärten gehen nachweislich auf medizinische Traktate der Spätantike zurück. Walahfried Strabo studierte die Schriften des Staatsmannes und Gelehrten Cassiodor (487–583), der ein Kloster bei Scyllaceum nahe der Meerenge von Messina gegründet hatte. Dort hatte er auch ein Vivarium, ein Tiergehege, und einen Kräutergarten eingerichtet. In seinem Hauptwerk, den »Institutiones«, beruft er sich sowohl auf die römische als auch auf die griechische Kultur. Seine pharmakologischen Studien entnahm er dem Kräuterbuch des Dioscurides Pedanios, eines griechischen Arztes aus dem 1. Jahrhundert. Diese Schrift ist zu Beginn des 6. Jahrhunderts neu herausgegeben und in einer byzantinischen Werkstatt in Konstantinopel illustriert worden. Der Codex befindet sich heute in

Wien und wird daher als »Wiener Dioscurides« bezeichnet. Er enthält ein Herbarium mit 435 Pflanzendarstellungen.

Ob die Bepflanzung des Friedhofs, wie sie im St. Gallener Klosterplan verzeichnet ist, als Baumgarten gedeutet werden kann, ist fraglich. In jedem Fall handelt es sich auch bei dem Areal zur Bestattung von Toten um eine bewusste gärtnerische Gestaltung. Die Idee, den Friedhof als Baumgarten vorzustellen, also nicht einfach nur mit Bäumen zu bepflanzen, geht ebenfalls auf die Antike zurück. Archäologen in Athen haben herausgefunden, dass der Kerameikos-Friedhof offensichtlich als Heiliger Hain konzipiert worden ist, wo die Verstorbenen ihre genussreiche Ruhe finden sollten. Platon hebt im zwölften Buch seiner »Nomoi« ausdrücklich hervor, dass einem Mann, der sich um den Staat verdient gemacht hat, der Vorzug gebührt, in einem mit Bäumen bepflanzten Grabeshügel bestattet zu werden. Möglicherweise wurden diese Gepflogenheiten tradiert und im Mittelalter in entsprechender Weise umgedeutet, so dass ein mit Bäumen bepflanzter Friedhof als eine besondere Art des Klostergartens gelten kann.

Tatsächlich sind der Kräutergarten und der Friedhofsgarten für die Kulturgeschichte der Gartenkunst die interessantesten Bereiche des mittelalterlichen Klosters. Über die Bepflanzung des Kreuzgangs liegen kaum Nachrichten vor. Die auf den zentralen Brunnen hin ausgerichteten Achsen gliederten vier größere oder kleinere Beete, die mit Buchs oder Holzbalken eingefasst waren. Es muß aber darauf hingewiesen werden, dass diese einfache Struktur die

Maisonnais (Cher), Prieuré Notre-Dame-d'Orsan
Der heutige Bau der im 12. Jahrhundert gegründeten (Abtei) stammt aus dem 16. und 17. Jahrhundert. Die Besonderheit der Prieuré d'Orsan liegt in ihrem rekonstruierten mittelalterlichen Garten.
Von Flechtzäunen umfasste Hochbeete (oben)
Runde Sitzbank aus Flechtwerk (links)

Maisonnais (Cher), Prieuré Notre-Dame-d'Orsan
Von Flechtzäunen umfasste Hochbeete (oben), Kohlgemüsebeet (unten) im Garten der Prieuré

Grundform des späteren Ziergartens prägte, der sich, wie Dieter Hennebo hervorhebt, bis heute im Bauerngarten des Münsterlandes erhalten hat.

Das zur Zeit der Karolinger wiederbelebte universelle Wissen der Antike prägte bis weit in das Hochmittelalter hinein die naturwissenschaftlichen Studien, die ja ebenfalls als Grundlage der Gartenkunst dienten. Neben den »Institutiones« des Cassiodor ist ein weiteres Werk für den mittelalterlichen Gartenbau wichtig geworden, die »Geoponika«, eine von unbekannten Autoren verfasste Enzyklopädie des 10. Jahrhunderts, die viele naturwissenschaftliche Texte der Spätantike, die teilweise bereits verschollen waren, rekonstruierte und sammelte. Die Bücher zehn bis zwölf befassen sich mit der Gartenkunst und orientieren sich dabei an den römischen Traktaten über die Landwirtschaft von Cato, Varro und Columella. Ihre Empfehlungen für die Ordnung der Pflanzen nach ästhetischen Gesichtspunkten, für das Mischen von Kräutern und Blumen und die wechselseitige Anordnung von Blumen und Bäumen wurden zu Konstanten des mittelalterlichen Gartens. Das Ästhetische stand dabei im Dienste des Sakralen. Schön war, was Gott gefiel. Die Lilie und die Rose waren reizvoll anzusehen, da sie auf die Reinheit Mariens und ihre Rolle als Gottesgebärerin anspielten. Gerade der positiv empfundene Kontrast zwischen Kräutern und Rosen, der auch heute noch bewusst eingesetzt wird, sollte auf die Heilkraft der Kräuter hinweisen. Lavendel und Rosamarin, deren blaue Blüten die symbolische Farbe Mariens aufweisen, gehören übrigens zu den wenigen Pflanzen, die sich – vom botanischen Standpunkt aus betrachtet – mit der Rose vertragen. Mariensymbolik und Kräuteressenz konnten also, wenn es um die Heilung von Krankheiten ging, nicht voneinander getrennt werden?

Prieuré Notre-Dame d'Orsan

Nicht weit von Saint-Amand-Montrond im Departement Cher im Flecken Maisonnais kann man eine Zeitreise zurück ins Mittelalter unternehmen. Hier im Bereich der Abtei aus dem 12. Jahrhundert – die heute anzutreffenden Gebäude sind aus dem 16. und 17. Jahrhundert – öffnet sich ein mittelalterlicher Garten, wie er wohl nirgends sonst zu finden ist. Dieses kleine Wunder ist den Architekten Sonia Lesot und Patrice Taravella sowie dem Gärtner Gilles Guillot zu verdanken, die in detailfreudiger Kleinarbeit die mittelalterliche Anlage inmitten des

alten Gemäuers wieder erstehen ließen. Der Küchengarten, der Kräutergarten, der Gemüsegarten und das Rosenbeet wurden nach Beschreibungen und Darstellungen von mittelalterlichen Gärten angelegt. Eine Pergola grenzt den Liebes-, Lust- oder Geheimgarten ab. Eine durch Pflöcke und Bretter gestützte Rasenbank, ähnlich wie sie Albertus Magnus empfohlen hat, ist ebenso angelegt wie Holzgitter zum Aufziehen von Rosenstöcken. Das Marien- oder Paradiesgärtlein gewinnt dort so Gestalt, wie wir es von mittelalterlichen Gemälden her kennen.

Der mittelalterliche Garten der Prieuré Notre-Dame d'Orsan entspricht durchaus auch den Vorstellungen von einem Burggarten, wie wir ihn aus den Schilderungen der mittelalterlichen Dichter kennen. Es fällt nicht schwer, sich das entsprechende Szenarium vor Augen zu führen: Inmitten der heiteren Gartennatur sitzt die Burgherrin und blättert in einem Buch, während das Kind zu ihren Füßen spielt und ein Edelfräulein Kirschen in einen zierlich geflochtenen Korb pflückt.

Der höfische Lustgarten

Albertus Magnus (Albert der Große), um 1200 im schwäbischen Lauingen geboren und mit 80 Jahren am 15. November 1280 in Köln gestorben, war der bedeutendste Schüler Thomas von Aquins und als Naturforscher, Philosoph und Theologe ein Universalgelehrter des Hochmittelalters. In seinen naturwissenschaftlichen und naturphilosophischen Schriften, worin er unter anderem auch die Kunst des Gartenbaus behandelte, leistete er einen über seine Zeit hinausgehenden Beitrag zur Entwicklung der Wissenschaften. Über die verschiedenen Gartentypen schrieb er:

»Es gibt gewisse Plätze, die weniger dem Nutzen und reichen Fruchtertrag bestimmt sind als dem Vergnügen.«

Diese Gärten nannte er in Ableitung der römischen Baum- und Lustgärten *viridantia*, also grüne Lustgärten. Das strenge Beetschema der mit Blumen garnierten Kräutergärten, so wie es von St. Gallen her bekannt war, wurde offensichtlich bewusst vermieden. Es ging dem mittelalterlichen Humanisten nicht so sehr um leibliche Gesundheit als vielmehr um seelische Erbauung. So betonte Albertus Magnus, dass dieser Garten vor allem zwei Sinnen dienen sollte, dem Gesichtsinn und dem Geruchssinn. Aus diesem Grunde sollte der Boden mager sein und

ABBILDUNGEN OBEN UND UNTEN:
Maisonnais (Cher), Prieuré Notre-Dame-d'Orsan
Detailansichten des Gartens

Detailansicht einer spätmittelalterlichen Rosendarstellung
In der Antike wurde die Rose häufig als Symbol des nahenden Frühlings verwendet. Im römischen Garten verwies sie auf die Rosalia, das alltägliche Rosenfest in Verbindung mit dem Gedenken an die Toten. Vielleicht leitete sich daraus die christologische Bedeutung ab. Die Rose wird zum Symbol des Paradieses, weswegen sie häufig im Kloster- und Liebesgarten angepflanzt wurde. Die dornenreiche Blume verweist aber auch auf das Martyrium des Herrn und taucht aus diesem Grunde zusammen mit der Madonna und dem Kind in Paradiesgärtlein-Darstellungen auf.

das Gras nicht zu hoch wachsen. Kräuter waren ebenfalls erwünscht, aber nur in enger Verbindung mit Blumen. Die Anweisungen des Gelehrten hierzu sind eindeutig:

»Zwischen diesen Kräuterrabatten und dem Rasen soll ein erhöhtes Rasenstück angelegt werden, voll lieblicher Blumen und ungefähr in der Mitte zum Sitzen geeignet, wo die Sinne sich erholen und wo man sich ergötzlich ausruhen kann.«

Kräuter- und Baum- oder Lustgarten werden als einheitlicher Erlebnisbereich beschrieben und keinesfalls streng getrennt. Das erhöhte Rasenstück, eine Art Miniaturwall, funktioniert als verbindendes Element.

Die mittelalterlichen Darstellungen zeigen Zier-, Kräuter- und Lustgärten zwar von einer gemeinsamen Mauer umgeben, doch werden sie untereinander durch niedrige Zäune mit offenen Toren voneinander abgegrenzt (Abb. gegenüber). Der Liebesgarten gab sich klösterlich, obwohl das Genre eindeutig war: Musikanten, tanzende Höflinge und reizvoll gekleidete Damen trafen sich zum munteren Stelldichein auf bunten Rasenbänken unter blühenden Bäumen neben einem sprudelnden Brunnen. Zier- und Nutzpflanzen waren ebenso vorhanden wie Singvögel, Fasane oder Häschen. So, wie sich der Klostergarten höfisch gab, zeigte sich umgekehrt der höfische Lustgarten in klösterlichem Aufbau: Im 15. Jahrhundert war das Personenszenarium austauschbar geworden. Nicht nur die höfische Gesellschaft fand sich im Lustgarten ein, sondern auch die Heilige Familie – mit dem Unterschied allerdings, dass es sich in diesem Falle um ein Paradiesgärtlein handelte.

War das Rosenbeet des mittelalterlichen Klostergartens so etwas wie die Keimzelle für den höfischen Lustgarten? Der Gedanke mag etwas kurzschlüssig erscheinen, doch Albertus Magnus zeigt in seinem Gartenkonzept, dass er Beete mit Zierpflanzen als eigenständige ästhetische Bereiche definierte, womit er neue gartenkünstlerische Ideen einbrachte. Das Ergebnis war der Lustgarten oder zumindest die konzeptionelle Voraussetzung für den Liebesgarten der höfischen Gesellschaft.

Das Paradies erhält nun eine neue Bestimmung. Der Garten ist der geeignete Ort, diese himmlische Zone zu profanisieren. Der Paradiesgarten wandelt sich zum Liebes- oder Lustgarten und erreicht seinen höchsten Stellenwert in der hoch- und spätmittelalterlichen Rittergesellschaft. Die Verehrung und Liebe zu Maria erhält ihre weltliche Entsprechung in der Minne. Von der inbrünstigen Gläubigkeit zur Verzückung in der hohen Minne ist der Weg oftmals sehr kurz. Der Rosengarten, gleichfalls ein Sinnbild für Maria und die »frouwe«, für die geistig und die leidenschaftlich Geliebte, wird zum Mittelpunkt des Gartens der Hofgesellschaft. Die religiösen Mariensymbole Rose und Lilie werden übertragen und in der höfischen Dichtung zusammen mit dem Garten zum Sinnbild irdischer Frauenschönheit erklärt. Bekannt sind die Zeilen von Walther von der Vogelweide:

»ir wangen wurden rôt,
same diu rôse, dâ si bî der liljen stât.«

Schön ist nicht mehr ausschließlich, was Gott gefällt, sondern was auch den Sinnen schmeichelt. Der Garten dient, wie Albertus Magnus es forderte, dem Ergötzen der Sinne. Marienanbetung und Minnedienst sind im hohen Mittelalter eng miteinander verbunden.

Das französische Epos »Roman de la Rose« – den ersten Teil schrieb Guillaume de Lorris um 1235, der zweite Teil, 40 Jahre später entstanden, stammt von Jean de Meun – stellt diesen Sachverhalt nicht nur dar, sondern differenziert die unterschiedlichen Sphären des Sakralen und des Profanen. Die motivische Schaltstelle ist der Garten, der als mittelalterlicher Klostergarten und damit als Sehnsuchtsprojektion des himmlischen Paradieses und zugleich als *locus amoenus* im klassischen Sinne ausgegeben wird. Dieser doppelsinnig verstandene Garten ist Schauplatz und zugleich Symbol eines allegorischen Liebesspiels, das vor der Kulisse von Realität und Schein aufgeführt wird. Amant, Hauptfigur und zugleich der Autor selbst, betritt vor den Toren der Stadt einen Garten und träumt von den Tugenden und Lastern, die ihm als allegorische Gestalten erscheinen. Die Natur öffnet ihm das Tor. Er lernt den Garten als einen Ort von Tanzvergnügungen kennen, aber auch als einen Nutzgarten mit Kräutern und Obstbäumen. Er trifft auf Venus, Minerva und Juno, um das Amt des Paris zu versehen, wie es in einer Illustration des »Rosenromans« zu sehen ist: Bei Venus, die unbekleidet und mit dem Spiegel, dem Symbol der Eitelkeit, in der Hand unter einem Baum steht, handelt es sich möglicherweise um eine Anspielung auf den Sündenfall. Juno, die Gemahlin des Jupiter, ist keusch gekleidet. Hinter ihr verbirgt sich Deduit, die Lustbarkeit, für die der Garten angelegt wurde. Minerva dagegen hält sich im rückwärtigen Bereich des Gartens auf und füttert einen Vogel.

Die Ambivalenz, die in dieser Konstellation zum Ausdruck kommt, ist unübersehbar. Der allegorische Garten der Liebe könnte als Garten Eden gedeutet werden – wenngleich auch nicht im streng biblischen Sinne. Die Frage nach der Wahl zwischen den Tugenden und den Lastern stellt sich nicht. Es geht um die Akzeptanz des Eros (Venus) und um die Verehrung der Wissenschaften (Minerva). Die Welt entfaltet sich im Spannungsfeld von geistiger und sinnlicher Liebe. Hierin offenbart sich der Entwurf eines Weltbildes, das bereits weit voraus auf den Humanismus des 14. und 15. Jahrhunderts verweist.

Liebesgarten, Miniatur aus dem »Roman de la Rose«
»Meister der Gebetbücher«, Brügge (?), um 1490–1500
Pergament, 20,5 x 19,5 cm
London, British Library, Ms. Harley 4425, fol. 12 v.

Kartenspielendes Liebespaar in einem Zelt
Unbekannter Schweizer Meister, um 1495

Allegorischer Liebesgarten
Les échecs de l'amour: Der Autor im Wunschgarten, um 1500

Während Jean de Meun sich im zweiten Teil des »Rosenromans« auf die allegorisch-philosophischen Fragen konzentriert, schildert Guillaume de Lorris pragmatisch die Gestalt des Gartens: eine von Mauern umschlossene viereckige Anlage von Kräuter- und Zierbeeten mit exotischen Bäumen.

Der mit Hilfe von Dokumenten rekonstruierbare mittelalterliche Klostergarten, die Abhandlungen von Albertus Magnus und die ausführlichen Beschreibungen des Gartens im »Rosenroman« inspirierten Maler und Grafiker zu Thematisierungen des Liebesgartens. All dies ergibt ein komplexes Bild vom mittelalterlichen Baum- oder Lustgarten. Er befand sich meistens in der Nähe der Frauengemächer. Das gilt für Burg- und Schlossgärten ebenso wie für städtische Gartenanlagen, wie ein Gemälde aus der Zeit um 1470 zeigt. Der Blick schweift von einem herrschaftlichen Haus aus durch eine Loggia hindurch auf einen Terrassengarten mit niedrigen Beeten, die von Backsteinen eingefasst sind. Die Beete dürften Kräuterbeete sein, während an der zinnenbekrönten Mauer Zierpflanzen zu sehen sind. Möglicherweise führte von hier aus ein Weg hinaus in die Landschaft und in einen weiteren, größeren Garten, einen Baum- oder Lustgarten, wie bei herrschaftlichen Anwesen im Hochmittelalter üblich war.

Der Typus des Baumgartens leitete sich wahrscheinlich vom mittelalterlichen Nutz- oder Friedhofsgarten ab. Im Nutzgarten wuchsen in regelmäßiger Verteilung Obstbäume auf einer Wiese. Es handelte sich dabei also um einen Baum-Wiesengarten. Diese Vorstellungen gehen möglicherweise zurück auf antike Landschaftsschilderungen mit blumengeschmückten Wiesenwäldchen, so wie sie beispielsweise von Pompeji her bekannt sind.

Im »Rosenroman« ist die Rede von einem Bächlein, einem Brunnen und einer Quelle, die unter einem Baum hervorsprudelt. Der Bach, der an der Kemenate des Hoffräuleins vorbeifloss, konnte als Medium der Nachrichtenübermittlung genutzt werden, wie auf den Miniaturen der Münchener Tristan-Handschrift zu sehen ist. Brangäne, Isoldes treue Hofdame, entdeckt die vorbeifließenden Holzschnitzel und benachrichtigt ihre Herrin, die eilig ihre Kemenate verlässt, um sich in den Baum- und Blumengarten zu begeben, wo Tristan sie erwartet:

»und sleich durch bluomen und durch gras,
hin dâ buom und brunne was«.

Das Zelt und die Laube zählten ebenfalls zu den wichtigen Bestandteilen des Liebesgartens. Das Zelt wurde anlässlich höfischer Feste aufgebaut. Man benutzte es zum Kartenspielen (Abb. oben) oder zu einem amourösen Stelldichein. Für letzteres war die Laube besonders gut geeignet. Rosenlauben, Rank-

gerüste mit Rosen und aus Holzgitterwerk konstruierte, dicht bewachsen Laubengänge gehörten ebenfalls zur Grundausstattung des Lustgartens, was keiner näheren Erläuterung bedarf.

Häufig war diesem Garten auch ein Tiergarten, eine Menagerie, angegliedert. So konnte der Schloss- oder Burgherr seinen Gästen stolz fremde und exotische Tiere zeigen. Überliefert ist ferner, dass in diesen Gehegen Tierkämpfe zur Belustigung der Hofgesellschaft stattfanden. Herzog Christoph von Württemberg ließ am Stuttgarter Schloss mit der Anlage des Neuen Lustgartens im 16. Jahrhundert einen Tiergarten anlegen. Er erfreute sich an Hirschen, Rehen und Pfauen. Für andere Schlösser seines Machtbereichs hatte er größere Tiergehege geplant, die als Jagdrevier genutzt wurden. Diese Tradition geht, wie Jagdbücher belegen, zurück auf das 14. Jahrhundert. Sie setzte sich bis weit in das 18. Jahrhundert hinein fort. Der fürstliche Tiergarten wandelte sich im 19. Jahrhundert zum bürgerlichen Zoo.

Damit wäre die Typologie des mittelalterlichen Gartens, der sich vom einfachen Klostergarten zum Baum- und Lustgarten entwickelte, umrissen. Die Mariensymbolik prägte entscheidend die Gestaltung des Gartens, zumal die hohe Minne sowohl sakrale als auch profane Aspekte in sich barg, die kaum voneinander zu trennen waren. In ähnlicher Weise steht die in sich gekehrte Meditation unmittelbar neben der nach Sinnenlust suchenden Betrachtungsweise, die Albertus Magnus beschrieben hat. Der Garten erfüllte alle diese Funktionen.

Ein wichtiger Gesichtspunkt ist bisher nur angedeutet worden: die Inspiration durch byzantinische und vor allem islamische Gärten. Die vielfältigen orientalischen Einflüsse äußerten sich nicht nur in exotischen Bepflanzungen, sondern auch in der Kunst, Wasser zu sammeln und zu leiten.

Die mittelalterliche Literatur berichtet von orientalischen Wundergärten. Kreuzfahrer, Pilger und Kaufleute wussten von südländischen Bäumen und Tieren zu erzählen. Der Aufschwung des Levante-Handels stärkte die wirtschaftliche und politische Macht italienischer See- und Handelsstädte. Es ist anzunehmen, dass mit den intensiven Handelsbeziehungen Ideen der arabischen Gartengestaltung nach Italien und in die Länder nördlich der Alpen eingeflossen sind. Die Wasserspiele und Brunnen, die ineinander verflochtenen Äste dicht beieinander stehender Bäume oder die raffiniert geführten Kanäle, die ganze Teile der Palasthöfe und deren Gärten überfluten konnten, waren aber nicht nur von Reiseberichten her bekannt, sondern konnten im maurischen Teil Europas, auf der Iberischen Halbinsel, bewundert werden.

Liebespaar in einem mittelalterlichen Garten
Renaud de Montaubon, Brügge, 1462–70
Paris, Bibliothèque National de France, Ms. 5072

Islamische Gärten in Spanien

Wer heute durch die Gärten der Alhambra oberhalb Granadas streift, fühlt sich leicht in eine Märchenwelt versetzt. Ob man über die Terrassen östlich des Palastes hinunter zum Torre de las Damas spaziert oder die verschiedenen Bauabschnitte der alten maurischen Herrscherstadt aufsucht, immer spürt man die harmonische Einheit von Garten- und Baukunst, die durch das Wasser gestiftet wird. Von den mit Wasserbassins versehenen Gartenhöfen wurden bis weit in die Wohntrakte hinein Wasserkanäle gezogen. So führen Kanäle vom Brunnenbecken des berühmten Löwenhofes – eines ehemals märchenhaft angelegten Gartens – aus in angrenzende Säle, wo weitere Gärten bewässert werden (Abb. gegenüber). Stehendes Wasser, fließendes Wasser, aus Brunnen hervorsprudelndes Wasser – das waren die Paradiesmotive islamischer Gärten.

Große Wandspiegel gaukelten Räume vor, und geschickt geplante Fensterdurchbrüche brachten ausgewählte Szenarien der Außenwelt in die Speisesäle oder Wohnräume. Doch das Wasserbassin holte den Himmel auf die Erde: Die Loggia des Partalpalastes beispielsweise spiegelt sich gemeinsam mit den Hecken, Büschen und Palmen auf der kaum bewegten Wasseroberfläche des rechteckigen Bassins. Den größten Teil aber füllt das Blau des Himmels aus (Abb. unten).

Schon früh drang die Kunde solcher Märchengärten ins nördliche Europa und regte die höfischen Dichter des Mittelalters zu Gartenphantasien an. Ein beliebter Erzählstoff orientalischen Ursprungs war die Liebesgeschichte zweier Kinder, eines heidnischen Königssohnes und einer christlichen Sklaventochter, Floyris und Blantseflur. Der Floyrisroman tauchte Mitte des 12. Jahrhunderts erstmals am Niederrhein auf und wurde dann gegen 1220 von Konrad Fleck bearbeitet. Herzstück des Romans ist der Märchengarten des Amiral, eine Mischung aus mittelalterlichem Lust- und orientalischem Wundergarten. Es ist die Rede von edlen Bäumen, die Ami-

Granada, Generalife
Garten mit Wasserbassin

Granada, Alhambra, Partalpalast
Der Partalpalast gehört wahrscheinlich zu den Bauten Muhammads III. (1302-09) und ist somit der älteste erhalten gebliebene Palast der Alhambra.

ABBILDUNG GEGENÜBER:
Granada, Alhambra
Blick in den Löwenhof, 2. Hälfte 14. Jahrhundert
Der längsrechteckige Hof war früher ein Garten. Die Schmalseiten haben hervorspringende Brunnenpavillons, von denen aus Kanäle das Wasser zum zentralen Löwenbrunnen leiten.

Sevilla, Crucero
Der Crucero ist ein Garten des 12. Jahrhunderts. Er weist bereits die charakteristischen Züge der ganzen späteren spanisch-islamischen Gartenarchitektur auf, die in der marokkanischen noch jahrhundertelang weiterleben sollte.

ral von weit her hat heranschaffen lassen. Solche Importe waren für den Norden eher unüblich, nicht jedoch für orientalische Wüstenoasen, die zwar über Wasser, nicht aber über Bäume verfügten. Pflanzenimporte gab es im Altertum wie im Mittelalter. Die Mauren brachten nachweislich Pflanzen, die sie für die Ausstattung ihrer Gärten in Südspanien benötigten, aus dem östlichen Mittelmeerraum mit.

Es ist möglich, dass Konrad Fleck Berichte von Orientfahrern vorgelegen haben, wodurch er von ewig blühenden Bäumen und niemals kümmernden Pflanzen erfuhr. Er beschreibt einen Zauberbaum, dessen Äste sich baldachinartig über einem Brunnen ausbreiten. Der Zauber überträgt sich auf den Brunnen, dessen Wasser sich verfärbt, wenn sich eine Person dem Beckenrand nähert.

Für die Bewohner nördlicher Breiten mussten solche Berichte märchenhaft klingen. Doch lässt sich der Zauber aufklären. Reisende erzählten von den Wasserspielen des berühmten Kaiserpalastes in Konstantinopel. In einem Brunnenbecken, dessen Schale mit schwarzem und weißem Marmor ausgelegt war, stand eine Säule aus buntem Marmor, so dass sich das ein- und abfließende Wasser vielfältig und farbig brach. Ein anderer Brunnen war von einem goldenen Pinienzapfen bekrönt, aus dem an Festtagen süße Getränke flossen, manchmal sogar Wein. Buntes Wasser war somit das Resultat nicht von Zauberkräften, die geheimnisvollen Bäumen aus paradiesischen Gegenden entsprangen, sondern von effektvoll eingesetzten Techniken. Die Schilderungen des Konrad Fleck geben also die exotische Bepflanzung und die raffinierten Wasserspiele orientalischer und byzantinischer Gartenanlagen wieder. Die sentimentale Liebesgeschichte in Verbindung mit der reizvollen Schilderung des Märchengartens mag heute den Besucher islamischer Gärten in Spanien auf den einstigen Zauber dieser Anlagen einstimmen.

Was ist übrig geblieben von den alten Märchengärten des maurischen Spanien? Die frühesten spanischen Gärten befinden sich oberhalb Granadas. Es sind die der Alhambra und des Generalife. Beide stammen aus der letzten Phase der maurischen Herrschaft. Zu erwähnen ist auch der Garten des Alkazars in Sevilla, der noch früher als die Gärten von Granada angelegt worden ist. Da er jedoch im 14. und zu Beginn des 16. Jahrhunderts mehrmals umgestaltet wurde, sind kaum noch orientalische Spuren zu entdecken.

Der Crucero in Sevilla und Madînat al Zahrâ'

Südlich des Alcazars von Sevilla ist der Garten aus der Abbadidenzeit des 11. Jahrhunderts zu finden. Die tief liegenden Beete und Wasserleitungen sind ebenso noch zu erkennen wie die Wasserbecken und die Reste eines Portikus. Er ist vom »Crucero«, einem almohadischen Palastgarten aus dem 12. Jahrhundert, überbaut (Abb. links). Das überhöhte Wegesystem bildet ein Achsenkreuz und nimmt sich mit dem zentralen Brunnen und den Wasserbecken auch heute noch reizvoll inmitten des Hofes aus.

In der Nähe von Cordoba hatte der Kalif Abd al-Rahman III. Mitte des 10. Jahrhunderts für seine Lieblingsfrau Zahra einen Palast errichten lassen. Die längst zerstörte Anlage wird seit 1910 archäologisch erforscht (Abb. unten). Unmittelbar vor dem so genannten »Reichen Saal« erstreckt sich der »Hohe Garten«, in dessen Mitte ein von Wasserbassins umgebener Pavillon stand. Von hier aus gelangt man zum »Tiefen Garten«. Beide Gärten sind durch Alleen in Form eines Achsenkreuzes gegliedert.

Madînat al-Zahrâ'
Von der terrassenförmig angelegten Stadt in der Sierra de Córdoba ist nur noch ein Ruinenfeld erhalten geblieben. Auch hier konnten Gartenanlagen vor dem so genannten »Salón Rico« (Reichen Saal) erschlossen werden.

Mit der Eroberung der spanischen Halbinsel zu Beginn des 8. Jahrhunderts hatten die Mauren die Lebenskultur in den Burgen und Städten zu beeinflussen begonnen. In den ersten Jahrzehnten hatten die Eroberer noch dem Kalifat von Damaskus unterstanden, bis Abd ar-Rahman I. im Jahr 756 das selbstständige Emirat von Córdoba gründete. Die Eroberungszügen der Mauren hatte auch die Rückeroberung, die Reconquista, zur Folge. Mit dem Zerfall des Kalifats Córdoba im 11. Jahrhundert begann der Aufstieg Granadas unter der Herrschaft der aus Nordafrika stammenden Almoraviden. Als die Christen im Jahr 1236 Córdoba endgültig zurückeroberten, flohen die Mauren in das sichere Granada und bauten die Befestigungsanlagen der Stadt aus. Zwei Jahre später begründete Muhammad ibn al-Ahmad die Dynastie der Nasriden. Mit diplomatischem Geschick konnte er seine Herrschaft festigen. Er erkannte die Lehnsherrschaft Ferdinands III. des Heiligen von Kastilien an, des erfolgreichsten Königs der Reconquista. So führte er seine Stadt unbehelligt von der christlichen Oberherrschaft zu kultureller Blüte. Als letzte maurische Bastion hielt sich Granada als winzige orientalische Insel bis zum Jahr 1492 inmitten des zweihundert Jahre zuvor zurückeroberten Südspanien.

Die Alhambra in Granada

Der Nasriden-Palast, der Hauptkomplex der Alhambra, ein typisch islamischer Palast mit einem Gerichtssaal, öffentlichen Versammlungsräumen, dem Königspalast und den Frauengemächern, stammt aus dem frühen 14. Jahrhundert. Seine vier Haupthöfe und deren architektonische Verbindungselemente lassen, wenngleich in reduzierter Form, auch heute noch das maurische Gartensystem erkennen. Der zum Harem gehörige Löwenhof mit dem imposanten Löwenbrunnen, 1377 unter Muhammad V. begonnen, bietet sich leider ohne Bepflanzung dar (Abb. S. 33). Wie ein romantisierender Stich aus dem 19. Jahrhundert zeigt, waren die durch die kreuzförmig angelegten Kanäle ausgesparten Rechtecke ursprünglich bepflanzt. Der Stich zeigt eine Beetbepflanzung. Es ist aber auch denkbar, dass dort einstmals Kübelpflanzen aufgestellt waren. Westlich schließt sich der so genannte Myrtenhof im offiziellen Empfangsbereich des Palastes an, der in seiner ursprünglichen Anlage nahezu vollständig erhalten geblieben ist (Abb. oben). Ein breites kanalartiges Wasserbecken mit kleinen Brunnenexedren an den Schmalseiten füllt den Hof aus. Das Becken wird zu beiden Seiten von dicht gewachsenen Myrtenhecken flankiert. Wenn man den

Granada, Alhambra
Der Aberca- oder Myrtenhof wird weitgehend von einem langen, von Myrten gesäumten Becken ausgefüllt, das die Hoffassaden spiegelt.

Granada, Generalife
Patio de la Acequia, 1. Drittel 14. Jh. Auch dieser lang gestreckte Garten weist wieder das Achsenkreuz überhöhter Wege mit einem zentralen Becken auf, das die Anlage des Crucero und des Löwenhofes bestimmt.

Schilderungen mittelalterlicher Reisender und den Minneromanen im Stil des Konrad Fleck Glauben schenken darf, dann waren solche Höfe mit üppiger Vegetation, betörend duftenden Blumen und exotischen Vögeln geschmückt. Im Wasserbassin spiegelt sich der würdige und zinnenbekrönte Comaresturm mit dem vorgelagerten Portikus. Er scheint wie ein erratischer Block in die Tiefe zu schießen, um sich in der gekräuselten Wasseroberfläche und im tiefen Blau des Himmels aufzulösen.

Das Konzept ist interessant, erinnert es doch an das römische Garten-Haus-System. Beim pompejanischen Peristylhaus findet sich ebenfalls ein dem Gebäude vorgelagerter architektonisch gefasster Gartenraum mit Wasserbecken in der Mitte. Die Gänge, Hallen und Höfe bildeten eine Einheit mit den Wohn- und Empfangsräumen und waren durch Loggien zum Garten hin geöffnet. Ähnlich waren auch die Vorhöfe frühchristlicher Bauten konzipiert. Der Vorraum oder das Paradies, häufig mit einem großen Brunnen versehen, war der Hauptkirche vorgelagert. Die Villenkultur der Römer und die Strukturen frühchristlicher Bauten haben möglicherweise die Ausbildung des islamischen Gartens beeinflusst.

Der Komplex aus einem kreuzgangähnlichen Kanal-Brunnen-System des Löwenhofes und der villenähnlichen Anlage des Myrtenhofes mit Comaresturm setzt sich fort im Hof von Lindaraja, der mit seinem zentralen Brunnen, seinen Zypressen und Orangenbäumen sowie der Buchsbepflanzung heute noch eine orientalische Atmosphäre verbreitet.

In der östlichen Nachbarschaft erhebt sich der bereits erwähnte Torre de las Damas mit dem Partalpalast (Abb. S. 32 unten). Vor dem Portikus breitet sich der Hof mit einem rechteckigen Wasserbassin in der Art des Myrtenhofes aus. Es ist zu vermuten, dass der Portikus in Verbindung mit einer Gartenanlage konzipiert worden ist, die den Bezug zum Außenraum, zum anschließenden weitläufigen Park der Alhambra, herstellen sollte.

Der Generalife in Granada

Nur 50 m oberhalb des Alhambrahügels ließen sich etwa Mitte des 13. Jahrhunderts die Herrscher von Granada ein Lustschloss errichten, den Generalife. Nur wenige Jahrzehnte nach der Vertreibung der Mauren durch die Christen besuchte ein venezianischer Edelmann namens Andrea Navagero im Jahr 1526 Granada und die Alhambra. Er fand auch den Generalife, dessen Areal er, wie er schrieb, »durch die Hintertür der Umfassungsmauer der Alhambra« betrat. Dem aufmerksamen Venezianer verdanken wir eine einzigartige Beschreibung von dem Schloss und den Gärten:

»Dieses Schloss ist, wenn auch nicht sehr groß, doch ein vortrefflicher Bau mit wundervollen Gärten und Wasserwerken, das Schönste, was ich in Spanien

Generalife, Granada
Detailansicht des Patio de la Acequia

gesehen habe. Es hat mehrere Patios, alle reichlich mit Wasser versehen, vornehmlich aber einen mit einem fließenden Kanal in der Mitte und voll herrlicher Orangen und Myrten. Dort ist eine Loggia, welche die Aussicht nach außen hin gewährt, unter der Myrten von einer Höhe emporragen, dass sie fast bis an den Balkon reichen. Diese sind so dicht belaubt und alle mit so gleich hohem Gipfel, dass sie wie eine grünende Flur erscheinen. Das Wasser fließt durch den ganzen Palast und, wenn man will, auch durch die Zimmer, deren einige sich zu einem köstlichen Sommeraufenthalt eignen.«

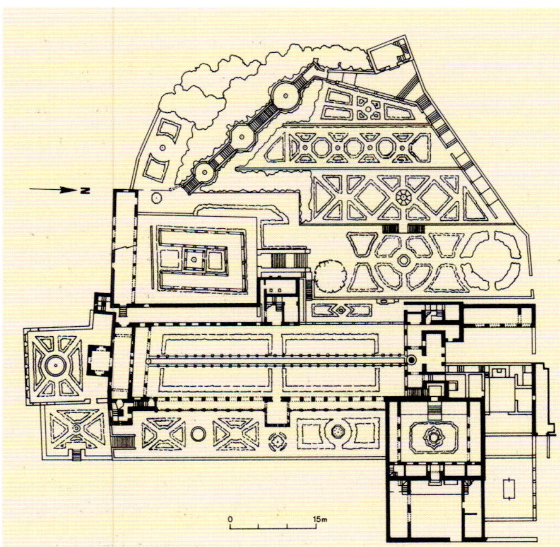

Generalife, Granada
Grundriss von Schloss und Gärten vor dem Brand von 1958

Der Italiener hat viele Stunden in den Gärten des Generalife zugebracht und erzählt von exotischen Bäumen und wunderbaren Wasserleitungen, die den Rasen, auf dem man steht, plötzlich überschwemmen können. Bald hat er auch die Quelle des niemals versiegenden Wasserzuflusses gefunden:

»Auf dem höchstgelegenen Teile dieser Schlossanlage in einem der Gärten ist eine breite Treppe, die zu einer kleinen Terrasse aufsteigt, und von letzterer kommt aus einem Felsen die ganze Wassermasse, welche sich durch den Palast verteilt. Dort wird das Wasser mit vielen Schrauben verschlossen, so dass man es zu jeder Zeit auf jede Art und in beliebigen Mengen herausströmen lassen kann.«

Die Jahrhunderte sind mittlerweile über die Gärten hinweggegangen. Die ehemals prächtige Anlage ist verfallen, ist wieder aufgebaut, restauriert und mit Zubauten versehen worden. Von Navageros Szenarium, das ihn zu seinen euphorischen Beschreibungen inspirierte, ist kaum mehr etwas übrig geblieben – nur noch sein Bericht. Aber das ist sehr viel, denn mit seiner Hilfe kann man den maurischen Generalife im Geiste wieder aufleben lassen. Dem heutigen Besucher bietet sich ein dicht bewachsener Haupthof dar, wo die Myrte dem Himmel entgegenstrebt und Buchskugeln elegant das Areal gliedern. Entlang der Mittelachse verläuft der Wasserkanal, aus dessen steinerner Fassung filigrane Wasserfontänen emporsprudeln, um bogenförmig in den Kanal hinabzufallen. Durch ein doppeltes Säulentor gelangt man in den Hauptgartensaal. Von dort spaziert man zu den Aussichtsbalkons, unter anderem auch zu der efeubewachsenen Terrasse, von der aus man in das Darro-Tal blicken kann, wie es Navagero an anderer Stelle beschrieb.

Zurück zum Haupthof mit dem zentralen Kanal, der zu Anbauten aus dem 16. Jahrhundert führt. Diese durchmessend, geht man auf ein wunderschönes Wasserparterre zu, dessen schmales Bassin von schlanken Zypressen und bunt blühenden Kübelpflanzen flankiert wird. In der Nähe befindet sich die von Navagero beschriebene Wassertreppe. Sie führt zu einem Belvedere des 19. Jahrhunderts. Seitlich der Treppe steigen Terrassen an, die früher wohl mit Blumenbeeten und Hecken versehen waren.

Für die islamische Gartenkultur ist die Konstruktion einer Wassertreppe ungewöhnlich. Für das Altertum dagegen, bei den Römern ebenso wie im hellenistischen Kulturraum, sind Wassertreppen nachgewiesen. Byzantinische Gärten könnten diese Tradition der Bewässerung übernommen und an islamische Gartenkünstler weitergegeben haben. Es wäre aber auch denkbar, dass die Mauren während der Eroberung der Iberischen Halbinsel römische Villengärten vorgefunden und bestimmte Bewässerungstechniken für ihre Anlagen übernommen haben. Die Wasserscherze, gegründet auf ein raffiniertes Installationssystem von Wasserleitungen, gehen mit Sicherheit auf hellenistische Wasserdrucktechniken zurück. Navagero, Opfer eines solchen Scherzes, schildert dieses Erlebnis nicht ohne Bewunderung für die gartenkünstlerische Konstruktion.

Von dem Italiener erfahren wir außerdem, dass die Nasriden-Herrscher oberhalb der Alhambra noch weitere Lustschlösser mit Gärten erbauen ließen. Doch sie waren bereits zerstört und verfallen, als der Venezianer sie aufsuchte. Der Generalife bedeutete für ihn – wie auch für uns heute noch – einen Höhepunkt der islamischen Bau- und Gartenkunst auf europäischem Boden.

Die christlichen Spanier ließen die Gärten und Paläste nach dem Ende der Reconquista entweder verfallen oder glichen sie ihren ästhetischen und sozialen Bedürfnissen an. Das Ergebnis war häufig eine Durchdringung von maurischen und christlichen Stileigentümlichkeiten. Diese so genannte Mudéjar-Periode begann schon gegen Mitte des 12. Jahrhunderts und endet im 16. Jahrhunderts. Dazu gehörte auch der Ausbau des Alkazars in Sevilla. Vom rein maurischen Almohadenbau aus dem frühen 13. Jahrhundert sind nur noch geringe Reste erhalten geblieben. Der größte Teil stammt aus christlicher Zeit. Mehr als sieben Jahrzehnte nach dem Fall des maurischen Sevilla ließ Peter der Grausame, König von Kastilien und Leon, zwischen 1350 und 1369 seinen Palast von maurischen Bauleuten errichten. Man orientierte sich am Vorbild der Alhambra. Doch fehlte es an dem harmonischen Zusammenspiel der Gebäudetrakte und dem rhythmischen Wechsel von Garten und Architektur, der im Generalife so bezauberte. Es entstand eine Folge von rechteckigen Gartenterrassen, die mit Teichen und Pavillons versehen waren. Unter Karl V. wurde die Anlage verändert und im Zeitalter des Barock mit den üblichen Attributen ausgestattet, so dass der maurische Stil oder der des Mudéjar fast vollständig verschwand. Das aufwändig angelegte Wassersystem, so typisch für den islamischen Garten, fehlte in Sevilla vollständig.

So bleiben tatsächlich nur zwei islamische Gartenanlagen in Spanien übrig, die es verdienen, als solche hervorgehoben zu werden: die Alhambra und der Generalife in Granada. Vermag die Phantasie den Zauber vergangener maurischer Gärten mit Hilfe von literarischen Zeugnissen in Sevilla nicht wieder aufleben zu lassen, so gelingt ihr dies in den Gärten der Alhambra und des Generalife mit äußerstem Vergnügen. Hinzu kommt, dass diese Gärten auf interessante traditionelle Aspekte aufmerksam machen, die den islamischen Garten einerseits mit der abendländischen Kultur verknüpfen und ihn andererseits von dieser abrücken lassen. Der Vergleich des maurischen Gartens in Spanien mit römischen Villengärten oder byzantinischen Palastgärten, soweit diese überliefert sind, und mit frühen christlichen Sakralanlagen ist sicherlich sinnfällig, da der Islam im Verlauf des 7. Jahrhunderts in Kleinasien das byzantinische Erbe antrat und damit in einen engen Kontakt mit der antiken und frühchristlichen Kultur trat.

Granada, Generalife
Ansicht der Gartenanlage

Was aber nun die islamischen Gärten in Spanien von anderen europäischen Anlagen unterscheidet, ist die alles überragende Bedeutung des Wassers. Gemäß der Verkündung des Korans ist das Wasser in seiner Klarheit und Reinheit Sinnbild für das Paradies, mehr noch, der durch das Wasser lebendig gehaltene Garten wird zu einem Gleichnis des vom Menschen erschaffenen Paradieses auf Erden. Im islamischen Garten ist das Wasser allgegenwärtig, sei es in der Form des sprudelnden Strahls einer Brunnenröhre oder der würdevollen Ruhe eines Bassins.

Gartentheorien der Renaissance

Frontispiz von »L' Architettura« von Leon Battista Alberti. Der Erstdruck erschien 1485 in Florenz.

Die Geschichte der Gartenkunst hängt eng mit der Geschichte ihrer Theorien zusammen. Dieser Kontext ist interessant und zugleich problematisch. Gartentheorien beziehen sich sowohl auf die Kunst als auch auf die Natur. In diesem Spektrum entfaltet sich der Spannungsreichtum von Natur- und Kunstbetrachtung, der schließlich zur Anlage eines Gartens führen soll. Architekten, Künstler, Philosophen, Theologen und, wenn man so will, pragmatisch orientierte Gärtner waren es, die ihre gärtnerischen Kenntnisse und Visionen zu formulieren versuchten. Dabei waren sie von verschiedenen Grundgedanken geleitet: Sollte der Garten als irdisches Paradies oder als Nutzgarten vorgestellt werden? Ging es vorrangig um die Verbildlichung einer Idee oder um die Erfüllung landwirtschaftlicher Aufgaben? War es sogar möglich, beide Aspekte in einem Garten miteinander zu vereinen?

Im Humanismus des 14. und 15. Jahrhunderts begannen Gelehrte, die Welt neu zu durchdenken. Es galt, das Erbe der Antike mit den Erfordernissen moderner Staats- und Glaubensideen zu verbinden. Dabei ging es auch um ästhetische Aspekte, die nicht mehr unbedingt dem Glauben, wohl aber den Interessen und Bedürfnissen des Individuums zuzuordnen waren. Ein Kunstwerk diente sowohl der Sinnenlust als auch der geistigen Bildung und geistlichen Erbauung. Trifft dieses kulturelle Muster auch für den Garten zu? Die Gartentheorien geben über diesen differenzierten Sachverhalt Aufschluss.

In der Renaissance lassen sich hauptsächlich drei Typen von Gartentheorien unterscheiden. Der erste Typus rezipiert und beschreibt weitgehend Gartenanlagen der Antike und des Mittelalters, ohne jedoch neue Ideen für die Gestaltung hervorzubringen. Im Gegensatz dazu entwickelt der zweite Typus phantasiereiche Gartenallegorien, von denen viele Elemente in der Gartenbaukunst der Renaissance und des Barock verwirklicht worden sind. Der dritte Typus schließlich vereint die pragmatischen Theorien. Hier geht es um konkrete Gestaltungshinweise, die teilweise noch im späten 18. und im 19. Jahrhundert befolgt wurden.

Leon Battista Alberti (1404–1472)

Leon Battista Alberti, Humanist und Architekt, schrieb zwischen 1443 und 1452 die »Zehn Bücher über die Architektur« (»De Re Aedificatoria«). Der Erstdruck erschien 1485 in Florenz. Im neunten Buch handelt Alberti die Privatbauten ab und geht in diesem Zusammenhang auch auf die Gestaltung von Gärten ein. Seine Überlegungen sind dem ersten Typus zuzuordnen: Sie sind ausschließlich antiken Schriften entlehnt. Es geht um antike Villen und ihre Gärten, die er zum Vorbild für den Garten seiner Zeit nimmt. Dabei unterscheidet er zwischen dem Stadthaus, dem Landhaus und der Villa in der Nähe der Stadt. Seiner Meinung nach – hier ist Cicero sein Gewährsmann – ist die stadtnahe Villa mit Garten allen anderen Villentypen vorzuziehen. Wenn auch die Abgeschiedenheit des einsamen Landhauses verlockend erscheint, so »... ist die Nähe der Stadt von Vorteil und ein leicht erreichbarer Schlupfwinkel, wo man nach Belieben tun kann, was man will«.

Die Entfüllung individueller Bedürfnisse steht im Vordergrund. Deswegen, so Alberti, soll der Garten der Gesundheit und dem Genuss dienen. Die Forderung unterstreicht er mit einem Wort Martials:

»Fragt man mich, was ich im Land tu, antworte ich: Nur wenig. Frühstücken, trinken und singen; spielen, baden und essen. Ruhen, lesen sodann. Apoll weck' ich und necke die Musen.«

Wie in der antiken Villenarchitektur geschehen, stellt auch Alberti einen engen Zusammenhang zwischen dem Garten und der Villa oder dem Stadthaus her. Im Wohnhaus selbst sollen schon Elemente des Gartens enthalten sein, und zwar in der Form von

Zeichnung einer hydrotechnischen Vorrichtung aus Fra Giocondos Werk: M. Vitruvius per Iocundum Solito castigatior factus cum figuris et tabula ut iam legi et intelligi possit«, Venedig 1511

Stillleben an den Wänden. Sie verweisen auf die Pflanzen draußen. Hinzu kommen Wandabschnitte mit größeren Fensteröffnungen, die Ausblicke auf den Garten bieten, gewissermaßen konkrete Gartenbilder. Schließlich sind es die Loggien, die den Zugang nach draußen ermöglichen. Stillleben, Fenster, Loggien und Pergolen bewirken die Durchdringung von Garten und Haus.

Auch bei der Bepflanzung orientierte sich Alberti an antiken Vorstellungen. Er schlägt Buchs, Myrte und Lorbeer vor. Die Zypressen sieht er von Efeu umrankt, und er empfiehlt geometrische Pflanzungen, die aus den abgebogenen und einander umschlingenden Ästen von dicht beieinander stehenden Zitronen- und Wacholderbäume gebildet werden sollen.

Alberti legt ebenfalls Wert auf einen Baumgarten. Die Reihen sollen nach dem Fünfauge, dem Quincunx, geordnet sein. Darunter versteht er ein Muster, das sich aus je einem an jeder Ecke und in der Mitte des Quadrates stehenden Baum ergibt. Offensichtlich schwebten Alberti auch ornamentale Zierformen vor, die durch Kräuter und durch den leicht zu beschneidenden Buchs gestaltet werden können:

»Gefällig nimmt sich aus, was bei den Alten die Gärtner zu machen pflegten, ihren Herren zu gefallen, indem sie deren Namen in Buchs oder wohlriechenden Kräutern auf die Wiesenfläche schrieben.«

Für Alberti ist der Garten in erster Linie ein Lustgarten. Den Nutzgarten ordnet er dem Landgut zu und schließt ihn für seine Privatvillen aus. Es sollte aber bedacht werden, dass Alberti bei seinen Überlegungen mittelalterliche Gärten vor Augen hatte. Sie galt es zu verbessern oder neu zu ordnen. Den antiken Garten kannte er lediglich aus den Schriften von Vitruv oder Cicero. Daraus entwickelte er eine Idealvorstellung. Er löste den mittelalterlichen Lustgarten aus dem Gesamtzusammenhang heraus und versuchte ihn als eigenständiges Gebilde zu konstituieren, indem er neue Elemente wie beispielsweise Buchsornamente oder Quincunx-Pflanzungen vorsah. Damit hatte er auf der Grundlage antiker Schriften wichtige Voraussetzungen für den Renaissancegarten geschaffen.

Caprarola, Villa Farnese
Garten beim Casino del Piacere

Florenz, Villa Gambereia
Der Villengarten aus der 1. Hälfte des 18. Jahrhunderts wurde Anfang des 20. Jahrhunderts »wiederhergestellt«.

Desiderius Erasmus von Rotterdam (1469–1536)

Ebenfalls dem ersten Typus zuzuordnen sind die Gartenvorstellungen des Desiderius Erasmus von Rotterdam. Auch ihm schwebte eine Verbindung von antiken und mittelalterlichen Gartenideen vor. Er beschrieb sie in seinen Kolloquien, unter anderem in seinem 1522 herausgebrachten »Convivium religiosum«. Im Gegensatz zu dem italienischen Humanisten Alberti wollte Erasmus den Garten als ein Abbild göttlicher Wahrheiten darstellen. Dieser Grundidee ordnete er die Elemente unter, die natürlich dem mittelalterlichen Garten entsprachen. Kräutergarten, Obstgarten und »… eine freie Wiese mit nichts als dem Grün der Gräser …«, ein Lustgarten also, bilden das Gartengeviert, das mit einer Mauer umgeben ist. Die Vorstellungen des Albertus Magnus leben in diesem Konzept wieder auf. Der humanistisch gebildete Erasmus betonte die emotionale Seite stärker, indem er vom Vergnügen sprach, dem der Garten geweiht sein sollte. Er nahm auch aus der Antike tradierte Elemente auf: Spazierwege, die durch Marmorsäulen gegliedert werden, und Pergolen, die zum Meditieren einladen. Möglicherweise dachte Erasmus, ähnlich wie Alberti, daran, Garten und Haus miteinander zu verknüpfen. Seine Beschreibung bemalter Wände und von Blumenmosaiken auf dem Boden bezieht sich wahrscheinlich auf ein Atrium. Erasmus hob hervor: »Wozu uns die Mittel fehlen, das ersetzen wir durch Kunst. An die erste Wand ist ein Hain mit selteneren wilden Vögeln und Vierfüßlern gemalt …«

Hier geht es eindeutig um die Augenlust, denn später schreibt er: »Ein Garten fasst nicht alle Arten von Pflanzen. Außerdem freuen wir uns doppelt, wenn wir eine gemalte Blume mit einer lebendigen im Widerstreit sehen und bei der einen über die Kunstfertigkeit der Natur staunen, bei der anderen über die Begabung des Malers und bei beiden über die Güte Gottes, der alles das zu unserem Gebrauch beschert hat.« Das mittelalterliche Prinzip, im Ästhetischen Gottes Allmacht anschaulich zu machen, wirkt bei Erasmus noch nach. Doch der antike Wandelgang, die bemalten Wände und die unbestreitbare Dominanz des Vergnügens erinnern an das Konzept des neuzeitlichen Gartens in der Art von Alberti.

Francesco Colonna

Anders als bei Alberti und Erasmus geben die Gartenvisionen von Francesco Colonna konkrete Gestaltungsvorgaben. Bis heute weiß man nicht genau, wer sich hinter diesem Autor verbirgt, ein Mönch, ein Fürst gleichen Namens oder ein Autorenkollektiv unter der Federführung Albertis. Colonnas Schrift »Hypnerotomachia Poliphili« – etwa mit »Liebestraum des Poliphil« zu übersetzen – wird der Gattung des allegorischen Romans zugerechnet und ist dem französischen »Roman de la Rose« vergleichbar. Sie erschien, mit über 200 Holzschnitten illustriert, erstmals im Jahr 1499 in Venedig. Darin geht es um die Entfaltung der antiken Kultur, so wie sie die Renaissance sah. Die dekorative Gestaltung der antiken Architektur und ihrer Gärten nimmt einen sehr großen Platz ein. Die detaillierten Schilderungen von komplizierten Labyrinthen, von efeubedeckten Arkadenreihen oder beschnittenen Bäumen sowie von skulpturengeschmückten Gartenbereichen regten später viele Gartenarchitekten an.

Wieder bildet der mittelalterliche Garten den Ausgangspunkt. Er wird auf der Insel Kythera lokali-

siert und besteht aus dem obligatorischen Gemüse-, Kräuter-, Obst- und Baumgarten. Hinzu kommen allerdings noch ein »angenehmer Buschgarten« und ein »lieblicher Lustgarten«. Genau besehen gliedert sich die Insel in drei Zonen, in einen Wald- und einen Wiesenring sowie das Kernstück, das man nach späterer Terminologie Parterre nennen könnte. Der Wiesenring mutet in seiner Beschreibung wie ein Renaissancegarten an. Die einzelnen Bereiche sind von Pergolen eingefasst, an deren Schnittpunkten sich Pavillons erheben. Sie bestehen aus je vier ionischen Säulen, die ein Gebälk mit rotem Architrav tragen, auf dem mit gelben Rosen berankte Kuppeln ruhen. Dann beschreibt der Autor die kunstvollen Buchsgebilde. Spektakulär sind der Türme tragende Riese, die sechssäulige Kolonnade oder die wasserspeienden Schlangen (Abb. oben rechts).

Das zentrale Parterre weist sich aus durch Beete mit Knotenornamenten, in deren Zentren jeweils eine Art Marmoraltär steht, der wiederum beschnittene Fichten oder Buchsbäume trägt. Die Beetmuster, geschlungene Bänder und Akanthusblätter werden aus Blumen gebildet oder sind, wie die quadratischen und rautenförmigen Bänder, als weißer Marmorstreifen gelegt. Rund geschnittene Zitrusbäume, in Mondsichelschnitt geformte Buchsbäume, kegelförmige Wacholdersträucher und Myrtenhecken bilden die Einfriedung für diesen Bereich.

Wenngleich es sich bei Colonnas Schrift »Hypnerotomachia« um einen allegorischen Roman und nicht um eine gartentheoretische Abhandlung handelt, so ist ihr Wert für die konkrete Gartenplanung doch sehr groß gewesen. Franz I., der von der italienischen Gartenkultur so begeisterte Franzosenkönig (1494–1547), ließ seinen Garten in Fontainebleau nach italienischen Vorstellungen anlegen. Er war unter anderem fasziniert von Colonnas eigenwilligen Baum- und Beetfiguren. Ein Jahr vor seinem Tod, 1546, erschien eine gekürzte französische Version der »Hypnerotomachia«. Etwa ein halbes Jahrhundert später wurde Colonnas Werk ins Englische übersetzt und erhielt den Titel »The Strife of Love in a Dream«. Der englische Landschaftsgartenarchitekt William Kent (1685–1748) soll einige Ausgaben davon besessen haben.

Bernard Palissy (um 1510– um 1590)

Colonnas Werk ist also am ehesten dem zweiten gartentheoretischen Typus zuzuordnen, ebenso wie die Gedanken von Bernard Palissy, der1563 in seinem »Recepte véritable« eine vergleichbare Gartenvision entfaltete: Er gliedert seinen Garten, den er, entgegen der in Frankreich gebräuchlichen Praxis,

LINKS UND OBEN:
Holzschnittillustrationen aus Francesco Colonnas »Hypnerotomachia Poliphili«, Venedig 1499
Grab des Adonis (links)
Baumbeschnitt-Variationen (oben)

Florenz, Villa Medicea La Petraia
Ansicht des Parterres von oben

Bagnaia, Villa Lante
Grottenteich

im Norden und im Westen an einen Berg angrenzen ließ, durch Alleen in vier gleich große Abschnitte. Ins Zentrum setzt er, dem Vorbild Colonnas folgend, ein Amphitheater. An den Gartenecken platziert er grottenartige Kabinette, und die Alleen lässt er ebenfalls in kleine Kabinette münden. Über die Gestaltung und Ausstattung gibt Palissy sehr genau Auskunft:

»Das erste Kabinett liegt im Norden, in der Ecke des Gartens und stößt mit dem Fuß an die Berge. Ich errichte es aus gebrannten Ziegeln, die so geformt sind, dass besagtes Kabinett einem Felsen gleicht, den man an Ort und Stelle ausgehöhlt hat. Im Innern sind einige Sitznischen im Mauerwerk.«

Über die Alleen-Kabinette äußert sich Palissy ebenfalls sehr ausführlich. Sie sind ganz aus Ulmen gebildet und haben die Gestalt antiker Tempelchen. In ihrem Innern wachsen Kräuter und Moose.

Skurril und der Zeit entsprechend manieristisch nehmen sich Palissys Beschreibungen aus. Die Gartenanlage scheint allein durch das Alleenkreuz bestimmt, denn er findet keine Worte über die weitere Gestaltung der Quartiere. Stattdessen erachtet er die Grotten und Kabinette, die zum Teil mehrgeschossig und mit Wandelgängen ausgestattet sind, für die bedeutendsten Bestandteile des Gartens. In manchen Gärten der Spätrenaissance und des Barock finden sich Spuren seiner phantasiereichen Vorstellungen wieder, wie beispielsweise in den Boboli-Gärten in Florenz oder in der Villa Orsini in Bomarzo.

Sebastiano Serlio (1475–1554)

Dem italienischen Baumeister und Architekturtheoretiker Sebastiano Serlio verdanken wir die wichtigsten Impulse zur Beetornamentierung. Seine achsensymmetrisch angelegten Knoten- und Spiralornamente prägten nicht nur die Parterregestaltung der Renaissance, sondern besonders auch die des französischen Barock. Sie wurden in vielen Varianten abgewandelt. Im Jahr 1537 erschien Serlios umfangreiche, auf acht Bände angelegte Architekturtheorie »Tutte l'opere d'architettura«. Der achte Band blieb nur Fragment. In seinem vierten Buch veröffentlichte er seine Beetgrundrisse (Abb. gegenüber unten links). Eine deutsche Übersetzung der ersten fünf Bücher erschien im Jahr 1609 in Basel.

Charles Estienne und Johann Peschel

Im Verlauf des 16. Jahrhunderts rückte man allmählich davon ab, Gartenvisionen zu beschwören, und wandte sich stattdessen den praktischen Aufgaben der Gartenarbeit zu. Für den erfolgreichen Pariser Verleger und Mediziner Charles Estienne (1504–64) war der Garten in erster Linie eine Produktionsstätte. Seine »L'agriculture et maison rustique« kam 1564 in Paris heraus. Elf Jahre später erschien auch eine deutsche Übersetzung.

Estienne unterscheidet drei Gartentypen: den Küchen- oder Krautgarten, den Blumen- oder Wurzgarten und den Baum-, Lust- oder Obstgarten. Er platziert den ummauerten Gesamtgarten nördlich vom Haus, von dem aus ein breiter Mittelweg zum Ausgang führt. Unmittelbar an das Haus schließt östlich der Mitteachse der Blumengarten, westlich der Küchengarten an. Diesen folgt auf beiden Seiten je ein Geviert des Baumgartens. Alle Gartenteile können durch Brunnen, die entlang den Mittelwegen liegen, bewässert werden.

Dem Blumengarten schreibt Estienne vorrangig eine ästhetische Funktion zu. Er schlägt vor, den Blumengarten mit einem Laubengang einzufassen, der aus Buchs, Wacholder, Zypressen und Zedern gebildet wird, an denen Jasmin und Rosen ranken. Der Garten soll in zwei gleiche Teile aufgeteilt und mit einem Irrgärtlein und einem Gesäßlin, einer Sitzbank, die mit Rasen oder Kräutern bepflanzt ist, versehen sein. Estienne wünscht für sein Parterre ausdrücklich auch exotische Pflanzen, die die Beete und den Laubengang schmücken, wie beispielsweise Lorbeer, Myrte oder Pinien. Aber auch Palmen sowie Zitrus-, Oliven- und Feigenbäume sieht er vor. Nach seinem Tod sind in der Ausgabe des Werkes von 1600 einige seiner Parterre-Entwürfe veröffentlicht worden, die originelle Knotenornamente vorstellen (Abbn. rechts).

Estienne orientierte sich am zeitgenössischen Garten mit der üblichen Aufteilung in Quadrate. Die Beetordnung und -gestaltung sowie die Laubengänge entsprachen dem typischen Garten des 16. Jahrhunderts. Sein Verdienst war es, erstmals den Garten als System beschrieben und eine Zuordnung von Garten und Haus sowie den dazugehörigen Wirtschaftsflächen vorgenommen zu haben.

Noch detaillierter und ausführlicher als Estienne arbeitet der aus Thüringen stammende Pfarrer Johann Peschel die Gestaltungsprinzipien eines Lustgartens aus. Die 1597 in Eisleben herausgegebene Abhandlung mit dem umständlichen Titel »Garten Ordnung/ Darinnen ordentliche Warhaftige Beschreibung/ wie man aus rechtem grund der Geometria einen nützlichen vnd zierlichen Garten ... anrichten ... sol« beschreibt einen reinen Lustgarten, bei dem weder der wirtschaftliche Nutzen noch die religiöse Erbauung im Vordergrund steht.

Die Maße des Gartens richten sich nach dem vorhandenen Gelände. Für einen Erfurter Ratsherrn entwarf er beispielsweise einen kleinen Stadtgarten, er dachte aber auch über großflächige Anlagen vor den Toren der Stadt nach. Die Grenzen des Gartens, so Peschel, bilden eine Mauer. Innerhalb dieser Einfriedung befinden sich verschiedene Gartenordnungen,

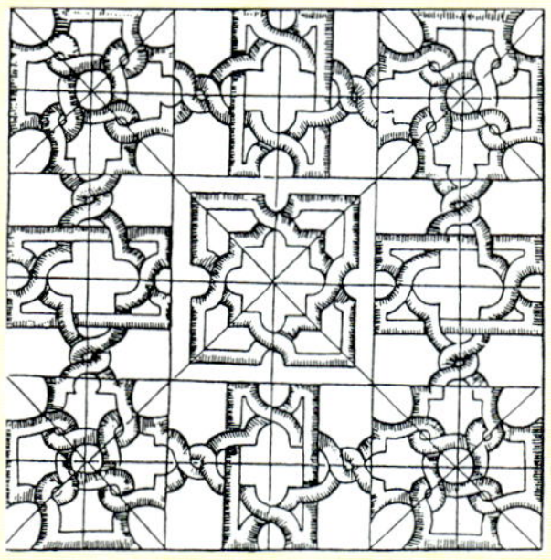

Parterre-Entwürfe. Posthume Abbildungen zu Charles Estiennes »Maison Rustique«, Ausgabe von 1600

UNTEN LINKS UND RECHTS:
Beetgrundrisse, Stich aus dem Vierten Buch von Sebastiano Serlios Traktat »Tutte l' opere d' architettura«, 1537

Parterre der Villa Lante

Einfache (oben) und komplizierte (unten) Beetaufteilung nach Johann Peschels Werk »Garten Ordnung ...«, Eisleben 1597

gemeint sind die Beete, Labyrinthe aus mannshohen Spalieren und die »ad Quincuncem« angeordneten Bäume. Für den zuletzt genannten Gartenbereich, die Quincunx-Pflanzung, entwirft Peschel vier voneinander leicht abweichende Quadratraster mit jeweils einem fünften Baum in der Mitte – etwa so, wie die fünf Punkte auf dem Würfel angeordnet sind:

»Denn allzeit ist eine Ordnung lieblich anzusehen/ darnach wenn die Bewme Ordentlich gesetzet werden/ so kan man ohne alle hinderung der Bawm/ durch den gantzen Garten vnd alle ort desselben sehen.«

Die Spaliere für das Labyrinth, Peschel nennt sie Staketen, sollen mit Hasel- oder Lambertusnüssen versehen sein:

»Aber die eussersten zweene Genge/ pfleget man mit dörnichten gewechse/ als Rosen/ Berberis, Vua crispa Kreuselbeer/ vnd dergleichen aufzusetzen.«

Für das Zentrum des Labyrinths sieht Peschel einen Pavillon oder einen Springbrunnen vor. Besonders aufwändig handelt er die Beetornamentierung ab. Aus einfachen Mustern entwickelte er differenziertere Beetgestaltungen. Seine Grundform ist das Quadrat, in das er einen Kreis einpasst, der durch Diagonalen oder Kreuzformen durchbrochen ist. So bilden sich T- und Hakenformen sowie die entsprechend ausgesparten Kreissegmente. Peschel entwirft eine Art Beet-Baukasten, mit dessen Hilfe die verschieden gestalteten Teile in immer wieder neuen Konstellationen zusammengesetzt werden können (Abbn. links). Die Wege und Gänge empfiehlt er zu pflastern. Dem Gartenbesitzer, den Gras in den Ritzen stört, empfiehlt er Sandwege.

Die Gartentheorie von Johann Peschel ist streng zweidimensional konzipiert. In seinen Überlegungen berücksichtigt er weder die Gestalt des Geländes noch die Ausrichtung der Anlage. Er sieht weder Terrassen noch Wasserläufe oder Bassins vor. Stattdessen skizziert er die einzelnen Schritte des Gartenentwurfs und erläutert genau, wie die Atelierentwürfe auf das Gelände übertragen werden können.

Die Ausführungen von Estienne und Peschel, so unterschiedlich sie auch sind, gehören dem dritten, dem pragmatischen Typus an. Beide Autoren gehen vom mittelalterlichen Garten aus, begründen aber mit ihren neuen Ideen und Entwürfen viele Gestaltungsmöglichkeiten des Renaissancegartens. Dabei sind besonders die phantasiereichen Grottenentwürfe Estiennes und die Beetmusterungen Peschels hervorzuheben.

Der Garten des Johann Schwind in Frankfurt
Kolorierter Kupferstich von Matthäus Merian d. Ä. in »Florilegium renovatum et auctum«, 1641
Frankfurt a. M., Historisches Museum

Olivier de Serres (1539–1619)
Olivier de Serres, Sieur du Pradel, war wohl der erste Theoretiker, der den Garten in den Bannkreis der höfischen Kunst einbezog, indem er den *bon sens* zum alleinigen Bewertungsmaßstab erhob. Damit dürfte wohl der entscheidende Schritt vom Renaissance- zum Barockgarten vollzogen worden sein. In seiner Schrift »Le Théatre d'Agriculture et Mesnage des Champs« (Paris 1600), die bis zum Tode des Autors sieben Neuauflagen erlebte, vergleicht de Serres das Entwerfen eines Parterres mit der künstlerischen Tätigkeit des Malers. Unter den vier Gartentypen hebt er neben dem Wurzel-, Kräuter und Obstgarten, den *bouquetier* als Lustgarten »nach Erfindung und Phantasie des Herrn mehr zur Lust denn zum Nutzen« besonders hervor. Die vier Gärten sind durch Alleen oder Laubengänge voneinander getrennt. Über den *bouquetier* schreibt de Serres:

»... er muss am Haupteingang in die Gärten liegen, denn er ist mit seinen Parterres und schönen Kompartimenten der Erste, auf den man stößt, und sein Anblick bereitet viel mehr Vergnügen als der der entfernteren.«

Der Autor unterscheidet zwischen Kompartimenten, Quartieren und Parterres. Bei einem Kompartiment handelt es sich um eine größere ornamental bepflanzte Beeteinheit. Mehrere Kompartimente, die voneinander durch Wege oder Alleen getrennt sind, bilden zusammen ein Quartier *(quarreau)*. Die Einheit mehrerer Quartiere wird schließlich Parterre genannt. De Serres empfiehlt größere und kräftigere Pflanzen an markanten Stellen, beispielsweise zur Rahmung der Quartiere und zur Begleitung von Alleen. Niedrige und zarte Pflanzen sollen dagegen die Kompartimente und andere feingliedrige Teile des Parterres einfassen:

»Durch diese proportionale Verteilung nimmt sich das ganze Parterre sehr gut aus, ähnlich wie ein mit mächtigen Borten geziertes Kleid oder ein mit einem Rahmen geschmücktes Bild, das durch die erhabene Umrandung an Glanz gewinnt.«

De Serres favorisiert den Buchs als Einfassungspflanze, da sich dieses Gewächs leicht zu vielfältigen Figuren wie Pyramiden, Menschen, Tieren oder Säulen formen lässt. Sicherlich waren ihm bei dieser Vorstellung die phantasiereichen Buchsfiguren aus Colonnas »Hypnerotomachia« hilfreich.

Es ist festzuhalten, dass de Serres wie auch die anderen Theoretiker sich noch immer am mittelalterlichen Gartenschema orientieren, das sich aus den verschiedenen Gartentypen zusammensetzt. Auffallend aber ist die deutliche Zuweisung der Gartengestaltung zur bildenden Kunst. Der *bouquetier* löst sich allmählich aus dem landwirtschaftlichen Umfeld und gewinnt als Schlossgarten eine neue Bedeutung, wobei nun ausschließlich ästhetische Maßstäbe für seine Gestaltung geltend gemacht werden.

Giardino Giusti, Verona
Der Giardino Giusti aus den 70er Jahren des 16. Jahrhunderts ist einer der ältesten Renaissancegärten in Norditalien. Goethe lobte an ihm seine »treffliche Lage« und seine großen Zypressen.

ABBILDUNG S. 48/49:
Toskanische Hügellandschaft
Auch heute noch finden sich in der Toskana zahlreiche Ausblicke auf die Landschaft, wie sie Gemälde der Renaissance zeigen.

Der italienische Renaissancegarten

Villa dell' Ambrogiana
Gemälde von Giusto Utens, um 1600
Florenz, Museo Topografico »Firenze com'era«

Florenz, Villa Palmieri
Skulptur im Garten der Villa

Villa Palmieri in Florenz
»Auf dem Gipfel dieser Anhöhe stand ein Palast mit einem schönen und großen Hofraum in der Mitte, reich an offenen Gängen, Sälen und Zimmern, die, sowohl insgesamt als jedes für sich betrachtet, ausnehmend schön und durch den Schmuck heiterer Malereien ansehnlich waren. Ringsumher lagen Wiesen und reizende Gärten mit Brunnen voll kühlem Wasser und Gewölben, die reich an köstlichen Weinen waren, so dass sie eher für erfahrene Trinker als für mäßige, sittsame Mädchen geeignet schienen.«

Diese Zeilen aus Giovanni Boccaccios »Decamerone«, begonnen im Jahr 1348, umreißen mit wenigen Worten einen typischen italienischen Renaissancegarten. Bei dem »Palast« handelt es sich um ein Landgut oder um eine Villa, die auf einem Hügel in der Nähe der Stadt lag – »nur zwei kleine Meilen« entfernt, wie der Dichter an anderer Stelle schrieb. Wiesen und Gärten umgaben das Gebäude. Die erwähnten Brunnen, die mit Blumen übersäte Wiese oder die von Wein umrankte Pergola mögen an mittelalterliche Lustgärten erinnern. Wenn man zudem noch Boccaccios Gartenschilderung in seiner 1342 verfassten »Amorosa Visione« studiert, dann glaubt man, spätmittelalterliche Paradiesgärtlein, wie sie von den frühen Niederländern oder den Künstlern der Kölner Schule gemalt worden sind, vor Augen zu haben. Boccaccios Situationsbeschreibung aber zielt schon auf den neuzeitlichen Garten, da er dem Müßiggang des Besitzers und den höfischen Vergnügungen seiner Gäste dienen soll.

Boccaccios anmutige Schilderungen gehen auf einen konkreten Garten zurück, auf den der Villa Palmieri in Florenz. Die Anlage existiert leider nicht mehr. Sie wurde 1697 vollständig zu einem Barockgarten umgestaltet und im 19. Jahrhundert durch zusätzliche Gartenbereiche erweitert. Die Gartenschilderungen Boccaccios sind jedoch nachvollziehbar in einem einzigartigen Dokument, dem Gemäldezyklus von Giusto Utens: Der Maler flämischer Herkunft hat die Villen der berühmten Herzogsfamilie Ende des 16. Jahrhunderts im Auftrag Ferdinands I. de'Medici in vedutenhafter Manier festgehalten. Utens malte die Ansichten in die Gewölbekappen des Festsaals der von Bernardo Buontalenti errichteten Villa La Ferdinanda. Heute befinden sich die vierzehn Veduten im Lünettenformat im Museo Storico Topografico in Florenz (Abb. oben). Die Villen und ihre Gärten sind in der Vogelperspektive dargestellt, daher kann man die architektonischen und gartenkünstlerischen Details genau studieren. So erhält man einen anschaulichen Einblick in die Entwicklung des toskanischen Villengartens ab der Mitte des 14. Jahrhunderts.

Villa Cafaggiolo

Oberhalb des Ortes Cafaggiolo nördlich von Florenz im Stammland der Medici erhebt sich die Villa Cafaggiolo, die im 14. Jahrhundert als Kastell erbaut und unter Cosimo de' Medici von Michelozzo di Bartolomeo im Jahr 1451 zum herrschaftlichen Landsitz ausgebaut wurde (Abb. rechts). Heute präsentiert sich das Villenkastell oberhalb des Sievetals vor einer eindrucksvollen Waldkulisse. Vor vierhundert Jahren jedoch erhoben sich die im oberen Geschoss auskragenden und mit flachen Zeltdächern bedeckten Türme und Wohntrakte inmitten einer weiten kultivierten Landschaft, wie Utens Lünettenfresko zeigt. Die wehrhaften Kastellmauern sind von einem Wassergraben umgeben, über den eine Zugbrücke zum Torturm führte. Die Villa und der Gartenbereich sind teilweise von Zäunen und Mauern umfriedet. Mal säumen zierliche Obstbäume, mal dichtes Buschwerk die Zäune und Mauern. Noch heute sind links der Villa Teile der Wirtschaftsgebäude wie Ställe, Getreidespeicher und die Unterkünfte für das Dienstpersonal erhalten geblieben. Die Bereiche vor dem Kastell und seitlich waren landwirtschaftlich genutzt. Weinberge, Felder und Obstgärten umgaben das Villenterrain.

Florenz, Villa Cafaggiolo
Detail aus einem Gemälde von Giusto Utens, um 1600
Florenz, Museo Topografico »Firenze com'era«

Heutige Ansicht der Villa Cafaggiolo und des Gartens

Florenz, Villa Medici in Careggi
Michelozzo di Bartolomeo wurde 1457 von Cosimo de' Medici mit dem Bau der Villa beauftragt.

Sowohl bei dem Fresko von Utens als auch teilweise noch am heutigen Bau lassen sich die von Michelozzo vorgenommenen Umbauten nachvollziehen. Er deckte den Torturm und den mächtigen Bergfried mit flachen Zeltdächern und verbreiterte die Schießscharten zu Fenstern. In dieser Zeit wandelte sich das Kastell zur Sommerresidenz der Medici. Damals dürfte auch der Garten im rückwärtigen Villenbereich angelegt oder ausgebaut worden sein. Auf dem Fresko lässt sich ein Parterre erkennen, das durch eine Mittelachse und zwei Querachsen gegliedert ist. Es enthält sechs quadratische Beetkompartimente, die keine Ornamentierung erkennen lassen, aber offensichtlich von einer niedrigen Buchshecke eingefasst sind. Die Mittelallee läuft auf einen Brunnen zu, der von Pergolen flankiert wird. Auf der linken Seite, durch einen Zaun abgetrennt, sind weitere kleinere Beete zu erkennen. Wahrscheinlich handelt es sich dabei um den Kräutergarten.

Von einem typischen Renaissancegarten kann hier noch nicht die Rede sein. Pergola, Brunnen und die mit Buchs eingefassten großen Beetflächen – nehmen wir an, sie waren mit Blumen übersät – erinnern an Boccaccios Schilderungen. Zu dieser Zeit begann sich der Garten als Ort der Muße, Meditation und des geselligen Beisammenseins durchzusetzen. Die spezifischen künstlerischen Formen und Attribute entwickelten sich erst allmählich im Verlauf des 15. und 16. Jahrhunderts.

Es sei noch angemerkt, dass der Garten der Villa Cafaggiolo im 19. Jahrhundert einer weiten Rasenfläche mit hohen Zedern und aus England importierten Trauerweiden weichen musste.

Villa Medici in Careggi/Florenz

Leon Battista Alberti entsprechend, der eine stadtnahe Landvilla auf einem Hügel empfahl, ließ Cosimo I. de' Medici im Jahr 1457, also fünf Jahre nach dem Erscheinen von Albertis Werk »De Re Aedificatoria«, ein bereits Jahrzehnte zuvor erworbenes Herrenhaus in Careggi nordwestlich von Florenz umgestalten und erweitern. Er beauftragte seinen Hausarchitekten Michelozzo mit den Arbeiten. Gegen Ende des 15. Jahrhunderts wurden der Westfassade niedrigere Seitenflügel angefügt, die auf Pläne von Antonio da Sangallo d. Ä. zurückgehen (Abb. oben).

In der Villa Careggi oberhalb von Florenz trafen sich auf Einladung Cosimos die Humanisten Marsiglio Ficino, Pico della Mirandola und Angelo Poliziano sowie Künstler und Architekten wie Donatello, Michelangelo Buonarotti oder Leon Battista Alberti, um über die Philosophie Platons zu debattieren und auch den Geburtstag des antiken Philosophen am 17. November zu feiern.

Jacopo Pontormo
Cosimo il Vecchio, um 1518–19
Holz, 86 x 65 cm
Florenz, Galleria degli Uffizi

Eine überschwängliche Einladung Cosimos ist mit folgenden Worten überliefert: »Gestern kam ich zur Villa Careggi, nicht um mich um meine Felder zu kümmern, sondern um meine Seele. Komme so bald wie möglich zu uns, Marsiglio! Bringe mit dir Platos Buch ›Vom höchsten Glück‹!«

Möglicherweise wurde dort, angeregt von Leon Battista Albertis Gedanken, auch die Position des Gartens zwischen Villa und Landschaft eingehend diskutiert. Dieses Thema sollte fortan die Anlage des neuzeitlichen Gartens bestimmen. Die Villa und ihr Garten wurden zu einem Bestandteil der humanistischen Philosophie – darin wurde eine neue Lebensauffassung sichtbar: Der Mensch schafft sich seinen *locus amoenus*, sein Paradies, selbst. So wie Gott die Natur und den Menschen erschaffen hat, so wiederholt der Mensch in der Kultivierung der Natur den Schöpfungsprozess. In dieser ihm angepassten Natur konnte der Mensch frei über seine Gefühle bestimmen und versuchen, sich entsprechend seiner individuellen Bedürfnisse im Leben einzurichten.

Die Längsachse des Gartens ist zur Villa hin ausgerichtet. Das Gefälle des Geländes wird durch Terrassen bewältigt, die ursprünglich mit ornamentierten Beeten und Brunnen versehen waren. Heute ist davon natürlich nichts mehr erhalten, doch kann man – abgesehen von den hohen Laubbäumen – in der Gartenstruktur noch einen Abglanz des ehemaligen Renaissancegartens erahnen. Das vorderste Parterre des südlichen Hauptgartens wird von einem Mäuerchen abgeschlossen und ist mit kleinen Terrakottatöpfen geschmückt. Es ist anzunehmen, dass – ähnlich wie in Cafaggiolo – Pergolen zu diesem Gartenbereich gehört haben. Ebenso gehen möglicherweise auch die gewachsenen Lauben mit Bänken, die heute das Wasserrondell umstehen, auf die ursprüngliche Gartenausstattung zurück. Eines der kostbarsten Stücke des Gartens war der um 1465 entstandene Brunnenputto von Andrea del Verrocchio, der heute im Hof des Palazzo Vecchio in Florenz aufgestellt ist.

Die von Sangallo angefügten Seitentrakte waren im Obergeschoss als Loggia ausgebildet. Die Loggia in der nach Südwesten gelegenen Ecke war nach drei Seiten – also auch zum Garten hin – offen. Ein vergleichbares Ensemble von Haus und Garten hat ja schon Boccaccio in seinem »Decamerone« beschrieben. Die dem Garten zugeordnete Loggia der Villa Careggi ist beispielhaft für viele Villenbauten des 16. Jahrhunderts geworden.

Villa Medici in Fiesole

Später zog die »Platonische Akademie« in die ebenfalls von Michelozzo umgebaute Villa Medici nach Fiesole um. Deren Renaissancegarten ist trotz der im Laufe der Jahrhunderte erfolgten Veränderungen noch recht gut erhalten (Abb. oben). Die der Villa vorgelagerte Gartenterrasse wurde gewissermaßen als Naturwohnraum genutzt. Das Parterre, das sich unterhalb dieser Terrasse ausbreitet, war möglicherweise ursprünglich ein Obst- und Gemüsegarten. Entlang den Stützmauern soll eine mit Wein umrankte Pergola gestanden haben. Die anschließende Hauptterrasse diente mit einem kleinen *giardino segreto*, einem abgeschiedenen Gartenbereich, den Mitgliedern der Akademie als ganz besonders angenehmer Aufenthaltsort (siehe hierzu S. 90–99). Dort wurde im Angesicht des Arno-Tals und der Stadt Florenz über die Philosophie Platos diskutiert – gerade so, wie Cosimo es sich gewünscht hatte.

Fiesole, Villa Medici
Gartenterrasse unterhalb der Villa und der an sie anschließenden Hauptterrasse

Weniger die Gestaltung der Parterres, dafür aber die Gesamtanlage der Gartenterrassen ist erhalten geblieben. Die mit Statuen und Säulen geschmückten Balustraden, die Zypressen und die mit Buchshecken und Buchskugeln ornamentierten Kompartimente sowie die von Terrakottaschalen gesäumten Sandwege vermitteln noch heute einen guten Eindruck von der ursprünglichen Gestaltungsweise. Die beiden Medici-Villen mit ihren Gärten in Careggi und Fiesole zählen zu den frühesten Vertretern ihrer Art.

Villa Medici in Castello

Der Renaissancegarten der Villa Castello ist zwar ebensowenig bis auf den heutigen Tag vollständig erhalten geblieben, doch hat man Wert auf die Bewahrung der alten Gartenstrukturen gelegt. Castello, unweit von Careggi gelegen, wurde 1477 von den Medici erworben. Sie ließen das aus dem 13. Jahrhundert stammende Kastell zu einer herrschaftlichen Villa umbauen. Ihre heutige Gestalt verdankt die Villa Cosimo de' Medici, der das Gebäude und den Garten 1538 von Niccolò Tribolo neu errichten und anlegen ließ (Abb. unten). Das Parterre in Giusto Utens Lünettenfresko entspricht in der Anlage der heutigen Situation. Sogar der von Tribolo gestaltete Herkulesbrunnen auf der zentralen Allee, die von der Mittelachse des Gebäudes ausgeht, ist erhalten geblieben. Das daran anschließende dichte Wäldchen mit dem Venusbrunnen wird man allerdings vergeblich suchen. Ein in die Alleenkreuzung eingelassenes Mosaik erinnert an den einstigen Standort des Brunnens. Bei der Venus handelte es sich um ein Werk Giovanni da Bolognas aus der zweiten Hälfte des 16. Jahrhunderts. Im 18. Jahrhundert wurde die Statue in die Medici-Villa La Petraia gebracht. Bei dem Wäldchen soll es sich um ein Labyrinth aus hohen Zypressen, Lorbeer- und Myrtenbäumen gehandelt haben. Die Besucher, die durch diesen Irrgarten spazierten, sollten durch das unvermittelte Auftauchen der Venus überrascht werden.

Die Beetkompartimente sind kunstvoll mit Buchshecken gestaltet. Sie bilden Dreiecke und sparen Kreisformen aus, in denen Kugelbuchsbäume stehen. Die Hauptallee führt zur Umfassungsmauer des Parterres und zu einer Grotte mit Tieren, die sich so präsentieren, als ob sie gerade erst von Gott in die Welt gesetzt worden wären (Abbn. S. 58/59). Die manieristischen Tiergruppen aus Stein und farbigem Marmor gelten als das Werk Antonio di Gino Lorenzis. Der Gedanke des so genannten zweiten Schöpfungswerkes, wie ihn die Philosophen der Akademie erörterten, wird hier anschaulich. Diese Grotte ist andeutungsweise auch im Lünettenfresko von Utens zu erkennen. Dahinter, jenseits eines Bächleins, befindet sich ein Wald in der Form des Quincunx. Nachdem man ihn durchquert hat, gelangt man zu einem großen Bassin, in dessen Mitte sich ein felsiges Inselchen erhebt. Hier hockt der Flussgott Apennin (Abb. gegenüber), den Bartolomeo Ammannati 1565 geschaffen hat.

Grotten, Irrgärten und kleine Berge, so genannte Montagnetten, Bassins mit Felsen und Brunnenfiguren sowie raffinierte Wasserkünste gehörten zur festen Ausstattung eines herrschaftlichen Renaissancegartens. Selten jedoch fanden sich diese Attribute in einem einzigen Garten vereint.

ABBILDUNG GEGENÜBER:
Florenz, Villa Medici in Castello
Brunnenfigur des »Apennin« im Garten der Villa. Die 1559 von Bartolomeo Ammannati geschaffene Skulptur ziert die Mitte eines großen Bassins im höher gelegenen Teil des waldartigen Gartens.

ABBILDUNG S. 56/57:
Florenz, Villa Medici in Castello
Nahaufnahme der lang gestreckten Gartenfassade der Villa und des Parterres vor der Villa. Der Hauptbrunnen rechts wurde von Niccolò Tribolo entworfen und war ursprünglich von Bartolomeo Ammannatis Bronzestatue des Herkules im Kampf mit Antaeus (1560) bekrönt.

Florenz, Villa Medici in Castello
Luftaufnahme der Villa mit dem Garten hinter dem Gebäude, wie er sich nach der Umgestaltung Ende des 18. Jahrhunderts präsentiert.

Villa Medici La Petraia in Castello/Florenz

Die kleine Ortschaft Castello, heute nach Florenz eingemeindet, wartet mit einer weiteren typischen Landvilla der Renaissance auf. Das einstige Herrenhaus La Petraia aus dem 13. Jahrhundert ging im 15. Jahrhundert an die vermögende Familie Strozzi über. Im Jahr 1530 übernahmen die Medici die Villa. Nachdem Ferdinando de' Medici 1591 den Landsitz von seinem Vater Cosimo geerbt hatte, entschloss er sich, das Anwesen in einen Sommersitz zu verwandeln. Für die Arbeiten beauftragte er den Ingenieur und Schauspieldirektor Bernardo Buontalenti. Ihm sind auch die Anlagen des Gartens längs dem Gebäude zu verdanken. Heute läßt sich der ehemalige Renaissancegarten in seiner ursprünglichen Terrassierung und Parterre-Struktur noch sehr gut nachvollziehen.

Unterhalb der Villa öffnet sich das Hauptparterre, zu dem eine zweiläufige Treppe führt. Die Anlage gliedert sich in zwei Bereiche mit Buchshecken, die sich zu typischen Renaissanceornamenten zusammensetzen. Der dreischalige Brunnen, im Zentrum der Mittelachse gelegen, stammt aus dem 18. Jahrhundert. Die Lunette von Utens zeigt übrigens, dass die Struktur der Anlage kaum verändert worden ist. Das Parterre rechts der Villa wurde im 18. Jahrhundert in einen »Figurengarten« umgewandelt. Man ließ im Zentrum einen Brunnen installieren, der die von Giambologna geschaffene Bronzefigur der Venus trug. Dort wo früher eines der beiden seitlichen Casinos stand, befindet sich heute ein Pavillon, von dem man einen herrlichen Blick über die östlich von Castello gelegenen Hügel der Toskana werfen kann.

Florenz, Villa Medici La Petraia
Luftaufnahme der Villa und der formalen Gartenpartien

ABBILDUNGEN S. 58/59
Florenz, Villa Medici in Castello
Die manieristischen Tiergruppen, die sich in der Grotte des Gartens befinden, wurden von Antonio di Gino Lorenzi aus Stein und farbigem Marmor gefertigt.

Villa Pratolino (Villa Demidoff)
Gemälde von Giusto Utens, um 1600
Florenz, Museo Topografico »Firenze com' era«

Villa Demidoff in Pratolino

Die einzigartige Gartenanlage von Pratolino, wenige Kilometer nördlich von Florenz gelegen, muss den Zeitgenossen wie ein Wunderwerk erschienen sein, wähnten sie sich auf diesem Gelände doch in einer paradiesischen Welt. Die glanzvollen und phantasiereichen Pflanzungen, Skulpturen und technischen Installationen aus der Zeit der Medici sind versunken. Nur noch dürftige Reste bieten sich dem suchenden Auge des Besuchers. Der heute zur Villa Demidoff gehörende Park, benannt nach den Besitzern aus dem 19. Jahrhundert, vermag allenfalls mit seinen hundertjährigen Bäumen und den weiten Wiesen zu überraschen. Doch glücklicherweise besitzen wir die ausführliche Beschreibung des deutschen Ingenieurs, Architekten und Gartenspezialisten Heinrich Schickhardt, der die Villa und den Garten kurz nach seiner Vollendung besuchte. Der württembergische Hofbaumeister machte auf seiner zweiten Italienreise im Jahr 1600 gemeinsam mit Herzog Friedrich von Württemberg in Pratolino Station. Um sein Herzogtum zu verschönern und baulich zu verbessern, beauftragte der Herzog seinen Baumeister, ausführliche Studien im »Land der Wunder« vorzunehmen. Schickhardt führte detailliert Tagebuch, das 1602 in Mömpelgard (Montbéliard) veröffentlicht wurde. Es enthält neben seinen ausführlichen Schilderungen auch zahlreiche Skizzen von den einzelnen Gartenelementen und besonders von den Wasserkünsten. Mit Hilfe seiner Aufzeichnungen und des Lünettenfreskos von Utens (Abb. oben) können wir uns heute ein recht genaues Bild von diesem Renaissancegarten machen, der seinerzeit zu den berühmtesten Gärten Europas zählte.

Pratolino, Villa Demidoff
Noch heute lassen sich hier Brunnenfiguren der Renaissance entdecken.

»Bratelino. Ist ein herrlich schöner wolgezierter Lustgarten, dergleichen diser Zeit, in gantz Italien kaum soll gefunden werden, dem Großhertzogen von Florentz gehörig, in welchem fürnemblich zu sehen ist, ein Fürstlich Palatium … Aussen an disem Pallast, ist ein Altona, darvon man an zweyen Orten, gegen den Weihern, in den Garten hinunder auff umbgelenderten Stainenstafflen, so sich in die runde gleich einem Schnecken ziehen, gehen kan.«

So beginnt Schickhardt seinen Tagebucheintrag über Pratolino. Francesco I. de' Medici begann ab 1561, Gebäude und Gelände in dieser Gegend aufzukaufen, und ließ bis etwa 1581 vom Ingenieur und Schauspieldirektor Bernardo Buontalenti die Villa errichten und den Garten anlegen. An diesem Ort wollte der Medici-Fürst sich und seiner Geliebten Bianca Cappello ein lustvolles und intimes Refugium schaffen. Schickhardts Beschreibung kann am Lünettenfresko nachvollzogen werden. Vom vorgezogenen Mitteltrakt der Villa aus tritt man auf eine Altane, von der aus zwei geschwungene Treppenläufe und eine weitere zweiläufige Treppe hinunter in den Park führen. Wendet man sich dort wieder dem Haus zu, so gelangt man zu einer Grotte, die den württembergischen Ingenieur und Baumeister in Erstaunen versetzte:

»… man geht in ein Gewölb, oder wie sie es nennen Grotta under das Palatium, darinnen mancherley schöne Wasserwerk, gantz Künstlich angerichtet, dergleichen in Italien kaum gesehen werden. Dise Grotta hat wohl sechs underschidliche Gewölber, oder Gemach, an welchen vil, so wol an Wänden, alß oben an dem Gewölb, von geflossnem Bergstein überzogen, dazwischen mit mancherley Meermuscheln, seltzamen Schnecken, Corallenzincken und andern schönen Gestain versetzt, gibt darzu überall Wasser, das es alles gantz Wild und Seltzam zu sehen.«

Schickhardt fertigte einen Grundriss des Grottenbaus an, der sich unterhalb der Altane und teilweise unterhalb der Villa erstreckte. Die große Grotte wird »grotta del diluvia« genannt, da sie unter Wasser gesetzt werden kann. Halbkreisförmig angeordnete Stufen führen weiter zu einem Gang, der zur nächsten Grotte überleitet. Diese wird Galatea-Grotte genannt nach einer Skulptur, die die von Delphinen gezoge Meeresgöttin zeigt. Die sechs weiteren von Schickhardt erwähnten Gewölbe sind mit Röhren und hydraulischen Vorrichtungen ausgestattet, die Figuren in Bewegung setzten, Musik erklingen und Wasserfontänen hervorsprudeln ließen. Diese Wasserkünste waren für Schickhardt neu, und man kann leicht die Faszination nachvollziehen, die diese »fortschrittliche« Technik auf ihn ausübte:

»An den Wänden herumb, hat es vil Vertieffungen, darin vil unnd mancherley Bilder stehen, so zum theil von Meß [Messing], zum theil von Marmelstein, und zum theil von eitel Muscheln, zusamen gesetzt seind, die geben fast alle Wasser. Viel seind darunder, die sich bewegen, unnd etwas arbeiten, alß einer Schleifft auff einem Stein, ein anderer treibt Ochsen, zwo Endten Trinken auß einem Bächlein, unnd richten darnach die Köpff über sich, vil Ederen [Eidechsen], Frösch, Schlangen und dergleichen Thierlein, sitzen hin und wider auff den schroffechten Stainen, geben zum theil spritzwasser, item ein Globus wird durch das wasser umbgetriben.«

Um 1600 war die deutsche Schreibweise auch bei Gelehrten noch sehr uneinheitlich. Auffallend ist, dass Schickhardt die Großschreibung für Verben und für Substantive wählt, die ihm sehr bedeutsam erscheinen. Mechanisch bewegte Enten, die trinken, oder einen Steinschleifer empfindet er als sensationell. Um sich die technische Funktionsweise vor Augen zu führen, fertigte er Skizzen an. So zeichnete er ein mit Tieren besetztes Rad, das durch Wasserkraft angetrieben wurde und eine Tierjagd suggerieren sollte. Die »Wandelnde Jungfrau« wird über ein Kettensystem in Bewegung gesetzt (Abbn. rechts oben):

»... da gehet ein Jungfrauw, von Kupffer gemacht, in der grösse ungefahr zwen Schuch hoch [ca. 60 cm] hin und wider spazieren, tregt in der Handt ein Kesselin.«

Wie das Lünettenfresko von Utens zeigt, führt die Hauptallee vom Ausgang der Grotten aus südwärts durch das Parkgelände auf ein großes Wasserbassin zu. Hier erhebt sich rechter Hand inmitten baumbestandener Kompartimente ein Hügel:

»Über jetzt erzelte Wasserwerk, wirdt in disem Garten auch gesehen ein gemachter Berg, ungefahr

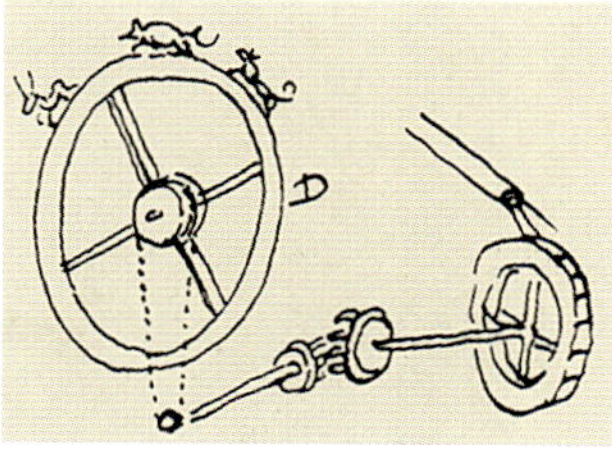

Schickhardt-Zeichnung aus dem Garten der Villa Pratolino: Tierjagen

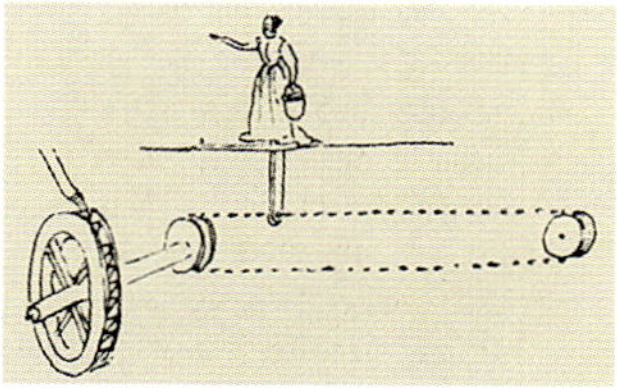

Schickhardt-Zeichnung: Wandelnde Jungfrau

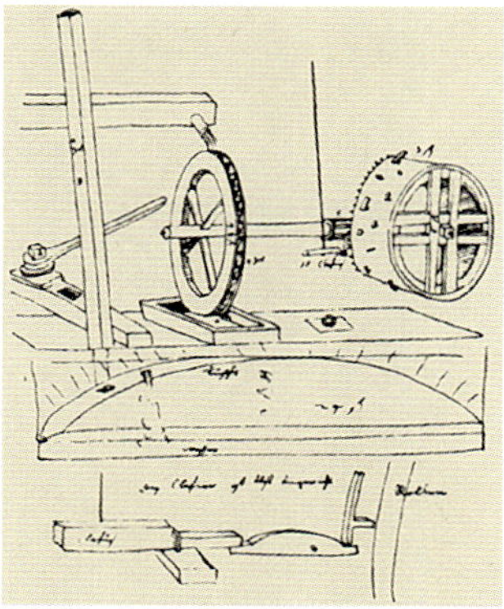

Schickhardt-Zeichnung: Maschinerie des Orgelwerks

Pratolino, Villa Demidoff
Kopf der Kolossalfigur des »Apennin« von Giovanni da Bologna, um 1580

auf zwanzig Schuch hoch [ca. 6 m], von vilen seltsamen Wilden Schroffen unnd rauwen Stainen auff einander gelegt, darzwischen Graß und Hecken herauß wachsen, zu oberst desselbigen, ist ein Weiß springendt Pferdt, mit zweyen Flügeln, gleich darunder, bey einem kleinen Thürlin, sitzen neun Musä, mit dem Apollo, von Stein gehauwen, es sitzen unnd stehen auch noch vil andere mehr Bilder an disem Berg herumb.«

Dieser Montagnetto, der künstliche Berg, wird als Parnass mit Apoll, den Musen und dem geflügelten Ross Pegasus vorgestellt. Eine detaillierte Zeichnung von Giovanni Guerra aus dem Jahr 1604 gibt das genaue Aussehen dieses Hügels wieder. Solche kleinen Berge waren in Gärten ab dem späten 15. Jahrhundert populär – besonders natürlich in einer ebenen Landschaft. Die Familie der Este beispielsweise ließ in ihrem Schlossgarten in Ferrara einen verhältnismäßig hohen Berg anlegen, der mit Bäumen bepflanzt wurde, so dass ein Boschetto-Hügel entstand. Das in Pratolino dem Berg benachbarte Theater diente kurzweiligen Aufführungen – gewissermaßen inspiriert von Apoll und den Musen. Der Berg war aber nicht nur eine Kulisse für das Theater, sondern auch eine Art monumentales Musikinstrument:

»Inwendig des Bergs, ist ein Orgell, die wird vom wasser getriben, hat zwey Register, ein Principal und ein Octave, gar Künstlich angerichtet, wann die Orgel angelassen wird, und einer im Garten spazieren gehet, hat es das ansehen, als ob man ein Music höret, von den Musis, so auff dem Berg sitzen.«

Und wieder erforschte Schickhardt die Mechanik, indem er durch einen Rundbogen den Berg betrat. Die von ihm ausgeführte Zeichnung ist selbsterklärend und bedarf kaum der Erläuterung (Abb. links). Schickhardt besuchte auch den nördlichen Parkbereich, der auf dem Lünettenfresko nicht zu sehen ist, wohl aber auf einem Holzschnitt von Bernardo Sanzone Sgrilli aus dem Jahr 1742. Ein Parterre zieht sich hügelaufwärts zu einem halbrunden Wasserbassin. Dort erblickte der württembergische Hofbaumeister: »... auf einem sehr grossen Postament kniehet ein uberaus groß Staine Bild, under welchem das Wasser in den Weyher herunder felt, mit grossem rauschen.« Es handelt sich hier um eine der wenigen heute noch erhaltenen monumentalen Gartenskulpturen, um die Personifikation des Apennin (Detail links und Abb. S. 65 oben). Die etwa zwölf Meter hohe Figur aus der Zeit um 1580 stammt wahrscheinlich von Giovanni da Bologna. Hinter der Kolossalfigur ragte ein Hügel mit heute nicht mehr erhaltenen Grotten auf, die nach Schickhardts Aufzeichnungen ebenfalls mit Wasserkünsten ausgestattet waren, unter anderem mit einem zierlichen Brunnen. Im Holzschnitt von Sgrilli kann man ferner ein kreisrundes Labyrinth erkennen, das

ABBILDUNG GEGENÜBER:
Pratolino, Villa Demidoff
Landschaftspark mit Blick auf die Villa

Pratolino, Villa Demidoff
Teich, im Hintergrund die Kolossalfigur des »Apennin« von Giovanni da Bologna, um 1580 (oben)
Männliche Figur mit Adler in der Waldregion (rechts)

sich hinter dem Grottenhügel befindet. Die schematische Darstellung des Irrgartens dürfte wohl kaum der tatsächlichen Bepflanzung entsprochen haben. Sgrilli hat sich wahrscheinlich an dem damals populären Labyrinth-Buch von Lelio Pittoni orientiert, das 1611 in Mantua erschienen und für die italienischen Barockgärten maßgeblich geworden war. Auf Sebastiano Serlios Labyrinth-Entwürfe im Zusammenhang mit den Renaissancegärten in Rom und in Latium kommen wir unten noch zu sprechen. Der Irrgarten in Pratolino dürfte ähnlich wie der in Castello mit hohen Zypressen und Myrtenbäumen gestaltet gewesen sein. Häufig führten die Kieswege zu kleinen Gartenkabinetten mit Steinbänken oder verborgenen Lauben, die den Irrenden Ruhepausen ermöglichten.

Villa Medici in Rom

Die Forschung ist sich nicht einig darüber, welcher der Villengärten als erster Renaissancegarten zu gelten hat. Ist es der Garten der Medici-Villa in Careggi, dessen Nachfolgegarten in Fiesole, oder sind es die Gärten in Rom, die schon bald nach der Rückkehr der Päpste aus der »Babylonischen Gefangenschaft« in Avignon 1377 angelegt wurden? Da von diesen Gärten nichts erhalten geblieben ist, muss die Frage vielleicht etwas anders gestellt werden: Welcher ist der erste typische italienische Renaissancegarten? Wahrscheinlich lässt sich diese Frage am besten vor dem Hintergrund eines untypischen römischen Renaissancegartens diskutieren, eines – wenn man so will – in florentinischer Manier angelegten Gartens, gegen den sich die neue und revolutionäre römische Gartenkunst entschieden absetzte. Es ist dies der Garten der Villa Medici, den Kardinal Ricci di Montepulciano von dem Baumeister Annibale Lippi im Jahr 1544 zusammen mit der neuen Villa entwerfen ließ (Abbn. S. 66–70). Im Stich von Giacomo Lauro (Abb. rechts) sind die Gestaltungselemente sehr gut zu unterscheiden. Das Hauptparterre ist von einer Buchshecke umgeben. Die einzelnen Beete orientieren sich in ihrer Musterung an den Parterre-Entwürfen von Sebastiano Serlio aus dem Jahr 1537 (Abb. S. 45). Neben dem Hauptparterre befindet sich ein Quartier mit regelmäßig angeordneten Beeten, auf denen niedrige Obstbäume stehen. Oberhalb davon, in unmittelbarer Nähe der Villa, lässt sich ein weiteres Quartier mit kleineren Beeten erkennen, in denen vermutlich Kräuter angepflanzt wurden. Aller Wahrscheinlichkeit nach muss man hier zwei unterschiedlich geplante und zeitlich aufeinander folgende Gartenbereiche unterscheiden. Das über der Mittelachse der Villenfassade angelegte Parterre dürfte im Planungskonzept des Villenareals vermutlich bereits eingeplant gewesen sein. Der Obelisk, die Brunnen und die Buchshecken sind räumlich auf den Fassadenaufriss bezogen. Das trifft auch für die Beetornamentierung zu, die als Reflex des architektonischen Dekorationssystems der Villenfassade gelten sollte. Es ist durchaus wahrscheinlich, dass vom rechten Seitentrakt der Villa aus eine hohe Zypressenhecke das Hauptparterre gegen den rechten Gartenbereich abgrenzte. Bei der benachbarten Zone dürfte es sich ursprünglich um einen abgesonderten Nutzgarten gehandelt haben, der später in die gesamte Anlage mit einbezogen worden ist.

Wie gesagt, ist das Gesamtkonzept eher untypisch für einen römischen Garten: Er ist zweidimensional gedacht und eindeutig der Villa zugeordnet, so dass er kaum ein architektonisches Eigenleben entwickeln kann. Eben dies sind die Merkmale des florentinischen Gartens.

ABBILDUNG GEGENÜBER:
Rom, Villa Medici
Detail des Hauptparterres mit der Terrassenwand im Hintergrund, die auch auf dem Stich aus G. Lauros »Antiquae urbis splendor« (siehe unten) zu erkennen ist

Rom, Villa Medici
Stich mit der Darstellung der Villa Medici und ihres Gartens aus G. Lauros »Antiquae urbis splendor«, Rom 1612–14

Obelisk im Hauptparterre des Gartens

NACHFOLGENDE DOPPELSEITE:
Rom, Villa Medici
Skulpturengruppe im Garten der Villa mit Parnass, Pegasus und Musen

Rom, Villa Medici
Männliche Figur auf reliefiertem Sockel neben dem Hauptparterre

Der Cortile de Belvedere im Vatikan

Der Kontrast zu einem typischen römischen Garten, der zur gleichen Zeit nicht weit entfernt entstand, ist sehr deutlich: Der Cortile de Belvedere im Vatikan gilt als typischer Renaissancegarten, der weit über die Grenzen Italiens hinaus Schule gemacht hat. Dabei ging es zunächst weniger um die gartenkünstlerische Gestaltung des Parterres als vielmehr um die Lösung eines architektonischen Problems, das Giorgio Vasari folgendermaßen beschrieb:

»Diesem Papst [Julius II.] war der Einfall gekommen, den Raum zwischen dem Belvedere und dem Palast zu einer viereckigen theaterähnlichen Anlage auszubauen und damit das kleine Tal zu umschließen, welches zwischen dem alten päpstlichen Palast und dem Gebäude gelegen war, das Innozenz VIII. zum neuen Wohnsitz der Päpste bestimmt hatte.«

Das »kleine Tal« war das Hauptproblem, wenn eine Verbindung zwischen dem Vatikan, also dem Papstpalast, und dem etwa dreihundert Meter entfernt liegenden Belvedere, der Villa Innozenz' VIII., hergestellt werden sollte (Abb. gegenüber oben). 1503 beauftragte Papst Julius den Baumeister Donato Bramante mit der Aufgabe, der sie genial löste. Niemand hat wohl bis heute diese Anlage besser beschrieben als der zeitgenössische Augenzeuge Giorgio Vasari:

»Er [Bramante] errichtete als unterstes Geschoss zwei sehr schöne übereinander liegende Arkadengänge im dorischen Stil. Darauf erhob sich als Obergeschoss ein geschlossener, mit Fenstern versehener Säulengang im ionischen Stil, der von den obersten Zimmern des päpstlichen Palastes ins Erdgeschoss des Belvedere führte. So entstand zu jeder Seite des Tals eine mehr als vierhundert Schritt lange Loggia, die eine mit der Aussicht auf Rom, die andere dem hinten gelegenen Wäldchen zugewandt; den Talgrund selbst gedachte man zu ebnen und alle Gewässer vom Belvedere hinabzuleiten, um dort einen schönen Brunnen anzulegen.«

Für die Entwicklung der Gartenkunst schuf Bramante eine entscheidende Neuerung. Um die optische Dimension des Geländes zu nutzen, legte er Treppen an. Dadurch gewann der Garten nicht nur an Breite und Tiefe, sondern auch an Höhe. Mit der großzügigen Komposition aus zweiläufigen Treppenanlagen und Balustraden, durch die die Terrassen miteinander verbunden wurden, entstand ein Grundmodell der italienischen Gartenarchitektur. Die Gärten der Villa d'Este in Tivoli oder der Palazzina Farnese wurden fortan als dreidimensionaler Baukörper geplant. Auch Heinrich Schickhardt, der württembergische Hofbaumeister, stand im Belvedere-Hof und bewunderte die Anlage. Für sein späteres Gartenprojekt in Leonberg bei Stuttgart sollte er aus Rom wesentliche Anregungen mitnehmen.

Als Bramante 1514 starb, waren die Bauarbeiten am Cortile de Belvedere noch nicht abgeschlossen. Sie wurden unter der Leitung von Pirro Ligorio bis 1563 fertig gestellt.

Der architektonische Garten Bramantes wurde in Rom schnell Vorbild. In der unmittelbaren Folge des Belvedere-Gartens steht die monumentale Anlage der Villa Madama auf dem Monte Mario hoch über der Ewigen Stadt. Zwei Jahre nach dem Tod Bramantes erhielt Raffael von Kardinal Giulio de' Medici, dem späteren Papst Clemens VII., den Auftrag, Pläne für eine Villa auszuarbeiten. Raffael legte Entwürfe vor, die dem Vorbild Bramantes entsprechend die Topografie des Geländes in den Villenbau mit einbezogen. Zusammen mit den Brüdern Antonio und Battista Sangallo plante Raffael, den Berghang in Terrassen zu gliedern und ihn dadurch mit der Krone des Berges, der Villa, zu verschmelzen. Vor die Gartenfront setzte Raffael eine lang gestreckte Terrasse, von der eine zweiläufige Treppe im Stil des Cortile hinunter zu einer rechteckigen Terrasse und dem ersten Gartenparterre führt. Von

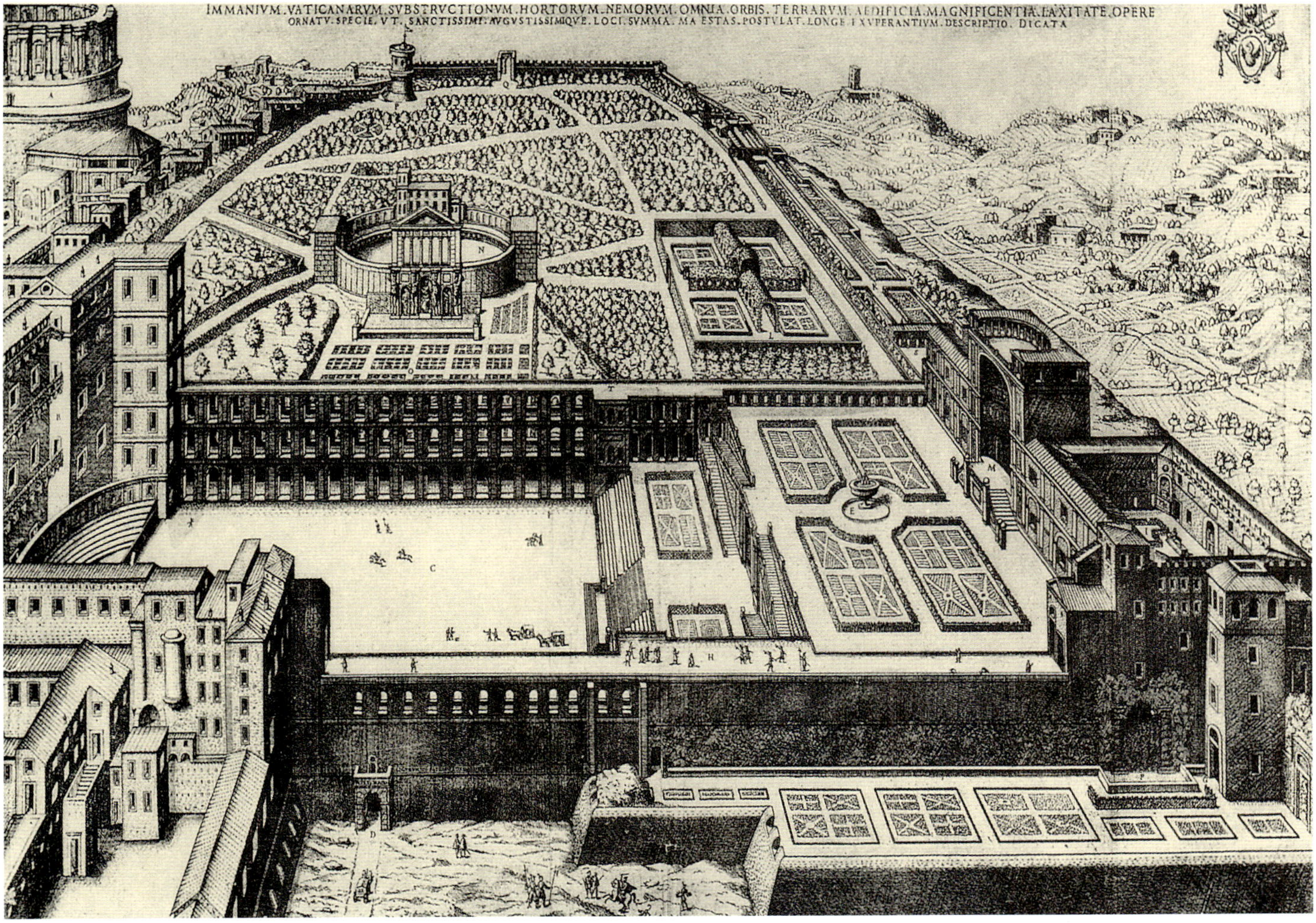

dort gelangte man über halbkreisförmig angelegte Rampen zu einer weiteren Gartenterrasse, die ebenfalls über Rampen mit einem darunter liegenden Oval verbunden war (Abb rechts). Die Anlage konnte auf Grund der Plünderung Roms durch die Truppen Karls V. 1527 und der Verbannung Papst Clemens' VII. nicht mehr vollendet werden und ist heute weitgehend zerstört. Raffaels Idee, den Garten als dynamischen Baukörper aufzufassen und ihn mit der Villenarchitektur zu verschmelzen, war neu und einzigartig, aber nicht voraussetzungslos. Nicht nur der Cortile Bramantes, sondern auch das Studium der Antike gaben ihm Anregungen. Raffael war 1515 Oberaufseher über die antiken Bauten Roms geworden, ihm oblagen Pflege und Erforschung der Altertümer. Durch die eigene Anschauung der antiken Denkmäler auf dem Palatin – soweit sie ausgegraben waren – und durch seine Kenntnis der Bücher Vitruvs und dessen Gedanken zu städtischen Villengärten wurde er zu seinem außergewöhnlichen Entwurf auf dem Monte Mario inspiriert.

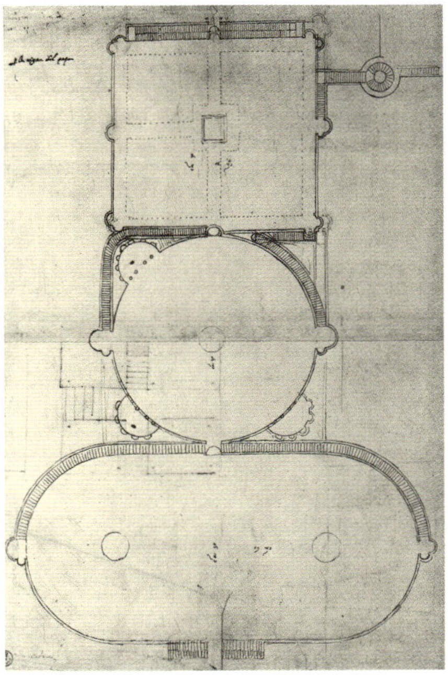

Rom, Belvederehof im Vatikan
Stich von H. van Schoel, 1579

Rom, Villa Madama
Raffaels Plan der Terrassenanlage von Villa und Garten

PIVS IIII MEDICES MEDIOLANEN PONT MAX
HANC IN NEMORE PALATII APOSTOLICI AREAM
PORTICVM FONTEM AEDIFICIVMQVE
CONSTITVIT VSVIQVE SVO ET SVCCEDENTIVM
SIBI PONTIFICVM DEDICAVIT ANN SAL M D LXI
PAVLVS IIII PONTIFEX OPTIMVS MAXIMVS

Casino für Pius IV. im Garten des Vatikans

Eine selten besuchte Preziose inmitten der vatikanischen Gärten ist die zierliche Gartenvilla des Papstes Pius IV. Wenn man die Sixtinischen Säle verlassen hat und der Galerie Urbans VIII. zustrebt, erblickt man, aus den westlichen Fenstern schauend, die prachtvolle Gartenanlage, die durch das Casino Pio Quarto einen malerischen Akzent erhält (Abb. gegenüber). Der Architekt Pirro Ligorio war gerade mit dem Ausbau der vatikanischen Palastanlage beschäftigt, als er um 1560 vom sinnenfreudigen Papst Pius IV. den Auftrag erhielt, »zwischendurch« diese Gartenvilla zu bauen. Für das Oberhaupt der Christenheit sollte dieses ockerfarbene Gartenschlösschen so etwas wie eine Eremitage darstellen. Hier wollte er sich von Amt, Repräsentation und Zeremoniell erholen. Später wurde in der Villa die Päpstliche Akademie der Wissenschaften untergebracht.

Villa Farnesina in Rom

Agostino Chigi war eine der schillerndsten Persönlichkeiten Roms zur Zeit der Renaissance. Als Bankier verdiente er ein Vermögen, das er großzügig für die Förderung der Künste zur Verfügung stellte. Als Privatier widmete er sich der Dichtkunst und der Astrologie. 1509 gab er die Planung eines Palastes im Trastevere-Viertel in Auftrag. Baldassare Peruzzi entwarf einen zweistöckigen Palast. Die Fassade gliederte er durch Pilaster und kräftige, weit vorkragende Gesimse. Für die Wandzone des Dachgesimses sah er einen Fries von prachtvollen Fruchtgirlanden vor. Die Gartenhalle bildete er als Pfeilerloggia aus, die von turmartig vortretenden Trakten flankiert wird.

1511 war der Bau fertig gestellt. Der Bauherr beauftragte die berühmtesten Künstler Roms mit der Ausmalung. Raffael malte im Gewölbe der Loggia seinen wohl schönsten Freskenzyklus, der von Amor und Psyche erzählt, einem Märchen, dessen Atmosphäre wohl bis in den intimen Garten vor der Loggia hinein zu spüren war.

1580 ging die Villa in den Besitz der Familie Farnese über, von der sie ihren Namen erhielt. Durch Erbschaft fiel der Palazzino 1731 an die neapolitanische Linie des bourbonischen Königshauses. Heute ist er Sitz der Akademie der Wissenschaften.

Rom, Villa Chigi (Farnesina)
Ansicht der Gartenfassade und des Gartens. Die so genannte Farnesina ist das Erstlingswerk Baldassare Peruzzis. In den Jahren 1509–11 errichtet, ist sie zugleich die erste suburbane Villa des römischen Cinquecento.

ABBILDUNG GEGENÜBER:
Rom, Casino für Pius IV. im Vatikanischen Garten
Die Gartenvilla mit ihrem antikisierenden Dekorationssystem ist das Werk von Pirro Ligorio.

Orti Farnesiani in Rom

Im Jahr 1520 starb Raffael. Seine Mitarbeiter, allen voran Antonio Sangallo, setzten die Arbeiten an der Villa Madama auf dem Monte Mario fort. Wenige Jahre später entschloss sich Kardinal Farnese zu seinem ehrgeizigen Projekt, Terrassengärten am Hang des Palatin anzulegen. 1525 beauftragte er den Architekten Giacomo Barozzi da Vignola mit Entwürfen für die später so genannten Orti Farnesiani, die Farnesischen Gärten, die dort über den Resten antik-römischer Paläste, Gärten und Tempel errichtet werden sollten (Abb. unten). Die Arbeiten waren im Jahr 1573 abgeschlossen. Terrassen und Treppenanlagen, Buchshecken und mit Terrakottatöpfen geschmückte Balustraden, Grotten und kleinere Gebäude wurden zu einer homogenen Gartenanlage zusammengefügt, die eindrucksvoll dem Verlauf des Hanges folgte. Geometrische Blumenbeete, kleinere Bosketts, Springbrunnen und Wassertreppen ließen einen neuen, bühnenartigen Gartentypus entstehen. Heute sind leider nur noch wenige Reste davon erhalten (Abbn. oben und gegenüber). Sehenswert ist einzig das von Vignola selbst nicht vorgesehene, sondern später hinzugefügte Vogelhaus. Girolamo Rainaldi baute die Anlage zu Beginn des 17. Jahrhunderts aus.

Rom, Orti Farnesiani
Ansicht der Gartenanlage (oben)
Stich aus G. Vasi, »Magnificenze di Roma«, 1747–59 (links)

ABBILDUNG GEGENÜBER:
Rom, Orti Farnesiani
Blumenbeete im oberen Bereich der Terrassenanlage

ABBILDUNG GEGENÜBER:
Tivoli, Villa d'Este
Detail der Neptun-Fontäne oberhalb der großen Wasserorgel

Villa d'Este in Tivoli

Die Tradition des römischen Renaissancegartens als eines architektonischen Raumgebildes setzt sich in beeindruckender Weise im Garten der Villa d'Este in Tivoli fort. Der Bezug zum Cortile de Belvedere ist sehr eng, zumal Pirro Ligorio, Vollender des Belvedere-Komplexes, die Konzeption für Tivoli ausarbeitete. Ligorio erhielt wohl schon gegen 1550 von dem prunkliebenden Kardinal Ippolito II. d'Este den Auftrag, Entwürfe für die Villa und die Gartenanlage vorzulegen. Zu dieser Zeit stand Bramantes geniale Architekturkomposition aus Terrasse, Freitreppe, Rampe und Exedra im Vatikan unmittelbar vor der Vollendung. Diese Elemente sah auch Ligorio für die Villa d'Este vor (Abb gegenüber).

Noch heute kann man deutlich die beiden Teile unterscheiden, aus denen der Garten besteht. Der Hanggarten ist nordöstlich über ein System von Terrassen, Rampen und Treppen atemberaubend steil in den Berg eingefügt. Die durch Nischenarchitekturen markierte Mittelachse führt von der oberen Palastterrasse hinab in den unteren ebenen Gartenbereich und direkt zu dem Hauptgarten, dem Giardino delle Semplici. Hier verwandelt sich die offene Hauptallee in einen geschlossenen Laubengang, der auf halbem Weg von einem weiteren Laubengang gekreuzt und dort von einem Pavillon überhöht wird. Für die Beete waren Heilkräuter und Nutzpflanzen vorgesehen. Wie ein Stich von Etienne Dupérac von 1573 zeigt – es handelt sich hier um eine Idealansicht, die kurz nach der Fertigstellung der Anlage entstanden ist –, flankieren je zwei Labyrinthe diesen Teil des Gartens. Von den vorgesehenen vier Irrgärten wurden nur zwei im südwestlichen Gartenbereich ausgeführt (Abb. links). Ligorio orientierte sich, der Mode der Zeit entsprechend, offensichtlich an Serlios Labyrinth-Mustern. Die Entwürfe des italienischen Architekten und Architekturtheoretikers waren damals auch über die Grenzen Italiens hinaus populär. Kopien seiner Arbeiten erreichten den französischen Hof, wo man die Skizzen und Bauvorstellungen des Italieners sehr schätzte. Deshalb wohl wurde Serlio 1542, fünf Jahre nach Erscheinen seiner »Regole«, seiner ersten Überlegungen zur Architekturtheorie, Königlicher Baumeister in Fontainebleau.

Quer zur Hauptachse, die den Giardino delle Semplici mit dem Hanggarten und der Villa verbindet, sollten vier hintereinander gestaffelte Fischteiche, von denen drei ausgeführt wurden, den Beginn der Hangschräge markieren. Das letzte Becken schneidet in den nordwestlichen Hang ein und wird von einer Doppelterrasse abgeschlossen, über der sich die imposante Schauarchitektur der Wasserorgel erhebt. Als Gegenstück wählte Ligorio eine Exe-

Tivoli, Villa d'Este
Fontäne der Natur mit mehrbrüstiger Frauenfigur als Wasserspenderin (rechts)

Ansicht der Gesamtanlage, Stich von E. Dupérac, 1573

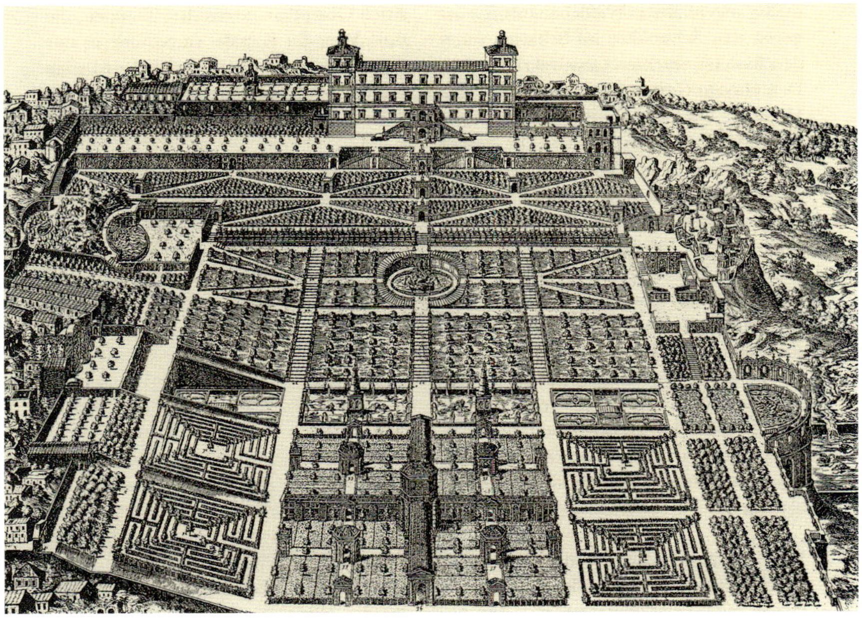

Tivoli, Villa d'Este
Allee der hundert Brunnen
Detail eines der Wasserspender (rechts)

ABBILDUNGEN GEGENÜBER:
Tivoli, Villa d'Este
Drachen- oder Feuerradbrunnen (oben)
Ovatobrunnen (unten)

dra, die ähnlich einer Apsis aus der Stützmauer der südwestlichen Gartenbegrenzung herausragte. Hier war ein Meeresbrunnen mit einer Neptunsfigur vorgesehen, der aber nie ausgeführt wurde.

Wenn man über die Hauptallee die zunächst sanft ansteigende Höhe in Richtung der Villa hinaufspaziert, gelangt man über das später angelegte Zypressenrondell zu dem wunderbaren Weg der Kanäle, auch Allee der hundert Brunnen genannt, dem wohl ehrgeizigsten Projekt des Kardinals (Abb. oben). An den beiden Enden des Kanals wurde je ein monumentales Brunnenwerk installiert, die Fontana di Tivoli und die Fontana di Roma. Im Tivolibrunnen, dem Hauptwasserreservoir der Gartenanlage, tritt durch einen unterirdischen Kanal ein Nebenarm des Flusses Aniene hervor, der wiederum unterirdisch zum Weg der Kanäle geleitet wird, wo er die Fontänen und die vielen Überlaufbecken speist. Über dem Tivolibrunnen erhebt sich ein künstliches Gebirge mit Grotten. Es wird bekrönt von Pegasus, der dem Mythos zufolge am Parnass die Quelle Hypokrene zum Sprudeln brachte. Der Kanal, dessen bewegte Wasser sich über drei Terrassen ergießen, führt zur Statue der Roma, die hoch über dem Tiber thront. Hinter ihr baut sich die Kulissenstadt Rom mit ihren bedeutendsten Gebäuden auf. Diese Rometta, die um 1855 zum größten Teil abgebrochen worden ist, bildet zusammen mit der Fontana di Roma das Pendant zu dem gebauten Brunnengebirge. Die Kunst, das Wasser aus den tiburtinischen Gebieten, den Albaner Bergen, nach Rom zu leiten, wird hier symbolisch als Grundvoraussetzung für die kulturelle Blüte der Ewigen Stadt gedeutet. Zeitgenössischen Berichten zufolge soll man seinerzeit – die Gartenanlage war noch überschaubar und längst nicht so überwuchert und zugewachsen wie heute –, auf der Terrasse der Fontana di Tivoli stehend, hinter der Fontana di Roma und der Kulisse der Rometta im fernen Dunst die Gebäude Roms erblickt haben.

Der Garten der Villa d'Este ist auf die Blickrichtung von unten nach oben hin angelegt, wie es auch der Stich von Etienne Dupérac zeigt. Dem Besucher, ob in den immergrünen Irrgärten wandelnd oder aus dem Laubengang in der Zentralachse heraustretend, boten sich vielfältige und interessante Blicke auf den Hanggarten, auf die auf- und niedersteigenden und kunstvoll einander kreuzenden Wege, Rampen und Toren und schließlich auf die Fassade der Villa. Neben dieser »ästhetischen« Perspektive des Gartens bot sich dem Besucher auf der Terrasse der Fontana di Tivoli die schon erwähnte mythisch-metaphorische Perspektive. Das Wasser rauschte aus dem künstlichen Gebirge hervor, floss durch den Kanal, wobei es sich von einer Brunnenschale in die andere

ergoss, und erreichte schließlich die Rometta. So wird der Garten zu einem Gleichnis für die Kultur, die, in mythischer Vorzeit begründet, sich aus der Dynamik der Natur entfaltet.

In dem Stich von Dupérac fällt die klare, fast schon starre geometrische Gliederung der Gartenanlage auf. In diesem Sinne gehört der Garten eindeutig der Renaissance an. Das betrifft auch die vielen antiken Statuen und die an der Antike orientierten Ausstattungselemente. Manieristisch nehmen sich die vielen mythologischen Anspielungen und das Spiel mit dem historisch-archäologischen Wissen aus. Letzteres betrifft insbesondere die aus Kulissenbauten errichtete Rometta. Demgegenüber dürften die über bestimmten Blickachsensystemen angelegten Alleen und Wege, d. h. deren Ausrichtung auf einen *point de vue*, bereits als barockes Gestaltungselement gelten.

Bagnaia, Villa Lante
Ansicht des Hauptparterres (oben links), Wassertreppe (oben rechts), Brunnen mit geflügeltem Pferd Pegasus (unten)

Villa Lante in Bagnaia

Während der Cortile de Belvedere als Grundtypus des italienischen Renaissacegartens bezeichnet werden kann, dessen Konzept sich in Tivoli zu einem einzigartigen gartenkünstlerischen Höhepunkt entfaltet hat, gilt der Garten der Villa Lante in Bagnaia bei Viterbo als schönster Renaissancegarten Europas (Abbn. S. 80–83). Dieses Urteil stammt von Reisenden, die in unserer Zeit die Villa Lante besucht haben, und es besteht sicherlich zu Recht, da der Garten weitgehend in seinem ursprünglichen Zustand erhalten geblieben ist. Das lässt sich leicht in der Villa selbst überprüfen, an dem Fresko in der Loggia des Casino Gambara: Hier sieht man eine Vedute der Villa aus dem 16. Jahrhundert und damit das ursprüngliche Aussehen der Gartenanlage. Das große viergeteilte Wasserbecken mit dem zentralen runden Brunnen, umgeben von eingefassten Beetkompartimenten, bietet sich, bis auf wenige Details, noch so dar wie vor etwa vierhundert Jahren (Abb. gegenüber oben).

Die Baugeschichte der Villa Lante geht bis auf das Jahr 1477 zurück, in dem Kardinal Raffaele Riario einen ersten Palast errichten ließ. Kardinal Giovan Francesco Gambara da Brescia entschloss sich knapp hundert Jahre später, den herrschaftlichen Landsitz unter der Leitung von Giacomo Barozzi da Vignola zu einer Villa umbauen zu lassen. Vignola hatte kurz zuvor die nur 15 km entfernt liegende Villa Caprarola für Alessandro Farnese, einen Verwandten des Kardinals Gambara, umgebaut. Die Anlage wurde schließlich unter Kardinal Alessandro Montalto zwischen 1585 und 1590 vollendet und ging 1656 in den Besitz der Familie Lante über.

Der Villenkomplex besteht aus zwei gleich gestalteten Pavillons, dem Casino Gambara mit dem erwähnten Fresko und dem Casino Montalto. Das Hauptparterre mit dem Mohrenbrunnen inmitten des Wasserbassins wird von Beetkompartimenten gerahmt, deren Gestaltung im Laufe der Zeit mehrfach geändert wurde. Heute sind sie in barocker Manier mit niedrigen Buchshecken bepflanzt, die geometrische Figuren bilden. Das jeweilige Beetzentrum wird durch kreisrunde Buchshecken markiert, und die Ecken werden durch Buchskuben betont, aus denen Pflanzen aus Terrakottaschalen hervorwachsen. Auf der anderen Seite der Casinos setzt sich der Garten mit weiteren Brunnen und raffinierten Wasserläufen fort. Hervorzuheben ist der Delphinbrunnen, der über Treppen mit dem Brunnen der Giganten verbunden ist. Diese bereits dem Manierismus angehörenden Wasserkünste sowie die Grotten und Haine machen die Faszination des Gartens aus. Zwei Kolossalstatuen, die Personifikationen des Tiber und des Arno, flankieren den Brunnen der Giganten (Abb. S. 82/83). Der Brunnen wird über eine kunstvoll angelegte Wassertreppe gespeist, die sich aus ineinander verschlungenen Volutenformen zusammensetzt (Abb. oben). Das Gebilde gleicht dem Rücken eines Krebses – eine Anspielung auf das Wappentier des Kardinals Gambara (ital. gambero = Krebs).

Die zentrale Achse der Gartenanlage ist eine Wasserachse (Abb. rechts). Sie setzt sich zusammen aus der Abfolge: Delphinbrunnen, Wassertreppe, Brunnen der Giganten, Fontana di Quadrato, auch Mohrenbrunnen oder Fontana delle Peschiere genannt. Zwischen der Wassertreppe und dem zuletzt genannten Brunnen befindet sich eine weitere Kuriosität, der so genannte Tisch des Kardinals mit einer Wasserrinne in der Längsachse.

Was den Garten der Villa Lante vor allen anderen Gärten Latiums und Roms auszeichnet, ist der Überfluss an Wasser und die Nähe natürlicher Wälder. Die Anlage ist ein frühes Beispiel für die Symbiose von Natur- und Kulturlandschaft, von Wald und Garten – ein Merkmal für den Übergang zum Barockgarten. In die gleiche Richtung weist die Tatsache, dass der Garten nicht mehr als architektonisches Gebilde aufgefasst wird. Die ausgeglichene Hanglage verlangte keine massive Terrassierung: Treppen, Balustraden und Brunnenfassungen sind daher als Attribute der Gartenlandschaft und als architektonischer Rahmen für die Skulpturen des Gartens aufzufassen. Hier deutet sich der für die barocke Gartenkunst so entscheidende Übergang zum Skulpturengarten an.

Der Garten der Villa Lante lässt sich demnach nicht eindeutig klassifizieren – wahrscheinlich macht gerade das seinen Reiz aus. Vom typischen Renaissancegarten hat er sich bereits in seiner Durchdringung von Natur und Kultur entfernt. Als reiner manieristischer Garten kann er ebenfalls nicht gelten, da das geometrisch gestaltete Parterre dem Anspruch des Kuriosen widerspricht. Dennoch wird die Richtung zum Manierismus gewiesen: Der Weg aus der geordneten Welt des Parterres über die Wassertreppe zum Brunnen der Giganten bezeichnet im übertragenen Sinne den Weg von Bagnaia nach Bomarzo.

Bagnaia, Villa Lante
Luftaufnahme der Gartenanlage mit Blick auf das Hauptparterre und den Mohrenbrunnen, die beiden Casinos und die zentrale Wasserachse mit der Wassertreppe

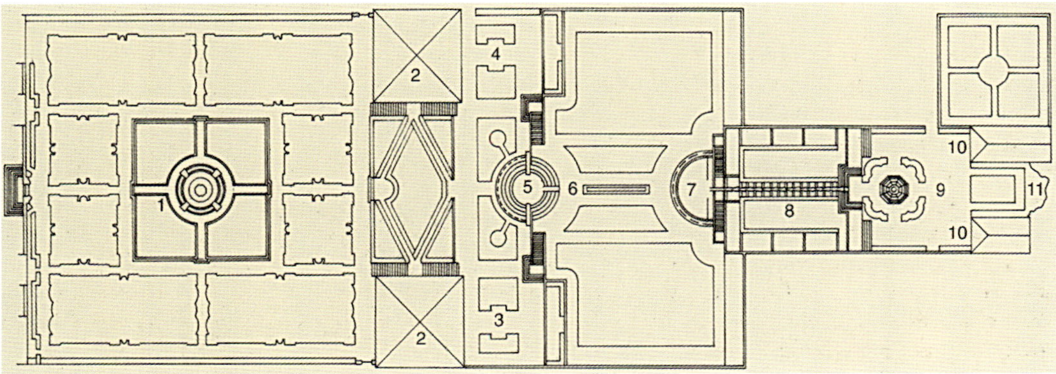

Bagnaia, Villa Lante
Plan der Gartenanlage

1 Mohrenbrunnen
2 Montalto-Casinos
3 Venusgrotte
4 Neptunsgrotte
5 Grotten- oder Lichterbrunnen
6 Tisch des Kardinals
7 Brunnen der Giganten
8 Wassertreppe
9 Delphinbrunnen
10 Pavillons der Musen
11 Sintflutbrunnen

Bagnaia, Villa Lante
Brunnen der Giganten
oder Flussgötter

Bomarzo, Sacro Bosco
Schlafende Nymphe (rechts)

Orientalischer Drache im Kampf gegen Hunde; Elefant, der mit seinem Rüssel einen römischen Sodaten zermalmt (unten)

Sacro Bosco, Bomarzo
Der Garten der Monstren in Bomarzo ist ein einzigartiger und bizarrer Phantasiegarten aus der Zeit des Manierismus. Vicino Orsini hatte es sich zur Lebensaufgabe gemacht, ein Reich der Skurrilitäten zu schaffen. In der Forschung geht man von drei Phasen aus, in denen der Garten, die Skulpturen und die Architektur entstanden sind. In einem ersten Abschnitt von 1548 bis 1552 wurden das so genannte Teatro d'Amore, das Liebestheater, mit seinen konkav-konvexen Stufen sowie der Platz mit den Brunnen- und Wasserspielen angelegt. Die Wasserspiele sind allerdings erst nach 1558, dem Beginn der zweiten Bauphase, vollendet worden. Auf der von dort ausgehenden Achse wurden bis 1564 der künstliche See, der Pegasusbrunnen, der Schiffsbrunnen und das Fischbecken geschaffen. Danach, bis ca. 1580, hat man das obere Plateau mit den monumentalen Vasen angelegt, den Platz der Persephone gestaltet und den Tempietto erbaut. Und schließlich schuf man die Monstren, die Vicino Orsini in seinen letzten Lebensjahren mit bunten Farben bemalen ließ.

Der Garten der Villa Orsini ist unübersichtlich. Er wurde bewusst als labyrinthisches System angelegt, um die Phantasiearchitektur und die Monstren zur Geltung zu bringen. Ein Kennzeichen des Manierismus ist die bewusste Vermeidung des Maßstäblichen. Die Verzerrung menschlicher Proportionen und das Verrücken von Elementen aus dem architektonischen Verband erzeugen die Illusion eines schiefen Kosmos und stellen das bestehende und bislang als gültig erachtete Weltbild in Frage. In Bomarzo haben die Weltregeln ihre Gültigkeit verloren – es ist, als ob sich dieser Garten den Gesetzen der Natur entziehen wollte.

Wenn man das wunderliche Schiefe Haus betritt, das Orsini übrigens seinem Freund, dem Kardinal Madruzzo, widmete, dann versagt der Gleichgewichtssinn (Abb. S. 86/87). Der Horizont kippt in die Höhe, die Bäume und Büsche schwanken. Der Besucher des Parks ist zugleich Besucher einer anderen Welt, auf deren Naturgesetze er seine Sinne erst einstellen muss. Wie das Gebäude, in dem er sich aufhält, aus dem Lot geraten ist, so empfindet auch er sich »ver-rückt«. Hat er sich allmählich an die Schieflage gewöhnt und bestaunt er das Ambiente sowie die neuen Ansichten vom Park mit seinen Skulpturen, dann gerät die Welt erneut aus den Fugen, wenn er das Haus wieder verlässt. So erscheint ihm die monströse Figur des Rasenden Roland, der mit brachialer Gewalt eine Amazone zerreißt, als fast schon vertrautes Attribut seiner neuen Welt. In der Nähe ragt der Pegasusbrunnen auf, der für den Parnass steht, und verweist auf die Macht der Literatur, die am Beispiel der erwähnten Rolandsfigur und weiterer Monstren in Szene gesetzt wird. Man begegnet versteinerten Riesenfrüchten und Pinienzapfen. Dann steht man unvermittelt vor dem Höllenschlund, einem monumentalen Groteskornament. Im Innern aber entspannt sich die Situation fast scherzhaft, da der Besucher hier ein kleines Esszimmer vorfindet. In der Nähe ist ein Tempel bemerkenswert, den Orsini von Giacomo Barozzi da Vignola errichten ließ und als eine Art Tempel-Mausoleum seiner verstorbenen Gemahlin Giulia Farnese widmete.

Der Park mit seinen Monstren, Götterfiguren, skurrilen Architekturen und literarischen Anspielungen sowie den vielen verschlüsselten Inschriften sollte ein Ort der Täuschung und des Staunens sein. Orsini, der gelehrte Aristokrat, wollte mit den Sieben Weltwundern der Antike wetteifern, indem er die neuen Wunder vorstellte: die rätselhaften Geschehnisse mythologischen Treibens, die Täuschungen der Sinne durch verzerrte Perspektiven und die labyrinthisch gestaltete Natur. Damit schuf er eine Gegenwelt zur rationalistischen Weltauffassung seiner Zeit. Der Garten der Villa Orsini in Bomarzo ist mit keinem anderen Garten zu vergleichen. Er arbeitet mit Elementen der Renaissance, deren Kunstprodukte er aber maßstäblich verzerrt und illusionistisch überspitzt dargestellt. Vergleiche mit dem späteren Barockgarten können ebenfalls angestellt werden, doch nur, wenn man sich Bomarzo entflochten, geordnet und als weitläufige, übersichtliche Anlage vorstellt. Dann aber wäre der Garten von Bomarzo nicht mehr, was er ist.

Bomarzo, Sacro Bosco
Sitzende Nymphe (oben)
Aphrodite oder Amphitrite (links)

Bomarzo, Sacro Bosco
Naturtheater und Schiefes Haus

Verona, Villa Giusti
Groteske Maske der Balkonfront

Villa Giusti in Verona

»... der Garten Giusti, der eine treffliche Lage und ungeheuere Zypressen hat, die alle pfriemenartig in die Luft stehen. Wahrscheinlich sind die spitz zugeschnittenen Taxus der nordischen Gartenkunst Nachahmungen dieses herrlichen Naturprodukts. Ein Baum, dessen Zweige von unten bis oben, die ältesten wie die jüngsten, gen Himmel streben, der seine dreihundert Jahre dauert, ist wohl der Verehrung wert.«

So Goethes Huldigung an den Garten der Villa Giusti in Verona, den er während seiner Italienreise besuchte. Das Gartengelände, das sich nördlich der Etsch terrassenartig den Hang hinaufzieht, wurde schon im 15. Jahrhundert angelegt. Zu dieser Zeit kam die aus Florenz gebürtige Familie Giusti nach Verona, um dort heimisch zu werden. Sie ließ auf dem oberen Hangplateau einen reizvollen Renaissancepavillon errichten. Leider ist vom Renaissancegarten nur noch die Anlage zu erkennen. Gegen Ende des 18. Jahrhunderts wurde er in der damals modernen Weise des englischen Landschaftsgartens umgestaltet. Dass Goethe diese Fassung sah, ist unwahrscheinlich, da er angesichts einer Baustelle kaum so poetische Worte gefunden hätte.

Während des Zweiten Weltkriegs wurde der Garten durch Luftangriffe verwüstet. Viele der mehr als hundertjährigen Zypressen und eine große Anzahl von Taxusbäumen fielen den Bomben zum Opfer. In den fünfziger Jahren legte man für den unteren Teil des Gartens ein Planungskonzept vor, das dem Stil des italienischen Barockgartens entsprach. Steht man heute vor dem Eingang mit den flankierenden Obelisken und den Brunnennischen und schaut die Zypressenallee hinauf, dann mögen sich Bilder der vergangenen Gartenpracht einstellen (Abb. unten). Allegorische Gestalten in weiten Blumenschalen, Brunnenfiguren, Kieswege und mit Buchs eingefaßte Rasen- und Beetkompartimente sowie die Groteskmaske der Balkonfront (Abb. oben) haben wieder ein Stück italienischer Gartenkultur herbeigezaubert. Die von Goethe geschilderte Zypressenparade und der ehrwürdige Taxus sind heute wieder zu bewundern, wenn auch nicht in der einstigen Pracht.

Verona, Villa Giusti
Eingang des Gartens mit Blick auf die zentrale Zypressenallee

ABBILDUNG GEGENÜBER:
Verona, Villa Giusti
Parterre mit Skulpturen und Zypressen

Frau mit Einhorn, Tapisserie der Fünf Sinne: La Vue, um 1500
Wolle und Seide, 300 x 300 cm
Paris, Musée de Cluny

Der giardino segreto

Der geheime oder abgeschlossene Garten, der *giardino segreto*, bezeichnete in der italienischen Renaissance einen kleinen Bezirk innerhalb der gesamten Garten- oder Parkanlage. Er avancierte zu einem beliebten Ort, da sich der Hausherr oder die Hausdame gerne an dieses Refugium zurückzogen, um alleine zu sein oder im kleinen Kreis zu feiern. Dem entsprach auch die Lage des *giardino segreto*. Entweder wurde der Garten unmittelbar vor die Schlaf- oder Privatgemächer des Palastes oder der Villa platziert, oder er breitete sich an einer exponierten Stelle aus, um spektakuläre Aussichten in die Landschaft zu bieten.

Bevor wir uns aber diese unterschiedlichen Spielarten vor Augen führen, soll kurz auf die Tradition dieses Gartentypus eingegangen sein. Der Name verweist auf den mittelalterlichen *hortus conclusus*, der im thematischen Kontext des Mariengartens, des Rosengartens und des Paradiesgärtleins auftaucht. Häufig spielte das Motiv »Maria mit dem Einhorn« eine wichtige Rolle (Abb. oben). Nach dem »Physiologus«, einem aus der Spätantike stammenden »sakralen Bestiarium«, dessen älteste deutsche Übersetzung aus der Zeit um 1070 stammt, gilt das Einhorn als wildes Tier, das nur in der Gegenwart Mariens gefangen werden kann. Es legt seinen Kopf in den Schoß der Jungfrau und wird auf diese Weise gezähmt – ein Verweis auf Christus, der im Leib der Jungfrau heranreift. Der Jäger, der als Erzengel Gabriel, als der Vertraute Gottes mit seinen Hunden *spes* (Hoffnung) und *fides* (Glaube), dargestellt wird, treibt das Tier der Jungfrau Maria zu. Dieses Szenarium entfaltet sich innerhalb und außerhalb eines mauerumwehrten Gartens, wie es auf einem Zinnmodell aus dem frühen 16. Jahrhundert im Germanischen Nationalmuseum in Nürnberg dargestellt wird (Abb. unten).

Die Burg, das Tor und die Gartenmauer weisen diesen Gartentypus auch als mittelalterliche Variante des Lustgartens aus. Assoziationen zur ritterlichen Minne, die sich im sommerlichen Freiraum des Gartens entfaltet, begleitet von musikalischen Lustbarkeiten und fern von jedem höfischen Zwang, mögen sich einstellen. Die Neigung, einen abgeschiedenen Gartenbereich unter Verzicht auf Repräsentation als persönlichen Lebensraum zu gewinnen, hat schließlich zur Entwicklung des Typus des italienischen *giardino segreto* beigetragen. Während des 15. und 16. Jahrhunderts wurde diese Art von Garten von Theoretikern diskutiert und von den Eigentümern als idyllisches Gegenstück zum Studierzimmer ihres Palastes geschätzt.

Mit dem *giardino segreto* verbinden sich nicht nur gartenspezifische Motive, sondern auch kulturgeschichtliche Topoi, die in einem lockeren Verbund mit der Gartenthematik auftreten. Der *Jungbrunnen* beispielsweise ist ein Bildthema, das sich auch ohne ein Gartenambiente entfaltete und häufig im thematischen Kontext des Badhauses oder des Kurierens und Heilens auftrat. Andererseits wurde der *Jungbrunnen* auch als Aspekt oder Motiv der Liebesthe-

Maria im hortus conclusus
Zinnmodell, Anfang 16. Jahrhundert
Nürnberg, Germanisches Nationalmuseum

Jungbrunnen/Badeszene
Miniaturmalerei aus »De Sphaera«
Modena, Biblioteca Estense

matik verwendet. In einem italienischen Codex mit dem Titel »De Sphaera« werden drei Motive miteinander verschmolzen (Abb. oben). Der *giardino segreto* erweist sich als Liebesgarten, in dem ein Jungbrunnen installiert worden ist. Der neben einem Palastkomplex angelegte und von einer hohen Mauer umgebene Geheimgarten wird für ein Fest der Herrschaft genutzt. Flötenspieler, ein Hornbläser, ein Lautenspieler und ein Trommler begleiten ein Gesangstrio, das sich auf einem Bänkchen niedergelassen hat. Diener mit Karaffen, Gläsern und Schälchen schreiten auf einen Brunnen zu, in dessen Bassin sich nackte Frauen tummeln, die die Erfrischungen begrüßen. Gerade hat sich auch ein junger Mann entkleidet, um vom Beckenrand ins Wasser zu steigen. Die in der Brunnensäule hockenden und tanzenden Amoretten künden von der Lust des gemeinsamen Badens. Eine direkte Anspielung auf den Jungbrunnen kann mit Gewissheit angenommen werden, da der Liebesgarten, um den es sich hier zweifellos handelt, durch die Verjüngungskur an Reiz und Nutzungsmöglichkeiten gewinnt.

Florenz, Villa Medici in Castello
Giardino segreto

Die Planung und Ausführung des *giardino segreto* von Mantua ist ein typisches Beispiel für das Bedürfnis nach Zurückgezogenheit und Stille. Nachdem Francesco II. Gonzaga gestorben war, ließ zwischen 1519 und 1523 seine Witwe Isabella d'Este das Erdgeschoss der Corte Vecchia im Mantuaner Palazzo Ducale als neue Wohnung für sich herrichten – vermutlich von Battista Covo. Neben einem *studiolo* sorgte sie auch für die Anlage eines abgeschlossenen Gartens, zu dem nur sie von ihrem Wohn- oder Schlafraum aus Zugang hatte. Das anmutig in geometrischen Formen angelegte Gärtchen, dessen privater Charakter sich dem Besucher direkt mitteilt, wird durch eine Arkadenreihe mit ionischen Säulen zur Hofseite hin begrenzt.

Der Typus des unmittelbar an den Wohntrakt anschließenden Gartens ist zumindest in Mantua populär geworden. Federico II. Gonzaga, der Nachfolger Francescos und Auftraggeber des Palazzo del Tè vor den Toren Mantuas, ließ den zu Repräsentationszwecken von Giulio Romano errichteten Palast um einen privaten Bereich erweitern. Sicherlich auf Anregung von Isabella d'Estes Privatissimum im innerstädtischen Palazzo Ducale hin veranlasste er seinen Baumeister, im nordöstlichen Winkel des großen Gartenparterres ein Casino als sommerliches Refugium zu bauen. Die Ausführungen dauerten von 1532 bis 1534. Von einer Vorhalle gelangt man zu den beiden Wohnräumen und zu einer tonnengewölbten Loggia, an die sich ein kleines Gärtchen mit einem Grottenpavillon sowie ein bizarr dekorierter Brunnen und Nischen anschließen (Abb. rechts).

Im Gegensatz zum Mantuaner Geheimgarten, der sich unmittelbar an die Wohgemächer anschloss, ist der *giardino segreto* der Villa Medici in Castello vom Villengebäude und vom Hauptgarten durch einen Mauerzug getrennt (Abb. oben). Wohl waren Zugänge sowohl von der Villa als auch vom Garten aus geschaffen worden, doch legte die Herrschaft Wert auf Abgeschiedenheit. Die kleine Gartenparzelle, mit Buchshecken und Buschgruppen bepflanzt sowie mit einer Laube oder einem Pavillon versehen, sollte nichts anderes als ein Refugium sein.

Mantua, Palazzo del Tè, Casino
Blick durch die Loggia in den giardino segreto

Das Castello Ruspoli geht auf eine Burg des 9. Jahrhunderts zurück, die im 13. Jahrhundert wieder abgerissen worden war, um durch ein Kastell im Frührenaissancestil ersetzt zu werden. Damals, gegen Ende des 15. Jahrhunderts wird wohl auch schon der Renaissancegarten angelegt worden sein. Um 1538 beauftragte Graf Sforza Marescotti, der mit Ortensia aus dem Hause Farnese verheiratet war, Antonio Sangallo d.J. mit der Ausgestaltung der Räumlichkeiten.

Der lang gestreckte, aber nicht große und eher intim wirkende Gartenbereich wird durch zwei Achsen gegliedert. Drei Quartiere sind auszumachen, die sich ihrerseits wieder in mehrere Kompartimente aufteilen. Von hier aus gelangt man in den weiter unterhalb des Hauptgartens gelegenen *giardino segreto* (Abb. oben), zu dem ein verborgener Weg hinabführt. Besucher, die sich auf dem oberen Parterre aufhalten, werden Mühe haben, den Garten zu finden, was natürlich beabsichtigt war.

Die heutige Gestaltung läßt vermuten, dass es sich hier um einen ehemaligen Liebes- oder Lustgarten handelte. Die zierlich angeordneten Blumenbeete sind von geometrisch angelegten Buchshecken regelmäßig eingefaßt. Wahrscheinlich befand sich im Zentrum ein Pavillon und vielleicht auch an den Flanken kleinere Obstgärten, die durch Laubengänge vom mittleren Teil abgegrenzt waren. So jedenfalls sind die italienischen Liebes- oder Geheimgärten der Renaissance in Stichen und auf Fresken in den Gartenvillen und -palästen überliefert. Es ist zu vermuten, dass dieser Garten bereits im 15. Jahrhundert in einer gewissen Entfernung vom Castell angelegt und in späteren Jahrhunderten mit dem Hauptparterre verbunden worden ist.

Der *giardino segreto* des Castello Ruspoli läßt sich also einem neuen Typus zuordnen. Er grenzt nicht an die Wohngemächer des Gartenpalastes, sondern ist bewußt von der Villa abgerückt, um auch tatsächlich verborgen zu bleiben.

Vignanello, Castello Ruspoli
Giardino segreto

Florenz, Villa Gambereia
Terrassengarten mit Terrakottatöpfen (oben)
Tuffsteinmauer mit Skulpturennische (links außen)
Löwenskulptur in einer Hecke (links)

ABBILDUNGEN GEGENÜBER:
Florenz, Villa Gambereia
Giardino segreto (oben)
Bugförmiger Abschluss des giardino segreto (unten)

Eine wiederum andere Auffassung vom abgeschlossenen Garten begegnet uns in der Villa Medici in Fiesole. Die Gartenanlage sollte als eine Art Naturwohnraum genutzt werden. Zum *giardino segreto* gelangte man über die Hauptterrasse. Hierher zogen sich die Mitglieder der platonischen Akademie zurück, um in aller Abgeschiedenheit und mit einem großartigen Blick auf Florenz und das Arno-Tal über die Philosophie Platos zu debattieren.

Villa Gamberaia bei Settignano

Nicht weit von Florenz, nahe Settignano, wurde ein vergleichbares Gartenkonzept umgesetzt. Zanobi di Andrea Lapi erwarb im Jahr 1610 das ab dem 14. Jahrhundert dem Benediktinerorden gehörende Landgut Gamberaia und ließ dort eine großzügige Villenanlage mit Gärten und Wirtschaftsgebäuden errichten. Die Südseite der Villa Gamberaia ziert im Obergeschoss eine reizvolle Loggia. Darunter breitet sich auf der Höhe eines Bergrückens, einem Schiffsbug gleich, der Garten in Richtung des Arno-Tals aus. Der schiffartige Eindruck wird durch den aus Buchs zugeschnittenen exedraförmigen Abschluss, der sich in den Himmel zu strecken scheint, noch verstärkt. Bei diesem relativ großen Gartenbereich handelt es sich um den ehemaligen *giardino segreto* (Abbn. oben und rechts).

Von der Anlage sind weder Planskizzen noch Dokumente überliefert. Die heutige Gartengestaltung geht auf Martino Porcinai und Luigi Messeri zurück, die das Areal zwischen 1905 und 1913 im Auftrag der Fürstin Giovanna Ghyka gestaltet haben. Die streng symmetrische Aufteilung des Hauptparterres mit Hecken, Kegelbäumen und Halbkugeln aus Buchs orientiert sich an Gartenmotiven der späten Renaissance. Die großflächigen Wasserbecken wirken an der Stelle, wo üblicherweise ornamentierte Beetkompartimente zu erwarten sind, etwas merkwürdig und entsprächen eher einer spätbarocken Auffassung, wenn wiederum die untypische dichte Buchsbepflanzung nicht wäre. Wie auch immer, der an zauberhaften Ausblicken über die mit Olivenhainen bewachsenen Hügel der Toskana so reiche Garten der Villa Gamberaia veranschaulicht das Bedürfnis der früheren Eigner nach Abgeschlossenheit inmitten des großen Naturtheaters ihrer Heimat.

ABBILDUNGEN GEGENÜBER:
Caprarola, Villa Farnese
Brunnenskulpturen beim Casino del Piacere (oben)
Brunnen mit Flussgöttern unterhalb des Casino del Piacere (unten)

Caprarola, Villa Farnese
Eingangsfassade (rechts)
Grottenbrunnen im Casino del Piacere (unten)

Villa Farnese in Caprarola

In Caprarola trifft der Besucher auf eine der wohl ungewöhnlichsten Villen Latiums (Abbn. S. 96–99). Das betrifft nicht nur den pentagonalen Palazzo Farnese, sondern auch die Gartenanlagen und vor allem den *giardino segreto*. Im Jahr 1558 beauftragte Kardinal Alessandro Farnese d. J. den damals wohl begehrtesten Baumeister Giacomo Barozzi da Vignola, ein erst kurz zuvor von Antonio da Sangallo entworfenes und begonnenes Kastell zu einem prachtvollen Repräsentationsbau zu erweitern (Abb. oben). Der viel beschäftigte Architekt sah sich vor eine besondere Herausforderung gestellt: Kurz zuvor, gegen 1550, hatte der ehrgeizige und prunkliebende Kardinal Ippolito II. d'Este seine Villa in Tivoli zu planen und zu bauen begonnen. Caprarola, so das erklärte Ziel des Farnese-Kardinals, sollte die Tivoli-Villa seines Rivalen an Glanz und Pracht übertreffen. Vignola entwarf einen einzigartigen und imponierenden Palast, der eher einer monumentalen Festung glich als einer ländlichen Gartenvilla. Der ungewöhnliche fünfeckige Grundriss des Palastes bestimmte in entscheidender Weise die Anlage der Gärten. Die nach dem Tode Vignolas ab dem Jahr 1573 von Giovanni Antonio Garzoni und Girolamo Rainaldi angelegten oberen Gärten waren um 1580 fertig gestellt.

In einer der malerischen Grotten des Geheimgartens befindet sich ein Hirtenbrunnen, der von Flussgöttern flankiert wird. Diese pastorale Thematik deutet auf den Liebes- und Lustcharakter des *giardino segreto* hin. Die Liebesthematik wird im ikonografischen Programm zumindest teilweise im Casino del Piacere wieder aufgenommen. Der Pavillon wurde wohl von Vignola begonnen, aber nach seinem Tode von Garzoni erbaut. Die vom Liebesgarten her bekannte Jungfrau mit dem Einhorn ist im Gewölbefresko der unteren Loggia zu sehen. Auch die korbtragenden Hermen der seitlichen Terrassen des Casinos – die eine trägt ein Hündchen, die andere spielt auf einer Panflöte – können als Begleitmotive in das hier anklingende Thema des Liebesgartens mit einbezogen werden.

Ein etwas abseits sich befindender Bereich mit dem Casino del Piacere und der Piazzale delle Cariatidi wurde erst um 1620 von Kardinal Odoardo Farnese unter der Bauleitung von Rainaldi angelegt. Bei dem zuletzt genannten Komplex handelt es sich um einen großartigen *giardino segreto* (Abbn. oben und gegenüber). Dieses sommerliche Gartenversteck kam dem Wunsch des Kardinals nach Ruhe und Abgeschiedenheit angesichts der drängenden politischen Geschäfte sehr entgegen. Er ließ eine Zufluchtsstätte gestalten, die für Erholung und Zerstreuung sorgte. Grotten und Rustikamauern umschlossen den Gartenbereich. Auf dem Vorplatz des Casinos erhebt sich ein von Flussgöttern belagerter Brunnen, aus dessen Bassin Wasser über eine Kaskade herabsprudelt. Diese aus ineinander verschlungenen Delphinen gebildete Wassertreppe, die auch Catena d'Aqua oder Catena dei Delfini genannnt wird, geht auf einen Entwurf von Jacopo del Duca zurück. Der *giardino segreto* von Caprarola sprengt die bislang üblichen Dimensionen dieses Typus. Man kann tatsächlich von einer isolierten Villenanlage innerhalb eines umfassenden Gartenareals mit Palast sprechen.

Mit den genannten Beispielen sind die wichtigsten Motive und Gestaltungsvarianten des *giardino segreto* dargestellt. Dieser Gartentypus wurde bald auch in anderen Ländern Europas zu einem beliebten Bestandteil herrschaftlicher Gärten. Vor allem in Frankreich wurde der *giardino segreto* unter dem Einfluss italienischer Architekten und Gartenkünstler bald zu einem unverzichtbaren Element der weitläufigen barocken Gartenanlagen.

Caprarola, Villa Farnese
Giardino segreto (oben)
Skulptur: Judith (links)
Detailansicht des giardino segreto (gegenüber)

Gärten der Renaissance in Frankreich

Die politischen Beziehungen zwischen der französischen Krone und Italien waren ab dem Ende der Stauferherrschaft Mitte des 13. Jahrhunderts sehr intensiv. Nach dem Ende der englisch-französischen Auseinandersetzungen in der zweiten Hälfte des 14. Jahrhunderts richtete das Haus Anjou erneut sein Machtstreben auf Italien. Hundert Jahre später geriet das Königreich Neapel ins politische Blickfeld, als der 13-jährige Thronerbe Karl VIII. im Jahr 1494 mit einem Heer nach Italien zog, um die alten Ansprüche seines Hauses auf Neapel mit Waffengewalt durchzusetzen. Er erreichte allerdings wenig, da er sich einer Allianz von Papst Alexander VI., dem Habsburger-Kaiser Maximilian I. und dem Herzog von Mailand, Lodovico il Moro, beugen und den Rückzug antreten musste. Wenngleich ohne politische Ehren, kehrte er doch nicht mit leeren Händen in seine Heimat auf das Schloss Amboise an der Loire zurück. In Neapel hatte er offensichtlich viel Zeit gefunden, ausführlich die dortigen Paläste, Villen und Gärten zu besuchen. Begeistert schrieb er an den Herzog von Bourbon:

»Mein Bruder, Sie können sich nicht vorstellen, welch schöne Gärten ich in dieser Stadt (gesehen) habe. Wahrhaftig. Es scheint, dass nur Adam und Eva fehlen, um daraus ein irdisches Paradies zu machen, so schön sind sie und voll von guten und sonderbaren Dingen.«

Château de Villandry
Blick von Osten auf den Garten und das Schloss. Der Garten von Villandry gehört zu den meistbesuchten Gärten Frankreichs.

Die Schlossgärten von Amboise, Blois und Gaillon

Diese Briefstelle belegt einmal mehr den beginnenden Kulturtransfer von Italien in die übrigen Länder Europas. Die italienische Kunst und damit auch der Renaissancegarten wurden in Frankreich und bald auch in anderen Ländern nördlich der Alpen heimisch. Karl VIII. verpflichtete eine Reihe von italienischen Künstlern an seinen Hof in Amboise, unter anderen auch den Gartenkünstler Pacello da Mercogliano, einen neapolitanischen Priester. Obwohl dokumentarische Unterlagen über seine Tätigkeiten in Amboise fehlen, gilt er doch als Schöpfer dieses ersten Renaissancegartens in Frankreich. Der von italienischen Gärten so begeisterte Karl konnte das Kunstwerk allerdings nicht mehr genießen, da er bereits 1498 durch einen Unfall ums Leben kam. Sein Nachfolger Ludwig XII. vollendete das Werk, das uns heute durch die großartigen und detailgetreuen Stiche von Jacques Androuet Du Cerceau überliefert ist (Abb. unten), die freilich den Garten erst viele Jahrezehnte nach seiner Entstehung wiedergeben. Du Cerceau vereinigte in seinen Stichen, die erstmals in den siebziger Jahren des 16. Jahrhunderts in zwei Bänden veröffentlicht wurden, sämtliche bedeutenden Schlösser und Gärten dieser Epoche in Frankreich, die mit der kurzen Regierungszeit Karls VIII. begann, unter den Regierungen von Ludwig XII. (1498–1515) und Franz I. (1515–47) erblühte und mit Heinrich IV. (1589–1610) endete.

Der Stich von Du Cerceau zeigt das Gartenparterre in Amboise auf einer Terrasse hoch über dem Loire-Ufer. In einer Anmerkung kritisierte Du Cerceau die Proportionen des Gartens, und tatsächlich erstreckten sich die Beetkompartimente in der Längsrichtung in nur zwei Reihen, so dass die Anlage einem schmalen Streifen gleicht. Die räumlichen Verhältnisse, die noch durch die mittelalterliche Burganlage oberhalb der hohen Stützmauer bestimmt waren, schränkten die Ausdehnung des Gartens stark ein. Eine harmonische Beziehung zwischen Schloss und Garten war daher von vornherein nicht möglich. Wie die mittelalterlichen Schlossgebäude um einzelne Renaissancetrakte ergänzt wurden, so suchte der nun vergrößerte und zum Renaissancegarten

Château d'Amboise
Garten in Schlossnähe; vom einstigen Renaissancegarten ist heute nichts mehr zu sehen.

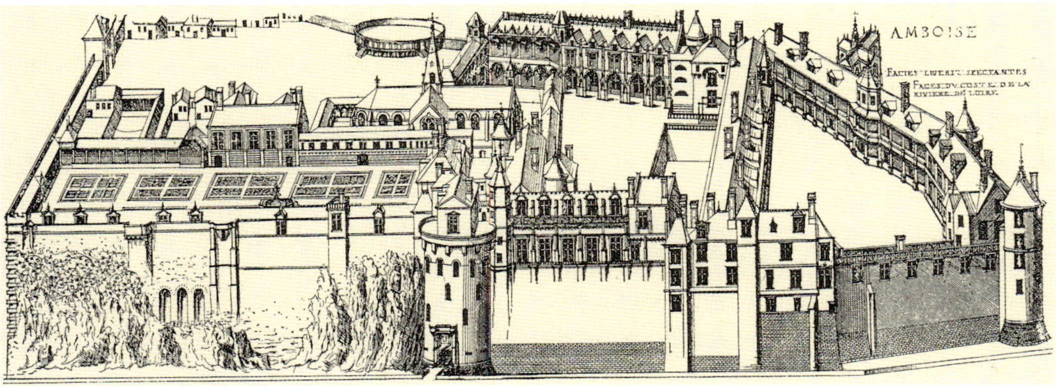

Château d'Amboise
Ansicht des Schlosses und seines Gartens nach J. A. Du Cerceau, 1607

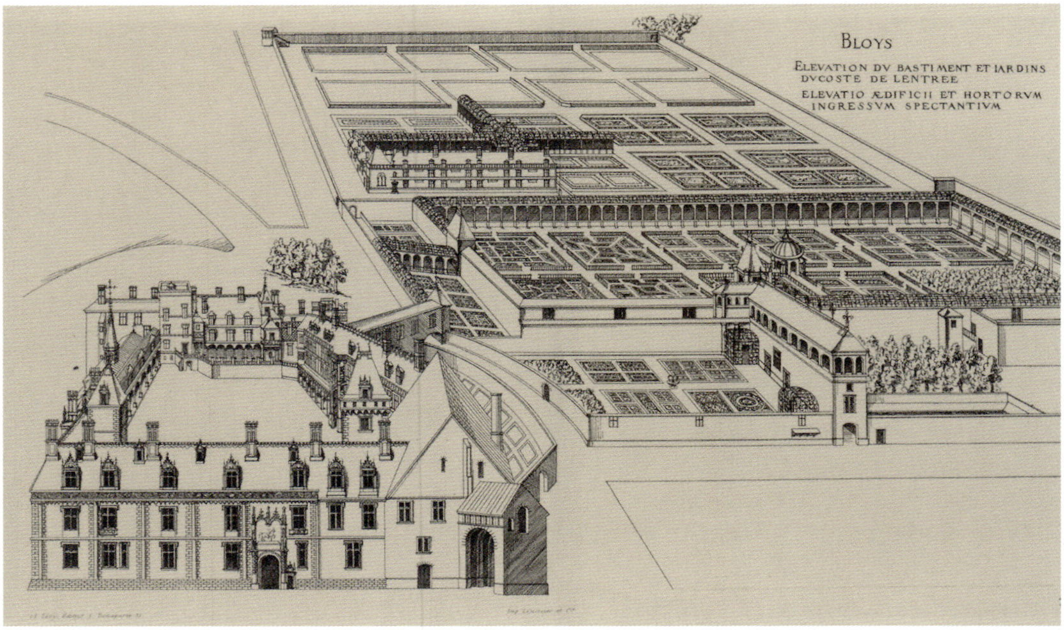

Blois, Schloss und Gärten
Ansicht der Gesamtanlage nach J. A. Du Cerceau, 1607

Blumenbeet-Detail

veränderte Burggarten die Ideale des neuen Formempfindens zu verwirklichen.

Ludwig XII. war von der italienischen Gartenkunst ebenso begeistert wie sein Vorgänger Karl. Er beauftragte seinen Minister Karl von Amboise, italienische Marmorbrunnen heranzuschaffen, die er nicht nur in Amboise, sondern auch in Gaillon und Blois aufstellen ließ. Was für Amboise charakteristisch ist, trifft auch für die Gärten von Blois und Gaillon zu. Die Parterres wurden ohne einen spezifisch gartenarchitektonischen Bezug zu den Gebäuden angelegt. Allerdings legte man großen Wert auf die Ornamentierung der Beete im italienischen Renaissancestil. Dass – anders als in Italien – die Landschaft bei der Anlage des Gartens noch nicht mit einbezogen wurde, macht die flussseitige Galerie von Amboise deutlich. Statt den Blick vom Garten auf das imposante Panorama des Loire-Tals frei zu geben, wurde die Mauer hochgezogen und lediglich mit Fenstern versehen. Die mittelalterliche Idee des *hortus conclusus*, vom intimen und abgeschlossenen Gartenareal, war demnach noch dominant.

Unter Ludwig XII. wurden auch die Gärten von Blois angelegt. Die Planung und die Leitung der Ausführung lagen ebenfalls in den Händen des neapolitanischen Priesters Pacello da Mercogliano. Der Beginn der Arbeiten ist etwa um 1500 anzusetzen. Die Gärten waren von den Gebäuden des Schlosses getrennt und lediglich über eine Brücke, die Galerie des Cerfs, zugänglich (Abb. oben). Die Neigung, Schloss und Garten als bauliches Gesamtkonzept aufzufassen oder zumindest zu versuchen, den Garten in das bereits bestehende Schlossareal zu integrieren, bestand auch in Blois noch nicht. Dem Stich von Du Cerceau ist zu entnehmen, dass der Garten aus drei Teilen zusammengesetzt war, die sich auf drei Terrassen mit unterschiedlichem Niveau erstreckten. Sie waren weder durch Treppen noch durch Rampen miteinander verbunden. Offensichtlich widmete man dem mittleren Garten, dem *jardin bas* oder *jardin de la reine*, die größte Aufmerksamkeit und sah die übrigen beiden Gärten eher als untergeordnete Anlagen an. Möglicherweise war hier im oberen *jardin du roi* ein Kräuter- und Gemüsegarten in Kombination mit einem Lustgarten vorgesehen. Der untere Garten dürfte ebenfalls mit Nutzpflanzen und kleinen Zierbeeten versehen worden sein. Er nahm nur ein Drittel der Länge des Hauptgartens ein.

Die zehn Beetkompartimente des *jardin de la reine*, die in den Abrechnungen »parquets« genannt wurden, waren paarweise entlang der Längsachse gereiht. Durch die Zahl Zehn wurde ein symmetrisches Achsenkreuz verhindert: Der Schnittpunkt des Kreuzes, betont durch einen Pavillon, war nach rechts verschoben. Die üppige Beetornamentierung folgte italienischen Mustern, die in den einzelnen Kompartimenten symmetrisch angelegt waren. Jedes Kompartiment war individuell gestaltet, so dass eine lebendige Vielfalt entstand. Bis auf die linke vordere Ecke war der gesamte Bezirk umgeben von einer kunstvoll gefertigten Treillage, einem Laubengang aus Holzgitterwerk. Treillagen waren damals in Mode, und sie blieben es bis zur Barockzeit. Häufig waren diese Laubengänge unterbrochen von pavillonähnlichen Konstruktionen, die sich dann wie Triumphbögen an den Zugängen der Hauptachsen ausnahmen. Ein solcher fand sich in Blois aber lediglich an der Stelle, wo die kurze rechtwinklig verlaufende Treillage von der Schlossbrücke, der Galerie des Cerfs, auf den Hauptgarten traf.

Um 1500 ließ Ludwig XII. für seine Gemahlin Anne de Bretagne ein Gartencasino mit anschließender Orangerie an der Stelle errichten, wo der untere und der mittlere Garten aneinander grenzen. Jenseits des lang gestreckten Gebäudes öffnet sich eine Obstbaumplantage mit zwei *jeux de paumes*, d.h. Ballspielplätzen. Das Gartencasino ist bis heute erhalten geblieben.

Kardinal Georges d'Amboise, ein Minister Ludwigs XII., mochte die Schloss-Garten-Anlage seines Königs studiert und für verbesserungswürdig erachtet haben. Nahe seiner Bischofsstadt Rouen ließ er, wahrscheinlich auch unter der Leitung von Mercogliano, von 1506 bis 1509 einen Garten für sein Schloss Gaillon anlegen. In Du Cerceaus Zeichnung von 1576 fällt der Bezug von Schloss und Hauptgarten ins Auge (Abb. unten). Obwohl vom Haupttrakt aus eine Brücke über den Wassergraben zuerst auf einen ummauerten Hof führt, an den dann erst der Garten anschließt, gibt es eine eindeutige axiale Beziehung zwischen Schloss und Garten.

Nach Du Cerceaus Zeichnung war die Ostseite der gesamten Anlage als Schauseite hervorgehoben, da sich die Arkaden des östlichen Schlosstraktes in den Hofarkaden fortsetzen. Daran schließt sich die mit mächtigen Stützpfeilern versehene Gartenmauer an, auf der sich eine Fenstergalerie mit Eck- und Mitteltürmchen befindet. Die Stützmauer war nötig, da für den Garten ein abschüssiges Gelände terrassiert werden musste. Durch den prächtigen Torturm in der Mitte der Gartengalerie, die parallel zum Hauptgebäude des Schlosses verläuft, gelangt man in den Garten, ein Parterre, das sich aus 26 Zierbeeten zusammensetzt. Ein Zeitgenosse, Antonio de Beatis, berichtete im Jahr 1517 ausführlich über die kunstvolle Ornamentierung der Beete. Es seien vor allem blühende Krautgewächse sowie Buchs und Rosmarin, die phantasiereiche Figuren wie Reiter, Schiffe oder Vögel bildeten. Das Wappen des Königs fehle ebenfalls nicht. Es sei »molto artificiosamente« gestaltet, schreibt Beatis. Seine Ausführungen stimmen im Allgemeinen überein mit den Überlegungen des Theoretikers Olivier de Serres.

Blois, Schlossgarten
Detailansicht der Alleen beim Schloss

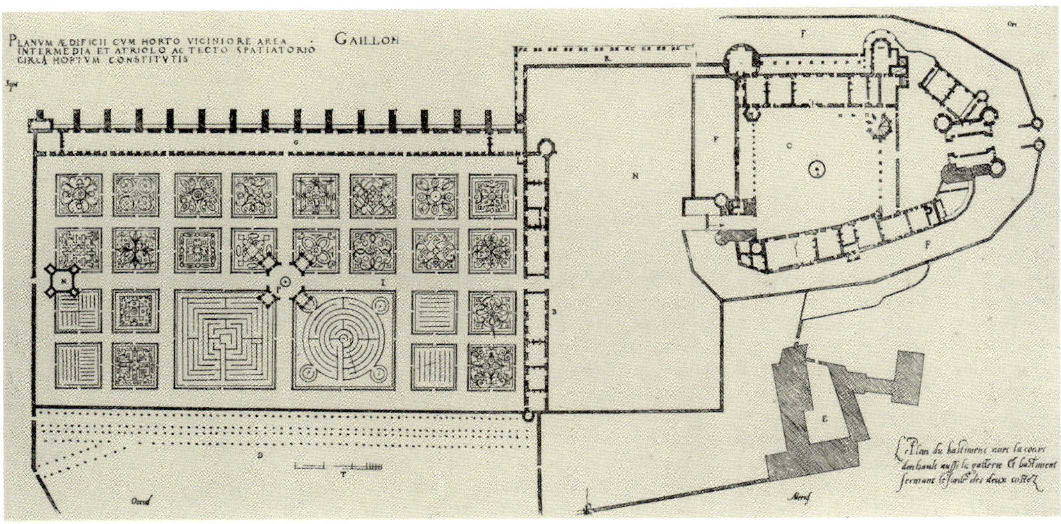

Gaillon, Schloss und Garten
Grundriss der Anlage nach J. A. Du Cerceau, 1607

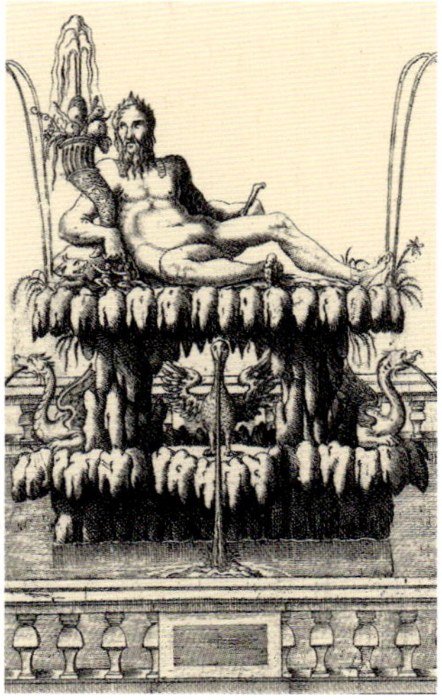

Fontainebleau, Tiber-Brunnen (Detail)
Stich von A. Francini

Dessen Meinung nach sollten die Zierbeete mit Gewürzkräutern wie Lavendel, Thymian, Minze, Majoran und Rosmarin eingefasst werden. Für die Herstellung der Beetmusterung empfahl er unter anderem das Pflanzen von Veilchen, Levkojen, Nelken oder Stiefmütterchen. Und der Buchs schließlich sollte zu phantasievollen Kunstfiguren zurechtgeschnitten werden.

Die Symmetrie des Parterres wird durch zwei Labyrinthe unterbrochen, die das strenge Schema der Kompartimentreihung auflockern. Ein Gartenhaus am Ende der Mittelachse erscheint als Pendant zum Galerieturm am Eingang des Parterres. Es nimmt in verkleinertem Maßstab Formen des Torturmes vom Schloss auf und stellt so einen Zusammenhang zwischen dem Garten, seiner Architektur und dem Schlossgebäude her.

Abseits vom Schloss ließ der Kardinal eine Eremitage einrichten und diese mit einem Miniaturgarten sowie einem Felsen mit Grottenraum versehen. Wir erinnern uns an Palissys Ausführungen über Grotten, die, von Italien angeregt, im 16. Jahrhundert in Frankreich sehr populär geworden sind. Die Eremitage von Gaillon zählt zu den frühesten Beispielen dieses Typus, der sich später im Barockgarten des 18. Jahrhunderts als fester Bestandteil einer Gartenanlage behaupten konnte.

Das spezifisch Französische am Garten von Gaillon besteht in der Verbindung zwischen Schlossarchitektur und Garten, obwohl das Gebäude räumlich vom Parterre getrennt ist. Insbesondere der Hof fungierte als architektonische Klammer zwischen Architektur und Parterre.

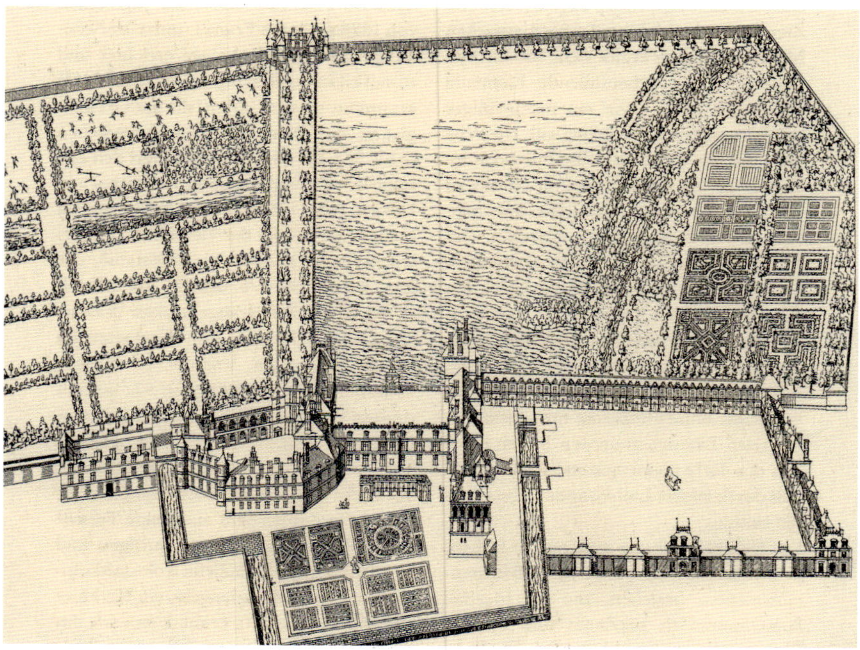

Fontainebleau, Schloss und Gärten
Ansicht der Gesamtanlage um 1565
nach J. A. Du Cerceau

Der Schlossgarten von Fontainebleau

Die Gärten von Fontainebleau und Anet markieren die nächste und entscheidende Entwicklungsstufe zum spezifisch französischen Gartentypus, der sich im 17. und im 18. Jahrhundert zu seiner ungewöhnlichen Größe und Vielfalt entwickelte. Das Schloss Fontainebleau wurde ab 1528 unter Franz I. zu einem Jagdschloss ausgebaut (Abb. S. 106/107). Da ältere Bauten mit einbezogen wurden, geriet die Anlage unregelmäßig. Der Gesamtkomplex war architektonisch unübersichtlich, bot jedoch interessante Möglichkeiten, die Höfe als Gärten zu gestalten oder mit weiten Gartenflächen zu konfrontieren und – ähnlich wie in Gaillon – individuelle Lösungen im Spannungsfeld von Schloss, Hof und Garten zu finden (Abb. links).

Dem Herrscher schwebte ein Gartenkonzept vor, das einerseits die traditionelle Anlage des intimen und dem Schlossgebäude zugeordneten Gartens und andererseits den vom Schloss in die Landschaft fortstrebenden Garten verwirklichen sollte. So ließ er im Winkel von Schlosskapelle, Quertrakt und Hauptge-

bäude einen Ziergarten anlegen, der aus vier Beetkompartimenten bestand. Ins Achsenkreuz setzte er eine antike Marmorstatue, die so genannte *Diana von Versailles*, die sich heute im Louvre in Paris befindet. Nach ihr wurde dieser Gartenbereich *jardin de Diane* benannt. Der Garten, der Schlosshof und die Schlossgebäude waren von einem Kanal eingefasst. Es handelte sich hierbei um einen Privatgarten, der nur von den königlichen Gemächern her zu betreten war. Unter Katharina de' Medici wurde der Garten *jardin de la reine*, Königinnengarten, genannt. Er enthielt Bronzekopien berühmter antiker Statuen, unter anderem die Laokoon-Gruppe, den Apollo vom Belvedere und die schlafende Ariadne. Auch diese Skulpturen befinden sich heute im Louvre in Paris.

Auf der anderen Seite des Quertraktes, der heute so genannten *Galerie de François 1er*, breitete sich die *Cour de la Fontaine* aus, der Brunnenhof, an den wiederum ein weitflächiger See grenzte, der durch das Abgraben eines Sumpfes entstanden war. Westlich des Sees folgten ein weiterer Ziergarten sowie ein Obstbaum- und ein Nutzgarten. Heute können Besucher an dieser Stelle durch den 1812 angelegten *jardin anglais* spazieren. Auf der gegenüberliegenden Seite wurde der See von einer vierreihigen Baumallee begrenzt, an die ein großes Gartenareal anschloss. Franz I. hatte hier einen Frucht- und Wiesengarten sowie einen Spielplatz vorgesehen, was Du Cerceau durch herumtollende Menschen und Schaukeln verdeutlichte. Durch dieses Areal floss ein von Bäumen gesäumter breiter Kanal, der seinen Ausgang vom See nahm.

Das Wasser hatte in dieser weitläufigen Gartenanlage, die erst zur Zeit Katharina de' Medicis um 1565 vollendet wurde, eine beherrschende Stellung. So konnte Marie Louise Gothein wohl zu Recht von Fontainebleau als dem »französischen Kanalgarten der Renaissance« sprechen.

Für die Entwicklung des französischen Barockgartens war die Idee, Wasserflächen und Wasserkanäle als Gliederungsprinzip einzusetzen, von entscheidender Bedeutung. An dieser Stelle sei bereits erwähnt, dass der zuletzt genannte Gartenabschnitt

Fontainebleau, Schlossgarten
Ansicht des Landschaftsparks mit einem Steinpavillon aus dem 18. Jahrhundert

NACHFOLGENDE DOPPELSEITE:
Château de Fontainebleau
Ansicht des Schlosses und des großen Bassins

Fontainebleau, Schlossgarten
Ansicht des großen Kanals (oben)
Baumkegel

ABBILDUNG GEGENÜBER:
Château d'Anet, Schlossgarten
Wasserlandschaft mit altem Baumbestand

in Fontainebleau zwischen 1661 und 1664 von dem Schöpfer der Gärten in Versailles, André Le Nôtre, umgestaltet wurde (Abbn. oben und S. 106/07). Le Nôtre baute den Kanal im Bereich vor dem Schloss zu einem quadratischen Bassin aus, das er mit vier großen Kompartimenten umgab. Dieses Parterre säumte er mit Terrassen, die mit beschnittenen Bäumen bepflanzt wurden, wodurch die asymmetrische Gesamtanlage und die unregelmäßige Fassadenlinie des Schlosskomplexes kaschiert werden sollte. Le Nôtre fand allerdings nicht den Garten von Franz I., sondern den von Heinrich IV. vor. Dieser hatte schon kurz vor 1600 den Nutzgarten zu einem *parterre de broderie* umgestalten lassen, zu einem Komplex von Zierbeeten nach italienischen Mustervorlagen. Jenseits dieses Parterres hatte er einen großen Park geplant, der um 1609 angelegt wurde. Der Kanal aus der Zeit Franz' I. wurde zu einem weitflächigen Kanalbassin ausgebaut. Mit diesen Maßnahmen wurde die außerhalb liegende Landschaft erstmals gezielt in das Gartenkonzept mit einbezogen.

Die Entdeckung der Landschaft als visuelles Erlebnis eines Gartenspaziergangs ist vielleicht in Fontainebleau zum ersten Mal in Frankreich spürbar geworden. Der König sah in seinem Garten nun eine Art Modell seines Herrschaftsbereiches, das symbolisch auf die Struktur und die Ausdehnung seines tatsächlichen Herrschaftsbereiches verwies: Er konnte die Beetkompartimente, Alleen, Kanäle und Bassins, die dem Schloss zugeordnet waren, mit dem vor ihm liegenden Landschaftspanorama verknüpfen und so metaphorisch auf seinen Machtbereich beziehen. Allerdings fehlte noch eine befriedigende Verbindung von Schloss und Garten. Der dem Schloss vorgelagerte Hofbereich erfüllte diese Aufgabe nur unzureichend. Auch Le Nôtre hatte in Fontainebleau diesen Mangel empfunden, als er sich während seiner Umgestaltungen dazu entschloss, die unregelmäßige Fassadenlinie des Schlosses durch Terrassierung und Baumbewuchs zu verbergen.

Château d'Anet

In Anet, einem der zauberhaftesten Renaissanceschlösser Frankreichs, entwickelte der damals berühmteste Baumeister des Landes, Philibert de l'Orme, eine neue Lösung für die Beziehung zwischen Schloss und Garten. 1546 erhielt er von Diana von Poitiers, der Mätresse Heinrichs II., den Auftrag, Schloss und Garten als Aufenthaltsort einer Jägerin zu planen und auszuführen. Obgleich de l'Orme ältere Bauteile eines Vorgängerbaus in sein Konzept integrierte, gelang ihm die vollendete Harmonie und Symmetrie von Schloss und Garten (Abbn. S. 109–111).

Der bis heute erhalten gebliebene triumphbogenartige Torbau (Abb. S. 110) führte über einen Innenhof geradewegs auf den Hauptbau zu, das *Corps de logis*, das von Seitentrakten flankiert wurde. Jenseits des Hauptbaus öffnete sich die weite Anlage des Gartens. Ehrenhof und Gartenseite erschienen nun gleichberechtigt. De l'Orme legte eine Achse durch den gesamten Komplex, die durch den Torbau, den Mittelgiebel des Hauptbaus und die zentrale Allee des Gartens verlief.

Den Torbau bekrönt ein technisches Wunderwerk: eine Tiergruppe, bei der zwei Jagdhunde einen Hirsch stellen. Es stand mit dem Uhrwerk des Portals in Verbindung und wird von de l'Orme folgendermaßen beschrieben:

Château d'Anet
Schloss und Garten (rechts)
Terrasse beim Torhaus (unten)

»Obschon es kaum in der Natur des Hirsches liegt, mit dem Huf aufzuschlagen, wenn er das Gebell der Hunde hört, hat man es doch so eingerichtet, dass, nachdem besagte Hunde die Viertelglöckchen anschlagen, der Hirsch mit dem Huf aufstampft und die Stunden hören lässt.«

Wilfried Hansmann hob hervor, dass die Namensgleichheit der Bauherrin mit der Jagdgöttin Diana zu einem geistvollen und kunstreichen Spiel führte, das in der Architektur und in der Gartengestaltung nachvollzogen werden konnte. Eine zweiläufige Treppe in der Form des Halbmondes, des Symbols der Diana, führte von der Gartenseite des Hauptgebäudes aus hinab zum Parterre, das auf drei Seiten von einer Rustikagalerie umgeben war. Die Zierbeete sollen mit heraldischen Mustern ornamentiert gewesen sein, die sich auf die Vorfahren und die königliche Verwandtschaft der Diana bezogen. Sie wurden 1582 durch ein *parterre de broderie* ersetzt, das von Etienne du Pérac entworfen und von Claude Mollet, einem der ersten berühmten königlichen Gärtner Frankreichs, angepflanzt worden war.

Vom Renaissancegarten ist heute leider nichts mehr zu sehen. Er bestand etwas mehr als hundert Jahre lang. Louis-Joseph de Vendôme, der spätere Besitzer, beauftragte im Jahr 1681 André Le Nôtre mit der zeitgemäßen Umgestaltung des Geländes.

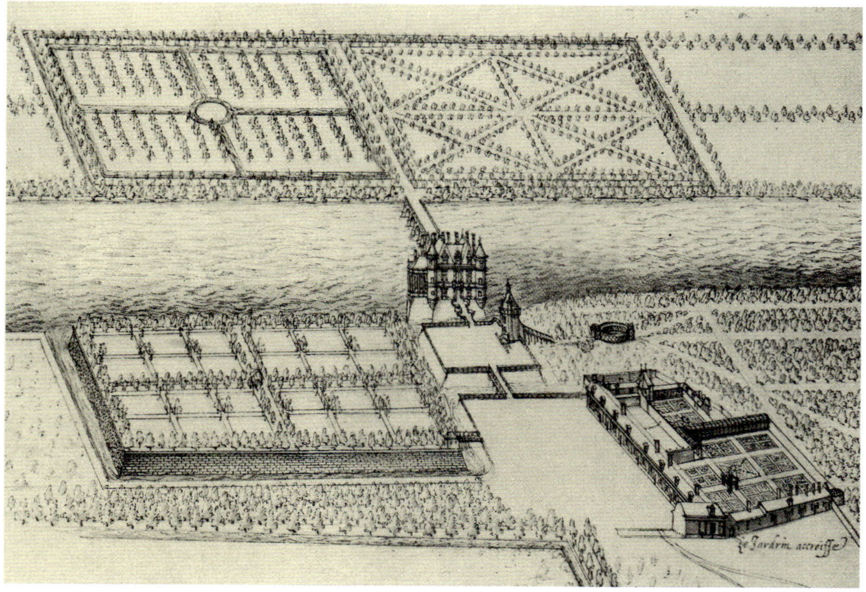

Château de Chenonceaux
Detail einer Zeichnung von J. A. Du Cerceau vom Schloss und seinen Gärten

Die Rustikamauern wurden abgetragen, und der Garten der Diana ging auf in einem riesigen Areal von der fünffachen Größe. Von der westlich vorbeifließenden Eure wurde Wasser in die Kanäle geleitet, und bald zierte ein weiterer Barockgarten das Land. Doch auch dieser verfiel im Laufe des folgenden Jahrhunderts. Nachdem das Schloss zu Beginn des 19. Jahrhunderts zerstört und teilweise wieder aufgebaut worden war, ließ der neue Besitzer, Adolphe de Riquet, Comte de Caraman, um 1840 auf dem Gelände einen englischen Garten anlegen.

Château de Chenonceaux

Der Garten und das Schloss von Chenonceaux an dem Fluss Cher nahe der Loire stehen in einer ungewöhnlichen, aber äußerst reizvollen Stellung zueinander. Das Renaissanceschloss zieht sich wie ein nobles Brückengebäude über den Fluss. Östlich des Schlosskomplexes und nicht unbedingt in zwingendem Kontext zum Schloss selbst breitet sich das große Parterre aus, dessen Südflanke vom Cher begrenzt wird (Abb. links). Ein aus dem Fluss abgeleiteter Kanal umfließt diesen eindrucksvollen Gartenbereich. Der Fluss gilt somit als ästhetische Klammer zwischen Schloss und Garten – eine in Frankreich einzigartige Situation.

Schloss und Garten wurden zwischen 1551 und 1555 für Diane von Poitiers erbaut und angelegt. Es handelte sich um ein Geschenk des französischen Königs Heinrich II. 1560 ging das Anwesen in den Besitz von Katharina de' Medici über. Sie ließ das westlich des Schlosses sich erstreckende Areal kultivieren. Auf sie geht auch das kleine Parterre zurück, das westlich des Ehrenhofes am Ufer des Cher errichtet wurde (Abb. S. 114).

Château de Chenonceaux
Der Ostgarten, jardin de Diane de Poitiers, mit dem großen Parterre

Château de Chenonceaux
Der Westgarten, jardin de Catherine de Medici, ist weniger aufwändig gestaltet als der Ostgarten. Er besteht aus einem runden Teich und Rasenflächen zwischen schmalen Beeten.

ABBILDUNG GEGENÜBER:
Château de Chenonceaux
Detail des großen Parterres des Ostgartens (jardin de Diane de Poitiers)

Zu Beginn des 20. Jahrhunderts wurde die Anlage durch Henri Duchêne, der viele historische Gärten des Landes rekonstruiert hat, wieder in den alten Zustand versetzt, so dass wir diesen Renaissancegarten in seinem besonderen Spannungsverhältnis zum Schloss und zum Fluss erleben und studieren können. Die Situation gleicht der von Du Cerceau überlieferten Ansicht. Das Parterre ist symmetrisch unterteilt, und zwar kreuzförmig und in der Diagonalen, so dass trapez- und dreiecksförmige Beete ausgegliedert wurden. Sie zieren asymmetrisch verlaufende Kieswege und Lavendelbänder, die wie Ornamentschleifen wirken. Die Randstreifen sind mit Kugelbuchs und niedrig wachsenden Pomeranzenbäumchen sowie mit je nach Jahreszeit wechselnden Blumen bepflanzt. Im Zentrum ist ein kreisrundes Rasenbeet angelegt, das früher sicherlich mit einem Brunnen versehen war. Auf der gegenüberliegenden Seite, also nordwestlich des Schlosseingangs, befindet sich das Parterre der Katharina de' Medici, das allerdings um vieles kleiner dimensioniert ist. Es gleicht in seiner Anlage dem Hauptparterre und verbindet sich mit der nördlich sich anschließenden weitläufigen Gartenanlage.

Während der Regierungszeit Heinrichs IV. (1589–1610) geriet die Gartenkunst in den Bannkreis der höfischen Kunst. Der *bon sens* wurde zum alleinigen Bewertungsmaßstab. Der Theoretiker de Serres besuchte Fontainebleau, Saint-Germain-en-Laye, Blois, die Tuilerien und natürlich auch den Jardin du Luxembourg in Paris, um über die Anlage der Parterres und die Ornamentierung der Beete zu berichten.

Château de Chenonceaux
Tempelartige Zierarchitektur mit reliefierten Säulen (Karyatiden)

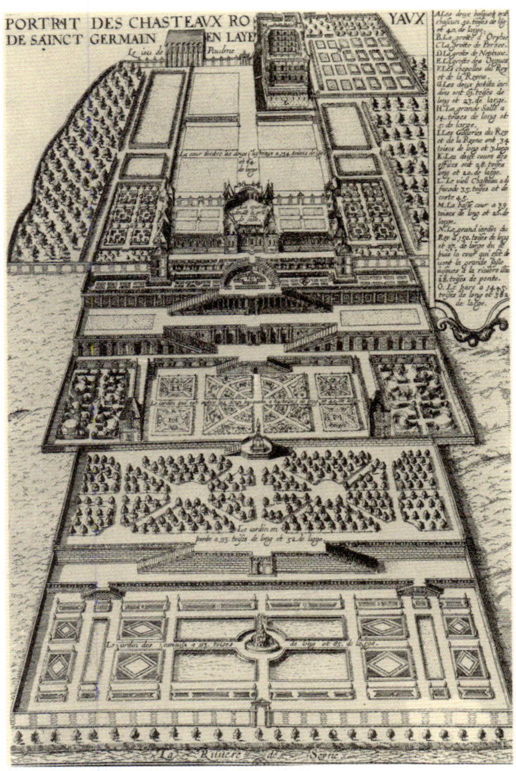

St-Germain-en-Laye
Schloss und Gartenanlage nach einem Stich von A. Francini, 1614

Die Gärten von Saint-Germain-en-Laye

Über die Gärten von Saint-Germain-en-Laye gibt es euphorische zeitgenössische Berichte. Die monumentale Anlage wurde als achtes Weltwunder angesehen. Um 1557 beauftragte Heinrich II. Philibert de l'Orme mit ersten Entwürfen, die, wie Rechnungen belegen, sogleich ausgeführt wurden. Zwei Jahre später starb der König. Erst unter Heinrich IV. wurde die Anlage gegen Ende des 16. Jahrhunderts vollendet. Der Stich von 1664 zeigt die prachtvolle Gartenanlage, die über sechs Terrassen hinunter zur Seine hin abgestuft ist (Abb. links). Sie ist sehr stark architektonisch geprägt. Das Schloss auf der oberen Terrasse besteht aus einer Gruppe von Pavillons, die durch flache Trakte – teilweise exedraförmig gestaltet – miteinander verbunden sind. Auf den nächsten Ebenen folgen weitere Pavillons, von denen Galerien ausgehen, die Beetkompartimente einschließen und an bewachsene Mauern grenzen, die ihrerseits wieder kleineren oder größeren Gartenpavillons oder dem Hauptgebäude zustreben. Die gesamte Anlage vermittelt den Eindruck einer mit üppigen Kulissen ausgestatteten Theaterbühne. Der von Anet her bekannte Claude Mollet legte die Entwürfe für die Parterres vor, die phantasie- und abwechslungsreich gestaltet sind. Die zahlreichen Wasserspiele stammen von den Brüdern Thomas und Alexandre Francini. Letzterem unterstand auch die Aufsicht über die Brunnen und Wasserspiele von Fontainebleau. Sein Bruder Thomas avancierte zum *gentilhomme servant du roi* unter Ludwig XIII. Sein Sohn, Françoise de Francine, war der Schöpfer der Brunnen von Versailles. Während eine halbkreisförmige Treppe hinunter zur ersten Terrasse führt, überwinden zwei zweiläufige Rampentreppen die beiden folgenden Terrassen. Unmittelbar vor dem Hauptparterre öffnen sich rückwärtig die Grottenräume mit den Wasserspielen, unter anderem die berühmte Grotte des Orpheus (Abb. unten). Das aus Buchs geformte Hauptparterre ist in zwei kleinere seitliche und vier größere zentrale Beetkompartimente gegliedert, die diagonal und radial aufgeteilt sind. Die kleineren Seitenbeete sind mit den Initialen des Königspaares Heinrich IV. und Maria de' Medici geziert. Zwei Boskettzonen flankieren das Parterre. Ein halbes Jahrhundert nach der Vollendung des Gartens brachen die Terrassen ein, sie wurden aber unter Ludwig XIV. neu aufgebaut.

Der Jardin du Luxembourg in Paris

Als Heinrich IV. im Jahr 1610 von einem katholischen Fanatiker ermordet wurde, floh seine Witwe Maria de' Medici aus den Gemächern des Louvre hinüber auf die andere Seite der Seine. Dort erwarb sie um 1612 ein Terrain von François de Luxembourg, auf dem sie ein Schloss und einen Garten anlegen ließ, den heute noch berühmten, wenn auch vielfach veränderten Jardin du Luxembourg (Abb. oben). Hier wollte die Regentin ihre Heimat Italien erblühen lassen und dabei den Boboli-Garten von Florenz zum Vorbild nehmen. Doch das Gelände entsprach nicht ganz ihren Vorstellungen. Der Reiz eines toskanischen Terrassengartens war in dem flachen Gelände an der Seine kaum zu verwirklichen. Hinzu kam, dass in der französischen Gartenkunst das Broderieparterre seine italienischen Ursprungsformen verlassen und eine eigene Entwicklung genommen hatte. Als Jacques Boyceau de la Barauderie, der berühmteste Parterre-Künstler Heinrichs IV. und Ludwigs XIII., 1612 die ersten Entwürfe vorlegte, war Maria de' Medici begeistert, wenngleich sie nur einen einzigen »toskanischen Aspekt« entdecken konnte: Die große Allee verlief nicht in Richtung der Mittelachse des Schlosses, sondern quer zu ihr – wie im Boboli-Garten. Vor der Hauptfassade öffnete sich das Parterre mit seiner einzigartige Beetmusterung. Boyceau wählte als variantenreiches Grundmotiv das Akanthusblatt, das er phantasievoll zu immer neuen filigranen Formen abwandelte – bis hin zum Monogramm der Königin. Boyceau verzichtete auf Blumen und bildete die Ornamente aus Buchs.

Paris, Jardin du Luxembourg
Skulpturengezierte Treppenanlage, Aufgang zu einer Allee

St-Germain-en-Laye, Orpheusgrotte
Stich von A. Francini, 1614

Château Villandry

Die Renaissancegärten Frankreichs sind entweder verfallen, oder sie wurden in barocke Anlagen umgewandelt, die ihrerseits wieder zu englischen Landschaftsgärten wurden. In dieser Form haben viele von ihnen bis zum heutigen Tag überlebt. Ein Ort aber hat den Zauber und die Pracht des Renaissanceparterres bewahrt – wenngleich nicht ohne Unterbrechung und in einer einzigartigen Rekonstruktion. In Villandry, nahe Tours, trifft man auf eine seltsame, aber auch bemerkenswerte Konstellation: ein mittelalterliches Schloss aus dem 12. Jahrhundert und ein weiteres Schloss aus der Renaissancezeit sowie ein Terrassengarten aus dem 18. Jahrhundert, der bis zum Beginn des vorigen Jahrhunderts verfallen war. Der Garten wurde rekonstruiert und zählt heute zu den schönsten Renaissancegärten Frankreichs. Dass nicht der gesicherte Befund des Barockgartens, sondern die eher spekulative Form eines weitgehend unbekannten Renaissancegartens wiederhergestellt wurde, ist eine mutige und sicherlich auch wünschenswerte Tat angesichts der Dominanz barocker Gärten in Frankreich. Sie ist dem Spanier Joachim Carvallo zu verdanken, der die aus dem 18. Jahrhundert stammenden Terrassen zwischen 1906 und 1924 nach den Vorgaben Du Cerceaus neu gestaltete und gemeinsam mit anderen spanischen Künstlern einen typischen französischen Renaissancegarten schuf. Südlich des Schlosses befindet sich der mit kunstvollen Beetmustern ornamentierte Gemüsegarten (Abb. S. 120/21). Buchsbaumkompartimente kann man im *jardin de musique* östlich und im *jardin d'amour* (Abb. gegenüber und rechts) südöstlich vom Schloss bewundern. Die Hauptachse des Gartens, eine Allee, trennt den Ornamentgarten vom Gemüse- und Wassergarten. Letzterer wird von einem Kanal durchzogen, der von einem Wasserbassin aus zum Wassergraben des Schlosses führt.

Carvallo legte bewusst Wert auf die strenge symmetrische Ordnung, die er durch spielerische und phantasiereiche Ornamentmuster auflockerte. Ihm ging es in erster Linie um eine Alternative zum englischen Landschaftsgarten, der seiner Meinung nach die Faszination der französischen Gärten der Renaissance und des Barock zerstört hatte und verhinderte, dass die traditionellen gartenkünstlerischen Gestaltungsmittel zur Geltung kamen.

Der französische Renaissancegarten basierte auf dem italienischen Garten. Aus der anfänglichen Begeisterung für die italienische Gartenkultur erwuchsen allmählich eigene Konzepte, die kunstvoll und phantasiereich die italienischen Vorbilder weiterentwickelten. Während in Italien Schloss und Garten in den meisten Fällen als homogenes Ganzes geplant und ausgeführt wurden, waren in Frankreich die Bereiche Schloss und Garten noch lange Zeit getrennt. Sie wuchsen erst gegen Ende der Renaissanceepoche zusammen, um dann in einer unvergleichlichen Pracht zu den barocken Gartenkontinenten zu werden. Das Italienische im französischen Garten – von der Beetmusterung über Grottenwerke bis hin zur Terrassierung – blieb gewissermaßen als separater Schmuck erhalten.

Château de Villandry
Hecke und Zierbäumchen im *jardin d'amour*

ABBILDUNG GEGENÜBER:
Château de Villandry
Blick von Südosten über den *jardin d'amour* auf das Schloss

Château de Villandry
Treppenaufgang von der unteren Ebene des Gemüsegartens (*potager*) zu der Terrasse des Ziergartens (*jardin d'amour*)

ABBILDUNG GEGENÜBER:
Château de Villandry
Detailansicht des Wassergartens mit Teich und Springbrunnen

VORANSTEHENDE DOPPELSEITE:
Château de Villandry
Blick von Süden über den Gemüsegarten (*potager*) auf das Schloss

Château de Brécy

Das Schloss Brécy, unweit von Caen in der Provinz Calvados gelegen, stammt aus dem frühen 17. Jahrhundert. Der Reiz des Gartens, der ebenfalls aus dieser Zeit stammt und von geringfügigen Veränderungen abgesehen bis auf den heutigen Tag erhalten geblieben ist, besteht in der üppigen Verwendung von Treppen, Balustraden, Terrassenmauern und Toren, die mit vielen manieristischen Ornamenten und Skulpturen versehen sind. Die Gesamtstruktur gleicht einem monumentalen Theater, dessen Bühne sich aus mehreren Kulissen zusammensetzt, die in die Höhe gestaffelt sind. Ein zentraler Kiesweg mit vier Treppenläufen führt über die vier Terrassen hin zu einem monumentalen Tor, das ein manieristisch verziertes Gitter besitzt (Abb. S. 126 oben). Von dort oben aus überblickt man das Gartengelände. Buchskegel und niedrige Buchshecken zieren die Terrassen. Der Blick schweift weit über das Schloss mit den barock dekorierten Giebelfenstern bis hin zu den weich gewellten Hügeln des Calvados (Abb. links).

Wenngleich die typische Renaissanceornamentik der Beete fehlt, so erkennt man doch im Aufbau und in der Gliederung der einzelnen Terrassen die typische Gartenkonzeption der Zeit um 1600. Allein das dem Schloss vorgelagerte Kompartiment weist eindrucksvolle, aus Buchshecken komponierte Knotenmuster auf. Außerdem verschaffen die mit Pinienzapfen verzierten Balustraden und die manieristischen Löwenköpfe (Abb. oben und rechts) sowie weitere phantasievolle Skulpturen dem Garten das Szenarium eines französischen Renaissancegartens.

Château de Brécy
Ansicht des schlossartigen Herrenhauses und der Gartenanlage (links)
Zierelemente der Balustraden: Löwenkopf (oben) und Pinienzapfen (unten)

Château de Brécy
Ansicht vom Schloss auf den leicht ansteigenden, auf vier Terrassen gestuften Garten

ABBILDUNGEN GEGENÜBER:
Château de Brécy
Vor dem Schloss breitet sich ein Parterre mit sehr schönen Buchsornamenten aus (unten), während in den höher gelegenen Terrassen Formschnittbäumchen und Steinskulpturen das Bild des Gartens bestimmen (oben).

Gärten der Renaissance in Deutschland, Österreich und England

Leonberg, Pomeranzengarten
Beetdetail mit kleinem Eckpavillon

Deutschland und Österreich

Für Deutschland war die italienische Gartenkunst der Renaissance nicht nur vorbildlich, sondern maßstäblich, da eine heimische Tradition kaum vorhanden war. Der Typus des mittelalterlichen Klostergartens konnte die Repräsentationsbedürfnisse der Fürsten und Herzöge nicht mehr befriedigen. Die engen politischen und wirtschaftlichen Kontakte zwischen süddeutschen Fürsten- und Herzogtümern und Italien führten dazu, dass die Kenntnis sowohl theoretischer Traktate als auch konkreter Konzepte italienischer Gärten rasch nach Norden gelangte. Die Idee des Renaissancegartens nördlich der Alpen verbreitete sich nicht nur in den großen Residenzstädten, sondern auch in der Provinz, wo gelehrte Grafen politische und wirtschaftliche Kontakte mit den Fürstenhäusern Italiens pflegten.

Mit einem besonderen Fall haben wir es in Neufra bei Riedlingen an der noch jungen Donau zu tun. In der zweiten Hälfte des 16. Jahrhunderts ließ Graf Georg von Helfenstein einen »hängenden Garten« für seine zweite Gemahlin Apollonia konzipieren. Das Gelände nördlich der Neufraer Pfarrkirche St. Peter und Paul und westlich des Schlossbaus fällt in Richtung des Ortes ab. Hier wurden riesige Stützmauern gezogen und gewölbte Substruktionen angelegt, um ebene Terrassen für den Schlossgarten zu schaffen. Auf einem Gemälde des Meinrad von Hüfingen im Schloss Heiligenberg aus dem Jahr 1688, das eine Ansicht von Neufra (Neiffern) zeigt, sind diese Stützmauern und die massiven, nach oben hin abgeschrägten Stützpfeiler sehr gut zu erkennen (obere Abb. unten links). Die Mauern samt der Anlage sind, wenn man einmal von geringfügigen Änderungen absieht, bis heute erhalten geblieben. Um den Seitenschub des Gewölbes aufzufangen, wurden die Mauern neben den Stützpfeilern noch mit drei halbrunden Türmen verstärkt. Heute kann man nur noch einen Halbturm an der Nordmauer besichtigen. Dafür erheben sich aber zwei Eckpavillons an der Nordostecke und an der Schlossseite.

Neufra, Schloss Heiligenberg
Detail aus einem Gemälde des Meinrad von Hüfingen (nebenstehend oben)

Ambras, fürstliches Schloss
Ansicht von Schloss und Garten, Stich von M. Merian, um 1650 (nebenstehend unten)

Hechingen, Stadt- und Lustgarten
Detail eines Stiches von M. Merian, um 1640 (rechts aussen)

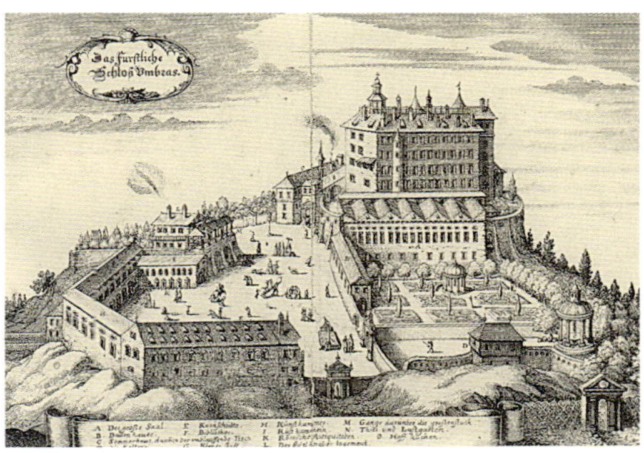

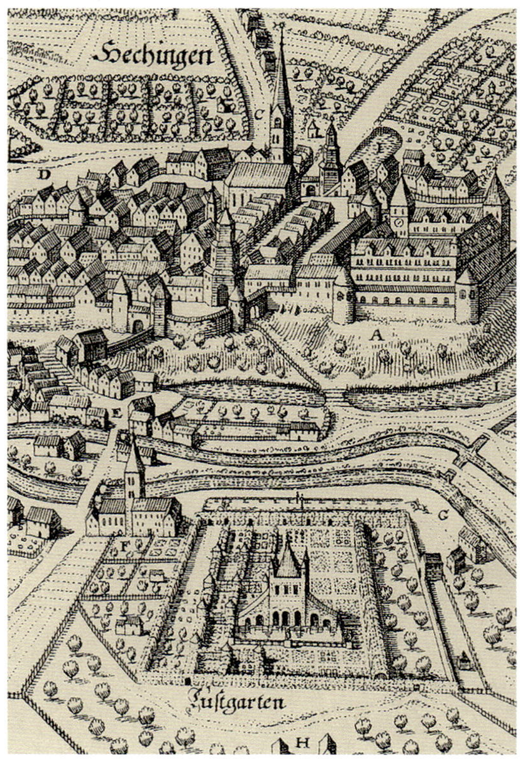

Bürgergarten vor der Stadt
Anfang 17. Jahrhundert, aus:
»Horti Ankelmanniani«
Berlin, Staatliche Museen Preußischer Kulturbesitz, Kupferstichkabinett

Vermutlich hatte Georg von Helfenstein für seine Anlage auch Anregungen aus Schloss Ambras bei Innsbruck bezogen, wo er sich längere Zeit aufgehalten hatte. Dort war für die Gemahlin von Erzherzog Ferdinand von Tirol, Philippine Welser, in den 60er Jahren des 16. Jahrhunderts ein *giardino segreto* – eine aus Italien stammende Form des abgeschlossenen Privatgartens – erbaut worden (Abb. gegenüber links unten). Da der Garten an die Frauengemächer des Schlosses grenzen sollte, musste er auf einen Unterbau gesetzt werden. An der Stützmauer, die den östlichen Teil des Schlosses umgibt, lassen sich heute noch Hinweise auf eine Gewölbekonstruktion für den ehemaligen Garten finden.

Auch in der Residenzstadt der Grafen von Zollern, in Hechingen südlich von Tübingen, wurde ein Lustgarten unterhalb des Stadthügels angelegt, der allerdings nur noch in einem Stich von Merian aus dem Jahr 1640 überliefert ist (Abb. gegenüber rechts). Unter Graf Eitelfriedrich IV. (1576–1605) verwandelte sich Hechingen in eine Renaissancestadt. Davon zeugen noch das Untertor von 1579 und der Rundturm in der Rabengasse. Sie verweisen auf den Verlauf der ehemaligen Stadtbefestigung. Der Lustgarten wurde nahe des Flusses Starzel in der Nähe der Spittelkirche angelegt. Er entstand wohl mit dem Neubau des Stadtschlosses zwischen 1577 und 1595. Der Garten war von einem Stutenhof und einem Viehhof sowie von dem Schießhaus und der Rennbahn umgeben.

In jenen Jahrzehnten sind auch die Stuttgarter Gärten angelegt worden, die neben Heidelberg, Amboise und Fontainebleau als die großartigsten Renaissancegärten nördlich der Alpen galten. Die Gärten der württembergischen Grafen und Herzöge des Mittelalters und der Renaissance waren besonders eng an ihre italienischen Vorbilder angelehnt. Das war wohl vor allem eine Folge der schwäbischen Heiratspolitik. Eberhard III., der Milde, vermählte sich im Jahre 1380 mit der Mailändischen Fürstentochter Antonia Visconti. Schon sehr bald nach ihrer Heirat ließ Antonia neben dem alten Schloss in

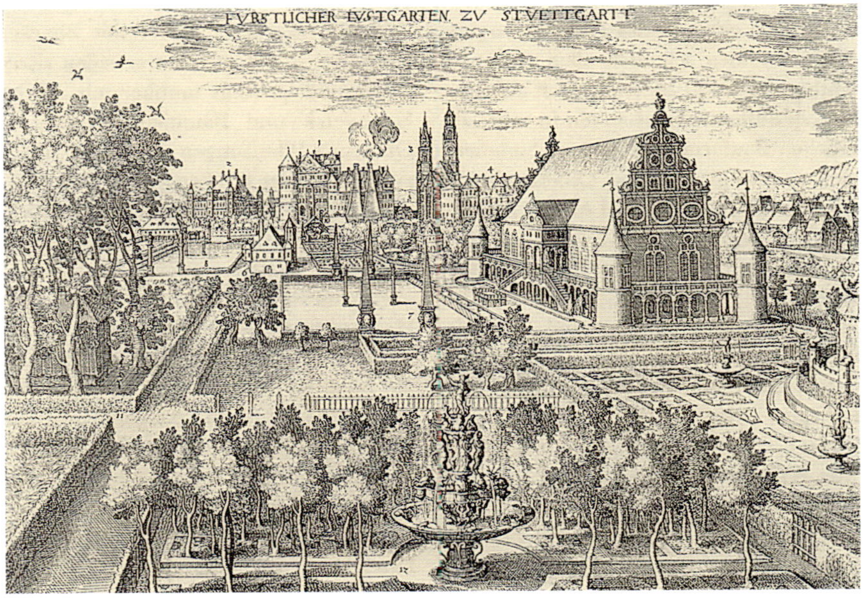

Stuttgart, Fürstlicher Lustgarten
Stich von Merian, 1616

Stuttgart, an der Stelle des heutigen Karlsplatzes, einen Garten im italienischen Stil anlegen. Im Jahr 1393 wurde dieser Garten erstmals in einer Urkunde erwähnt. Nebenbei sei darauf hingewiesen, dass mit Antonia Visconti erstmals italienische Lauten- und Gambenmusik in die Residenzstadt und damit in das Gebiet nördlich der Alpen gelangte. Fast 100 Jahre später, am 12. September 1491, verkaufte Elisabeth, die Gemahlin des Grafen Ulrich, des Vielgeliebten, den genannten Garten für 260 Gulden an die Mantuaner Fürstentochter Barbara Gonzaga, die Gattin des späteren Herzogs Eberhard im Bart.

Man darf annehmen, dass dieser erste Stuttgarter Lustgarten ein typisch italienischer Garten war. Eine zeitgenössische Beschreibung, die im Zusammenhang mit dem Verkauf entstanden ist und heute im Stuttgarter Hauptstaatsarchiv liegt, vermittelt einen sehr guten Eindruck vom »italienischen Stil« dieser Anlage. Im Zentrum stand ein geräumiges Gartenhaus. Hier befanden sich »... allerlei aus Stein gehauene Thiere, die mit ihren natürlichen Farben angestrichen waren, damit sie desto kenntlicher waren«. Die Besucher wandelten zwischen rechteckigen Beeten einher, die mit niedrigen Hecken eingefasst waren. Auf den Rasenflächen blühten Blumen und sprossen Kräuter sowie »seltsame Gewächse«, also exotische Pflanzen, darunter der Pomeranzenbaum.

Eine bildliche Vorstellung von diesem Garten ist erst gegen Ende des 16. Jahrhunderts überliefert. Es handelt sich um eine Radierung von Jonathan Sautter aus dem Jahr 1592, die wohl früheste Darstellung des Gartens. Diese im 16. Jahrhundert Herzogin-Garten genannte Anlage wies im Zentrum einen Pavillon und links davon ein Gartenhaus auf. Bei dem Pavillon handelte es sich um ein hölzernes Lusthäuschen auf Säulen, eine Voliere, die 1558 erbaut worden war. Im Gartenhaus, dem so genannten Kleinen Lusthaus, waren Jagdszenen und verschiedene Ansichten der Residenzstadt sowie höfische Feste dargestellt. Die vier um den zentralen Pavillon herum teilweise radial, teilweise unregelmäßig geometrisch aufgeteilten Blumen- und Gewächsbeete sind jeweils von einem Hag umzäunt. Etwas abseits, auf der Radierung nicht mehr zu erkennen, sollen sich ein Irrgarten und ein von Laubengängen umfriedeter Weiher befunden haben.

ABBILDUNG GEGENÜBER:
Leonberg, Pomeranzengarten
Blick vom Garten auf das Schloss

Leonberg, Pomeranzengarten
Blick vom Schloss auf die Gartenanlage

Der Neue Lustgarten, nordöstlich vom Schloss, dort, wo sich heute der Schlossplatz und der Obere Schlossgarten befinden, wurde um 1550 von Herzog Christoph in Auftrag gegeben. Schon kurze Zeit später galt dieser Garten als der schönste in Deutschland – nicht zuletzt auch wegen des Großen Lusthauses von Georg Beer. Der bekannte Stich von Matthäus Merian aus dem Jahr 1616 vermittelt den besten Eindruck von der Anlage dieses Gartens (Abb. gegenüber oben): Von der Galerie des Lusthauses aus hatte man einen herrlichen Blick auf das Gelände. Im Vordergrund ist der von dem württembergischen Hofbaumeister Heinrich Schickhardt – dem wir schon in Pratolino begegnet sind – angelegte Pomeranzengarten mit dem Springbrunnen zu erkennen. Dahinter die Neue Rennbahn mit den Obelisken und weiter oben, in Richtung des heute so genannten Alten Schlosses, die Alte Rennbahn und ein Haus, in dem die Beutevögel für die Falkenjagd gehalten wurden. Schickhardt fertigte einen exakten Plan dieses Geländes an. Er ist nicht datiert, doch kann man vermuten, dass die Zeichnung aus den Jahren 1608/09 stammt.

Der Leonberger Pomeranzengarten
Zu jener Zeit befasste sich der Hofbaumeister bereits mit dem Leonberger Pomeranzengarten, den er im Auftrag der Herzoginwitwe Sibylla von Württemberg, der einstigen Hausherrin der Stuttgarter Lustgärten, anlegte (Abbn. gegenüber unten und rechts). Parallel zum Hauptgebäude des Schlosses wurde der Garten im ehemaligen Graben auf einer längsrechteckigen Terrasse angelegt. Die vier Ecken versah Schickhardt mit kleinen Pavillons. Zwei Brunnenbassins trennten die beiden Beetkompartimente, die in je vier Beetquadrate untergliedert waren. Die Beete waren gemäß der italienischen Ornamentierung achsensymmetrisch gestaltet: Mal dominierten Kreuz- und Winkelformen, mal Dreiecke und Kreissegmente.

Dieser Garten wurde 1976–80 auf der Grundlage des reichlich vorhandenen historischen Dokumentationsmaterials in vorbildlicher Weise rekonstruiert. So können wir uns heute ein genaues Bild von einem deutschen Renaissancegarten in italienischer Manier machen.

Schickhardt hatte in Rom den Cortile de Belvedere besucht und eine vergleichbare Terrassenlösung in Leonberg bauen wollen, indem er die Futtermauer mit einer zweiläufigen Treppe versah und dort eine dreiteilige Brunnengrotte integrierte. Hinweise für figürlichen Schmuck fehlen, so dass man eine naturhafte Anlage nach den Vorstellungen Albertis vermuten könnte, der ja das Grottenwerk ebenfalls als »ein Stück wilder zerklüfteter Natur« ansah.

Schickhardt entwarf viele Gestaltungsmuster für Einzelbeete und Parterrefelder (Abb. S. 132 unten). Dabei orientierte er sich an Entwürfen Serlios; trotz-

und Segmentformen, die sich schon weit von der geometrischen Grundform entfernt haben. Schickhardt hingegen variierte Kreis, Recht- und Dreieck, ohne diese Basisformen aus dem Auge zu verlieren. Seine geometrischen Beetfiguren erlangten damals große Bedeutung im südwestdeutschen Raum. Sie traten sogar in Konkurrenz zu den berühmten Gartenentwürfen für den Heidelberger Hortus Palatinus des Salomon de Caus.

Heidelberg, Schlossgarten
Von der Ausstattung des einstigen *Hortus Palatinus* ist nichts mehr erhalten als diese Skulptur des *Vater Rhein*

Leonberg, Pomeranzengarten
Heinrich Schickhardts Parterre-Entwurf

dem fallen Unterschiede auf. Der württembergische Hofbaumeister fasste das geometrische Muster strenger auf und prägte die Beetstücke stärker aus. Dadurch bekommt das Ornament eine klare und übersichtliche Form. Serlios Entwürfe dagegen zeichnen sich durch eine diffizile Kleinteiligkeit aus. Er formte winzige Rondelle und miniaturhaft erscheinende Plätze. Die Beetstücke geraten ihm zu Tor-, Winkel-

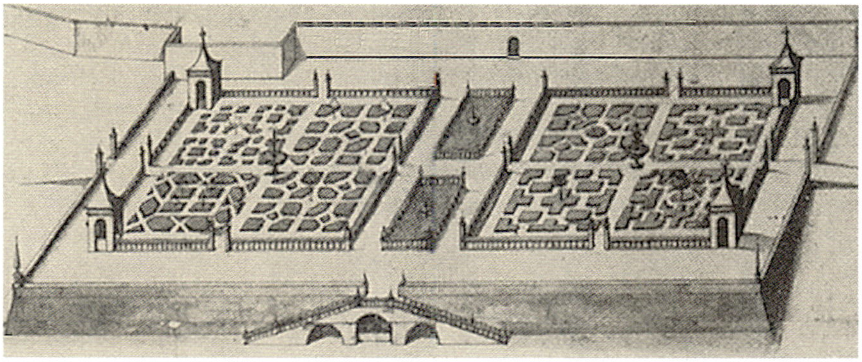

Der Heidelberger Hortus Palatinus

Der französische Ingenieur und Gartenkünstler Salomon de Caus unternahm ausgedehnte Studienreisen nach Italien, war 1605 als Ingenieur am Hof des Erzherzogs Albert in Brüssel tätig und begab sich im Jahr 1610 an den englischen Hof, wo er Wasserkünste konstruierte, einen Traktat über die Perspektive verfasste und die Gärten von Somerset House und Greenwich sowie den Garten von Robert Cecil in Hatfield gestaltete. Als Elisabeth, die Tochter des englischen Königs James I., im Jahr 1613 den pfälzischen Kurfürsten Friedrich V. heiratete und damit nach Heidelberg kam, folgte der Ingenieur seiner Herrin in die pfälzische Residenzstadt und begann mit der Planung der riesigen Gartenanlage. 1620 gab de Caus den reich mit Illustrationen versehenen Traktat mit dem Titel »Hortus Palatinus« heraus, in dem die Gestaltung des Parterres und die Motive der Beetornamentierungen anschaulich werden. De Caus konnte den Garten nicht vollenden, da unglückliche politische Konstellationen seinen Auftraggeber von Heidelberg an den Prager Hof riefen. Dort wurde Friedrich 1619 zum böhmischen König gewählt. Die für ihn so unglücklich ausgegangene Schlacht am Weißen Berg zwang Friedrich, den Winterkönig, seine letzten Lebensjahre im niederländischen Exil zu fristen.

Durch seine intensiven italienischen Gartenstudien hatte de Caus sich das notwendige Wissen erworben, um in Heidelberg die umfangreichen Erdarbeiten östlich des Schlossbereiches ausführen zu lassen. In seinem Traktat, den er seinem Gönner Friedrich widmete, beschrieb er die Verwandlung des Hanggeländes in einen Terrassengarten. Heute kann man noch einige Teile des längst versunkenen Renaissancegartens besuchen, der in den 1970er Jahren in einzelnen Abschnitten rekonstruiert worden ist. Die Terrassen mit den zierlichen Beetmustern, einige Grottenrelikte und das 1615 erbaute Elisabethentor, das zum Stückgarten südlich des Dicken Turms führt, sind durchaus sehenswert. Gemeinsam mit dem Gemälde von Jacques Fouquières, der ein großartiges Panorama von dem Garten, dem Schloss und der Stadt Heidelberg mit dem Neckar und der fernen Rheinebene gemalt hat, und den Stichen von de Caus lebt der Garten in seiner ehemaligen Gestalt wieder auf (Abb. gegenüber).

De Caus hat die Parterre-Entwürfe von Serlio raffiniert abgewandelt, und bei den Knotenkompartimenten mit den ineinander verschlungenen Bändern hat ihn sicherlich auch Colonnas »Hypnerotomachia« inspiriert. Die Bänder werden von Miniaturhecken aus Thymian, Majoran, Rosmarin und Lavendel gebildet. Rechts im Vordergrund des Gemäldes von Fouquières ist ein Labyrinth auszumachen, das im Westen von einem Pomeranzenhain begrenzt wird. Die Pomeranze, ein mediterranes Gewächs, wurde winters mit einem Holzverschlag geschützt. An das Labyrinth schließt sich nördlich ein prunkvolles Kompartiment mit Eckpavillons und Beeten an, die mit Knotenornamenten verziert sind. Die Beete umschließen ein prächtiges Blumenrund, das so aufgeteilt und bepflanzt wurde, dass die Vorgänge des Blühens und Welkens, dem Zeiger einer Uhr vergleichbar, im Laufe des Jahres je nach Blumenart fortschreitend nachvollzogen werden konnten.

Bei der Konstruktion und Installation von Grotten und Wasserkünsten erwies sich de Caus als hervorragender Ingenieur. Hangaufwärts an der großen Allee baute er eine Grottenhalle in den Berg, die er mit einer Wassermaschine ausstatten wollte, um eine Orgel in Gang zu setzen. Ferner dachte er an einen Satyr, der auf einer Pfeife spielten sollte. Neben künstlichen Wasserfällen und Springbrunnen plante er auch die Installation eines beheizbaren Bades. Wenngleich nicht überliefert, so erscheint es als denkbar, dass neben Heinrich Schickhardt auch Salomon de Caus die Techniken der Wasserkünste in Pratolino studiert hatte, um diese bei späteren Projekten einzusetzen. Aus den oben genannten politischen Gründen ist es aber nicht zur Ausführung dieser faszinierenden Wasserkünste gekommen.

Neben dem »Hortus Palatinus« hat de Caus auch einen Traktat über hydraulische Techniken geschrieben. Sein Werk »Les Raisons des forces mouvantes« erschien erstmals 1615 und in einer zweiten Auflage 1624. Diese Schrift bildete lange die Grundlage für die barocken Wasserspiele in Europa, was die Bedeutung seines Autors einmal mehr unterstreicht.

Etwa zur selben Zeit, als de Caus in Heidelberg arbeitete, ließ Herzog Heinrich Julius von Braun-

Heidelberg, Hortus Palatinus
Ölgemälde von J. Fouquières, um 1620
Heidelberg, Kurpfälzisches Museum

schweig-Wolfenbüttel den fürstlich-braunschweigischen Lustgarten bei seinem Wasserschloss in Hessen, nördlich von Halberstadt, anlegen. Für die Arbeiten verpflichtete man den Hofgärtner Johann Royer, von dem genaue Beschreibungen des Gartengeländes vorliegen. Der Stich von Matthäus Merian, der um 1650 entstanden sein dürfte, soll zusätzlich der Veranschaulichung der Anlage dienen (Abb. unten). Vom Wasserschloss aus gelangt man über mehrere Brücken zur Gartenanlage, die sich in Zier-, Baum- und Küchengarten aufteilt. Der Ziergarten wird von einem Laubengang eingefasst – bis auf ein kurzes Stück, an dem er an den Schlossgraben grenzt. Dort ist ein Bogen zu erkennen, unter dem Royer eine Wasserkunst mit den Darstellungen von Diana, ihren Begleiterinnen und Aktäon angeordnet hat. Über die Wasser-Installationen lässt sich der Gartenarchitekt nicht weiter aus; es kann daher vermutet werden, dass er noch keine Kenntnis von den Künsten des Salomon des Caus hatte. Der von Merian eingezeichnete Brunnen gleicht einem der damals üblichen Schalenbrunnen auf erhöhtem Podest. Doch beim Betreten des Brunnens war Vorsicht geboten, denn es gab dort einen der damals so beliebten Wasserscherze, denen wir schon in Granada begegnet sind: Ein in die Treppenstufen eingebauter Mechanismus öffnete Spritzdüsen, die den Besucher überraschen sollten.

Das Zierkompartiment setzt sich aus elf unterschiedlich ornamentierten Beeten zusammen, die – soweit das zu erkennen ist – den Vorbildern Serlios folgen. Die Beetbepflanzung überrascht mit Thymian, Nelken, Kräutern und Zwiebelgewächsen. Die einzelnen Beete sind umgeben von niedrigen Lattenzäunen, an denen unter anderem Rosen, Wacholder und Johannisbeeren wachsen. Die Rankenformen wirken verspielt, wie Royer anmerkt, da sie zu phantasievollen Figuren hochgebunden sind. Außerhalb des Zierkompartiments, in dessen zentralem Beet ein Obelisk aufragt, sind »allerley Heckwerck und Bäumlein bepflanzet« – Letztere in der Form des Quincunx. Dieser Garten ist vergangen, wie so viele andere herrschaftlichen Anlagen der Renaissance in unmittelbarer Nähe der fürstlichen oder herzoglichen Residenzstädte oder bei einem Lust- oder Jagdschloss, andere sind später in englische Landschaftsgärten umgewandelt worden. Günstigenfalls sind geringe Reste wie in Heidelberg übrig geblieben. Der Leonberger Pomeranzengarten, der sich heute in seiner rekonstruierten Renaissancepracht zeigt, gehört zu den Ausnahmen.

Garten- und Schlossschicksale sind manchmal tragisch. Das Schloss Neugebäude, ehemals vor den Toren Wiens gelegen, war von Kaiser Maximilian II. ab 1569 nach dem Muster der italienischen suburbanen Villen als Sommerresidenz erbaut worden. Im

Leonberg, Pomeranzengarten
Detail der Beetanlage

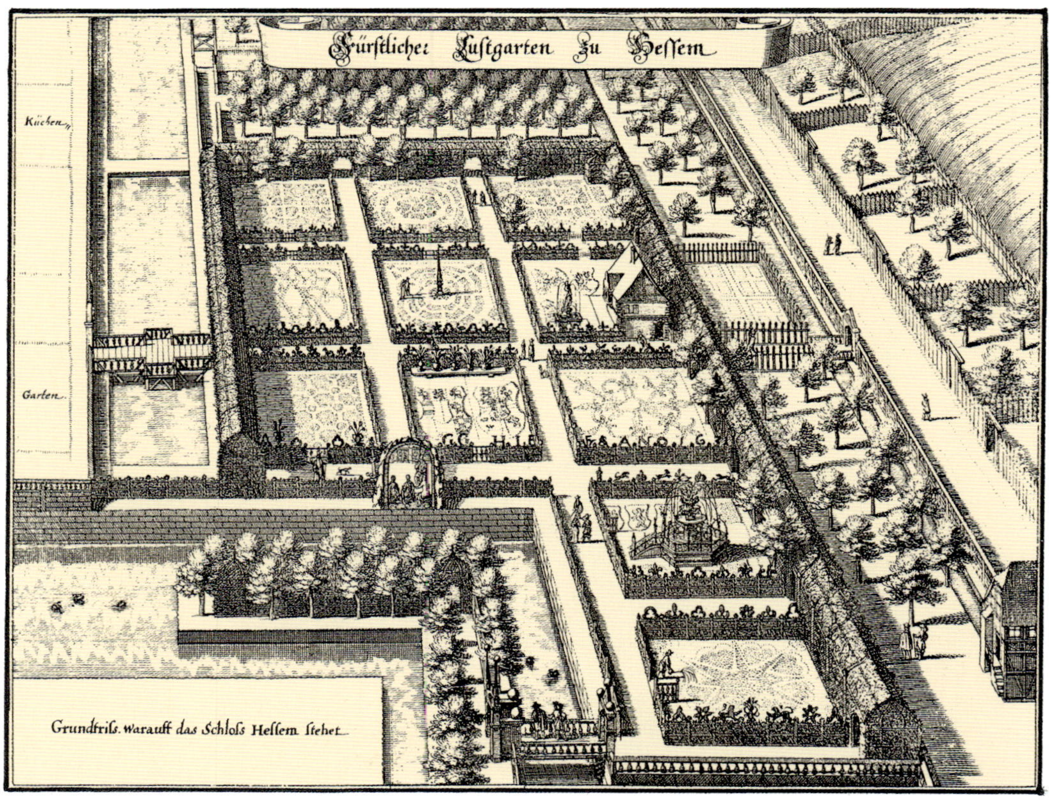

Braunschweig-Wolfenbüttel, Fürstlicher Lustgarten
Grundriss der Anlage, Stich von M. Merian, um 1650

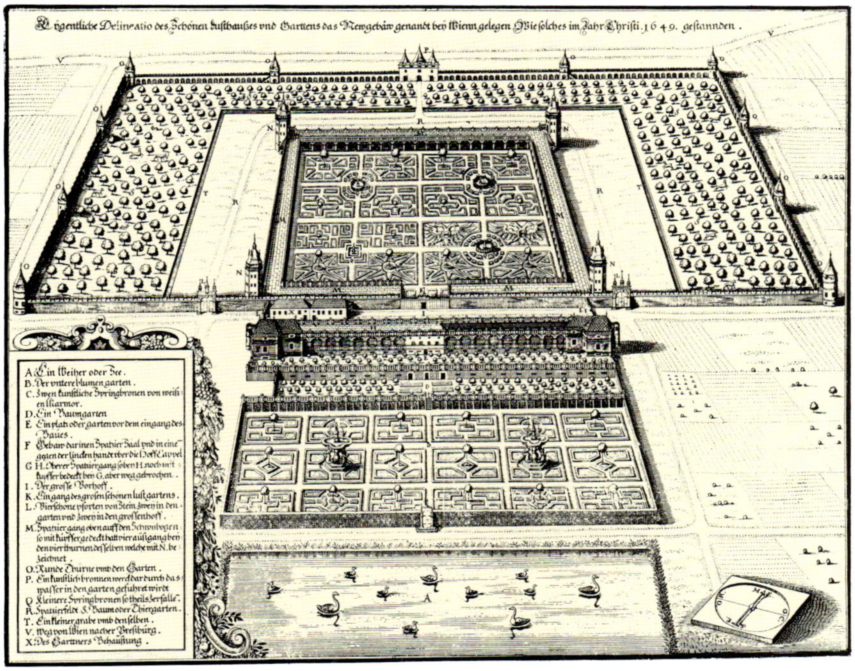

Wien, Schloss und Garten Neugebäude
Stich von M. Merian, um 1650

19. Jahrhundert musste das Schloss dem Bau eines Pulvermagazins weichen. Architektur- und Dekorteile, wie Säulen, Kapitelle, Pilasterschmuck und Kandelaber, hatten schon vorher in Schönbrunn bei der Gestaltung der Gloriette und der Römischen Ruinen Verwendung gefunden. Bei der längst verschwundenen Gartenanlage muss es sich um ein großartiges Projekt gehandelt haben. Der von den Vorzügen der Gartenkultur so überzeugte Kaiser hatte aus Italien grafische Blätter kommen lassen, die ihm die große Kunst der mediterranen Hortikultur vor Augen führten. Einem Dokument zu Folge hat Kardinal Ippolito d'Este ihm sogar einen Plan seiner Villa und des Gartens zugesandt. Nach dem Tod des Kaisers im Jahr 1576 machte sich dessen Sohn Rudolf II. an die Durchführung und Vollendung der Anlage. Aus dem Jahr 1585 stammt eine detaillierte Beschreibung der stattlichen Anlage von Jacobus Bongarsius. Sie stimmt in etwa überein mit der Darstellung des Merian-Stiches aus der Zeit um 1650 (Abb. rechts). Schon bald nach seiner Vollendung begann der Garten zu verfallen. Ein Bericht aus dem Jahr 1607 beschreibt die Anlage als »ganz desperado«. Als Merian Schloss und Garten Neugebäude besuchte, waren die einzelnen Gestaltungselemente noch gut zu unterscheiden. Der endgültige Verfall setzte dann in der zweiten Hälfte des 17. Jahrhunderts ein. Zwischen dem oberen Lust- und dem unteren Blumengarten befindet sich das lang gestreckte Schloss, dessen Seitentrakte durch Galerien mit dem Mittelteil verbunden sind. Davor erstrecken sich auf zwei Terrassen Obstbaumpflanzungen. Die Architektur des Schlosses nimmt Bezug auf den Lustgarten, der ebenfalls von einer Galerie umgeben ist. Die Hauben der vier hohen Ecktürme sollen mit vergoldetem Kupfer gedeckt gewesen sein. Auf dem Dach der Galerie konnte man lustwandelnd die Reize des Gartens betrachten, so das Parterre, das in vier Beetkompartimente mit je einem Springbrunnen im Zentrum aufgeteilt war. Die einzelnen Kompartimente waren wiederum vierfach geteilt und zeigten unterschiedliche Ornamentierungen, unter anderem den habsburgischen Doppeladler. Die Türken müssen, als sie 1683 zum zweiten Mal Wien belagerten, von dem Garten sehr beeindruckt gewesen sein, denn sie ließen die Anlage unzerstört zurück, nachdem sich die Wiener vor dem heranrückenden osmanischen Heer aus den Vorstädten hinter die sicheren Mauern und Bastionen ihrer Stadt zurückgezogen hatten.

Gegenüber den raffinierten Anlagen der italienischen Renaissancegärten wirken die Gärten nördlich der Alpen eher spröde. Das Grundkonzept des mittelalterlichen Klostergartens mit integriertem Lustgarten war weitgehend beibehalten worden. Einzig die Beetornamentierung und die im bescheidenen Maße installierten Wasserkünste wurden von Italien übernommen und abgewandelt. Im Heidelberger Hortus Palatinus lässt sich das Konzept des architektonischen Gartens in seiner raumgreifenden Terrassierung erkennen – wenn auch in stark reduzierter Form. Auch der Leonberger Pomeranzengarten – verglichen mit den italienischen Beispielen kaum mehr als eine Miniaturterrasse – kann im Zusammenhang mit der zweiläufigen Treppe, der Terrassenmauer, der Altane und dem schlichten Schlosstrakt als architektonisch definierter Garten gelten. Das trifft natürlich auch für den hängenden Garten in Neufra zu, der allerdings als exotische Ausnahmeerscheinung zu werten ist.

Wenngleich der Heidelberger Hortus Palatinus als das Hauptbeispiel für den Renaissancegarten in Deutschland gilt, soll doch noch einmal erwähnt sein, dass es neben Salomon de Caus in der Person des württembergischen Hofbaumeisters Heinrich Schickhardt einen weiteren hervorragenden Gartenkünstler gab. Er hatte in Stuttgart bereits den Typus des Renaissancegartens geschaffen – mit Grotten, Brunnen, Wasserspielen, Parterres, zierlichen Beetornamenten und dem obligatorischen Labyrinth sowie Bosketten und Feigenhäusern –, bevor die Arbeiten in Heidelberg begonnen hatten. Darüber hinaus befasste sich Schickhardt mit Orangeriebauten. Auf Geheiß des Herzogs konstruierte er eine Art Baukastensystem, mit dem die Gebäude im Winter auf- und im Sommer wieder abgebaut werden konnten. Zu diesem Zweck waren die Gebäude auf Schienen montiert, auf denen sie zu den vorgesehenen Plätzen gezogen werden konnten.

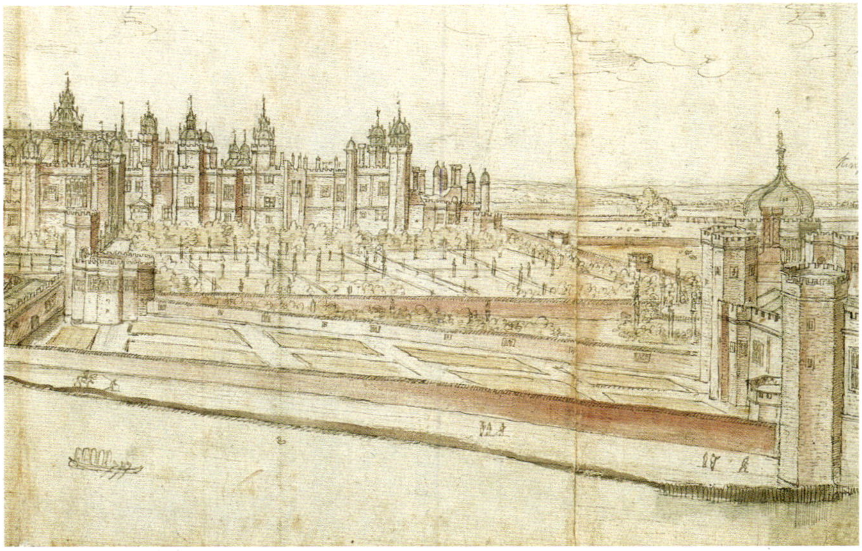

London, Hampton Court Palace
Privy Garden und Mount Garden Heinrichs VIII.
Zeichnung von Wyngaerde, um 1655

Renaissancegärten in England

Die Geschichte des englischen Gartens lässt sich bis zu den Römern zurückverfolgen. Sie verläuft dann aber bis zur Ausprägung des spezifischen Landschaftsgartens weitgehend parallel zu der Entwicklung der Gartenkunst in den übrigen europäischen Ländern. Ideenlieferanten waren Italien und Frankreich, genauer: der burgundische Hof des 15. Jahrhunderts, als es darum ging, den mittelalterlichen Klostergarten, den *hortus conclusus*, in einen Lustgarten zu verwandeln. Mit dem Early Tudor-Stil begann die Phase des englischen Renaissancegartens. Unter Heinrich VIII., der sich kulturell in direkter Rivalität zu Franz I. sah, entstanden die ersten bedeutenden Gärten: Hampton Court (Abb. oben), Whitehall und Nonsuch (Abb. rechts unten). In Hampton Court ließ der König einen künstlichen Berg errichten, um dort von einem so genannten Gazebo (engl. gaze = schauen) aus, einem Aussichtspavillon, Schloss und Garten betrachten zu können. Solche Gazebos oder Belvederes – in Spanien wurden sie Mirador genannt – waren in der Tudorzeit beliebt. In Melford Hall in Suffolk ist noch ein zierlicher Backstein-Gazebo erhalten geblieben. Der Hügel von Stoneleigh in Warwickshire wird ebenfalls von einem Gazebo bekrönt. Von dort aus lässt sich ein malerischer Teil des Avon-Tals überblicken.

In Hampton Court hatte Heinrich VIII. – durchaus pragmatisch und in der Tradition des mittelalterlichen Gartens – auch für einen Küchengarten und für einen herrlichen Ziergarten gesorgt, von dem es hieß, dass sich die spätere Königin Elisabeth dort vorzugsweise aufgehalten habe. Bei solchen Ziergärten handelte es sich häufig um Knotengärten, die zu einer Spezialität des englischen Renaissancegartens avancierten. Angeregt durch italienische Vorbilder, unter anderem Colonnas »Hypnerotomachia«, und durch französische Beispiele entwickelten die englischen Gartenkünstler einen eigenen Knotenstil, der noch bis in das 17. Jahrhundert hinein gepflegt und verfeinert wurde. Bekannt sind die Muster in Thomas Hills Büchern mit den Titeln »The profitable Art of Gardening« aus dem Jahr 1568 und »The Gardener's Labyrinth« aus dem Jahr 1577. Wie ein Holzschnitt aus dem zuletzt genannten Buch zeigt, ist das Parterre im Stil des spätmittelalterlichen Gartens hoch umzäunt (Abb. unten Mitte). So präsentierte sich auch der Garten eines Landhauses in Denbigshire in Wales. Der Garten selbst existiert nicht mehr, doch ein Gemälde aus dem 17. Jahrhundert lässt deutlich die Gestaltung der Renaissanceanlage erkennen. Die Gartenbereiche mit Portalen, Pavillons und Wasserspielen sind voneinander durch Zäune oder hohe Mauern abgegrenzt. Das Hauptparterre besteht aus Zierbeeten,

Parterre eines Renaissancegärtchens
Holzschnitt aus: Thomas Hill, »The Gardener's Labyrinth«

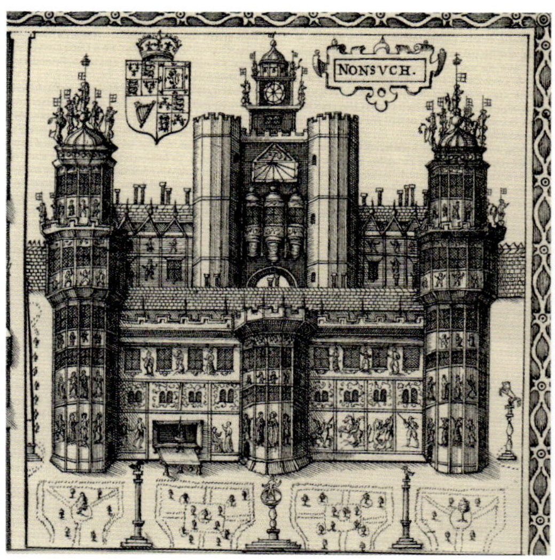

Nonsuch Palace, Privy Garden
Zeichnung von Hondius

deren Ecken mit Thuja, einer Zypressenart, bepflanzt sind. Zwei kleine Ecktürmchen mit Zeltdächern flankieren eine Mauer, deren Tor zu einer weiteren Terrasse führt. Zu diesem Gartenabschnitt gelangt man über einen geschwungenen Treppenlauf, in dessen Zentrum sich ein Brunnen befindet. Auch diese Terrasse ist mit einem darunter liegenden Kompartiment über zwei Treppen verbunden. Die gesamte Anlage wird begleitet von Obstbaum-, Gemüse- und Kräutergärten.

Der englische Renaissancegarten orientierte sich, im Gegensatz zum französischen Renaissancegarten, auffallend eng am italienischen Konzept, das den Garten als architektonisches Gebilde auffasste. Dabei kam es nicht so sehr auf eine symmetrische Ausrichtung auf das Schloss oder das Landhaus, sondern auf eine eigene architektonische Struktur des Gartens an, bestehend aus Mauern, Portalen, Türmen, Pavillons und Treppen. Dieses Architekturgefüge bildete die Grundlage für die Terrassierung und die repräsentative Rahmung der gesamten Gartenanlage.

Ein weiteres Beispiel für die architektonischen Ambitionen der englischen Gartenkünstler ist der Typus des *sunken garden*, der nur unzureichend mit »Senkgarten« zu übersetzen ist. Es handelt sich hier um ein Parterre, das gegenüber den umliegenden Gartenterrassen abgesenkt und dadurch von Böschungen oder Futtermauern umschlossen ist. Dieser auch heute noch sehr beliebte Typus in englischen Gärten tauchte zur Zeit der Renaissance erstmals auf. Das Gemälde eines unbekannten Meisters der englischen Schule zeigt den *sunken garden* von Pierrepont House in Nottinghamshire (Abb. unten). Eine mit Blumenamphoren geschmückte Balustrade umgibt – auf jeder Seite durchbrochen von Treppenläufen – das rechteckige Gartenareal. Dem Landhaus ist eine erhöhte Terrasse vorgelagert. Das sym-

Pierrepont House, Nottingham
Maler der Englischen Schule, 1708–13
Öl auf Leinwand, 92 x 122 cm
Yale Center for British Art, Paul Mellon Collection, USA

Packwood House, Warwickshire
Giebelhaus aus dem 16. Jahrhundert mit vorgelagertem *sunken garden*

metrisch gestaltete und reich ornamentierte Parterre ist der Blickfang für die um das Areal flanierenden Gäste des Herrenhauses. Von der Hofterrasse und vom Landhaus selbst hatte man ebenfalls eine besonders gute Sicht auf die Anlage.

In England und Schottland lassen sich noch viele *sunken gardens* finden, von denen einige so etwas wie eine »Renaissancestimmung« verbreiten. Der *sunken garden* von Packwood House bei Hockley Heath in Warwickshire ist eingefasst von Backsteinmauern, zwischen denen ein bepflanzter Umgang verläuft. Auf abgesenktem Niveau breitet sich dann das Parterre mit Staudenbeeten und einem Wasserbassin aus, umgeben von einer Buchshecke.

Packwood House

Ein wichtiger Bestandteil des gräflichen Gartens war der *mount*, ein künstlich aufgeworfener Hügel, der als Aussichtspunkt diente. In Packwood House ist dieser *mount* erhalten geblieben. Zwischen den Buchsbaumhecken verläuft ein schmaler Weg, der sich hügelaufwärts bis zur Aussichtsplattform windet. Neben dem *mount* zählen die Topiaries zu den Spezialitäten von Packwood House (Abb. gegenüber). Zusammen mit Levens Hall in Cumbria wird Packwood zu den berühmten englischen Topiary-Gärten des 17. Jahrhunderts gerechnet. Die beschnittenen Eiben und Buchsbaumsträucher waren nicht nur in den herrschaftlichen Gärten beliebt, sondern fanden sich auch in kleineren Cottagegärten, was man heute noch in den Cotswolds beobachten kann.

Die Nähe vom herrschaftlichen Garten zum einfachen Cottagegarten besteht in der charmanten Verbindung von Blumenbeeten, Buschregionen und Gemüse- oder Obstgärten. Gemüsebeete wurden nicht nur aus wirtschaftlichen Gründen angelegt, sondern auch aus ästhetischen. Die farbenfrohen Blumenbeete erhalten eine dämpfende Note, so dass die gesamte Gartenkoloristik ausgeglichen und nicht allzu kontrastreich wirkt.

ABBILDUNG GEGENÜBER:
Packwood House, Warwickshire
Hohe geformte Eiben – die so genannten *Apostel* – führen zu einer weiteren Gruppe von Formbäumen, welche die *Menge* genannt wird.

Hatfield House, Hertfordshire
Plan der Elisabethischen Gärten, um 1608

Hatfield House, Hertfordshire

Als der französische Ingenieur und Gartenkünstler Salomon de Caus im Jahr 1610 an den englischen Hof berufen wurde, um dort Wasserkünste zu konstruieren, fand er Zeit, den Garten von Robert Cecil in Hatfield House in Hertfordshire neu zu gestalten. Er übernahm die Terrassierung und die Treppenanlage seines Vorgängers Thomas Chaundler, vergrößerte aber den Brunnen und installierte eine Kaskade, die hinab zu einem künstlich angelegten Wassergarten führte. Die Bepflanzung lag in den Händen von John Tradescant, der viele Reisen nach Holland und Frankreich unternahm, um Obstgärten und kontinentale Blumen in England heimisch zu machen. Viele seiner Aufzeichnungen sind heute noch im Hatfield-Archiv und in der Bodleian Library in Oxford untergebracht. Ein Werk mit dem Titel »Tradescant's Orchard« enthält 65 Zeichnungen von Früchten, die er in Hatfield kultivierte. Im Laufe der Jahrhunderte erfuhr der Garten viele Veränderungen, unter anderem die obligate Umgestaltung zu einem Landschaftsgarten. Von der Struktur des geometrischen Gartens ist jedoch noch viel erhalten geblieben, wie beispielsweise die Beetkompartimente der großen Terrasse, die eine markante Renaissancemusterung zeigen (Abb. S. 142), und ein östlich gelegenes Labyrinth. Hier lassen

ABBILDUNG GEGENÜBER:
Hatfield House, Hertfordshire
Fassadenansicht des Old Palace mit vorgelagerter formaler Gartenpartie

sich also verhältnismäßig genau die Spuren von Salomon de Caus aufnehmen, was für die Einschätzung des leider verschwundenen Heidelberger Hortus Palatinus von hohem Wert sein dürfte.

Die als Verbindungsstücke zwischen den Trakten des Herrenhauses oder zwischen Gartenpavillons angelegten Beete sind ein Spezifikum in der Entwurfsplanung von de Caus, was ebenfalls in alten Ansichten vom Heidelberger Garten überliefert ist.

Heute gehen der formale Garten und bewaldetes Parkland eine harmonische Einheit ein. Der weit ausgelegte Park wird durch baumbestandene Alleen durchzogen. In einem kleinen, erst im vergangenen Jahrhundert geschaffenen Waldstück finden sich viele Rhododendren und Azaleen, so dass die Weite des Parks durch unterschiedlich bepflanzte Abschnitte rhythmisch gegliedert wird.

Hatfield House zählt zu den seltenen Beispielen, in denen sich die traditionellen Auffassungen des englischen Gartens, das formale und das romantische Konzept, in einer spannungsreichen Anlage entfalten. Hier wird deutlich, dass der barocke Garten nicht unbedingt dem späteren Landschaftsmodell zum Opfer fallen mußte. Es gab immer wieder Vertreter des englischen Landadels, die den formalen Garten schätzten und zugleich nach Wegen suchten, um die neuen Ideen des Landschaftsgartens zusätzlich einzubringen. Dass auch moderne gärtnerische Aspekte der Grundstruktur der Gesamtanlage in keiner Weise Abbruch taten, darf als ein weiteres Zeichen der Traditionsverbundenheit englischer Gartentätigkeit gewertet werden.

Zweifellos war es Salomon de Caus, der Schöpfer des Heidelberger Hortus Palatinus, der in England den architektonischen Garten Italiens einführte. Er brachte die entscheidenden Anregungen und konkreten Pläne von seiner Italienreise mit an den englischen Hof, als er von Anne von Dänemark und Heinrich, dem Prinzen von Wales, für den Ausbau ihrer Gärten engagiert wurde. Im Jahr 1609 entstanden Somerset House und Greenwich Palace, und drei Jahre später vollendete de Caus Richmond Palace. Als er England 1613 verließ, um in Heidelberg sein Meisterwerk zu beginnen, übernahm sein Sohn

Hatfield House, Hertfordshire
Parterreanlage des *sunken garden* an der Südseite des Neuen Schlosses

Isaac die Folgeaufträge. Dieser entwarf in den Jahren bis zu seinem Tod 1648 viele Gärten und Grotten, unter anderem auch die Anlage von Wilton House in Wiltshire für den 4. Earl of Pembroke. Vielleicht gehen die heute noch zu bewundernden uralten Zedern auf Isaacs Gartenarbeiten zurück. Der Garten wurde in jedem Jahrhundert mehrmals verändert, zuletzt im Jahr 1971 von David Vicary.

Die Kultur des englischen Renaissancegartens klingt aus mit dem Wirken von Inigo Jones, der übrigens auch in Wilton House zusammen mit Isaac de Caus arbeitete, und André Mollet, Sohn von Claude Mollet, dem ersten berühmten königlichen Gärtner Frankreichs, dem wir schon in Anet begegnet sind. André Mollet, Autor der populären Schrift »Le Jardin de Plaisir« von 1651, arbeitete viel in England. Seine theoretischen und praktischen Vorstellungen fanden Anklang bei Hofe in London und bei Inigo Jones. Dieser war im Jahr 1614 von seiner zweiten ausgedehnten Studienfahrt aus Italien zurückgekehrt und hatte die Bauideen von Andrea Palladio in England umzusetzen begonnen. Der später so genannte Palladianismus prägte bis etwa 1800 die Architektur Englands. Jones entwarf Gartentore und Parterres und arbeitete viel mit dem Franzosen zusammen, beispielsweise im St. James Park (um 1630) und in Wimbledon (um 1640). Dann begab sich Mollet wieder zurück in seine Heimat nach Frankreich, wo er als *premier jardinier du roi* unter Ludwig XIV. in seinem Haus nahe den Tuilerien wohnte. 1660, fünf Jahre vor seinem Tod, erhielt er erneut einen Ruf nach England. Charles II. wünschte sich für St. James eine neue Gartenanlage. Mollet entwarf ein *patte d'oie*, einen »Gänsefuß«. Von einem Rondell aus spreizten sich drei Alleen in verschiedene Richtungen hin aus und wurden von zwei in Halbkreisform angepflanzten Akazienreihen geschnitten. Die ausgesparten Felder waren mit Buchs ornamentiert. Dieses Muster ist kurze Zeit später von der barocken Gartenarchitektur nicht nur in England, sondern vor allem auch in Frankreich übernommen worden. Bis zu seinem Tod bekleidete Mollet in London das Amt des *gardener-in-chief*.

Mit ihren Entwürfen und theoretischen Schriften stießen die Mollets die Tore zum barocken Garten weit auf. Schon in Claude Mollets »Théâtre des plans et jardinages«, das posthum erst 1652 erschienen ist, sind viele Aspekte des barocken Gartens enthalten. Die erste theoretische und praxisnahe Grundlage formulierte sein Sohn André Mollet in seinem bereits genannten Buch »Le Jardin de Plaisir« von 1651. Darin werden die Prinzipien des klassischen französischen Gartens entfaltet. Sowohl André als auch seine Brüder Pierre und Claude II. arbeiteten in den Tuilerien in Paris. Der zuletzt Genannte schuf um 1630 das Parterre de broderie in Versailles. Während in England und in Deutschland sowie vereinzelt auch in den skandinavischen Ländern Renaissancegärten angelegt wurden, die durch italienische und französische Vorbilder inspiriert waren, entstanden in Frankreich bereits die ersten barocken Gartenkontinente. Der Übergang vom französischen Renaissancegarten zum Barockgarten war fließend. Anfänglich war man sich noch nicht klar über den axialen Bezug von Schloss und Garten: Daraus entstanden in der Folge perspektivische Irritationen. Dennoch war die Dominanz des französischen Barockgartens bereits im 17. Jahrhundert in Europa zu verspüren. Wie aber gestaltete sich der Übergang von der einen Epoche zur anderen in den übrigen Ländern Europas? Für Italien darf man auf die Beantwortung dieser Frage besonders gespannt sein.

Hatfield House, Hertfordshire
Brunnen im *privy garden*

Gärten des Barock in Italien

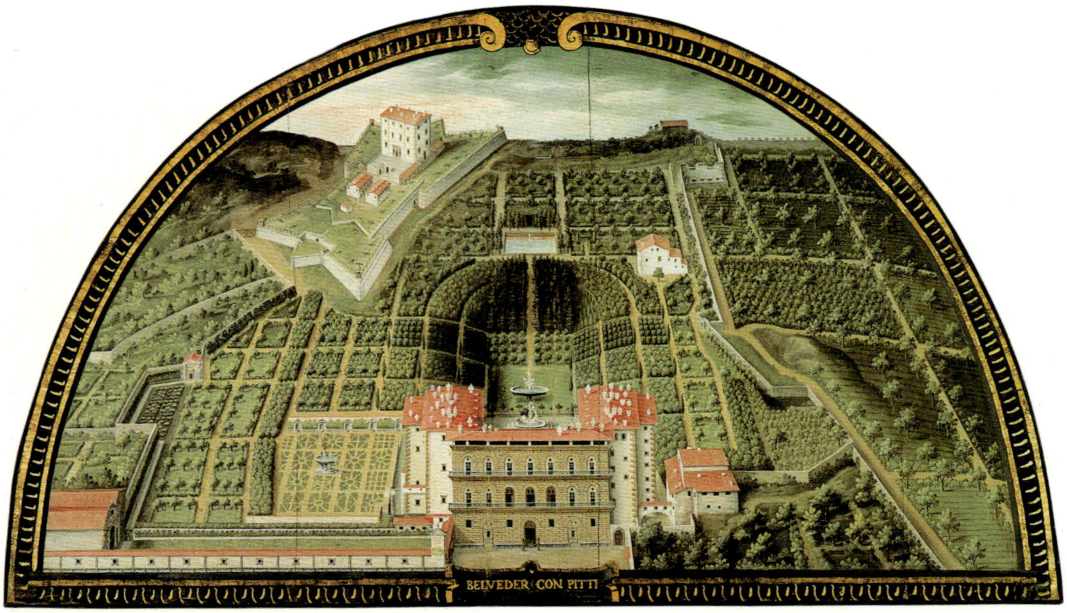

ABBILDUNGEN GEGENÜBER:
Florenz, Boboli-Garten
Ozeanbrunnen auf dem Isolotto (links)
Neptun-Brunnen (rechts oben)
Skulptur am Isolotto (rechts unten)

Florenz, Boboli-Garten
(Belvedere und Palazzo Pitti)
Gemälde von Giusto Utens, um 1600
Florenz, Museo Topografico »Firenze com' era«

Der Übergang vom Renaissance- zum Barockgarten ist auch in Italien nicht eindeutig zu bestimmen. Viele typische Elemente des Renaissancegartens, wie beispielsweise die zu theatralischen Schauspielen gesteigerten Wasserkünste, die weiträumig in die Landschaft eingefügten Terrassenanlagen oder die Kunst der symmetrischen Beetornamentierung wurden vom barocken Garten übernommen, in ihrer Ausdruckskraft gesteigert und schließlich, im französischen Garten, ins Monumentale vergrößert.

Der Boboli-Garten in Florenz

Der Boboli-Garten in Florenz findet in der Literatur eine unterschiedliche Bewertung. Meistens wird er als Barockgarten vorgestellt, obwohl die Arbeiten im Auftrag von Eleonora von Toledo, der Gattin Cosimos I. de' Medici, bereits 1549 begonnen hatten. Nach dem Tode des Gartenarchitekten Niccolò Tribolo im Jahr 1550 wurden dessen Aufgaben von Bartolomeo Ammanati weitergeführt. Das Grundkonzept war also noch der Renaissance verhaftet. Tribolo nutzte das kleine Tal hinter dem Palazzo Pitti und brachte es in die Form eines Amphitheaters, ohne es architektonisch zu fassen. Von der Mittelachse des Palastes aus führte die Hauptallee in das Tal, schnitt es in zwei gleiche Teile und endete auf der Höhe an einem Wasserbecken. Mit dieser Achse war die symmetrische Struktur, also das Wegesystem, vorgegeben, wie das Lünettenfresko von Giusto Utens anschaulich macht (Abb. oben). Im Laufe der Jahrzehnte änderte sich die Gestalt der Anlage und wandelte sich allmählich zu einem barocken Garten. Das aus bewachsenen Hängen geformte Amphitheater wurde seines Pflanzengewandes beraubt und architektonisch gefasst. Die Hauptachse verlor ihre Bedeutung, da westlich ein neues Gartenareal mit der dominanten Piazzale Isolotto entstand. Oberhalb des Amphitheaters verläuft nun nahezu parallel zur Palastfassade die neue Hauptachse zum genannten Isolotto, der 1618 von Alfonso Parigi entworfen wurde (Abbn. gegenüber links und rechts unten). Parigi entwarf ein ovales Wasserbassin mit einer künstlichen Insel. Auf dieser erhebt sich der Ozean-Brunnen des Giovanni da Bologna. Die Verwandlung zum Barockgarten vollzog sich in der Erweiterung der Anlage ebenso wie auch – als Folge der Neudimensionierung des Geländes – in der Aufhebung der strengen Symmetrie. Das Konstruieren weitläufiger Blickachsen, die »Terrassierung des Blicks«, wurde zu einem neuen Erlebnisfaktor und damit auch zum ästhetischen Kalkül in der Neubewertung und Neuordnung des Gartens.

Florenz, Boboli-Garten
Eine der zahlreichen Skulpturen(gruppen) entlang den Alleen

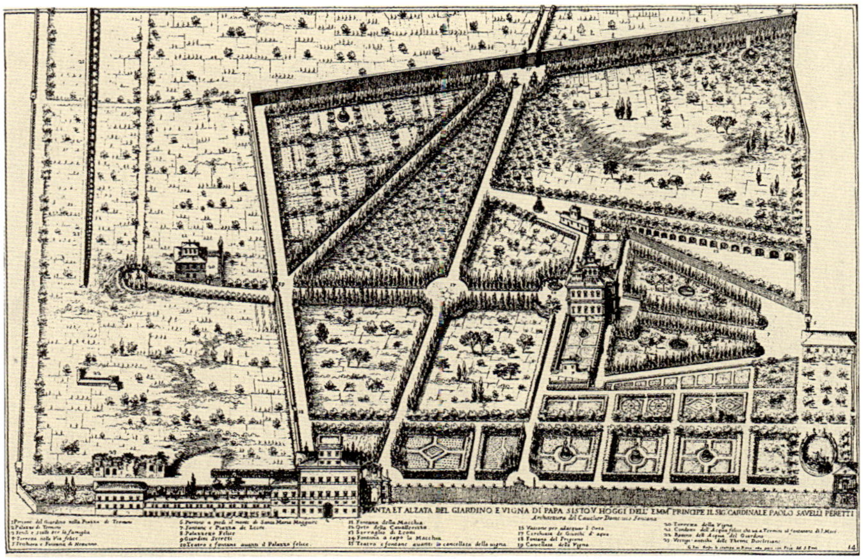

Rom, Villa Montalto
Stich aus: G. B. Falda, »Li giardini di Roma«, Rom 1683

Villa Montalto in Rom

Auf dieser Entwicklungsstufe kam es zur wechselseitigen Beeinflussung von Gartenkünstlern und Städteplanern. Ein ganz besonderer Fall lag in Rom vor. Als Papst Sixtus V. im Jahr 1585 erste Überlegungen verkündete, der ewigen Stadt ein neues Hauptachsensystem verpassen zu wollen, und den Baumeister Domenico Fontana mit der Ausführung beauftragte, hatte er bereits zuvor als Kardinal den Garten der Villa Montalto auf dem Esquilin anlegen lassen. Der Gesamtplan dieses Gartens (Abb. oben) gleicht in verblüffender Weise dem Konzept des Alleensystems, das die sieben bedeutendsten Kirchen Roms miteinander verbinden sollte. Fontana plante, dem Willen des Papstes entsprechend, eine Hauptachse von einem Ende der Stadt zum anderen, von der Piazza del Popolo zur Kirche S. Croce in Gerusalemme, zu führen. Im Zentrum erhob sich die Lieblingskirche des Papstes, S. Maria Maggiore. Sowohl von der Piazza del Popolo als auch von S. Maria Maggiore aus sollten die Alleen strahlenförmig fortführen, um von dort aus die übrigen Stadtgebiete mit ihren Plätzen und Kirchen zu erschließen. Eine solche Situation gibt auch der Plan der Villa Montalto wieder. Hinter dem Haupteingangstor öffneten sich drei strahlenförmig geführte Alleen, ähnlich wie auf der Piazza del Popolo. Die mittlere Allee führte auf das Casino zu. Auf der Gartenseite des Gebäudes war ein halbrunder Platz mit einem Wasserbassin angelegt. Von dort aus führte eine Zypressenallee durch das Gartenareal, die auf halbem Weg von einer weiteren Allee gekreuzt wurde. Dort, wo die Allee auf den Weg traf, der die Gartenmauer entlangführte, befand sich ein Brunnen, auf den eine weitere Allee schräg zulief. Die Bedeutung der Blickachse und des Blickpunktes und nicht so sehr die architektonische Raumgestaltung oder die regelmäßige Einteilung der Beete in Vierecke spielten in diesem Garten erstmals eine dominante Rolle – wie auch in dem städtebaulichen Konzept des Papstes. Der Garten der Villa Montalto, der längst vergangen und an dessen Stelle heute der Hauptbahnhof (Stazione Termini) zu finden ist, kann als eine Art Modell für die Vorstellungen des Papstes zur Neuordnung Roms und damit für die barocke Anlage der Welthauptstadt angesehen werden. Um dieses Stadtmodell in Augenschein zu nehmen, sollte man sich auf den Pincio, einen der schönsten Aussichtspunkte in Rom, oberhalb der Piazza del Popolo begeben. Dort kann man noch heute das Stadtkonzept von Papst Sixtus V. nachvollziehen: Die strahlenförmig angelegten Straßenzüge Richtung Tiber, zum Kapitol und zum Quirinal sowie über S. Trinita dei Monti zu S. Maria Maggiore auf dem Esquilin sind deutlich auszumachen.

Villa Borghese in Rom

Offensichtlich orientierte sich der Schöpfer des Parks der Villa Borghese, Kardinal Scipione Caffarelli Borghese, Neffe Papst Pauls V., am Alleensystem der Villa Montalto, als er zwischen 1613 und 1616 in den Weinbergen seiner Familie vor der Porta Pinciana Park und Casino anlegen ließ (Abbn. unten bis S. 149). Vom Hauptportal aus führte eine breite Allee nicht etwa zum Casino, sondern geradewegs auf den großen Felsgrottenbrunnen zu, der vor die Gartenmauer platziert wurde. Heute steht an dieser Stelle – die alte Gartenmauer ist beim Ausbau zum englischen Landschaftsgartens beseitigt worden

Rom, Villa Borghese
Detailansicht des Parterres mit zahlreichen Skulpturen am Wegesrand

– die Fontana dei Cavalli Marini, der Brunnen der Seepferde, der im 1770 von dem deutschen Maler und Gartenarchitekten Christoph Unterberger geschaffen wurde (Abb. S. 148 unten links). Auf halbem Wege etwa traf die Allee in einem großen Rondell auf eine Querachse, die zur Front des Casinos hin ausgerichtet war. Parallel zu diesen beiden verliefen weitere Achsen, die ebenfalls Blicke auf Brunnen und Pavillons ermöglichten. Das Casino nahm also eindeutig eine untergeordnete Rolle ein, das Hauptaugenmerk galt dem Blickachsensystem innerhalb der Gartenanlage. Pavillons, Brunnen und Volieren sowie schließlich das Casino galten als gleichberechtigte Bezugspunkte im Rahmen des Gartenerlebnisses. Im Park dominierten die Bosketten, die durch geschnittene Hecken eingefasst waren. Es wurden Pinien, Zypressen, Myrten und Lorbeer angepflanzt.

Das Casino, ein Werk des Flamen Vasanzio Fiamingo, wurde in den Jahren 1613 bis 1615 erbaut (Abb. oben). Das Aufriss-System gleicht der benachbarten Villa Medici. Zwei vorgezogene Seitenrisalite betonen die zurückliegende Hauptfassade, zu deren Portal eine zweiläufige Treppe führt. Zwei Türme überragen von der Rückseite der Villa her in der Achse der Seitentrakte den Bau. Hinter dem Casino wurden Ziergärten und seitlich davon die *giardini segreti* für Orangen, Kräuter und seltene Pflanzen angelegt. Das Casino war für Feste und Feierlichkeiten und als Kunstgalerie geplant, weniger als Wohngebäude. Der geräumige Platz davor diente den Festgästen als repräsentative Auffahrt für ihre Karossen. Weite Teile des Geländes waren als Tierpark hergerichtet. Dort befanden sich Käfige für wilde und exotische Tiere, Teiche mit Fischen und Umzäunungen für Geflügel.

Dieser aufwändige, von gestalteten Waldanlagen, Felsgrotten und Pavillons geprägte Park, unmittelbar vor der Stadt gelegen, benötigte eine gewaltige Menge Wasser. Ohne die grandiose Leistung Papst Pauls V., des Onkels des Borghese-Kardinals, der die größte Wasserleitung, die Acqua Paola, nach Rom führen ließ, wäre die Villa Borghese wohl kaum entstanden. Giovanni Fontana sorgte für die Konstruktion

Rom, Villa Borghese
Hauptfassade der Villa mit doppelläufiger Treppe

Rom, Villa Borghese
Zwei Sphingen am Rand des Parterres

Rom, Villa Borghese
Brunnen der Seepferde
(unten links)

Rom, Acqua Paola
Brunnenpalast auf dem Gianicolo
von 1610–14 (unten rechts)

der Leitung, während Flaminio Ponzo die üppige Schauwand auf dem Gianicolo gestaltete (Abb. unten rechts). Die überaus prächtige frühbarocke Schaufassade des Brunnens, die einer Palastfassade mit triumphbogenartigen Toren gleicht, hebt die Bedeutung des Wassers für Rom hervor und zugleich den Ehrgeiz der Päpste, überall in ihrer Stadt das Sprudeln und Rauschen von Wasser ertönen zu lassen – wohl wissend, dass Rom selbst über keine natürlichen Quellen verfügte. Im 17. Jahrhundert galt Rom als die wasserreichste Großstadt der Welt, und mancher Reisende äußerte sich voller Erstaunen über den verschwenderischen Umgang mit dem Element und bewunderte zugleich auf den Plätzen und in den Gärten das faszinierende Schauspiel, das die Brunnen mit ihren Wassergirlanden, Fontänen oder Kaskaden boten.

Die römischen Päpste waren aber deswegegen nicht auch die Erfinder und Konstrukteure der Wasserleitungen. Frisches Trinkwasser ließen schon die antiken Kaiser aus den Seen der Albaner Berge oder vom Braccianer See mittels aufwändiger Aquädukte herbeiführen. Das Wasser strömte in der Stadt in einem Nymphäum, einem monumentalen Brunnenhaus, zusammen. Die Acqua Vergine, die antike Aqua Virgo des Agrippa, zeigt sich heute in ihrem barocken Gewand als die berühmte Fontana di Trevi. Die durch Sixtus V. wiederhergestellte Aqua Marcia fließt heute aus der Fontana Acqua Felice auf der Piazza S. Bernardo. Die Acqua Paola auf dem Gianicolo aber galt als die ergiebigste Wasserquelle. Aus dem dreifachen Triumphbogen schossen die Wassermassen hervor, wie es in einer zeitgenössischen Beschreibung hieß.

Der Brunnenpalast der Acqua Paola war 1612, ein Jahr vor Beginn der Gartenarbeiten auf dem Pincio, vollendet. Dem Gedeihen der Bosketten und der Ziergärten stand nun nichts mehr im Wege. Die Villa Borghese war eigentlich nie Privatgrund, der die Öffentlichkeit ausschloss. Der Kardinal war so großzügig, dass er jedermann freien Zutritt zu seinen Gefilden gestattete. Eine Inschrift bezeugt diese noble Haltung des geistlichen Würdenträgers:

»Wer du auch bist, nur sei ein Freier, fürchte hier der Gesetzes Fesseln nicht! Gehe, wohin du willst, pflücke, was du willst, entferne dich wieder, wann du willst. Mehr als selbst für den Eigentümer ist hier alles für den Fremdling bereitet. In dieser goldenen Zeit, die eine allgemeine Sicherheit verheißt, will der Herr des Hauses keine eisernen Gesetze geben. Der anständige freie Wille sei dem Gastfreund hier Gesetz. Derjenige aber, der boshaft und vorsätzlich der Urbanität goldenes Gesetz verletzt, fürchte, dass der erzürnte Aufseher ihm der Gastfreundschaft geheiligte Zeichen verbrenne.«

Im 18. Jahrhundert wurde der alte und in vielen Teilen bereits zerfallene Park von Marc Antonio Borghese erworben. Er beauftragte den deutschen Maler und Architekten Christoph Unterberger, den Schöpfer der erwähnten Fontana dei Cavalli Marini, mit der Umgestaltung des Parks zu einem englischen Landschaftsgarten. Heute durchstreift man also einen Park, der mit der barocken Anlage Kardinal Borgheses nur noch wenig gemein hat. Sehenswert sind aber durchaus die klassizistischen Denkmäler, der Äskulaptempel von 1787 (Abb. gegenüber), die Piazza di Siena, die Casina dell'Orologio, 1791 von Domenico Fagiuli erbaut, und der genannte Brun-

nen der Seepferde. Ein Wort noch zum Casino, das heute als eine der großartigsten Privatgalerien weltweites Ansehen genießt. Als eines der berühmtesten Bildwerke gilt sicherlich Berninis *Apoll und Daphne*. Das Prunkstück der Sammlung aber war der *Herkules Farnese*, den Johann Wolfgang von Goethe während seines Romaufenthaltes im Jahr 1787 noch bewundern konnte. Doch klagte er nicht nur um den baldigen Verlust des Herkules, sondern um weit mehr: »Gegenwärtig gewinnt es Prinz Borghese über sich und verehrt diese köstlichen Reste dem König von Neapel.« Gemeint sind die auf farnesischem Grund und Boden gefundenen antiken Beine des Herkules, die damals durch Repliken ersetzt wurden. »Wenn«, so der von der Antike so begeisterte Dichter, »doch wenigstens die antiken Fragmente in Rom geblieben wären …«

Eine der Villa Borghese in vielerlei Hinsicht vergleichbare Parkanlage wurde von Ludovico Ludovisi, dem Neffen Papst Gregors XV., kurz nach der Vollendung der Villa Borghese geschaffen. Dort, wo heute die Via Veneto sich in elegantem Schwung zum Pincio hinaufwindet und der aufwändige, Ende des 19. Jahrhunderts errichtete Palazzo Margherita steht, breiteten sich die Gärten aus. Wie in der benachbarten Villa Borghese waren es auch hier Boskett-Kompartimente, die von geschnittenen Hecken eingefasst wurden. Das Gelände, auf dem die Villa sich befand, ist stark abschüssig, so dass eine Terrasse vor dem Gebäude angelegt werden musste. Ein großer Platz mit einem Brunnen, flankiert von einem Ziergarten, diente als Auffahrt für Festgäste. Von dem Park ist heute nichts mehr erhalten geblieben bis auf ein kleines Gartenstück mit uralten Bäumen, die möglicherweise noch aus der Zeit der Ludovisi stammen. Ebenfalls aus dieser Zeit stammend, ist das Casino dell'Aurora mit Guercinos Deckenfresko *Triumph der Aurora* in der Eingangshalle von 1621 noch an seinem alten Platz vorzufinden. Wenn man vom Palazzo Margherita zum Casino spaziert, das zwischen der Via Ludovisi und der Via Lombardi steht, durchschreitet man das ehemalige Gartenareal der Villa Ludovisi.

Rom, Villa Borghese
Monopteros (Äskulaptempel) an einer Allee im Gartenbereich der Villa

Rom, Villa Doria Pamphili
Villa mit Terrasse und vorgelagerter längsrechteckiger Parterreanlage

ABBILDUNGEN GEGENÜBER:
Rom, Villa Doria Pamphili
Brunnenanlage im Garten (oben)

Das Amphitheater im Garten der Villa Doria Pamphili nach einer Zeichnung von Perelle, 1685 (unten)

Villa Doria Pamphili in Rom

Im Reigen der ehrgeizigen päpstlichen Nepotenprojekte, über den Dächern Roms weiträumige Parkanlagen mit Casinos und Villen zu errichten, nimmt die Villa Pamphili auf dem Gianicolo vor der Porta S. Pancrazio einen besonderen Platz ein (Abbn. oben und gegenüber). Fürst Camillo Pamphili, ein Neffe Papst Innozenz' X., beauftragte 1644 Alessandro Algardi mit der Planung und Durchführung einer neun Quadratkilometer großen Parkanlage und einer herrschaftlichen Villa. Diese größte Parkanlage Roms, sicherlich in Konkurrenz zum Borghese-Park angelegt, teilt das Schicksal der anderen vorgestellten römischen Gärten. Um 1850 wurde das gesamte Gelände in einen englischen Landschaftsgarten umgewandelt. Zwei Stiche von Simon Felice zeigen den barocken Garten und die Villa. Ähnlich wie bei der Villa Borghese liegt auch hier das Wohnhaus nicht im Schnittpunkt der Hauptachsen, sondern eher abseits innerhalb der Parkanlage, die von Bosketten dominiert ist. Nach Durchschreiten des Eingangstors gelangt man auf einen kleinen Platz, von dem zwei im rechten Winkel zueinander liegende Alleen ausgehen. Die eine führt, wie bei der Villa Borghese, auf einen Brunnen zu, hinter dem sich in der Ferne die Kuppel des Petersdoms erhebt – ein spektakulärer Blick. Folgt man dieser Allee, wird man an der Villa vorbeigeführt, möglicherweise ohne das Gebäude erblickt zu haben. Doch nur wenige Schritte vom Brunnen entfernt öffnet sich eine Gartenanlage, deren von Rondellen und größeren Plätzen unterbrochene breite Hauptachse auf das reich ornamentierte Broderieparterre und die Gartenfront der Villa ausgerichtet ist (Abb. oben).

Das Parterre, das an seinen Schmalseiten in den Hügel eingeschnitten ist, umgibt eine mit skulpturenbesetzten Nischen und einer blumengeschmückten Balustrade bereicherte Mauer. Man möchte hier fast einen *giardino segreto* vermuten, doch spricht die Lage dagegen. Der mit einem Brunnen ausgestattete Platz unmittelbar vor dem vorgezogenen Mittelrisalit der Villa und die den Seitentrakten angefügten Freitreppen verweisen auf Festlichkeiten: Genüßlich müssen die Gäste die Treppen in den anschließenden Ziergarten hinabgestiegen und auf der Hauptachse zum Theater weitergeschritten sein. Nördlich an den Ziergarten anschließend öffnet sich ein Platz, der wahrscheinlich zum Spielen benutzt wurde. Eine breite Allee führt durch die Bosketten hindurch zu einem Brunnenrondell (Abb. rechts). Von dort aus gelangt man zu einem halbkreisförmigen Platz, auf dem ein kleines Lusthaus, das Casino della famiglia, steht, das seinerseits an einen *giardino segreto* grenzt. Das Casino wurde 1849 zerstört, als Garibaldi die Republik Rom gegen die intervenierenden französischen und bourbonischen Truppen verteidigte. Zehn Jahre später errichtete der Architekt Busiri Vici an dieser Stelle einen Triumphbogen, der heute als Eingang zum Park dient.

Villen in Frascati

Frascati, das antike Tusculum, wurde schon von den vornehmen Römern als Sommerresidenz geschätzt. Cicero, Lucullus und Cäsar unterhielten dort Landsitze mit ausgedehnten Gartenanlagen. Im Mittelalter wurde die Stadt zerstört. Die vertriebenen Einwohner gründeten später etwas unterhalb der Ruinen die Stadt Frascati. Die luxuriösen Lebensgewohnheiten des römischen Adels lebten unter Kardinal Alessandro Ruffino wieder auf, als dieser 1548 beschloss, eine Villa errichten zu lassen. Seinem Beispiel folgten weitere Kardinäle, so dass im Laufe des 16. und 17. Jahrhunderts mehr als zehn Villen an den malerischen Nordhängen der Albaner Berge entstanden. Das Baugeschehen verlief in zwei Bauperioden. In einer ersten, von 1548 bis 1607, wurden die bedeutendsten Anlagen errichtet, in einer zweiten, von 1600 bis 1650, ließen viele Eigentümer ihre Landsitze vergrößern. Im 19. Jahrhundert verfielen viele Anlagen. Sie wurden teilweise im 20. Jahrhundert restauriert oder rekonstruiert. Auf einer Vogelfluganscht von 1620 finden wir die Villen aufgereiht (Abb. S. 152/53).

Die Villa Falconieri geht auf den Besitz des Kardinals Alessandro Ruffino zurück, der das Casino auf dem Gelände einer antiken Villa nahe dem Kirchlein S. Maddalena erbauen ließ. Etwa hundert Jahre später wurde die Anlage von der Familie Falconieri erworben, die das Casino zu einer repräsentativen Villa mit vier Ecktürmen ausbauen ließen. Die von Francesco Borromini vorgenommenen Arbeiten zogen sich in die Länge. Das betraf die Innenausstattung der Villa und die Terrassierung des Gartens, dessen Bepflanzung erst im Jahr 1729 abgeschlossen war. Die Stellung der Villa zum Garten erscheint verschoben und kompliziert. Das liegt einerseits an dem Gelände und andererseits an der Konzeption der Villa, deren nördliche Schmalseite nach Rom ausgerichtet ist, während die Talfassade

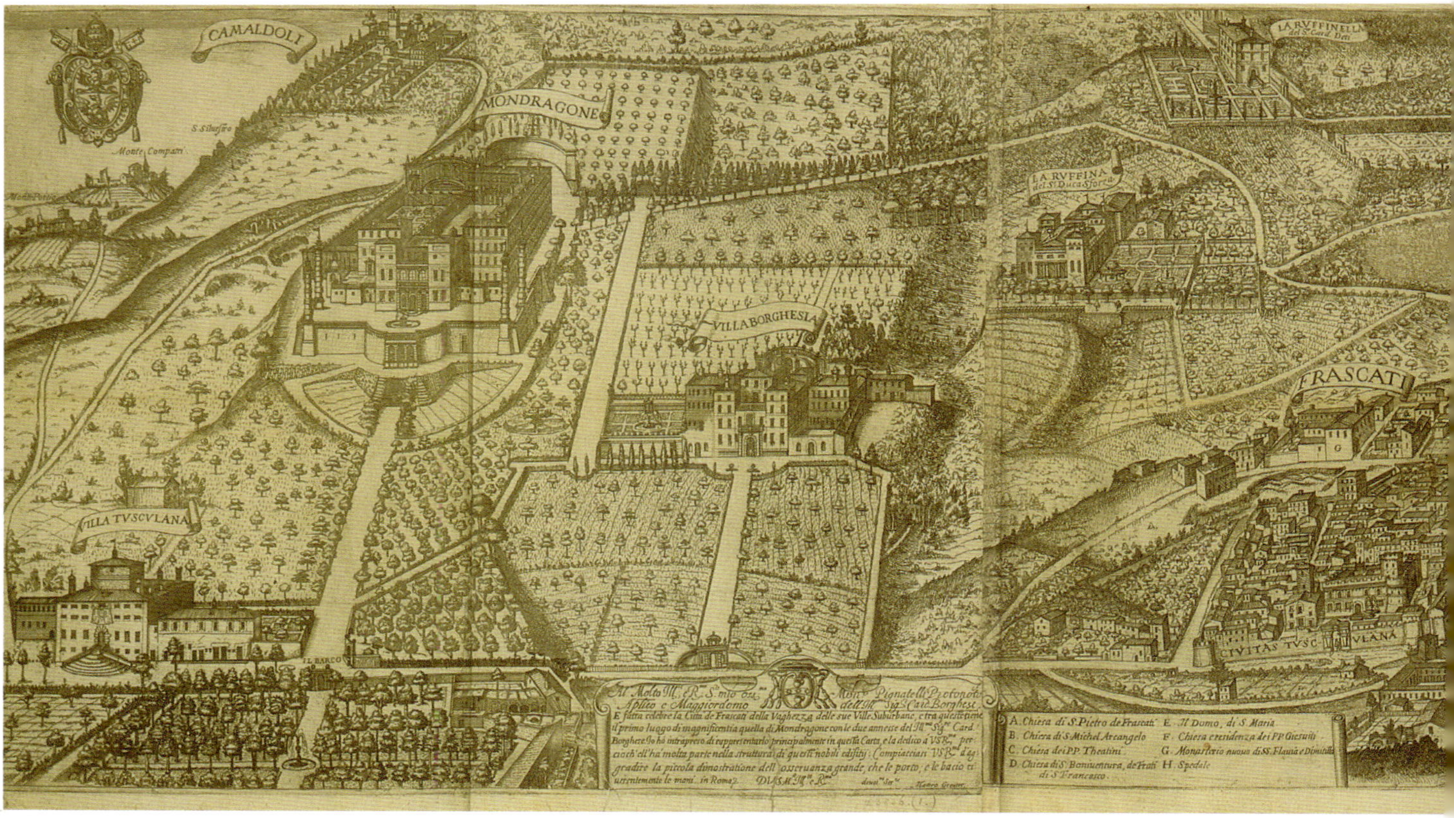

Frascati, Stadt und stadtnahe Villen
Ansicht aus der Vogelperspektive von Matthias Greuter, 1620

Pinien und Zypressen gehören seit je zu den am häufigsten anzutreffenden Bäumen in mediterranen Gärten, wie auch auf der alten Ansicht von Frascati oben zu sehen ist. Wo es darum geht, horizontale Linien als Gestaltungsmittel ins Spiel zu bringen, bieten sich Zypressen durch ihren schlanken und hoch aufgerichteten Wuchs besonders an. Wie Türwächter flankieren sie manchmal Eingangstore oder bilden den rahmenden Blickfang für eine Fassade oder eine Sichtachse. Die nebenstehend abgebildeteten Exemplare stammen allerdings aus Blenheim in England und wollen vielleicht nur zur Vielfalt des dortigen Baumbestandes beitragen.

nach Osten zeigt. Der Garten aber erstreckt sich westwärts. Die Gartenterrassen sind rekonstruiert worden, so dass man sich heute die barocke Anlage recht gut vorstellen kann. Das barocke Falkentor aus dem Jahr 1729 finden die Besucher an der Straße, die von Frascati hinauf zum antiken Tusculum führt. Dort betritt man die Anlage. Vor der Gartenfront breitete sich ein Blumenparterre aus. Das wahrscheinlich von Borromini erbaute Löwentor führt zu einer zweifachen Rampe und von dort weiter zu einem kleinen, von Zypressen umgebenen See.

Gegenüber der Villa Falconieri befindet sich am nordwestlichen Hang der ehemalige Besitz des Kardinals Mark Sittich von Hohenems. Er benannte seine Villa zu Ehren Papst Gregors XIII., der einen Drachen im Wappen führte, Mondragone, Drachenberg. Der Bau, den der Kardinal als Casino nutzte, wurde zwischen 1573 und 1575 von dem Architekten Martino Lunghi d. Ä. ausgeführt. Zwei Jahre später begannen die Arbeiten am Palazzo della Ritirata, einem lang gestreckten Baukörper.

1613 ging der Besitz an Kardinal Scipione Caffarelli Borghese, der im selben Jahr auch das Gelände der Villa Montalto in Rom erwarb. Er ließ einen Flügelbau errichten, der das Casino mit dem Palazzo verband. Berühmte Architekten wie Carlo Maderna, Girolamo Rainaldi und Giovanni Fontana standen

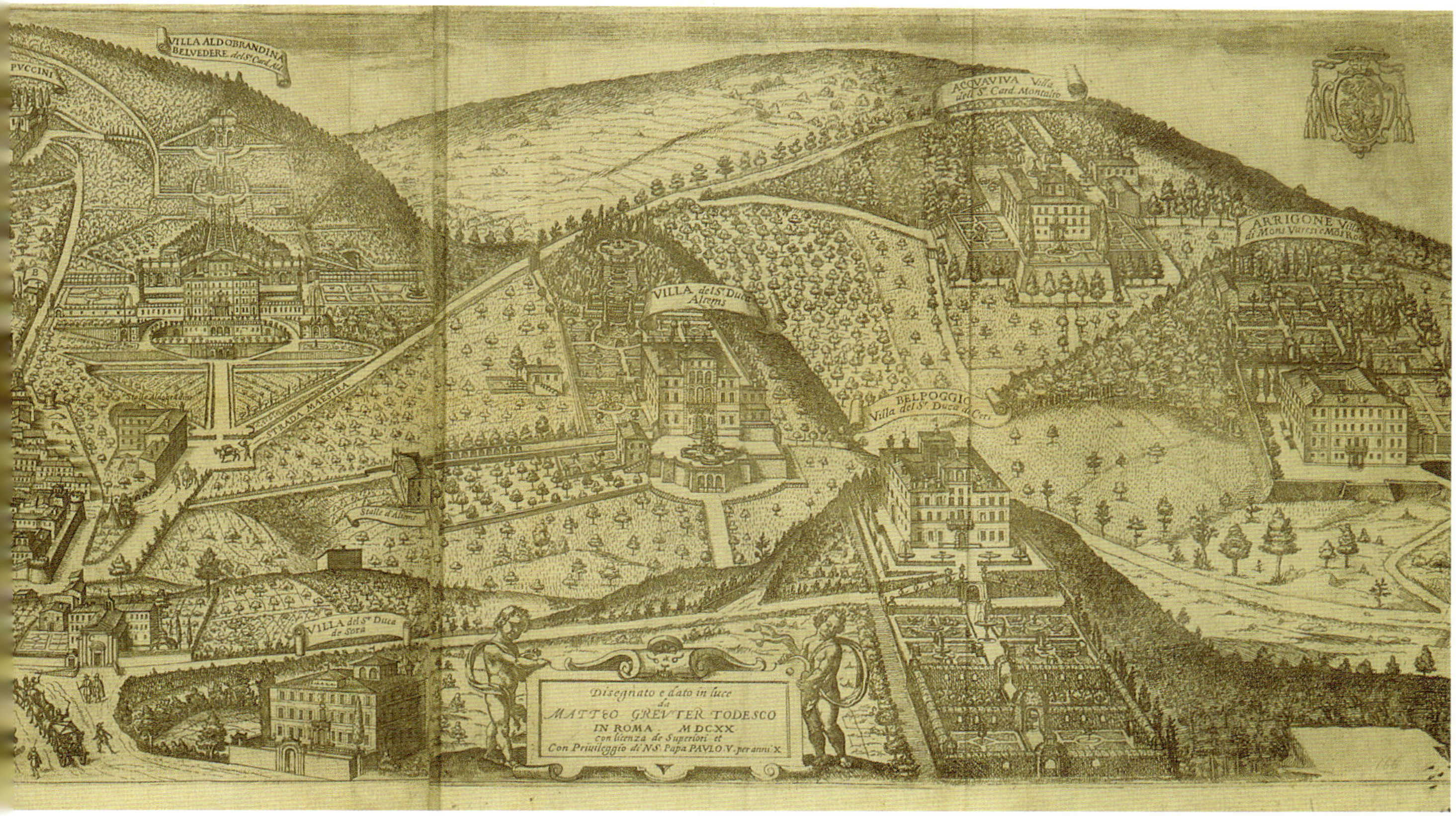

in seinen Diensten und gaben dem Gebäudekomplex sein endgültiges Aussehen.

Östlich der großen Stützmauer, die gemeinsam mit dem Palazzo della Ritirata und dem Verbindungstrakt das große Casino mit dem Parterre umgrenzte, konstruierte Giovanni Fontana ein Wassertheater, das damals zu den berühmtesten seiner Art zählte. Heute sind davon nur noch die große Exedra und die zweiläufige Treppe erhalten. Die von Buchshecken umzäunten Beetkompartimente und die dort installierten Brunnen existieren nicht mehr.

Die von Kardinal Aquaviva um das Jahr 1590 erbaute und später so genannte Villa Grazioli erwarb Kardinal Paretti di Montalto im Jahr 1616. Er ließ das Casino und den Garten umgestalten. Heute ist von der Anlage nicht mehr viel erhalten, was auf eine barocke Gestaltung schließen lassen könnte. Allerdings befinden sich in der nach dem heutigen Besitzer, der Familie Grazioli, benannten Villa einzigartige Fresken von Domenichino, Annibale Caracci und der Zuccari-Schule, so dass ein Besuch lohnt. Ein Fresko in der Stanza di Eliseo wartet mit einer interessanten Ansicht des Casinos und dem Gartenparterre auf. Vermutlich wurde dieses Fresko zu Beginn des 17. Jahrhunderts von einem Carracci-Schüler erschaffen. Folgendes wird in dem Fresko gezeigt: Zwei weit vorgezogene Seitenflügel schließen den von einem Turm überhöhten Mitteltrakt ein und bilden einen Hof, aus dem der Garten sich hügelaufwärts entwickelt. Dem Erdgeschoss des Haupttraktes ist eine Loggia mit einer Terrasse vorgeblendet, auf der Menschen auszumachen sind. Zwei Brunnen stehen vor den Seitentrakten. Laubbäume und Pinien sind über das Gelände verteilt, das keine gartenkünstlerische Gestaltung erkennen läßt, sondern sich eher wie eine freie Landschaft ausnimmt. Dieser Eindruck wird durch das Personenszenarium noch verstärkt. Zwei Frauen hocken vor einem weißen Tuch mit einem Krug und zwei Broten, während eine weitere Frau mit einem Kind an der Hand und einer Amphore auf dem Kopf sich dem Gebäude nähert. Ein Mann, einen schweren Sack tragend, geht auf einen Esel zu, der an einen Pinienstamm gebunden ist. Da verschiedenen Stichen aus dem 17. Jahrhundert zufolge seitwärts und talwärts der Villa Parterres mit ornamentierten Beetkompartimenten und Brunnen angelegt worden sind, ist es durchaus denkbar, dass der rückwärtige Teil wenig oder gar nicht durchgestaltet worden ist. Auf der anderen Seite sollte man aber auch die Thematik der Malerei jener Zeit nicht unberücksichtigt lassen, die häufig um pastorale Themen kreiste. Wie dem auch sei, die Vorstellung eines Landschaftsgartens klingt hier bereits an.

Frascati, Villa Aldobrandini
Hauptfassade der Villa und großer Vorhof mit Zufahrtsrampe, Stich von Specchi

Villa Aldobrandini in Frascati

Zu den berühmtesten Frascati-Villen zählt die des Pietro Aldobrandini, eines Neffen Papst Clemens' VIII. Dieses in seiner architektonischen Struktur ungewöhnliche Landschloss war ab 1598 von Giacomo della Porta geschaffen worden. Nach Portas Tod wurde Carlo Maderna mit den weiteren Arbeiten beauftragt, die 1604 abgeschlossen wurden. Das Grundkonzept oder der dominierende Charakter der Fassadengestaltung besteht aus einem monumentalen gebrochenen Giebel mit einem mittleren Segmentteil. Letzterer bekrönt als Dachabschluss den erhöhten Mittelteil des Gebäudes (Abb. links). Über den niedrigeren Seitentrakten ragen bis zur Höhe des Dachfirstes die angeschnittenen Eckformen eines Dreiecksgiebels. Verfolgt man die Linie der Schrägen, gelangt man zum Dach- bzw. zum Segmentgiebelansatz. Diese raffinierten Architekturspielereien, zu denen auch der Wechsel von quadratischen und rechteckigen Fensterformen sowie die geteilten Portalpilaster gehören, sind typische Kennzeichen für eine ausgeprägte Variante des Manierismus.

Das markante Gebäude thront auf einem riesigen Terrassensockel, zu dem geschwungene doppelläufige Rampen hinaufführen (Abb. links). Auf der Gartenseite dagegen steigt das Gelände steil an. Als Stützmauer ist ein eleganter Exedrabau effektvoll in den Hügel eingesetzt, das berühmte Wassertheater (Abbn. S. 156/57). Die Pläne für diese Anlage gehen auf Giacomo della Porta zurück, Carlo Maderna führte sie aus. In das große Halbrund sind fünf rundbogige, säulengerahmte Nischen eingelassen. Dem Gliederungskonzept eines Triumphbogens folgend sind in den Wandabschnitten zwischen den Pilastern Rechtecknischen angebracht, über denen gerahmte Relieffelder zu sehen sind. Darüber öffnen sich in der Bogenzone Tondi mit antikisierenden Büsten. In den Nischen stehen mythologische Figuren, unter anderem ist ein Polyphem zu sehen, der

Frascati, Villa Aldobrandini
Gartenseitiger Platz zwischen der Villa und dem Wassertheater

die Panflöte spielt (Abb. S. 157). Im Zentrum ragt Atlas mit der Himmelskugel auf seinen Schultern hervor. Er empfängt das Wasser von der Wassertreppe oberhalb der Exedra und leitet es in das Bassin, das sich vor ihm ausbreitet. Seitlich schließen sich Flügelbauten mit dem Gartensaal und der Sebastianskapelle an.

Oberhalb des Wassertheaters folgt die großartige Parkanlage, die durch die Wassertreppe dominiert wird. Ihr Anfang wird von zwei Säulen gerahmt. Aus diesen steigen Wasserfontänen auf, deren Wasser über gewundene Girlanden wieder nach unten geleitet wird. Diese Säulen des Herkules nehmen in raffinierter Weise Bezug auf den Palast. Wenn man sich im Empfangssaal des vorgezogenen Mittelbaus unmittelbar vor dem Torbogen aufhält und über den Hof sowie die Exedra hinweg nach oben schaut, dann rahmen die Säulen des Bogens den Mittelteil des Wassertheaters, die Wassertreppe und die auf dem oberen Plateau aufragenden Girlandensäulen. Diese Blickachse lässt sich in gewisser Weise auch umkehren. Der Standpunkt oben vor dem Bassin besticht durch seinen Panoramablick. Die Säulen des Herkules rahmen den Mittelrisalit des Palastes und beziehen perspektivisch das seitliche Waldstück, die mittlere Wassertreppe und die Balustrade der Exedra auf die Architektur der Villa. Wendet man dann seinen Blick in die entgegengesetzte Richtung, öffnet sich ihm die weite Parkanlage.

Hohe Hecken säumten alten Stichen zufolge die Wassertreppe, deren Vorbild zweifellos bei der Villa Lante in Bagnaia zu suchen ist. Seitlich führen Wege hinauf zu einer höher gelegenen Brunnenanlage, der Fontana rustica. Hier stürzen zwischen zwei Nischen mit Bauernfiguren Wasserströme in ein Becken herab. Um sie herum schwingt sich eine Treppe, deren Balustrade eine monumentale Volute bildet, hinauf zur folgenden Terrasse, zur Fontana di natura. Diese Naturgrotte aus Tuffstein nimmt das sprudelnde und rauschende Wasser auf, das von weiter oben über Kaskaden heranströmt.

Es ist diese unvergleichliche Wasserachse, die das Gesamtkonzept des Parks bestimmt. Anders als bei den römischen Villen nimmt das Casino, dem in diesem Fall wohl eher die Bezeichnung Palast zukommt, hier mit seiner beherrschenden Lage die zentrale Stellung innerhalb der Anlage ein. Wenn die Säulen des Herkules metaphorisch auf die Begrenzung der Welt anspielen, dann ist jenseits dieses Ortes das Paradies zu suchen, das sich zu Seiten des Lebensflusses hangaufwärts entfaltet. Der Villa und dem Wassertheater kommt – diesem Deutungsversuch entsprechend – das Attribut zu, Tor und Vorhof zum Paradies zu sein. Die Vorderfront des Palastes mit der prachtvollen Auffahrt und den dort hinführenden Alleen ist eindeutig auf die diesseitige Welt, auf die weite Ebene des Tibertals und das ferne, aber eben doch sichtbare Meer, bezogen – und natürlich auf Rom, das Zentrum der Welt.

Die äußere Welt der Villa Aldobrandini hat in der Stanza del Parnaso des Palastes ihre Entsprechung. Alles, was draußen im Wassertheater oder entlang den Wassertreppen und Kaskaden großräumig entfaltet wird, erscheint hier im großen Saal an der Decke und an den Wänden in kleinerem Maßstab wieder. Das freskierte Gewölbe suggeriert eine mediterrane Pergola mit Ranken, Zweigen von Obstbäumen und

Frascati, Villa Aldobrandini
Parterre mit Buchsbaumornamenten nahe der Villa (oben)
Platanenwäldchen neben dem Wassertheater (unten)

dichtem Laubwerk. Stieglitze, Nachtigallen, Rebhühner, Ringeltauben und viele andere Vögel sitzen oder flattern im Astwerk umher. An markanten Eckpunkten hocken ein Uhu, ein Falke, ein Pfau und ein Kauz. An den Wänden sind idyllische Phantasielandschaften angebracht, und auf dem Fußboden breitet sich großflächig ein Mosaik aus, in Struktur und Motivik das Deckenfresko wiederholend. Die Hauptattraktion aber ist wohl die Wasserorgel, die effektvoll in einer triumphbogenartig gerahmten Apside untergebracht ist. Dargestellt ist der Parnass mit dem aus dem Felsen hervorpreschenden Pegasus. Ihm zur Seite haben sich die Musen auf dem Gestein niedergelassen, und oben auf der Höhe unter einem Lorbeerbaum sitzt Apoll mit der Kythara in den Händen.

So hat hier alles seine Entsprechung. Das antike Paradies, der Musenhügel mit Apoll, bezieht sich auf das irdische Paradies, das sich um den Palast herum entwickelt und als Verweis auf die Ewigkeit des Himmels, auf das wahre Elysium verstanden sein will.

Vielleicht war es ja diese Grenze zwischen dem Diesseits und dem Jenseits, die Kardinal Aldobrandini ausloten wollte, mit dem Ziel, in einem vorweggenommenen Paradies dem Glück und Seligkeit verheißenden Jenseits ganz nahe zu sein. Es ist interessant, dass die Bildthematik und -motivik des Innenraumes ein Abbild des äußeren Raumes ist, gewissermaßen eine Steigerung des Draußen. In einem Brief von 1601 machte Silvio Antoniano dem Kardinal Vorschläge zur malerischen Gestaltung der Innenräume. Er riet ihm zu Sujets wie »... die Jagd, den Fisch- und Vogelfang, die Feldarbeit in Kornfeldern, Weinbergen und Olivenhainen, das Hirtenleben, die Bienenzucht, die Pferdezucht und die Haltung von Höfen und Obstgärten«. Hierbei geht es offensichtlich um pastorale Idyllen, die der römisch-antiken Agrarliteratur entstammen. Aber der Berater fügte auch hinzu:

»Man könnte auch an andere Themen wie grünes Gras, Blumenwiesen, Obstbäume in Blüte oder mit reifen Äpfeln behangen, grüne Kornfelder und Korngarben denken.«

Castello Ruspoli in Vignanello

Bevor wir uns auf den Weg machen, die Barockgärten Italiens in den weiter nördlich gelegenen Landesteilen aufzusuchen, sollten wir in Vignanello Abschied nehmen von dem an barocken Villen so reichen Latium. Hier, unweit von Viterbo und in der Nachbarschaft so berühmter Gärten wie Lante, Caprarola oder Bomarzo, erwartet uns eine versteckte Preziose. Der Landsitz der Ruspoli befindet sich auch heute noch im Besitz der Familie, deren Engagement es zu verdanken ist, dass das von Buchsbaumhecken gesäumte Parterre im barocken Stil re-

Frascati, Villa Aldobrandini
Halbrund des Wassertheaters (links)

Detailansicht des Wassertheaters: Panflöte spielender Polyphem in der linken Grottennische (gegenüber)

POTESTATEM · SEDIS · APOST ·

Vignanello, Castello Ruspoli
Blick vom Castello auf die große Parterreanlage mit Buchsbaumornamenten (oben)

Blick vom Ende der Parterreanlage auf die Gartenfassade des Castello (rechts)

konstruiert wurde und bis zum heutigen Tag mit Sorgfalt gepflegt wird (Abbn. gegenüber). Zwei Querachsen teilen das lang gestreckte Areal in drei Quartiere auf, die aus mehreren Kompartimenten bestehen. Niedrige Buchshecken sind zu ornamentalen Mustern geformt, von denen einige das Monogramm der Familie Ruspoli bilden.

Graf Francesco Marescotti, der den Namen seiner Mutter, einer Gräfin Ruspoli, annahm, gestaltete diesen Garten zu Beginn des 18. Jahrhunderts. Papst Benedikt XIII. hielt sich im Jahr 1725 im Palast auf, genoss die Küche und einen Spaziergang durch den Garten, wo er die mit Statuen geschmückten Alleen bewunderte. Diese ist heute leider nicht mehr erhalten. In der Villa jedoch kann man den Jahrhunderten nachspüren und dabei bis zum fast mittelalterlichen Ursprung des Anwesens zurückkehren. Die Dekorationen des Piano Nobile setzen sich aus kunstvoll ineinander verschlungenen Ornamentbändern zusammen, zwischen denen sich Weinranken um heraldische *monti*, stilisierte Bergformen, die Wappen der Ruspoli, winden. Zu Beginn des 17. Jahrhunderts war Ottavia Orsini, die Tochter des berühmten Vico Orsini aus Bomarzo, im Besitz des Schlosses. Auf ihre Initiative hin wurde in den Jahren 1610 bis 1615 der Park mit einer Mauer umfasst, die mit Nischen versehen war. Die mit Blumen reich ornamentierten Beete waren in der Art manieristischer Muster gestaltet.

Nicht ganz hundert Jahre zuvor hatte Graf Sforza Marescotti den Architekten Antonio da Sangallo d. J. beauftragt, das im Jahr 1491 erbaute Kastell zu erneuern. Die Sala mit einem Renaissancebrunnen und die Eingangshalle mit den Pilastern und dem flachen Stichkappengewölbe zeugen noch heute von diesem ersten Bau.

Villa La Pietra in Florenz

Am nördlichen Stadtrand von Florenz in der Nähe der ehemaligen Porta San Gallo befindet sich der Eingang zum Park der Villa La Pietra. Bemerkenswert ist die Anlage darum, weil Arthur Acton die Villa zu Beginn unseres Jahrhunderts übernahm und den im Stil des englischen Landschaftsgartens gestalteten Park frei in der Art einer barocken Anlage des 17. Jahrhunderts anlegte. Er orientierte sich an der vom Hauptportal der Villa ausgehenden Mittelachse, terrassierte den Hang neu und schuf drei Ebenen, die er mit Pergolen, Brunnen und Bassins versah. Seiner – und seines Sohnes, Sir Harold Acton – Sammlerleidenschaft ist es schließlich zu verdanken, dass der Park mit zahlreichen Barockskulpturen und Architekturfragmenten geschmückt werden konnte. Er legte Blickachsen an, setzte kunstvoll Säulen- und Architravfragmente in Szene, um wirkungsvolle Perspektiven zu schaffen. Im Einklang mit Pinien, gestutzten Zypressen und Buchshecken komponierte er Skulpturengruppen und Brunnen, die ein bühnenbildartiges Szenarium eröffnen. Höhepunkt seiner Gartengestaltung ist die untere Terrasse, wo er in konzentrischen Ringen ein Buchsbaumkompartiment pflanzen ließ, in dessen Zentrum ein Wasserbassin mit einem zierlichen Brunnen gesetzt wurde. Eine pergolaähnliche lichte Säulengalerie, die in der Form einer Exedra um den äußeren Buchsring herum geführt wird, schließt das Ensemble ab (Abb. oben). Die obere Terrasse ließ Acton so anlegen, daß sie die Villa umgibt. Ein halbhohes, mit Skulpturen versehenes Mäuerchen begrenzt diese Ebene. Von hier aus hat man einen herrlichen Blick auf die unteren Terrassen. Unterschiedlich hohe Buchsbaumhecken, Wasserbassins mit Brunnen und Skulpturen auf hohen Sockeln sorgen für ein abwechslungsreiches und bewegtes Gartenbild.

Villa und Garten können auf eine lange Geschichte zurückblicken. Der Landsitz ist bereits ab dem 14. Jahrhundert überliefert. Die ersten nachweisbaren Besitzer waren die Sassetti im 15. Jahrhundert, vermögende Bankiers in Diensten der Medici. Es ist anzunehmen, dass schon damals ein Garten angelegt wurde. Bilder oder Dokumente, die Aufschlüsse über sein Aussehen geben könnten, lie-

Florenz, Villa La Pietra
Säulen, Statuen, ein Brunnen und eine von einer Kolonnade gebildete Exedra beschließen die perspektivische Achse des Gartens im Süden.

Florenz, Villa La Pietra
Wie eine begrünte Theaterkulisse erscheint diese Ecke des Gartens, die mit Balustraden, Statuen und einem abschließenden Bogen geschmückt ist.

gen jedoch nicht vor. Kardinal Luigi Capponi ließ das Anwesen barock umbauen, nachdem er es im 17. Jahrhundert erworben hatte. Das betraf nicht nur die Villa, die Carlo Fontana gemeinsam mit Giuseppe Ruggieri neu gestaltete, sondern auch den Garten, der rechts der Villa als klassisches Buchsparterre mit antiken Skulpturen angelegt wurde.

Villa Torrigiani in Camigliano

Die meisten italienischen Gärten der Renaissance und des Barock wurden im 19. Jahrhundert in einen englischen Landschaftsgarten umgewandelt. Während der Garten der Villa La Pietra dank der Initiative des früheren Schlossherrn Arthur Acton wieder komplett in barocker Gestalt erscheint, gelang es in anderen Parkanlagen, zumindest kleinere Gartenbereiche wieder in barocke Formen zurückzuführen. Die Villa Torrigiani, nordöstlich von Lucca gelegen, präsentiert sich heute inmitten einer typisch englischen Parkanlage. Das ist umso bedauerlicher, als es wahrscheinlich der große französische Gartenarchitekt André Le Nôtre war, der die Parterres nach seiner Rückkehr von Rom im Jahr 1679 entworfen hatte. Davon ist heute bis auf das ellipsenförmige Bassin nichts mehr zu sehen. In einem der Erdgeschossräume der Villa ist allerdings ein Plan der alten Anlage zu besichtigen. Der auf das 16. Jahrhundert zurückgehende und im 17. Jahrhundert nur geringfügig veränderte Bau wird gewissermaßen eingeschlossen von den beiden Hauptparterres. Hier findet in der Ornamentik des Broderieparterres die mit Skulpturen reich geschmückte Hauptfassade ihre Entsprechung. Die seit etwa 1620 in Frankreich übliche Beetornamentierung mit Mustern aus Buchs, die mit farbigen Steinchen ausgefüllt sind, wird in der Villa Torrigiani wohl zum ersten Mal in Italien eingesetzt. Das nach dem Vorbild Serlios konstruierte Aufrisssystem des Mittelrisalits – zwei übereinander gestellte Rundbögen werden flankiert von je zwei rechteckigen Öffnungen – mutet im Zusammenspiel mit der Rustikafassade des unteren Geschosses und den dort untergebrachten monumentalen Nischenfiguren manieristisch an. Der gesamte Baukörper entwickelt durch seine dynamische Struktur ein ästhetisches Eigenleben, das nur aus einer gewissen Distanz zur Geltung kommt. Aus diesem Grund dürfte Le Nôtre wohl auch weite ungestaltete Rasenflächen zwischen der Villa und den Parterres vorgesehen haben, um die Architektur wirkungsvoll in Szene zu setzen. Der englische Landschaftsgarten fördert diese Betrachtungsweise, zumal neben der Villa hohe Bäume aufragen, die die Fassade fast wie ein Bild erscheinen lassen (Abb. gegenüber).

Auf dem alten Gartenplan ist auch ein Gartenbereich zu sehen, der abseits liegt und von einer Mauer umschlossen ist. Es handelt sich hier um den im Barock und besonders in Italien beliebten *giardino segreto*. Dieser Garten ist glücklicherweise erhalten geblieben. Ein rundbogiger Durchgang führt den Besucher, der vom Sommerpavillon kommend ein Blumenparterre kreuzt, in diesen geschlossenen Garten und überrascht ihn mit einer Beetanlage (Abb. S. 162 unten). Niedrige Buchshecken umschließen bunt bewachsene Blumenbeete. Große Buchskugeln flankieren den mittleren Hauptweg, der auf eine Grotte zuführt. Zwei grimmige Monstren haben sich links und rechts des Eingangs niedergelassen, um den Ankömmling gebührend zu begrüßen. Wer sich nicht abschrecken lässt, betritt die Grotte und sieht sich im Halbdunkel sogleich den Göttern der Winde ausgesetzt, die mit prall gefüllten Wangen und gespitzten Mündern ihre Dienste versehen (Abb. S. 162 oben). Wir befinden uns in der Grotte der Sieben Winde, die den allzu Neugierigen bestrafen. Wasser spritzt aus dem Boden, nachdem man die Schwelle überschritten hat, und Flora, die Gemahlin des Windgottes Äolus, lässt einen Regenschauer aus der Kuppel auf den Besucher niederrauschen. Diese von Spanien her bekannten Wasserspäße sind für thematisch vergleichbare Grottenwerke sehr häufig verwendet worden. Sie zählen zur Hauptattraktion der Villa Torrigiani.

Auf der gegenüberliegenden Seite wird der Garten durch eine doppelte gegenläufige Treppenanlage begrenzt, deren Balustraden mit Figuren geschmückt sind. Ein großes Wasserbassin schließt sich an, das als Reservoir für die Wasserspiele in der Grotte der Sieben Winde und im labyrinthischen Grottensystem unterhalb der Treppenanlage dient. Zwei Zugänge führen unter den Treppen in eine unvergleichliche Grottengalerie mit stalaktitenbehangenen Gewölben und zahlreichen aus Tuffstein gehauenen Tieren und Monstren.

ABBILDUNGEN GEGENÜBER:
Camigliano (Lucca), Villa Torrigiani
Reich mit Skulpturen verzierte Eingangsfassade der Villa (oben)
Gartenansichten (unten)

Segromigno (Lucca), Villa Mansi
Balustradenumfasstes Bassin von Filippo Juvarra im Garten der Villa

Der *giardino segreto* mit seinen Grotten und Wasserspielen, die aufwändige Treppenanlage und der üppige Figurenschmuck, konzentriert auf ein so kleines, eher abseits gelegenes Areal, lassen eine Vorstellung von der einstigen barocken Pracht der gesamten Anlage aufkommen, in deren Zentrum sich stolz die herrschaftliche Villa erhob.

Villa Mansi in Segromigno bei Lucca

Nicht weit entfernt von Camigliani und ebenfalls nahe der Stadt Lucca liegt Segromigno mit der Villa Mansi, die ebenfalls einst von einer barocken Gartenanlage umgeben war. Die Villa wurde im Auftrag der Gräfin Felice Cenami von dem Architekten Muzio Oddi 1634/35 im manieristischen Stil erbaut. Seitdem sie kürzlich restauriert worden ist, präsentiert sie sich in ungewöhnlicher Eleganz. Oddi fand eine aus dem 16. Jahrhundert stammende Villa vor. Er errichtete eine vollständig neue zweigeschossige Fassade, blendete vor die Front eine zweiläufige Treppe und versah das erhöhte Erdgeschoss mit einem prachtvollen Portikus, dessen drei Arkadenbögen in der Manier Palladios gestaltet wurden. Die das Gebälk der Arkatur tragenden toskanischen Säulenpaare sind mit reizvollen Statuen versehen. Dieses Motiv wiederholt sich in der Mitte des Obergeschosses. Die Seitenflügel treten nur leicht hervor. Sie tragen Dreiecksgiebel, in die je ein Blendbogen mit einer monumentalen Büste eingepasst ist. Typisch manieristisch nehmen sich auch die mit Büsten versehenen gesprengten Segmentgiebel der Erdgeschossfenster aus.

Im 18. Jahrhundert ging der Besitz an Ottavio Guido Mansi über, dem es gelang, Filippo Juvarra, den Hofbaumeister Victor Amadeus' II. von Savoyen, für seine Gartenprojekte zu gewinnen. Er entwarf zwei Gärten mit Pergolen, Brunnen, Spalierobstabteilungen und ein zierliches Uhrentürmchen.

Von dieser Pracht ist heute kaum noch etwas vorhanden. Die barocke Gartenanlage musste dem englischen Rasen vor der Villa und neu gepflanzten Bäumen weichen. Nur noch die beiden Bassins von Juvara sind erhalten geblieben. Über die ehemalige große Allee, die von Lorbeerhecken flankiert wird, spaziert man – in Begleitung stiller, steinerner Mädchenfiguren, die aus Buchshalbkugeln emporragen – zu einem der Wasserbecken. Es ist von einer geschwungenen Balustrade umgeben, die mit Geranienschalen und Skulpturen geschmückt ist (Abb. oben). Etwas entfernt, in einem Wäldchen, begegnet man unvermittelt *Diana im Bade* vor einem ruinösen, mit Muscheln verkleideten Arkadenbau.

ABBILDUNGEN GEGENÜBER:
Camigliano (Lucca), Villa Torrigiani
Grotte der Sieben Winde (oben)
giardino segreto (unten)

Collodi (Pistoia), Villa Garzoni
Der von Filippo Juvarra entworfene »Sommerpalast« bildet das Verbindungsglied zwischen der Ortschaft und der Gartenanlage.

Villa Garzoni in Collodi

Zum Trio der lucchesischen Villen gehört natürlich auch Garzoni – sicherlich die größte Überraschung in dieser so villenreichen Region. Der Palast wurde nur wenige Kilometer östlich der Villa Mansi am Rande der Ortschaft Collodi errichtet. Im Winkel eines Waldstücks hat man in einer beinahe atemberaubenden Hanglage den Park angelegt, der von der Villa eindrucksvoll bekrönt wird (Abb. oben). Der erste Eindruck ist überwältigend. Ob man von oben auf die Anlage hinunter- oder von unten zur Fassade der Villa emporschaut: Der Blick verliert sich in der Vielfalt von Brunnen, Terrassen und in den Hang eingefügten steilen Treppen. Obwohl der Garten nach streng symmetrischen Aspekten entworfen worden ist, ist die gesamte Anlage von einem labyrinthisch anmutenden Wegesystem durchzogen. Marchese Romano Garzoni, der Besitzer des Anwesens, kümmerte sich selbst um das Konzept, das er wohl auch im Detail entwarf. Die Arbeiten dauerten von 1633 bis 1692. Im folgenden Jahrhundert übernahm der Urenkel Romanos den weiteren Ausbau des Gartengeländes und beauftragte den Architekten und Ingenieur Ottaviano Diodati mit der Planung hydraulischer Installationen, die für das Funktionieren der umfangreichen Wasserkünste notwendig geworden waren.

Der Garten blieb bis auf den heutigen Tag erhalten, so dass man die barocke Anlage ausführlich studieren und während der Spaziergänge genießen kann. Die hangaufwärts angelegte Hauptachse besteht aus einer rhythmisch angelegten Treppe, die zweiläufig über drei Terrassen geführt wird. Am Fuß der Treppe befindet sich ein Beet, das durch hohe, in Wellenformen gestutzte Buchshecken eingefasst und mit phantasievollen Pflanzenornamenten geschmückt ist (Abb. S. 167). Die Architekten verzichteten auf die klassischen Beetkompartimente und pflanzten in freien und dynamischen Zügen farblich unterschiedlich blühende Pflanzen wie Lavendel, Rosmarin, Heidekraut oder Nelken auf weite Flächen. Zitronenbäumchen in Töpfen, kleine Buchskugeln und größere, spiralförmig zugeschnittene Buchsbäume setzen Akzente. Dem Beet vor der Treppenanlage vorgelagert liegt das Eingangsterrain mit zwei kreisrunden Wasserbassins. In einem der Becken wachsen Seerosen. Der ganze Bereich ist mit Kies ausgelegt, was dafür sorgt, dass die blühende Blumenpracht in ihrer ganzen Farbkraft zur Geltung kommt (Abb. S. 165 unten).

Wenn man die mit Mosaiken verzierte Prunktreppe mit der ziegelroten Balustrade hinaufsteigt, gelangt man auf halber Höhe zur Muschelgrotte des Neptun. Zahlreiche kleine Fontänen begleiten den Besucher auf seinem Weg. Diese und die folgende Terrasse werden von zwei Alleen gequert. Während die untere mit Palmen bepflanzt ist, bereichern Skulpturen die obere, an den Wald grenzende

ABBILDUNGEN GEGENÜBER:
Collodi (Pistoia), Villa Garzoni
Plan der Anlage von 1692 (oben)

Blick von der großen Treppenanlage auf die beiden Rundbassins der unteren Parterreregion (unten links)
Terrakottafigur an der Treppe (unten rechts)

Pomona-Allee. Eine Rampe führt entlang der kühlenden Wassertreppe steil hinauf zum abschließenden Famabecken. Dort steht auf einem exedraförmig gestalteten Arkadenbau über einem Seerosenbecken die Göttin Fama, die den Ruhm der Familie Garzoni verkündet (Abbn. gegenüber und S. 169 unten). Der kurzweilige Aufstieg hat sich gelohnt. Wenn man sich nun umwendet und in die Tiefe schaut, gleitet der Blick über das herabplätschernde Wasser und über den oberen Treppenabsatz auf die untere Terrasse, wo im rechten Wasserbassin zwei Schwäne ihre Bahn ziehen (Abb. unten).

Wenn man heute Italien bereist, um die barocke Gartenkultur kennen zu lernen, dann zählt neben Bomarzo sicherlich auch Garzoni zu den unvergesslichen Eindrücken. Bomarzo überraschte mit seinen phantasievollen Spielereien und den ungewöhnlichen Perspektiven. Garzoni aber bietet sich in besonderer Fröhlichkeit und Ausgelassenheit dar, ohne dabei an Würde oder Eleganz einzubüßen. Dass es dem ersten Eigentümer, Romano Garzoni, ausschließlich um den Garten und nicht um ein Generalkonzept für Villa und Garten gegangen ist, erkennt man an der abseits gelegenen Stellung des Palastes (siehe Plan rechts). Von der unteren Terrasse aus gesehen, scheint die Fassade hoch oben auf dem Berg nicht zum Anwesen zu gehören, da die Treppenanlage nicht auf die Mittelachse des Gebäudes zuführt, sondern eine um etwa 40 Grad abgewinkelte Richtung einnimmt. Es ging also nicht in erster Linie um eine gartenkünstlerisch gestaltete Umgebung für den Palast. Der Garten selbst sollte als eigenständiger ästhetischer Organismus entwickelt und mit dauerhaftem Leben erfüllt werden. Den Nachkommen Romano Garzonis ist dieses Werk bis auf den heutigen Tag gelungen.

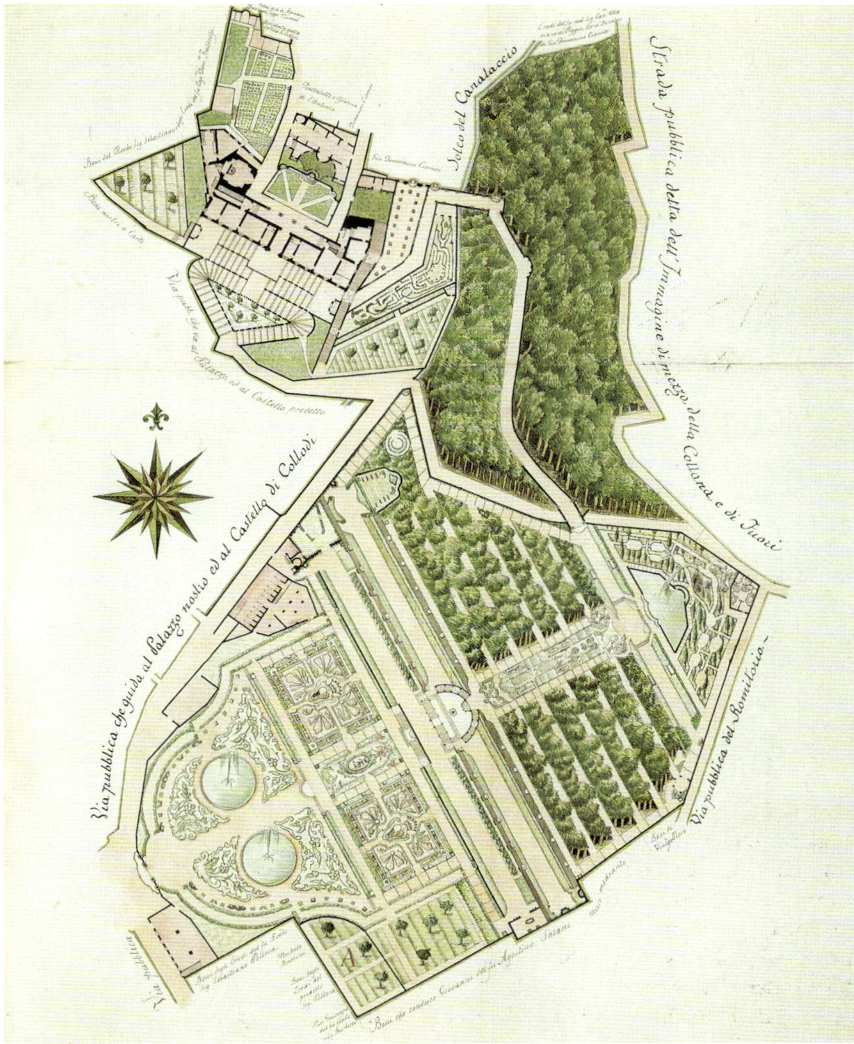

ABBILDUNG UNTEN:
Collodi (Pistoia), Villa Garzoni
Terrakottastatue der *Fama* am oberen Ende der *Wassertreppe*. Die Figur wird dem aus Lucca stammenden Bildhauer Paladini zugeschrieben.

ABBILDUNG GEGENÜBER:
Collodi (Pistoia), Villa Garzoni
Blick auf die doppelläufige Treppenanlage, die sich über drei Etagen erstreckt. In der Nische unten steht die Terrakottastatue des *Bauern mit dem Fass.*

Collodi (Pistoia), Villa Garzoni
Kopflose Frauenstatue, einen Männerkopf in der Hand haltend

ABBILDUNGEN GEGENÜBER:
Collodi (Pistoia), Villa Garzoni
Die Personifikation der Stadt Pescia bei Lucca am Beginn der Wassertreppe (oben)

Mauerumfasster Teich unterhalb der *Fama* am oberen Ende der Wassertreppe (unten)

ABBILDUNG GEGENÜBER:
Cetinale (Siena), Villa Chigi

Hinter einem schmiedeeisernen Gitter führt ein heller, von Buchshecken gesäumter Kiesweg auf die Fassade der Villa Chigi in Cetinale zu. Flavio Chigi, Kardinal und Neffe von Papst Alexander VII., ließ seine Villa westlich von Siena von dem Barockarchitekten Carlo Fontana erbauen. Der Baumeister griff das bewährte, von Peruzzi konzipierte Aufrisssystem der römischen Villa Farnesina auf. Zwei vorgezogene und turmartig wirkende Eckrisalite flankieren einen schmalen Mitteltrakt, in dem eine Loggia sich zum Garten hin öffnet. Der Garten, von Buchs, Zypressen und Zitronenbäumen dominiert, hat seine barocke Struktur in weiten Teilen bewahrt.

Cetinale (Siena), Villa Chigi
Zypressengesäumter Weg mit Blick auf die toskanische Landschaft im Garten der Villa

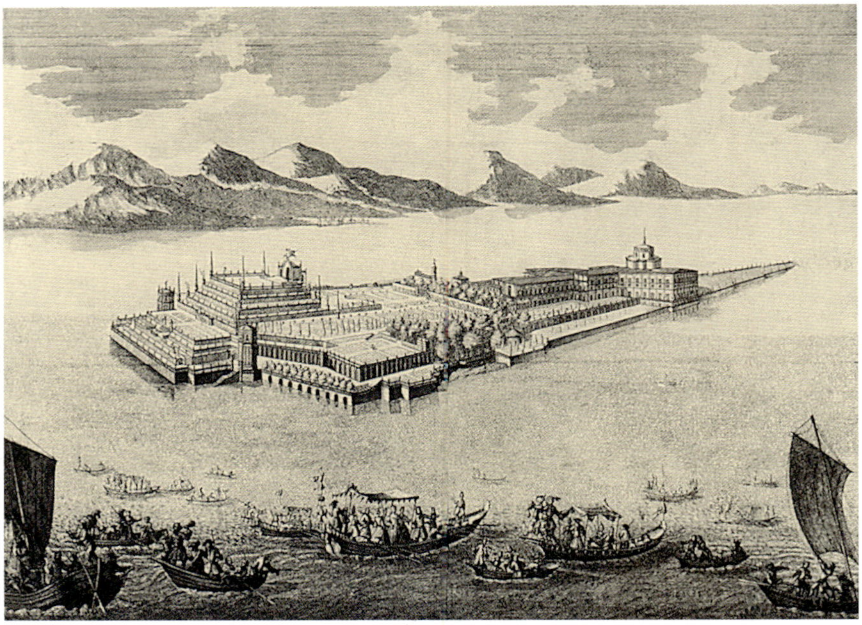

Lago Maggiore, Isola Bella
Ansicht der terrassierten Garteninsel aus dem 18. Jahrhundert. Stich von M. dal Re (oben)
Parterreanlage unterhalb der Terrassen (unten)

Die Gärten des Barock in Norditalien

Die Gärten Norditaliens unterscheiden sich zwar nicht grundsätzlich von den übrigen Barockgärten des Landes, doch weisen sie hin und wieder Abweichungen auf. Das auf den *point de vue* angelegte Blickachsensystem scheint nicht so bedeutsam zu sein. Manieristische Spielereien, die in vielen Barockgärten eine große Rolle spielen, werden im Gartenszenarium eher verhalten eingesetzt. Obwohl die Barockkultur – im weitaus größerem Maße als die der Renaissance – als europäische Erscheinung gelten kann und französische Einflüsse in fast jedem Barockgarten aufzuspüren sind, war auch dieser Faktor für den norditalienischen Garten von weniger entscheidender Bedeutung. Die Gründe für diese Sonderrolle liegen wahrscheinlich in erster Linie in der Topografie des Landes. Während Mittelitalien eine weitgehend homogene Landschaftsstruktur aufweist, herrschen in Norditalien die Kontraste vor: Die lombardische Ebene wechselt unvermittelt über in das Alpenvorland, das von Flüssen und Seen gegliedert ist. Steile Terrassierungen, gewundene Wegführungen und intime Parterres wurden bevorzugt, um dem Gelände gerecht zu werden. Ferner begegnen wir in dieser Region einem ungewöhnlichen Sonderfall, dem Inselgarten der Isola Bella im Lago Maggiore, dem wohl berühmtesten Garten Norditaliens. Doch sollten wir auch einen Blick auf das ebenfalls paradiesische Eiland der Isola Madre werfen, die zu Unrecht im ästhetischen Schatten der größeren Schwester steht. Beide Inseln gehören zum Archipel der Borromeischen Inseln gegenüber dem Dorf Stresa. Die Grafen Borromeo besaßen auch auf der Isola Madre eine Sommerresidenz, die sie allerdings wenig nutzten. Von der Gartenanlage des 16. und 17. Jahrhunderts sind nur noch wenige Reste erhalten geblieben. Diese aber nehmen sich intim und idyllisch aus. Die Gartenvilla mit der vorspringenden Seitenloggia und der Terrasse mit dem Delphinbrunnen an der Hauswand lassen noch den barocken Charakter der Anlage erahnen. Heute ist die gesamte Insel in einen malerischen botanischen Garten umgewandelt.

Inselgarten Isola Bella im Lago Maggiore

Wie ein Musikdampfer ruht die Isola Bella unweit des Ufers vor der viel besungenen Alpenkulisse im Lago Maggiore (Abb. links oben). Gegenüber dem Dorf Stresa wurde eine Insel in ein Schloss verwandelt. So muten jedenfalls die für den Grafen Carlo Borromeo und seinen Sohn Vitaliano um 1630 entworfenen Garten- und Schlossanlagen der Isola Bella an. Der französische Ethnologe Charles de Brosse verkündete in seinen »Lettres familières« um 1770 enthusiastisch: »Dieses Werk hat wirklich mit nichts auf der Welt Ähnlichkeit, außer mit den Feenschlössern im Märchen.« Theodor Fontane notierte dagegen preußisch knapp: »Ein Stück Sanssouci, nur mit dem Unterschied, dass der Isola-Bella-Hügel nicht nach einer Seite, sondern nach allen vier Seiten hin terrassiert wurde.«

Am westlichen Ende der Insel errichteten die Baumeister auf dem Niveau des Sees den herrschaftlichen Palast. Wie ein Schiffsbug ragt das Gebäude in den See und verleiht damit der gesamten Insel etwas Artifizielles. Dieser Eindruck wird verstärkt durch die östlich des Palastes angelegten Gärten, die, der Topografie der Insel folgend, pyramidenförmig über zehn Terrassen in die Höhe gestuft wurden (Abbn. links und gegenüber). Auf dem höchsten Punkt, einer weitläufigen Gartenterrasse, weht im Sommer immer eine kühle Seebrise. Man kann sich

gut vorstellen, wie dort oben, berauscht durch den einzigartigen Rundblick, Feste gefeiert sowie Theaterstücke und Opern aufgeführt wurden.

Elegant steigen die Terrassen an dem Ende der Insel, das dem Palast gegenüberliegt, vom Seeufer her auf. Vor die Arkatur der Terrassenmauern sind niedrige Hecken gepflanzt, die heute wild wachsen und früher sicherlich geschnitten waren. An den Pilastern wachsen Zitronenbäume empor. Auf der Höhe öffnet sich eine dreistöckige Grotte, die reich mit Skulpturen geschmückt ist. Die Spitze dieses Grottenhügels wird von einem Einhorn, dem Wappentier der Borromei bekrönt.

Seine besondere Lage macht den borromeischen Garten zu einem der reizvollsten Barockgärten Italiens. Die Anlage selbst aber weist kaum typische Merkmale des italienischen Barockgartens auf. Hinzu kommt, dass der Garten längst nicht mehr seine ursprüngliche Gestalt hat. Die durch Parterres verborgene gebrochene Achse zwischen Gartenterrassen und Palast, die den eigenartigen Reiz des gesamten Gartenensembles ausmachte, ist nicht mehr erkennbar. Die Anlage ist heute durch den hohen Baumbewuchs und das auf den Terrassen teilweise wild wuchernde Gebüsch unübersichtlich und in ihrer barocken Struktur kaum mehr erkennbar.

Lago Maggiore, Isola Bella
Gartenanlage im Bereich der Terrassen mit Blick auf den See und die Berge

Villa Trissino Marzotto

In der zweiten Hälfte des 15. Jahrhunderts wurde das befestigte Schloss der Familie Marzotto in Trissimo bei Vicenza in eine Landvilla umgewandelt. Im Verlauf der nachfolgenden Jahrhunderte kamen weitere Gebäude hinzu, so dass im 18. Jahrhundert ein ansehnlicher Landvillenkomplex entstanden und dieser von einem großzügig angelegten Gartenbereich umgeben war. Eigentlich muß man von mehreren Gärten sprechen, die über die Terrassen verteilt sind und die einzelnen Gebäudeteile miteinander verbinden. Architekt der Villa war der Lombarde Francesco Muttoni, ein Palladianer, der das Architekturkonzept seines großen Vorbildes geschickt abzuwandeln wusste. Kurz vor seinem Tod im Jahr 1747 gab er übrigens eine Neuauflage der Werke Andrea Palladios heraus. Wie Versatzstücke einer barocken Theaterbühne nehmen sich die Terrassenmauern mit den Toren aus, die mit Voluten und Kandelabern geschmückt sind. Auch die hängenden Gärten und die mit profilierten Steinsockeln gerahmten Wasserbecken mit den hohen Skulpturensockeln gehen auf Muttoni zurück. Die gesamte Anlage mutet labyrinthisch an. Immer wieder verirrt man sich in intime Gartennischen, um dann unvermittelt eine lang sich hinziehende Zypressenallee zu betreten. Oder man findet sich vor der Barockvilla wieder, schreitet hinaus auf die südliche Terrasse und genießt das unvergessliche Panorama vor einem der aufsteigenden Berge des Montecchio.

ABBILDUNG GEGENÜBER:
Trissino (Vicenza), Villa Trissino Marzotto
Wasserbassin vor der unteren Villa mit Skulpturen Marinalis

Trissino (Vicenza), Villa Trissino Marzotto
Pfeiler des Belvedere von Francesco Muttoni im Garten vor der Villa

ABBILDUNG GEGENÜBER:
Strà (Venedig), Villa Pisani
Skulpturengesäumter Kanal vor der Villa. Der anlässlich der Thronbesteigung des Dogen Alvise Pisani im Jahr 1735 errichtete Baukomplex wird auch »Villa des Dogen« genannt.

Villa Pisani in Strà

Die Grundlage für die Villegiatura im Veneto, die Verherrlichung des Lebens auf dem Lande, waren die seit dem 16. Jahrhundert populär gewordenen Villenbücher. In ihnen propagierten die Autoren die Verschmelzung von Agronomie und Studia humanitatis. Es ging also um ein naturnahes Leben, das im Einklang mit den entsprechenden lebensphilosophischen Grundsätzen stehen sollte. Das Zielpublikum war das Großbürgertum der Kapitale Venedig und der Landstädte der Terraferma, des venezianischen Hinterlandes. In diesem Kontext sind viele venezianische Villen entstanden, besonders diejenigen an der Brenta. Doch bald schon änderten sich die Prämissen. Der landwirtschaftliche Aspekt verlor an Interesse, und die moralisch orientierte Lebensphilosophie wich dem Repräsentationsbedürfnis der Villenbesitzer. Eine der Brenta-Villen, die Villa Pisani, steht beispielhaft für diesen Paradigmenwechsel der Villenideologie Veneziens (Abb. gegenüber).

Die Villa, eigentlich sollte man hier von einem Schloss sprechen, da der Bauherr die Dimensionen französischer Königsschlösser anstrebte, wurde anläßlich der Inthronisierung des Dogen Alvise Pisani im Jahr 1730 in Auftrag gegeben. Der Architekt Girolamo Frigimelica, ein Adliger aus Padua, entwarf nicht nur die herrschaftliche Villa, sondern legte auch Bereiche des riesigen Gartens an, wie beispielsweise das Labyrinth und den weitläufigen Bogengang. Auch die Gartenpavillons und das Belvedere gehen auf seine Entwürfe zurück. Frigimelica orientierte sich ausgesprochen stark – und das ist als Ausnahme unter der norditalienischen Gartenarchitektur zu werten – an der französischen Gartenkunst des 18. Jahrhunderts, indem er kunstvoll ausgestaltete Broderie-Parterres anlegte. Auch zeigte er eine Vorliebe für gerade Alleen, die weit in den Waldbereich des über vier Kilometer Ausdehnung messenden Parks schnitten. Die eindeutigste französische Reminiszenz aber ist der von der Mittelachse der Villa ausgehende breite Kanal, der von einem ovalen Bassin abgeschlossen wird. Der von einer mit Figuren geschmückten Mauer eingefaßte Kanal fällt durch seinen ruhigen, fast bewegungslosen Wasserspiegel auf, in dem sich der Himmel des Veneto spiegelt – ein für italienische Augen sicherlich ungewöhnlicher Anblick, da die mediterrane Lust an bewegten und sprudelnden Wasserflächen in der Villa Pisani nicht befriedigt werden konnte. Viele der französischen Elemente wurden im 19. Jahrhundert getilgt. Als besonders schmerzlich dürfte der Verlust der Broderie-Parterres empfunden werden.

Nach dem Tod des Architekten im Jahr 1732 legte der Bauherr das Projekt in die Hände Maria Pretis, der die Villenfassade strikt nach dem Vorbild Palladios mit einem vorgezogenen Portikus und gliedernden Monumentalpilastern umgestaltete. Die Arbeiten konnten 1740 abgeschlossen werden.

Das Innere der Villa überrascht durch reiche Ausstattung. Besonders hervorzuheben sind die Gemälde von Francesco Zuccari, Sebastiano Ricci, Giuseppe Zais und Fabio Canal, um nur die berühmtesten Künstler zu nennen. Höhepunkt der malerischen Ausgestaltung aber ist zweifellos das große Tiepolo-Fresko im Mittelsaal. Hier hat der Künstler die Allegorie des *Ruhms der Familie Pisani* dargestellt und sich eines ungewöhnlichen Kunstgriffs bedient. Im unteren Teil des Freskos erkennt man einen kleinen Knaben in den Armen seiner Mutter. Assoziationen zu Maria-Kind-Darstellungen stellen sich unwillkürlich ein, so dass dieses Motiv in den Mittelpunkt des Interesses rückt. Tatsächlich handelt es sich bei dem Knaben um die Hauptperson des Freskos, um Almorò Pisano, dem Sohn des Auftraggebers und später so eifrigen Förderer der Künste.

Strà (Venedig), Villa Pisani
Innenansicht des Portikus auf der Gartenseite der Villa

Strà (Venedig), Villa Pisani
Künstlich angelegter Hügel mit
einem Gartenhaus als Aussichtsplatz

Gargnano, Villa Bettoni
Parterre vor der Villa mit Blick auf den Gardasee

ABBILDUNGEN GEGENÜBER:
Gargnano, Villa Bettoni
Ansichten der zweistöckigen Treppenanlage im Garten der Villa (links) und zwei der in den Wandnischen eingestellten Rokokofiguren (rechts)

Villa Bettoni in Gargnano

Gargnano liegt idyllisch zwischen steil in die Höhe aufragenden Felsen und der weiten Wasserfläche des Gardasees. Dass dort einer der zauberhaftesten Gärten im Norden Italiens angelegt wurde, möchte man auf Grund der topografischen Situation nicht vermuten. Die Villa Bettoni stammt aus den Jahren um 1760. Zu dieser Zeit wurde auch der Garten angelegt. Das Gelände, das sich in die Höhe stuft, ließ die Familie Bettoni in der Form eines Amphitheaters terrassieren, um Raum für die Parterres zu gewinnen. Hinter einem schmiedeeisernen Tor führt ein zentraler, von niedrigen Buchshecken gesäumter Kiesweg zu einem Brunnenbecken, das von einer zweistöckigen Exedra umfangen wird (Abbn. gegenüber). Links und rechts sind Rampen und Treppenläufe zu erkennen, die sich vorbei an kleinen Grotten und Nischen mit Figuren von Terrasse zu Terrasse bis hinauf zum oberen Parterre ziehen, das von einer Balustrade abgeschlossen wird. Zwei mit abschließenden Segmentgiebeln und durch Pilaster gegliederte Tore flankieren die obere Terrasse und sorgen für einen harmonischen Abschluss der Exedra. Den in einen Steilhang über verschiedene Terrassen angelegten Garten trifft man häufig in Oberitalien an, besonders in der Region der Alpenseen. Man suchte den *point of view* und bemühte sich um eine entsprechende Komposition von Treppen, Rampen und Arkaden.

Vanvitellis Barockbauten in Caserta

»Erst der Glanz des Französischen vollendet die schönste Krone Italiens«, so äußerte sich Elisabeth Farnese, die Mutter von Karl IV. von Bourbon, dem Urenkel Ludwigs XIV. und ab 1734 König beider Sizilien. Er schuf das monumentalste Bauwerk der neapolitanischen Könige, Caserta, im Volksmund »la reggia«, das Schloss, genannt.

Karl IV. berief 1750 den Baumeister Luigi Vanvitelli zur Durchführung seiner ehrgeizigen Schlosspläne. Vanvitelli orientierte sich durchaus nicht an Versailles oder am Louvre, um den erwünschten französischen Glanz erstrahlen zu lassen, sondern ließ sich vom Konzept des traditionellen italienischen Palastbaus leiten, den er allerdings ins Monumentale steigerte. Seinen Entwurf publizierte Vanvitelli 1756 als Kupferstich (Abb. S. 182 links oben). Die Anlage, die in ihren Dimensionen Schloss und Garten von Versailles übertrifft, wurde annähernd so ausgeführt, wie es der Architekt im Stich vorsah. Nur die für die Eckrisalite vorgesehenen Dachterrassen, die als Belvedere dienen sollten, und die zentrale Achteckkuppel kamen nicht zur Ausführung.

Die Bauarbeiten begannen 1752 mit einer spektakulären Grundsteinlegung: Zwei Linienregimenter und zwei Schwadrone Kavallerie wurden so aufgestellt, dass sie den Grundriss markierten. Vanvitelli starb 1773, ein Jahr vor Vollendung seines Werkes.

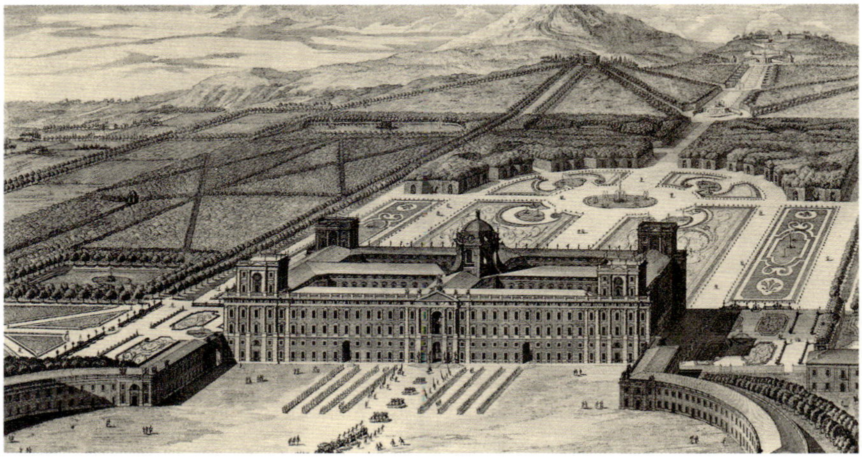

Caserta, Garten des Palazzo Reale
Ansicht aus der Vogelperspektive von Schloss und Garten, Stich von Mitte 18. Jh. (oben)
Die Große Kaskade von Vanvitelli (unten)

1787 besuchte Goethe Caserta und notierte: »Das neue Schloss, ein ungeheurer Palast, eskurialartig, ins Viereck gebaut, mit mehreren Höfen, wahrhaft königlich (…) schien mir nicht genug belebt, und unsereinem können die ungeheueren leeren Räume nicht behaglich vorkommen.«

Vanvitelli hatte bei der Anlage des Gartenareals drei fundamentale Probleme zu lösen. Zunächst galt es, Wasser in großen Mengen heranzuführen, nicht nur für die Kaskaden, sondern auch für die Versorgung der Residenz. Zu diesem Zweck suchte man nach alten gefassten Römerquellen im Gebiet des östlich gelegenen Monte Taburno. Innerhalb von nur zwölf Jahren wurde das Acquedotto Carolino, eine 41 km lange Wasserleitung, gebaut – eine außergewöhnliche Leistung. Einer der spektakulärsten Bauabschnitte, die Ponti della Valle nahe Maddaloni, ist heute noch zu besichtigen. Auf 528 m Länge überspannt die aus drei übereinander gesetzten Arkadenreihen konstruierte Brücke in einer Höhe von 58 m das Tal. Die Fundamente der Mittelpfeiler wurden annähernd 30 m tief in den Boden versenkt.

Das zweite Problem, die Entwürfe für die Parterres, wollte Vanvitelli in Anlehnung an den Park von La Granja bei Madrid lösen, wo Karl von Bourbon seine Jugendjahre verbracht hatte. Beetkompartimente mit zierlicher Rokokomusterung und symmetrisch angelegte Wege mit Fontänen und Statuen sollten den König an seine Heimat erinnern und zugleich den damals herrschenden französischen Geschmack widerspiegeln. Diese Pläne wurden aus Kostengründen nicht verwirklicht. Stattdessen blieb es bei einer weiten Rasenfläche, die man heute noch durchmisst. Sie wird von Eichen- und Steineichenbosketten flankiert.

Das dritte Problem, den Entwurf eines umfassendes Brunnen- und Skulpturenkonzepts, löste Vanvitelli mit Hilfe von Spezialisten ikonografischer Programmgestaltung und von Brunnen-Ingenieuren. Als Mittelachse durchzieht der so genannte Canalone den Park. Das Wasser der fernen Gebirgsquellen durchfließt ihn und passiert eine Folge von Brunnen, Bassins und Kaskaden, in denen die Wellen spielen, über Stufen rauschen oder geglättet im stetigen

Strom der Residenz zustreben. An der Fontana Margherita beginnt das Reich der antiken Götterwelt. Das Figurenprogramm stellte Porzio Lionardi zusammen, ein Freund Vanvitellis. An der Cascata dei Delfini ragen riesige wasserspeiende Delphine aus einem künstlichen Felsen hervor. Weiter oben folgt das Reich des Äolus, in dem sich die Allegorien der Winde präsentieren. Dann gelangt man zu einem Wasserbecken, das bald in sieben Stufen übergeht. Dort thront Ceres Trinacria, die Göttin Siziliens und allegorische Vertreterin der Kornkammer des Reiches. Sie ist umgeben von Nymphen und Amoretten. Die Skulpturgruppe schuf Gaetano Salomone. Von ihm stammen auch Venus und Adonis auf einer höher gelegenen Terrasse. Schließlich erreicht man über eine Freitreppe die Große Kaskade, das Reich der Diana. Die von Paolo Persico lebhaft gestalteten Skulpturen beschreiben den Mythos von Aktäon und Diana (Abb. oben). Der Jäger Aktäon entdeckt zufällig Diana im Bade und wird von ihr zur Strafe in eine Hirschkuh verwandelt. Seine eigenen Jagdhunde fallen über ihn her und zerreißen ihn.

Als Vanvitelli 1773 starb, war die Zeit der großen barocken Gartenanlagen im Grunde längst vergangen. Maria Carolina von Österreich, die Gemahlin des Bourbonen Ferdinand IV., bezog im Jahr 1768 ihre Residenz in Neapel und wünschte sich für Caserta einen Landschaftsgarten im seinerzeit modernen englischen Stil. Im Jahr 1782 berief der Hof den englischen Botaniker Giovanni Andrea Graefer, der den ab 1752 im Park von Caserta tätigen Franzosen Martin Biancour ablöste. Durch Graefers Wirken entstand am Osthang des Canalone der englische Garten. Die Arbeiten dauerten noch bis weit in das 19. Jahrhundert fort.

Mit dem Park und dem Schloss wollten sich die königlichen Bourbonen ein künstliches Universum schaffen, eine arkadisch-utopische Welt. Der Eindruck eines immerwährenden Arkadiens sollte in einer Parkanlage zur Geltung kommen, die nur von dem fernen Gebirgszug begrenzt wurde. Mit der »grenzenlosen Weite« und der Beherrschung der Natur wollten die Könige beider Sizilien ihre Macht symbolisieren.

Caserta, Garten des Palazzo Reale
Figurengruppe beim Brunnen der Diana von Paolo Persico, zwischen 1785 und 1789
Diana und ihr Gefolge wird vom Jäger Aktäon beim Bade aufgeschreckt.

Der französische Barockgarten

Maincy, Château de Vaux-le-Vicomte
Goldene Krone in einem der schlossnahen Bassins

Porträt des jardinier en chef du roi André Le Nôtre
Gemälde von Carlo Maratta, 1678
Öl auf Leinwand, 112 x 85 cm
Versailles, Musée du Château

VORANSTEHENDE DOPPELSEITE:
Maincy, Château de Vaux-le-Vicomte
Blick über die Gartenanlage auf das Schloss

Die Gärten des André Le Nôtre (1613–1700)

Im Jahr 1679 trat André Le Nôtre seine lang ersehnte Italienreise an. Er besuchte Rom und den Vatikan, wo ihm eine Audienz beim Papst gewährt wurde. Bei seinem Besuch der in Europa so viel gerühmten Gärten ließ er sich zu der Bemerkung hinreißen, dass die Italiener in Sachen Gartenkunst absolut unerfahren seien. Wie konnte ein solches Urteil ausgesprochen werden, da doch gerade französische Könige italienische Architekten, Bildhauer und Maler hofierten, um ihrem Land eine Kunst zu schenken, die europaweit als der Höhepunkt an Kunstfertigkeit galt? Hinzu kam, dass Le Nôtre bei seinen Freunden und seinem König, Ludwig XIV., als bescheidener Mann galt, so dass auch in dieser Hinsicht sein harsches Urteil unverständlich bleibt. Le Nôtre, bereits über 20 Jahre in Frankreich als Generaldirektor der königlichen Gebäude im Amt, war in allen Ländern Europas als bedeutendster Gartenarchitekt bekannt und hatte es daher kaum nötig, die Gartenkunst eines anderen Landes abzuqualifizieren, um das eigene Vermögen noch stärker erstrahlen zu lassen.

Le Nôtres Gründe waren einzig und allein sachlich begründet: Die wunderbaren Gärten Italiens waren dem Raum und damit auch der Höhe verpflichtet und nicht allein der Fläche und Weite, wie man es in Frankreich hielt. Dort versuchte Le Nôtre so etwas wie ein monumentales Naturgemälde zu entwerfen, das allenfalls Züge eines Reliefs aufwies. In Italien rückten Skulptur, Architektur, Buchs und Boskette zusammen, um sich im Raum zu konzentrieren. Die Beetornamentierung kreiste immer noch um Serlios Muster, wohingegen in Frankreich neuartige und ungewöhnliche Bepflanzungen vorgenommen wurden, wie im Broderieparterre oder in den *parterres de pièces coupées pour des fleurs*, den musterartig zusammengesetzten Blumenbeeten in Verbindung mit Zierbäumchen und -sträuchern. Frankreich war zum ersten Gartenland Europas avanciert, und der italienische Barockgarten orientierte sich gerade in jenen Jahren am neuen Vorbild. Das Parterre der Villa Torrigiani nordöstlich von Lucca beispielsweise soll von Le Nôtre entworfen worden sein, als sich dieser auf seiner Rückkehr von Rom nach Frankreich befand.

Während der Regierung Ludwigs XIV. (1661–1715) entwickelte sich der französische Garten, der entscheidend von André le Nôtre geprägt wurde, zu einem imposanten Kunstwerk, dessen Glanz alle anderen europäischen Gartenanlagen überstrahlte. Die unvergleichlichen Gärten von Vaux-le-Vicomte, die Pariser Tuilerien und schließlich – als unbestrittene Krönung – Versailles waren, zumindest in den überwiegenden Teilen, Le Nôtres Schöpfung (Abb. S. 184–196).

André Le Nôtre (Abb. unten) wurde 1613 in Paris geboren und entstammte einer Gärtnerfamilie. Sein Vater, Jean le Nôtre, hatte den Rang eines *jardinier en chef du roi* inne und war lange in den Tuilerien tätig, in deren Nachbarschaft er auch ein Haus besaß, in dem sein Sohn André aufwuchs. Im Jahr 1637 übernahm der 24-jährige André den Posten seines Vaters und begann ebenfalls in den Tuilerien zu arbeiten. Dort werden zum ersten Mal seine Gestaltungsprinzipien greifbar. Das Konzept ist klar strukturiert: Eine Mittelachse teilt die Anlage in zwei Quartiere, die aus einzelnen geschlossenen und unterschiedlich gemusterten Kompartimenten bestehen. Der untere Bereich wird durch zwei dominante Broderieparterres mit zentralen Wasserbassins aus-

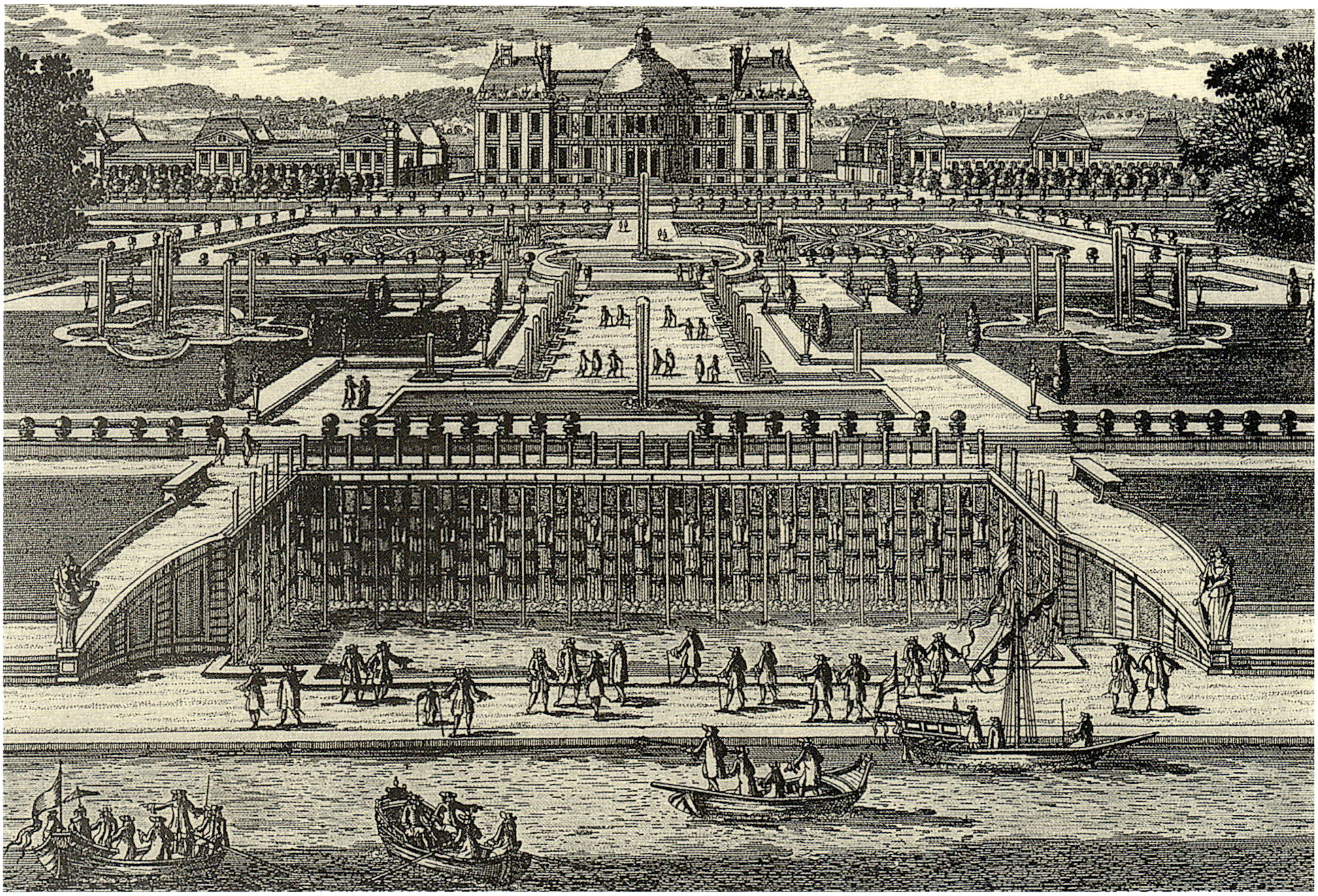

Château de Vaux-le-Vicomte
Große Kaskade, Garten und Schloss, Stich von Aveline

gefüllt. In der Mittelachse schließt sich ein größeres rundes Bassin an, das am Ende des Gartens mit dem achteckigen Bassin korrespondiert. Wie Lohnabrechnungen belegen, arbeitete Le Nôtre noch in den 80er Jahren des 17. Jahrhunderts in den Tuilerien, wahrscheinlich im Zusammenhang mit der Anlage und der Pflege von Bosketten. 1642 begab er sich in die Dienste von Gaston d'Orléans und arbeitete im Jardin du Luxembourg. Drei Jahre später legte er für das Orangerie-Kompartiment von Fontainebleau einen ersten nachweisbaren Entwurf vor. Der französische Adel war auf den Künstler aufmerksam geworden. Seine Stunde aber schlug in Vaux-le-Vicomte im Jahr 1656.

Der Schlossgarten von Vaux-le-Vicomte

Für das Schloss des königlichen Finanzministers Nicolas Fouquet, das damals selbst die Schlösser und Gärten Ludwigs XIV. übertraf, sollte Le Nôtre einen wahrhaft königlichen Garten anlegen. Fouquet berief die berühmtesten Künstler Frankreichs für die Bauarbeiten und die dekorative Ausstattung. Die Baupläne entwarf der Hofarchitekt Louis Le Vau, der später auch in Versailles arbeiten sollte; das Dekorationssystem schuf Charels Le Brun, der mit Le Nôtre zusammen im Studio von Simon Vouet, dem Vorläufer des französischen Klassizismus, seine Ausbildung erhalten hatte. Innerhalb nur eines Jahres wurde das prunkvolle Schloss unter erheblichen Kosten gebaut (Abbn. 184/85, oben und S. 188/89). Zum Garten hin öffnet sich ein oval überkuppelter Salon, dessen Fassade aus einem zweigeschossigen Portikus mit abschließendem Dreiecksgiebel gebildet ist. Die hohen Dächer der anschließenden Seitenrisalite finden sich wieder in den Wirtschaftsgebäuden, die vom Garten her gesehen etwas zurück versetzt liegen und auch flacher gehalten sind als das Schloss selbst. Auf diese Weise rhythmisierte und skandierte Le Vau die Architektur im Wechsel von lang gezogenen Trakten und überhöhten Eck- und Mittelrisaliten und schuf eine Bau-Melodie, die sich im zentralen Hauptgebäude zu einem Crescendo aufschwingt, das im Kuppelbau mit der Laterne gipfelt. Dadurch wird zugleich die Mittelachse der gesamten Anlage angegeben, an der sich der damals noch weitgehend unbekannte Le Nôtre orientierte. Auf dieser Achse legte er eine zen-

trale breite Allee an, die auf einer leicht geneigten Ebene in die Tiefe der Landschaft bis hin zum fernen Horizont führte. So schuf er eine unerwartete Weite, die er durch gemäßigte Terrassierungen in ihrer Wirkung noch steigern konnte. Damit war zum ersten Mal ein Garten bewusst auf eine außerordentliche Fernwirkung hin perspektivisch angelegt worden. Die beiden hintereinander platzierten zweiteiligen Broderieparterres sind durch eine Querallee getrennt, auf deren Schnittpunkt mit der Hauptallee ein Bassin mit einer Wasserfontäne zu sehen ist. Die riesigen Kompartimente verwandeln die Landschaft in ein filigranes Ornament. Le Nôtre akzentuierte die vorderen Einschwünge der ersten beiden Beete durch zwei Springbrunnen, die Bezug nehmen auf die oben erwähnte größere Fontäne auf der Mittelachse dieser Terrasse. Dadurch wird der Blick auf die Ferne konzentriert. Die Boskette stellte er ebenfalls in den Dienst der Fernwirkung. Sie flankieren die Parterres und wirken in dieser Weise als rahmende Elemente. Dem Aus- und Abschweifen des Blicks zur Seite weg wurde auf diese Weise bewusst entgegengewirkt. Vaux-le-Vicomte war für Le Nôtre ein riesiges Experimentierfeld. Von verschiedenen europäischen Gärten, darunter auch und gar besonders von den später so geschmähten italienischen Gärten, übernahm er Motive wie den Kanal, das Bassin, die Freitreppe oder die Rampe. Seine Kunst und auch seine neuartigen Konzepte resultierten aus der genialen Kombination all dieser Elemente.

Was muss der junge König, Ludwig XIV., empfunden haben, als er zum ersten Mal Vaux-le-Vicomte besuchte? Zweifellos war er von dieser weitläufigen und ungewöhnlich prunkvollen Gartenanlage begeistert. Er selbst konnte zu diesem Zeitpunkt lediglich ein bescheidenes Jagdschlösschen im Revier von Versailles vorweisen. Bei dem Einweihungsfest am 17. August 1661 begab sich die Festgesellschaft auf den fernen Hügel mit der monumentalen Nachbildung des Herkules Farnese – eine offenkundige Anspielung auf den Bauherrn. Von hier oben konnte man einen einzigartigen Blick über die gesamte Anlage werfen. Damals war sogar von der »herrlichsten Aussicht der Welt« die Rede: »All die springenden Wasser, die Kanäle, die Parterres, die Kaskaden, ein Hochwald auf der einen, ein beschnittenes Gehölz auf der anderen Seite, die Alleen, bevölkert mit Damen und Höflingen, die mit Bändern und Federn herausgeputzt waren, all dies ergab den schönsten Anblick, den man sich nur denken kann, und es herrschte ein Überfluss an so herrlichen Dingen, den zu beschreiben es keine Worte gibt.«

Maincy, Château de Vaux-le-Vicomte
Skulptur am Rande eines Broderieparterres, eines der wichtigsten Gestaltungselemente des barocken Gartens zwischen 1620 und 1720

Maincy, Château de Vaux-le-Vicomte
Blick vom Schloss auf die weitläufige Gartenlandschaft

Maincy, Château de Vaux-le-Vicomte
Brunnen, Wasserbassin und Rampe im hinteren (schlossfernen) Bereich des Gartens

So der begeisterte Ausruf eines Festgastes. Der König, der sich später selbst für den »Sonnen-Apoll« hielt, musste angesichts der ambitiösen mythologischen Anspielung seines Ministers zutiefst erschauern. All dies zusammen genommen, konnte er ohne Zweifel nur das eine verspürt haben: bittersten Neid. Ein Verdacht drängte sich ihm natürlich auf: Wie konnte ein Minister der Krone, sein Minister, so viel Geld aufbringen, um diesen Gartenkontinent zu finanzieren? Sollte sein Amt, die Verwaltung der Finanzen, ihm dabei behilflich gewesen sein? Es kam zum Eklat. Nur wenige Tage nach dem rauschenden Einweihungsfest am 17. August 1661 mit Konzert, Komödie, Ballett und einem glühendfarbigen Feuerwerk zum Abschluss wurde Fouquet ins Gefängnis geworfen, das er lebend nicht mehr verlassen sollte. Dem Regenten war schnell klar geworden, dass der immense Kostenaufwand für Schloss und Garten nur mit einem enorm tiefen Griff in die Staatskasse zu finanzieren gewesen sein konnte. Der Schlossbesitzer hatte also nur für sehr kurze Zeit Gelegenheit, sein Anwesen zu genießen.

Die Schlossgärten in Versailles

Die Geschichte der berühmtesten Schloss- und Gartenanlage überhaupt nahm also ihren Anfang mit den üppigen Einweihungsfeierlichkeiten in Vaux-le-Vicomte und dem tiefen Sturz des dortigen Bauherrn. Noch im selben Jahr des für Fouquet so verhängnisvollen Festes begann Ludwig XIV. mit dem Ausbau von Schloss und Park in Versailles. Als Gartenbaumeister empfahl sich natürlich Le Nôtre, der seine Fähigkeiten unter Beweis gestellt hatte. Die nunmehr vakante Stelle des Finanzministers wurde durch Jean Baptiste Colbert besetzt, der sich rasch als bedeutendster und wirkungsvollster Mitarbeiter des Königs herausstellte. Folgende Zeilen richtete der Minister im Jahr 1665 an seinen Dienstherrn:

»Ihre Majestät weiß, dass in Ermangelung kriegerischer Aktionen nichts die Größe und den Geist eines Fürsten mehr zur Geltung bringt als die Bauwerke.«

Die Entscheidung für den planmäßigen Ausbau von Versailles war, wie bereits erwähnt, Jahre vorher gefallen, doch unterstreichen diese Zeilen das Bedürfnis des Königs, die Arbeiten in Versailles zu intensivieren. Angrenzende Ländereien wurden kultiviert und in das Gartenkonzept mit einbezogen.

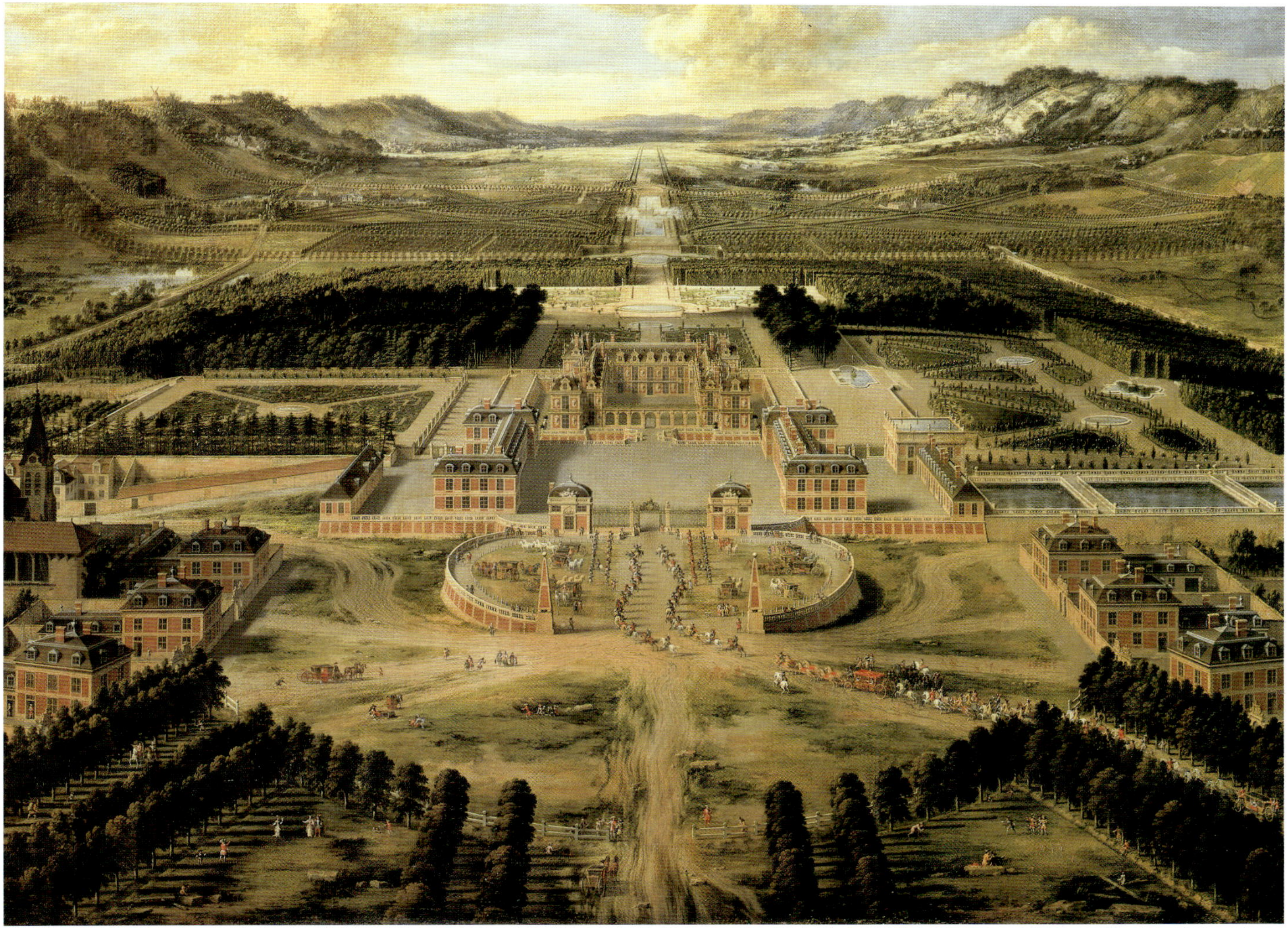

Die Bauarbeiten am Schloss gingen sehr zügig voran. Endlich, im Jahr 1666, konnte der König mit seinem Hofstaat das erste Fest feiern, in dessen Verlauf übrigens Molières »Tartuffe« seine Uraufführung erlebte.

Aus dem Jahr 1668 stammt ein Gemälde von Pierre Patel (Abb. oben), das die Gartenanlage und das Schloss aus einer gedachten Vogelschau zeigt. Der Betrachter glaubt sich über der Erde schwebend. Vor und unter ihm öffnet sich eine weite Landschaft, die sich in der Ferne, im Westen, im bläulichen Dunst einer Hügelkette verflüchtigt und im Norden sowie im Süden von weich gewellten Höhenzügen gerahmt wird. Doch dieses Landschaftspanorama vermag die Gartenanlage nicht vollständig zu erfassen. Sie geht bis über die Hügellandschaft hinaus und setzt sich hinter dem Horizont fort. Das Grundkonzept geht von drei Bereichen aus, deren Bezugspunkt das Schloss ist, von dem aus die Alleen fächer- oder strahlenförmig, also sonnengleich, in den Raum streben und sich dort vielfältig verzweigen, um immer wieder neue Gartenabschnitte zu definieren.

Der erste Bereich ist der heutige Petit Parc, der vom Vater des Sonnenkönigs, Ludwig XIII., unter der Regie von Jacques Boyceau begonnenen worden war. Er erscheint auf dem so genannten Plan du Bus von 1661 (Abb. S. 192 unten), dem ältesten bekannten Plan von Versailles. Dieses 93 ha große Parterre mit den anschließenden Bosketten wird von der Querallee, die das Apollobassin kreuzt, begrenzt. Der zweite Bereich ist zehnmal so groß, der heutige Grand Parc, der auf dem genannten Gemälde bis über den Horizont – also bis weit über den Kanal – hinausreicht. Mit 6500 ha ist der dritte Bereich der größte: der ehemalige Grand Parc, das riesige Jagdrevier, in dem Dörfer wie Saint Cyr, Rennemoulin oder Marly liegen. Es bedurfte einer 43 km langen Mauer, um diesen Bereich, der von 22 Toren bewacht wurde, zu begrenzen.

Versailles, Schloss und Garten aus der Vogelschau
Gemälde von Pierre Patel, 1668
Öl auf Leinwand, 115 x 161 cm
Versailles, Musée du Château

Château de Versailles
Blick über Blumen-Buchsbaum-Ornamente des Parterres auf die gartenseitige Schlossfassade, 1668/78 von Louis Le Vau und Jules Hardouin-Mansart geschaffen

ABBILDUNG GEGENÜBER:
Versailles, Schlossgärten
Latonabrunnen, 1668/86

»Plan de Bus« von 1661/62
Paris, Bibliothèque Nationale

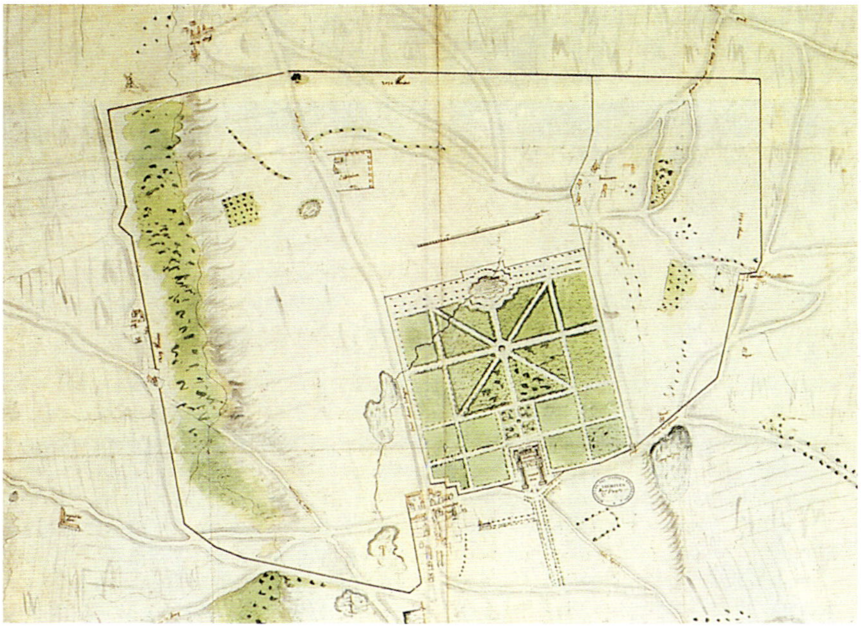

Versailles sollte nicht nur als Refugium oder Ort der Zerstreuung und Lustbarkeiten dienen. Es verstand sich zugleich als Abbreviatur eines neuen Raumsystems, als Bedeutungsträger für eine neue Staats- und sogar Weltordnung. Die Gleichsetzung Ludwigs XIV., des »Sonnenkönigs«, mit dem griechischen Gott Apollo war nicht nur ein mythologisches Spiel, sondern vor allem auch ein politisches Kalkül: Apollo als Führer der Musen und Stifter einer universellen Harmonie bezog sich auf das politische Ziel Ludwigs, der sich als neues Haupt einer christlichen Welt darzustellen versuchte, die es zu befrieden und auch zu beherrschen galt. Der Garten spiegelte demnach das Ordnungsprinzip wider, nach dessen Regeln die Staatsmacht funktionierte, die wiederum die Zivilisation lenkte.

Am ikonografischen Programm des Petit Parc kann man ablesen, was für das Verständnis der königlichen Weltordnung bedeutsam war. Gegen Ende seines Lebens stellte Ludwig einen Rundgang zusammen, der zu den wichtigen Stationen seines Parks führte: Wenn man den Spiegelsaal durchschreitet und aus dem Schloss heraustritt, dann befindet man sich auf der Terrasse des Parterre d'Eau, wo zwei Wasserbassins angelegt sind – entworfen von Le Nôtre und zwischen 1683 und 1685 von Jules Hardouin-Mansart ausgeführt. Der Blick wird von dort

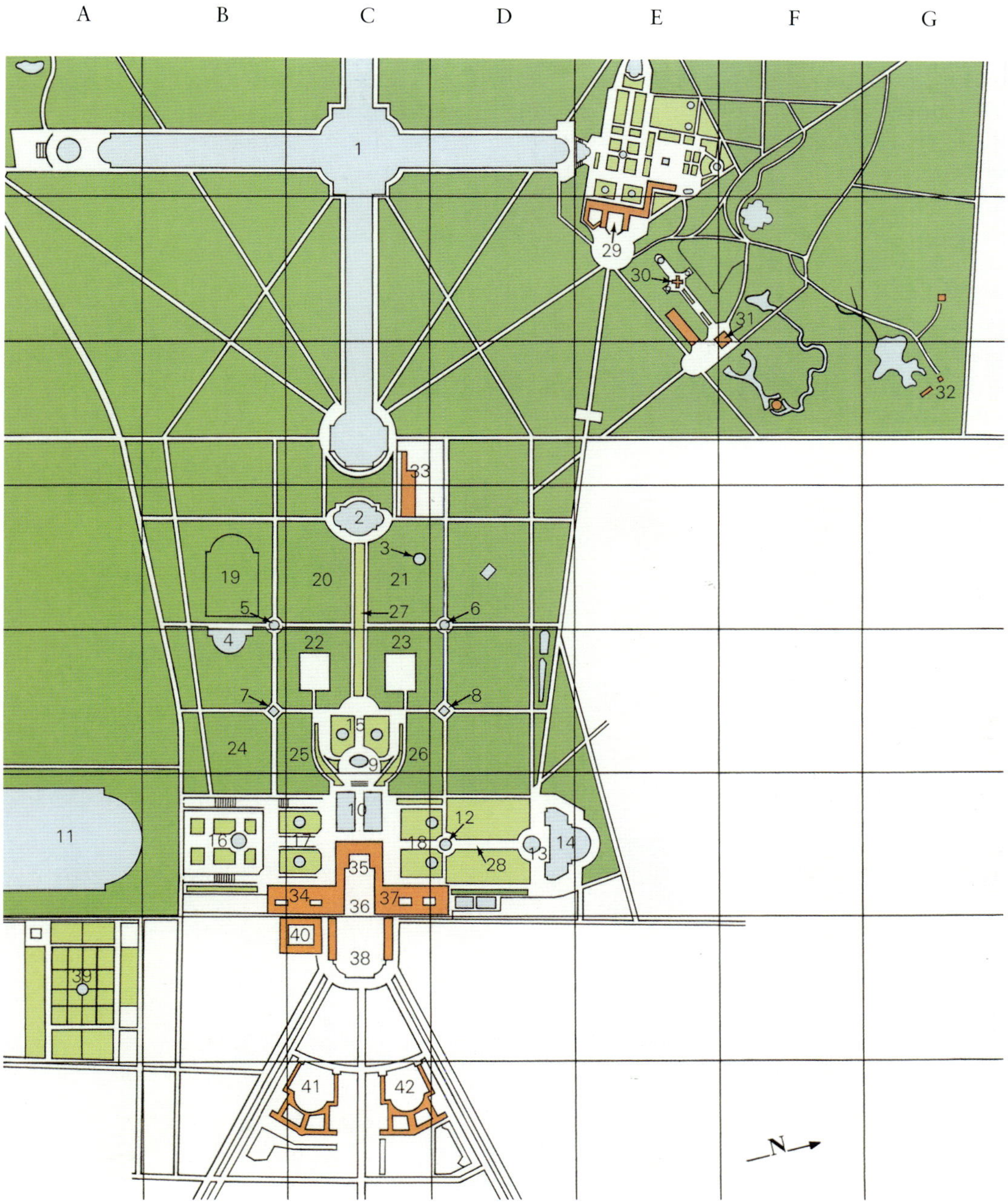

Plan der Gartenanlagen und Trianons

Wasserbassins
- 1 Großer Kanal C1
- 2 Apollobassin C4
- 3 Enkeladosbassin C4
- 4 Spiegelbassin B5
- 5 Winterbassin B4
- 6 Frühlingsbassin D4
- 7 Herbstbassin B5
- 8 Sommerbassin D5
- 9 Latonabassin C5
- 10 Wasseranlagen C6
- 11 Bassin der Schweizer A6
- 12 Pyramide und Nymphenbad D6
- 13 Drachenbassin D6
- 14 Neptunbassin D6

Parterres
- 15 Latonaparterre C5
- 16 Orangerieparterre B6
- 17 Südparterre C6
- 18 Nordparterre C6

Boskette
- 19 Boskett des Königs B4
- 20 Kolonnaden-Boskett C4
- 21 Kuppel-Boskett C4
- 22 Südliches Quinkunx C5
- 23 Nördliches Quinkunx C5
- 24 Boskett der Königin B5
- 25 Muschelboskett C5
- 26 Boskett der Apollobäder C5

Alleen
- 27 Königsallee und Grüner Teppich C4
- 28 Wasser- oder Groteskenallee D6

Höfe und Gebäude
- 29–32 Trianon
- 29 Grand Trianon E2
- 30 Liebestempel E2
- 31 Petit Trianon F2
- 32 Der Weiler G3
- 33 Klein-Venedig C3
- 34–38 Schloss
- 34 Südflügel C6
- 35 Marmorhof C6
- 36 Königshof C6
- 37 Nordflügel C6
- 38 Ehrenhof und Ministerflügel C7
- 39–42 Nebengebäude
- 39 Gemüsegarten A7
- 40 Großes Wirtschaftsgebäude C7
- 41 Kleine Marställe C8
- 42 Große Marställe C8

aus auf die zentrale Achse gelenkt und schweift über das Apollobassin und den Kanal bis zum Horizont (sihe Plan oben). Die Welt erscheint als geordneter Raum, eine Sonnen- und Lichtwelt, da die Wasserflächen den Himmel spiegeln und die Spiegel im Spiegelkabinett des Schlosses dieses Vexierspiel aufnehmen, so als ob sie den Außenraum im Innenraum bergen wollten. Vorbei an der Bronzekopie einer antiken Apollostatue und an der Orangerie, einem Meisterwerk von Jules Hardouin-Mansart (1684–86), gelangt man zum Labyrinth mit Tierbrunnen und verschlungenen Wegen, der wohl phantasiereichsten Schöpfung Le Nôtres (1666). Einer alten Beschreibung zufolge soll es eine Lust gewesen sein, sich dort zu verirren. In dieser Weise schreitet man 25 Stationen ab und erlebt die Welt des Geistes und der Natur in mythologischen Stücken, Panoramen und konkret im Wuchs der Pflanzen.

Die erste große Bauphase erfolgte von 1661 bis 1680 (siehe hierzu auch Chronik S. 208). In der Zeit pflanzte man 15 Boskette an, die von Alleen begrenzt wurden. Jedes Boskett ist eine Welt für sich – architektonisch in Form gebracht und die verschiedenen stereometrischen Körper variierend. Im 1679 von Le Nôtre angelegten Quellen-Boskett schlängeln sich die Wege zwischen zahlreichen kleinen Bächen entlang und scheinen der strengen geometrischen Ordnung der Gesamtanlage Hohn zu sprechen. Für

ABBILDUNG GEGENÜBER OBEN:
Versailles, Schlossgarten
Blick von der Treppe im Garten des Grand Trianon auf den Großen Kanal

ABBILDUNG GEGENÜBER UNTEN:
Versailles, Schlossgarten
Brunnenskulptur in einem der Becken der Aha-Allee

Le Nôtre offenbarte sich die Ordnung in der Gestaltung des Ungeordneten. Wahrscheinlich aus diesem Grund wurde Mansart 1684 beauftragt, das Boskett zu »begradigen« und mit einer Kolonnadenrotunde zu versehen (Abb. gegenüber).

In demselben Jahr ernannte der König Mansart zum federführenden Künstler. Die Gartengestaltung nahm nun eine Wendung hin zum Klassischen. Die gebaute Architektur wurde fortan strenger von der »Pflanzenarchitektur« getrennt. Mansart vermied steinerne Stützmauern und ließ stattdessen Rasenböschungen anlegen. Dort, wo raffinierte Wegesysteme sich durch Boskette schlängeln sollten, sah Mansart häufig klar gegliederte Rasenflächen vor.

Versailles, Schlossgärten
Borghesevase am Latonaparterre

Skulpturen im Versailler Schlossgarten (Abbn. S. 198 f.)
Die beherrschende Skulpturengruppe des Gartens und zugleich Allegorie auf den Sonnenkönig ist das berühmte *Apollobad* aus der Zeit von 1668 bis 1675 von François Girardon. Vorbild war der antike Apoll vom Belvedere im Vatikan, den Girardon auf seiner Italienreise ausführlich studieren konnte. Sein Saturn- oder Winterbrunnen (1672–77) zählt ebenfalls zu den Höhepunkten der Gartenskulptur in Versailles. Maßgeblich an der Ausstattung von Versailles war auch Antoine Coyevox beteiligt. Sein wohl berühmtestes Werk ist das Stuckrelief Ludwigs XIV. zu Pferde im Salon de Guerre des Schlosses (1678). Besonders viele Werke sind von Jean-Baptiste Tuby im Schlosspark erhalten geblieben, unter anderem der Apollobrunnen mit dem Gott auf dem Pferdewagen. Er entstand zwischen 1668 und 1670. Auch der vergoldete Flora- oder Frühlingsbrunnen (1672–79) gilt als ein Meisterwerk Tubys. Neben Girardon und Tuby haben Gaspard und Balthasar Marsy den Bacchus- oder Herbstbrunnen (1672–75) geschaffen. Von den Brüdern Marsy stammen auch die *Sonnenrosse*, die im Zusammenhang mit dem *Apollobad* zu sehen sind: Während Nymphen den Gott waschen und salben, werden seine Rosse zur Tränke geführt. Ferner sind noch die vielen streng im antiken Stil geschaffenen Allegorien zu erwähnen, wie der *Melancholiker* von La Perdrix (1680) oder die *Luft* von Etienne le Hongre.

ABBILDUNG GEGENÜBER:
Versailles, Schlossgärten
Detailansicht der Kolonnaden, 1684 von Hardouin-Mansart geschaffen

Versailles, Schlossgärten
Flussgott, Personifikation der Rhône, 1685 von Jean-Baptiste Tuby

ABBILDUNGEN OBEN:
Versailles, Schlossgärten
Der Melancholiker, 1680, von La Perdrix (links)
Die Luft, 1685, von Étienne Le Hongre (Mitte)
Ganymed, 1682, von Laviron (rechts)

ABBILDUNG LINKS:
Versailles, Schlossgärten
Apollo und Nymphen (Apollobad) 1666–75, von François Girardon
Marmor und Grottenfels, lebensgroß

ABBILDUNG GEGENÜBER:
Versailles, Schlossgärten
Sonnenrosse, 1668–75, von Balthazar und Gaspard Marsy, Marmor

Versailles, Schlossgärten
Cérès- oder Sommerbrunnen
1672–79, von Régnaudin
Blei, vergoldet

Versailles, Schlossgärten
Saturn- oder Winterbrunnen
1672–77, von François Girardon
Blei, vergoldet

ABBILDUNG GEGENÜBER:
Versailles, Schlossgärten
Detailansicht des Apollobrunnens
1668–70, von Jean-Baptiste Tuby
Blei, ehemals vergoldet

Versailles, Schlossgärten
Flora- oder Frühlingsbrunen
1672–79, von Jean-Baptiste Tuby
Blei, vergoldet

ABBILDUNGEN GEGENÜBER:
Versailles, Schlossgärten
Apollobrunnen in der zentralen Sichtachse (oben)
Orangerieparterre und Bassin der Schweizer (unten)

Ein großes Problem war die Wasserzufuhr. Eine 1664 eingerichtete und mit Pferdekraft angetriebene Pumpanlage förderte Wasser aus dem Teich von Clagny. Später zapfte man auch das Wasserreservoir von Le Vau an. Doch reichten die Vorräte bald nicht mehr aus für die ungeheuren Wassermengen, die Schloss und Park erforderten. Es wurden weitere Quellen gefasst und in den 80er Jahren Windmühlen aufgestellt, um die Pumpwerke anzutreiben. An den Bassins selbst wurden Wassertürme errichtet, um nicht nur die Becken, sondern auch die Boskette zu versorgen. Zwischen 1678 und 1685 legte man Drainagegräben an und entwässerte viele kleine Teiche und morastige Flächen in der Umgebung von Versailles. Man leitete das Wasser in verschiedene Weiher und führte es über Kanäle in mehrere Reservoirs. Von dort aus erreichte das Wasser Schloss und Gärten. In Marly, das sich der König 1676–86 von Mansart als Eremitage ausbauen ließ, wurde ein System von 257 Pumpen errichtet, die berühmte »Machine de Marly« (Abb. unten), die Wasser von der Seine über den Hügel in einen Aquädukt nach Versailles fließen ließ.

Der König war wohl des Hoflebens bald überdrüssig. Rückzugsorte fand er in Trianon und in Marly. Nach dem Abbruch des Dorfes Trianon ließ er dort für seine Mätresse Madame de Montespan im Jahr 1670 das Trianon de Porcelaine von Le Vau erbauen, das erste europäische Lustgebäude mit chinesischem Dekor. Mit dem Aufstieg einer neuen Favoritin, Madame de Maintenon, musste dieser Pavillon 1687 einem Neubau weichen, dem von Mansart erbauten Trianon de Marbre, benannt nach dem rötlichen Marmor seiner Pilaster, das später den Namen Grand Trianon bekam. Das Parterre davor wurde als Reich der Flora gestaltet, als reiner Blumengarten (Abb. S. 204).

Nachdem sich im Jahr 1674 der Hof in Versailles etabliert hatte und die Kunst Mansarts in der Gunst des Königs auch in Sachen Gartenbau gestiegen war, bat Le Nôtre um Urlaub und begab sich auf seine Italienreise. In Italien lernte Le Nôtre die Wasserkünste kennen und die Kunst, Kaskaden anzulegen. Obwohl er seiner Geringschätzung des italienischen Gartenmodells Ausdruck verlieh, konnte er doch nicht umhin, Motive der Beetornamentik zu übernehmen und sie später in Frankreich in abgewandelter Form umzusetzen. Außerdem war der berühmte französische Gärtner in einigen Villen Italiens nicht nur ein gern gesehener Gast, sondern auch ein gefragter Ratgeber in Sachen Parterregestaltung. Bevor wir uns wieder Le Nôtre zuwenden, verfolgen wir zunächst die weitere Geschichte Versailles.

Aquädukt und »Machine de Marly«
Gemälde von Pierre Denis Martin, 1724
Öl auf Leinwand, 115 x 161 cm
Marly, Musée-Promenade de Marly

Versailles, Schlossgärten
Trianon de Marbre – auch Grand Trianon genannt – mit Blumenparterre, 1687 von Hardouin-Mansart geschaffen

ABBILDUNG GEGENÜBER:
Versailles, Schlossgarten
Säulenhalle des Grand Trianon mit Garteneinblick

Nach dem Tod Ludwigs XIV. im Jahr 1715 übernahm Ludwig XV. die Pflege der Gärten, die sich im Laufe der Jahrzehnte stark verändert hatten. Die Boskettbäume waren mittlerweile so gewachsen, dass ein horizontaler Schnitt nicht mehr möglich war. Für Ludwig XV. war das Trianon ein idealer Ort, um sich zurückzuziehen. Dort ließ er eine Menagerie mit einheimischen Nutztieren errichten. Die Idealisierung des Landlebens konkretisierte sich nun im vorromantischen Bild der Pastorale. Der Garten wandelte sich allmählich zu der Form des englischen Landschaftsgartens. In den Jahren zwischen 1763 und 1767 ließ der König von Ange-Jacques Gabriel das Petit Trianon erbauen (Abb. S. 207 unten). Nach dem Tod Ludwigs XV. Im Jahr 1774 vermachte sein Nachfolger, Ludwig XVI., das kleine Schlösschen seiner Gemahlin Marie Antoinette, die dort bis zur Französischen Revolution die unbeschwerten Freuden des Landlebens genoss.

Der englische Garten wurde gegen Ende des 18. Jahrhunderts immer populärer, so dass man begierig nach Gärtnern von der Insel Ausschau hielt. Gefragt war nun die urwüchsige Natur, die man durch Versatzstücke wie Felsen, Wasserfälle oder wild wuchernde Uferpartien bereichern wollte. Dem rustikalen Aspekt wurde man durch den Bau eines künstlichen Dorfes mit elf strohgedeckten Häuschen, dem Hameau de Trianon, gerecht (Abbn. S. 209). Nach der Französischen Revolution verfiel der Garten. Das Trianon wurde erst unter Napoleon wieder gepflegt.

Englischer Geschmack in Versailles

Als Hauptmerkmal des Landschaftsgartens wird häufig die Aufhebung der Grenze zwischen Garten und freier Landschaft genannt. Einige wichtige Aspekte dieser Vorstellung, die erstmals zu Beginn des 18. Jahrhunderts in England formuliert wurde, finden sich bereits in den monumentalen barocken Gartenanlagen André le Nôtres und in den Ausführungen des Gartentheoretikers Antoine Joseph Dézallier d'Argenville, wie das folgende Kapitel zeigen wird. Die Franzosen waren demzufolge den Ideen des englischen Landschaftsgartens gegenüber bereits aufgeschlossen.

Um die Mitte des 18. Jahrhunderts veränderten sich allmählich Teile der riesigen Gartenanlage von

Versailles. Die Jahrzehnte zuvor gepflanzten Boskette waren zu hohen und dichten Baumgruppen emporgewachsen. In den Jahren der Régence und Ludwigs XV. verfuhr man großzügig mit dem Baumbeschnitt. Immer seltener rückten die Gärtner mit ihren ungewöhnlich hohen Gerüstwagen den Bäumen zu Leibe, so dass die Äste von Linden oder Ulmen über die früher vorgeschriebenen Grenzen hinauswuchsen. Das Schema der noch vorherrschenden Geometrie löste sich nach und nach auf.

In jenen Jahren entwickelte man ein neues Verhältnis zur Natur. Man zog es vor, in lichten Wäldern zu verweilen, suchte die Abgeschiedenheit von buschumsäumten Rasenstücken und hielt sich sommers gern in den schattigen Zonen von Flussläufen auf. Zu Beginn des Jahrhunderts bereits hatten Antoine Watteau oder François Boucher solche Szenarien in ihren Bildern wiedergegeben.

Dieses neue Naturgefühl lässt sich mit der Idealisierung des Landlebens oder mit dem Begriff der Pastorale umschreiben. In der Region des Petit Trianon (Abb. unten), dem Geschenk Ludwigs XVI. an seine Gemahlin Marie Antoinette, wurde diese Pastorale als *tableau vivant* inszeniert. In den Bauernhof des Hameau (Weiler), zog eine Bauernfamilie aus der Touraine ein. Ein Knecht, ein Kuhhirte und eine Dienstmagd versorgten das Vieh. Diese den damaligen politischen und sozialen Verhältnissen in keiner Weise entsprechende Idylle entfaltete sich im Gartenbereich, der ab 1774 im englischen Landschaftsstil gestaltet wurde. Antoine Richard, der kurz zuvor auf einer Englandreise Stowe und Kew Gardens studiert hatte, legte die Pläne im anglo-chinoisen Stil vor, die – von anderen Gartenarchitekten mehrmals abgeändert – unter der kritischen Aufsicht der Königin umgesetzt wurden.

Die vordringliche Aufgabe bestand zunächst darin, die englischen Akzente zu setzen: ein irreguläres Wegenetz, das sich über modellierte Hügelformatio-

Illumination des »Rocher« und des »Belvedere« im Garten des Petit Trianon beim Fest für Joseph II. von Österreich, Gemälde von Claude-Louis Châtelet, 1781
Öl auf Leinwand, 60 x 74 cm
Versailles, Musée du Château

Versailles, Schlossgärten
Hoffassade des Petit Trianon, 1762–64 von Jacques Gabriel geschaffen

ABBILDUNG GEGENÜBER:
Versailles, Schlossgärten
Der Liebestempel im Garten des Petit Trianon, 1777–78 von Richard Mique für Marie-Antoinette geschaffen

nen hinzog, antike Tempelruinen sowie chinesische Kioske und Pagoden; Letztere kamen allerdings nicht zur Ausführung. Schließlich wurde ab 1783 der Hameau de Trianon, der pastorale Weiler, an einem künstlichen See geschaffen (Abbn. gegenüber). So konnte man am Seeufer lustwandeln und die einzelnen Gebäude betrachten, die Châtelet 1786 gezeichnet hat: die Molkereihäuser und den Turm für die Fischer, das Billardhaus, das durch eine Pergola mit dem Gebäude der Königin verbunden war, und die Mühle.

Auf den ersten Blick scheint es sich um einen krassen Gegensatz zu handeln: Aus dem berühmtesten europäischen Barockgarten entwickelte sich fast harmonisch der erste ausgeprägte englische Landschaftsgarten auf dem Kontinent. Dabei war der geometrische Garten nicht, wie häufig zu lesen ist, am Ende seiner Möglichkeiten angelangt. Ganz im Gegenteil: Da der Barockgarten sich sowohl konkret als auch symbolisch als Landschaftsmodell verstand, war das neue Naturempfindens à la Rousseau ohne weiteres in der Lage, die Verwandlung anzustoßen. Merkwürdig ist nur, dass England diesen Weg zum Landschaftsgarten lange vor den Franzosen beschritten hat – aber durchaus nicht ohne die Franzosen. Der »offene Innenraum eines Außenraumes«, wie Dézallier d'Argenville zu Beginn des 18. Jahrhunderts den Garten beschrieb, bedurfte verschiedener Gestaltungselemente, die ein Zusammenspiel mit der umgebenden Landschaft erlaubten. Für diese »situation naturelle« galt es Maßstabsmodule festzulegen, um die Höhe der Hecken, Alleen oder Boskette auf das benachbarte Terrain abzustimmen. Eine Begrenzung des Gartens war zwar notwendig, durfte aber nicht ins Auge fallen. Die von Dézallier d'Argenville vorgeschlagenen Ahas kamen zunächst nicht in Frankreich, sondern in England zur Geltung – wie beispielsweise in Stowe in Buckinghamshire.

Chronik der Gärten von Versailles

1623 Bau eines Jagdschlosses
1638 Anlage eines ersten Gartens durch Jacques Boyceau
1661 Ausbau von Park und Schloss
1662 Anlage der Parterres und Boskette durch Le Nôtre
1666 Erstes Fest, Uraufführung von Molières »Tartuffe«. Entstehung des Labyrinths
1668 Erweiterung des Schlosses durch Le Vau und Abriss des Dorfes Trianon
1670 Bau des Trianon de Porcelaine (Abbruch 1687)
1671 Bosquet du Théâtre d'Eau von Le Nôtre
1674 Der Hof etabliert sich in Versailles
1675 Ersetzung des Labyrinths durch das Bosquet de la Reine
1676 Eremitage Marly von Jules Hardouin-Mansart (bis 1686)
Bau der Machine de Marly (Wasserleitung und Pumpwerk)
1678 Schlosserweiterungen unter Hardouin-Mansart. Teilweise waren am Schloss und im Garten 36 000 Arbeiter beschäftigt
1679 Anlage des Bassins der Schweizer
1680 Vollendung des Großen Kanals (beg. 1667)
1681 Bosquet des Rocailles und Amphitheater
1682 Offizieller Sitz des französischen Hofes
1683 Parterre d'Eau durch Hardouin-Mansart
1684 Bau der Orangerie durch Hardouin-Mansart und zweite Phase der Boskettpflanzungen
1685 Bau der Kolonnade von Hardouin-Mansart und des Aquädukts Marly–Versailles
1687 Bau des Trianon de Marbre (später Grand Trianon)
1699 Bau der Hofkapelle nach Plänen von Hardouin-Mansart
1700 Tod André Le Nôtres
1708 Tod Jules Hardouin-Mansarts
1715 Tod Ludwigs XIV.
1722 Ludwig XV., genannt »Bien-Aimé«, übernimmt die Pflege der Gärten
1750 Menagerie für Nutztiere im Trianon
1761 Anlage eines Schau- und Zuchtgartens im Trianon
1762 Bau des Petit Trianon von Ange-Jacques Gabriel in der Hauptachse des Gartens und Tilgung des Nutzgartens
1774 Abholzung der Boskette und Neupflanzung (bis 1776)
1775 Bau des Theaters im Jardin Français
1779 Anlage des Botanischen Gartens mit pastoralen Akzenten in engster Anlehnung an den englischen Landschaftsgarten
1783 Bau des »Hameau de Trianon« (rustikale Dorfanlage)
1789 Französische Revolution und Einstellung aller Arbeiten
1793 Hinrichtung Ludwigs XVI. Aufteilung der Parkanlagen und teilweise Verwüstung
1795 Gründung der »École Centrale«. Versailles wird zur Besichtigung freigegeben
1798 Errichtung des Freiheitsbaumes
1805 Kaiser Napoleon I. macht das Trianon zur Privatresidenz.
Wiederherstellung des »Petit Trianon« und des »Hameau«
1860 Abholzung der unter Ludwig XVI. gepflanzten Boskette und Neuanpflanzung
1870 Verwüstung des Parks durch preußische Truppen
1883 Neuanpflanzungen der Boskette
1889 Jahrhundertfeier zur Eröffnung der Generalstände von 1789

ABBILDUNGEN GEGENÜBER:
Versailles, Schlossgärten
Hameau de la Reine, ab 1783 von Richard Mique für Marie-Antoinette geschaffen
Haus der Königin (oben)
Mühle (unten)

Château de Chantilly
Schloss und Garten mit großer Bassinanlage

Château de Chantilly

Kurz nach den ersten Entwurfsarbeiten für das Parterre von Versailles wurde Le Nôtre 1663 nach Chantilly berufen, um für Prinz Louis II. Condé (»Le Grand Condé«) die Gartenanlage zu entwerfen. In jenen Jahren entstand auch das großartige Schloss bzw. dessen Erweiterung nach den Plänen des Meisterarchitekten Jules Hardouin-Mansart. In den Wirren der Französischen Revolution wurde das Schloss zerstört, aber um 1830 durch den Herzog von Aumale von dem Baumeister Honore Daumet im Neo-Renaissancestil wieder aufgebaut. Kehren wir zur Geschichte des Gartens zurück. Ähnlich wie in Versailles sah Le Nôtre ein monumentales Kanalsystem vor. Der Grand Canal verlief parallel zur Schlossfront und mündete in ein großes Bassin, in das sich aus einem höher gelegenen Becken das Wasser des Flüsschens Nonette über eine Kaskade ergoss. In der Mitte erweitert sich der Grand Canal in ein breites, quer gelegtes Becken, das auf das seitlich liegende Schloss hin ausgerichtet ist (Abb. oben). Dieses Bassin wird flankiert von zwei Wasserparterres mit Fontänen. Der Garten des Grand Condé wurde als wasserreiche Kanal- und Bassinanlage ausgeführt. Bei den Arbeiten erwies sich Le Nôtre als Künstler, der über ein breites Spektrum an Gestaltungsmöglichkeiten verfügte. Während das Wasser er in Vaux-le-Vicomte und in Versailles als bedeutsames Element hervorhob, es aber den Quartieren und Kompartimenten unterordnete, kehrte er das Verhältnis von Parterre und Kanal in Chantilly um. Hier wirken die Beetgestaltung, die Baumalleen und die Rasenflächen eher als rahmende Elemente für die Bassins und Kanäle.

Château de Chantilly
Eine der Kanalbrücken im Schlossgarten

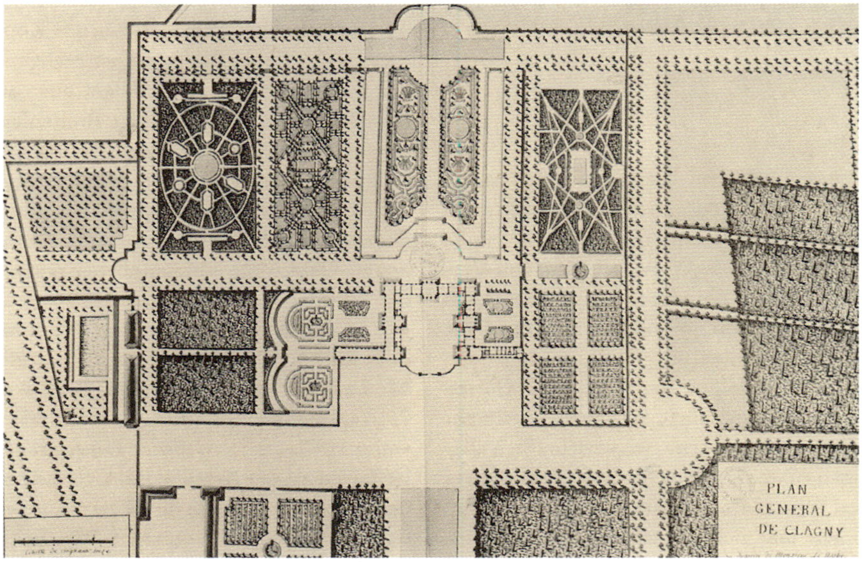

Clagny, Plan von Schloss und Garten nach André Le Nôtre. Von der barocken Anlage, die für die Gartenkunst Le Nôtres so charakteristisch ist, ist heute nicht mehr viel erhalten.

Gesamtansicht des Schlosses und der Pavillons von Marly
Gemälde von Pierre-Denis Martin, 1724
Öl auf Leinwand, 296 x 223 cm
Versailles, Musée du Château

Marly und Clagny

Im Jahr 1676 beschloss Ludwig XIV., sich ein Refugium in Marly nahe Versailles errichten zu lassen. Für diese Aufgaben sah er Jules Hardouin-Mansart und seinen Gartenarchitekten André le Nôtre vor. Im Jahr 1686 waren die Arbeiten zu dem Projekt weitgehend abgeschlossen. Heute ist kaum zu entscheiden, welcher Anteil Le Nôtre und welcher Mansart zugeschrieben werden kann. Die gesamte Anlage schmiegt sich in eine Talsenke. Das Gelände fällt von Südosten nach Nordwesten hin ab und wird von einer Wasserachse geprägt (Abb. unten). Über die La Rivière genannte Kaskade stürzt das Wasser von der Höhe im Südosten auf der Rückseite des Schlosses in das Tal. Vor dem Schloss erstrecken sich vier große Wasserbassins, die von Alleen begleitet sind. Jenseits der Hauptalleen wurden je sechs Pavillons errichtet, die den zwölf Tierkreiszeichen zugeordnet sind.

Das mythologische Programm kreist wieder um die Apollo-Thematik und damit um die Herrschersymbolik Ludwigs XIV., der sich, sonnengleich, in dem griechischen Offenbarungsgott verkörpert sah. Diese Gebäudegruppe ist zugleich als äußere Begrenzung der beiden Gartenquartiere gedacht, die Le Nôtre entwarf. Auf ihn geht wahrscheinlich auch die große Wassertreppe, die Rivière, zurück – ein Werk, das von vielen vergleichbaren Kaskaden Italiens angeregt worden sein dürfte.

Weder in Versailles noch in Marly lässt sich die typische Handschrift André le Nôtres erkennen. In Vaux-le-Vicomte, wo er als noch unbekannter Künstler gearbeitet hatte, konnte er sein neuartiges Gartenkonzept erstmals präsentieren. Das eindeutig auf Fernwirkung hin konzipierte Areal, das den König auf den Künstler aufmerksam gemacht hatte, versuchte Le Nôtre auch in Clagny mit derselben Konsequenz und mit vergleichbaren Mitteln umzusetzen. Das Schlösschen Clagny, nordöstlich der Stadt Versailles gelegen, wurde bereits 1769 abgerissen, da Renovierungsarbeiten als zu kostspielig erschienen. Der für die königliche Mätresse Madame de Montespan im Jahre 1680 vollendete Bau von Jules Hardouin-Mansart wurde mit einer weitläufigen Gartenanlage versehen. Weil von all dem nichts mehr erhalten ist, müssen wir anhand des Planes von Clagny (Abb. oben) die damalige Wirklichkeit imaginieren: Dass Le Nôtre sein strenges System von Vaux-le-Vicomte in Clagny auflockerte, ohne dabei auf die Fernwirkung zu verzichten, erfährt man auf der Gartenterrasse vor dem großen Salon des Hauptpavillons. Man schaut über ein vertieft in einer Mulde gelegenes Hauptparterre in der Verlängerung der Hauptachse des Gartens hinweg zu einem See hin. In dessen Mitte erhebt sich als *point de vue* ein Inselchen, das gewissermaßen die Fernwirkung der Gartenanlage unterstreicht (auf obigem Plan nicht zu sehen). Seitlich des Hauptparterres, auf dem Niveau

Domaine de Marly
Allee und Zierbäume am großen Bassin

des Schlosses, sind Boskette mit diagonalen Wegeführungen angelegt. Spaziert man durch diese Wäldchen, wird man immer wieder von interessanten Perspektiven überrascht. Mal erscheint in einem Ausschnitt das Hauptparterre, mal das Schloss oder in der Ferne der See mit seiner Insel. Während in Vaux-le-Vicomte ein strenges und sehr wirkungsvolles Gartenkonzept zur Ausführung gekommen war, legte Le Nôtre in Clagny Wert auf eine abwechslungsreiche Anlage, die mehr der privaten Kurzweil vorbehalten als der politischen Symbolik verpflichtet war.

Es ist heute nur sehr schwer nachvollziehbar, in welchem Umfang die Gartenkunst André Le Nôtres die europäische Gartenkultur des Barock beeinflusst hat. Dies liegt unter anderem auch an der bislang unzureichenden Forschung über das Werk und die Person des französischen Gartenarchitekten. Andererseits lassen sich die Gärten heute lediglich rekonstruieren – und in vielen Fällen auch nur noch sehr lückenhaft, da Pläne, Skizzen oder Abrechnungen kaum mehr auffindbar sind. Man kann allerdings davon ausgehen, dass Le Nôtres Gartenkunst, im 17. Jahrhundert europaweit bewundert, in Frankreich noch bis zur zweiten Hälfte des 18. Jahrhunderts von Einfluss gewesen ist.

Will man das Besondere der Gartenkunst Le Nôtres verkürzt zusammenfassen, bietet sich dafür der Begriff der Perspektivität an. In der Tat war es sein Bemühen, Nähe und Ferne miteinander zu verbinden, den Horizont als fassbares Gestaltungsmittel in sein Gartenkonzept einzubeziehen. Nähe und Ferne waren für den Gartenarchitekten zwei Spielarten des Sehens, denen er Gestalt geben wollte. Das Fluchtachsensystem setzte er um in Alleen und Kanäle, um einen möglichst großen Landschaftsausschnitt zu gliedern und ihn für das Betrachten tauglich zu machen. Seine Gärten waren »Seh-Bühnen«, auf denen die höfische Gesellschaft agierte und sich selbst bei ihren Aktionen von nah und fern beobachten konnte. Es kommt aber noch ein weiterer, für die barocke Kultur insgesamt wichtiger Aspekt hinzu: die Kunst der Illusion. Le Nôtre war ein großer Liebhaber und Sammler der Gemälde des französischen Landschaftsmalers und Radierers Claude Lorrain (1600–82). Die Bilder gingen nach seinem Tod in königlichen Besitz über und sind heute im Louvre zu

ABBILDUNG GEGENÜBER:
Domaine de Marly
Die Skulptur eines sich aufbäumenden Pferdes an der alten Pferdetränke am Rande des Gartens erinnert an das glanzvolle 17. Jahrhundert von Marly.

Domaine de Marly
Blick von der herbstlichen Allee auf die Reihe der Zierbäume und das große Bassin

sehen. Lorrain hat mit ungewöhnlichen kompositorischen und koloristischen Mitteln die Perspektivität einer Landschaft in einem dunstig-warmen Abendlicht aufgelöst. Er vergrößerte den Raum, indem er die Ferne als undefinierbare Größe gegenüber der detailgetreuen und messbaren Nähe darstellte.

Zum Verständnis dieser Sichtweise der Gartenkunst Le Nôtres ist eine erneute Betrachtung des Gemäldes von Patel hilfreich (Abb. S. 191). Die konstruierte, nicht aber tatsächlich erlebbare Vogelperspektive stellt den Garten von Versailles als Bildmotiv und nicht als Dokumentation einer baulichen Zustandsbeschreibung vor. Der Unterschied ist entscheidend, denn diese idealisierende Darstellung orientierte sich zweifellos an der Bildkomposition und Koloristik der Gemälde von Claude Lorrain. Der utopistische Gehalt Lorrainscher Bildsujets – die Sehnsucht nach einer befriedeten und geordneten Welt – sollte übertragen werden auf Versailles als Modell der neuen Weltordnung Ludwigs XIV. Wer heute auf den Gartenparterres von Versailles oder Vaux-le-Vicomte steht, während ein mildes Abendlicht das Szenarium beleuchtet, der könnte glauben, dass Le Nôtre mit Hilfe der Gartenkunst ein Gemälde von Lorrain als Naturereignis gestalten wollte. So als hätte er dem Hof die Illusion zu vermitteln beabsichtigt, im Garten durch ein Gemälde zu spazieren.

Was konnte nach Le Nôtre noch kommen? Abgesehen von einer Serie ähnlich gestalteter Gärten, wohl nur noch der Landschaftsgarten, der bereits in Versailles präfiguriert war. So nimmt es auch nicht wunder, dass schon im Jahr 1779 der Botanische Garten in Versailles in engster Anlehnung an den englischen Landschaftsgarten und mit unübersehbaren pastoralen Akzenten angelegt wurde. Le Nôtre hat zweifellos die Voraussetzungen für das Seh-Modell und die Erlebnisbereitschaft für diesen neuen Gartentypus geschaffen.

Paris, Parc de Saint-Cloud
Große Kaskade aus dem 17. Jahrhundert

Der Park von Saint Cloud geht auf die Familie Gondi zurück, die das Anwesen im Jahre 1577 erwarb. Die barocke Anlage schuf Le Nôtre für den Grafen von Anjou. In seinem Entwurf sah er auch die Kaskade vor. Der Architekt Antoine le Pautre begann im Jahre 1667 mit den Arbeiten. François Mansart vollendete das imposante Werk dreißig Jahre später. Da das Gefälle für das Betreiben der Fontänen zu gering war und überdies nicht ausreichend Wasser für die Kaskade zur Verfügung stand, musste es über Kilometer lange Aquädukte herangeführt und über ein Netz von Wasserleitungen zu den einzelnen Brunnen geleitet werden.

Manoir d'Eyrignac

Der Garten von Eyrignac zählt zu den Überraschungen im Perigord (Abbn. S. 218–223). Vielleicht liegt dies daran, dass er nur sehr schwer aufzufinden ist. Der Weg dorthin führt über schmale kleine Straßen, die Feldwegen gleichen, und über eng gewundene, dunkle Waldwege. Vielleicht ist es aber auch so, dass Eyrignac nördlich von Sarlat als Garten gar nicht auffällt, da die idyllische Landschaft in der Umgebung des Ortes selbst wie ein Garten zu sein scheint. Wie dem auch sei, Eyrignac nimmt sich jedenfalls wie ein geheimnisvolles paradiesisches Fleckchen Land aus. Die Gartenanlage und das Landhaus gehen auf Antoine de Costes de la Calprenede zurück, der als Erster Konsul von Sarlat sein Territorium gegen die Übergriffe des »Grand Conde« hatte verteidigen müssen. Sein Enkel Louis Antoine Gabriel, Marquis de Costes de la Calprenede, legte den Garten im obligaten barocken Stil an. Im 19. Jahrhundert ereilte den Garten dasselbe Schicksal, das fast alle französische Barockgärten ereilte: Er wurde in einen englischen Landschaftsgarten umgewandelt. Ab dem Jahr 1960 aber veränderte sich der Garten unter der Leitung des damaligen Inhabers Gilles Sermadiras de Pouzols de Lile erneut. Diesem ging es darum, Aspekte des geometrischen Gartens in die pittoreske Anlage zu reintegrieren.

Die Ergebnisse dieser Umgestaltung sind beeindruckend. Die elegant geschwungene Buchsgalerie, die kleinen Kabinette mit ausgeschnittenen Fenstern und das elegante Renaissancebassin mit den flankierenden Buchskübeln lassen einen Hauch des barocken Parterres erahnen. Ornamental ausgelegte Kieswege führen von einer Abteilung in die andere. Als eine besondere Leistung kann das Parterre unmittelbar vor dem Schlösschen angesehen werden: Die barock angelegten Heckenornamente aus Buchs sowie die Buchskegel und die sanft ansteigenden Treppen führen in ein Wäldchen und über einen Kiesweg auf eine höher gelegene Terrasse, wo sich ein weiteres barock gestaltetes Parterre öffnet. Der Garten von Eyrignac lebt von seinen Überraschungen und unerwarteten Perspektiven. Sei es, dass man unvermittelt vor einem Brunnen aus dem 18. Jahrhundert steht, dessen Wasser sich in einem merowingischen Sarkophag sammelt, sei es, dass man aus dem Fensterrondell heraustritt, eine breite, ungestaltete Rasenfläche überquert und in eine lang gestreckte Allee von geschwungenen Buchshecken schaut.

Salignac, Manoir d'Eyrignac
Blick auf das Herrenhaus (oben)

Parterre beim Herrenhaus (gegenüber)

Weißbuchenallee (S. 221/22)

Teich und Hecke mit Skulpturennischen (S. 222 oben)

Buchsbaumrondell (S. 222 unten)

Kleines Gartenhaus (S. 223)

Albi, Palais de la Berbie
Terrassenanlage mit Buchsbaum- und Blumenparterre (oben)
Detailansichten (gegenüber)

Albi, Palais de la Berbie

Der Palais de la Berbie in Albi wurde gegen 1265 als bischöfliche Residenz unmittelbar neben der Kathedrale aus dem 12. Jahrhundert errichtet. »Berbie« leitet sich von »bisbia«, Bischof, ab. Unterhalb des Donjons wurde ein Garten angelegt, der im 17. Jahrhundert in einen barocken Lustgarten umgewandelt wurde. Er hat bis zum heutigen Tag seinen geometrischen Charakter und insbesondere mit den Statuen des Bacchus und der Vier Jahreszeiten seinen unverwechselbaren Charme bewahren können. Der Reiz des Gartens liegt zweifellos in seiner einmaligen Ausrichtung zum Fluss Tarn und zur Altstadt von Albi, die man von der oberen Terrasse überblicken kann.

Hier mag man sich an den mittelalterlichen *hortus conclusus*, den abgeschiedenen Garten, erinnern. Rasenbänke, Lauben, von Rosensträuchern umgebene Beetzonen, Kieswege und Kräuterbeete an den äußeren Rändern des Gartenbereichs entsprachen damals dem üblichen Schema. Möglich, dass ein solcher »Hortulus« der Vorgängergarten des barocken Lustgarten gewesen ist.

Nîmes, Jardin de la Fontaine

Der Jardin de la Fontaine (Abb. S. 226/27) wurde im 18. Jahrhundert von dem Armee-Ingenieur Jacques-Philippe Mareschal angelegt. Die Terrassen ziehen sich von der Nemausus-Quelle, die bereits in der Antike gefaßt war, über die Hügel des Mont Cavalier bis hinauf zur Tour Magne, einem einzigartigen Aussichtspunkt. Mareschal ließ den Garten mit Laubbäumen und Pinien sowie mit Zedern bepflanzen. Die Pfade fasste er mit Balustraden und versah kleinere Beete mit bunt blühenden Blumen. Das Quellwasser sammelt sich in einem Bassin und fließt über kleine Becken hinab zum großen Kanal. Die drei großen Gartentore mit dem filigranen Gitterwerk stammen aus der Zeit um 1750. Desgleichen die Vasen und die Statuen, die Endymiòn, Diana und Flores darstellen. Schon zur Zeit der Römer war dieses Gebiet – es war als Heiliger Bezirk ausgewiesen – als Wasserreservoir für die Stadt und als Bad genutzt worden. Reste eines Diana-Tempels aus dem 2. Jahrhundert dürften Teil eines größeren Tempel-Ensembles gewesen sein.

Nîmes, Jardin de la Fontaine
Seit dem 18. Jahrhundert fasst ein Barockgarten den Quellbezirk ein. Das Regenwasser sammelt sich in den zerklüfteten Felsen der Garrigue und tritt hier an der Quelle wieder hervor. In der Antike war der gesamte Bezirk als ein Heiligtum ausgestaltet.

Die Gartentheorie des A. J. Dézallier d'Argenville

Vaux-le-Vicomte
Blick vom Schloss auf das Parterre (Detail)

»Hingegen ist nichts Lustigers und nichts Angenehmers in einem Garten als ein guter Prospect oder Aussicht nach einer schönen Landschafft. Die Lust zu Ende einer Allée, oder von einem aufgeworffenen Erdreich, einer Terrasse auf die vier bis fünf Meilen in der Runde viele Dörffer, Wälder, Flüsse, Hügel, Wiesen und andere Dinge zu erblicken, so zu einer schönen Landschafft zu gehören, übertrifft alles dasjenige, was man allhier davon sagen könnte, und es sind solche Sachen, welche man selbst sehen muss, wenn man von ihrer Schönheit urtheilen will.«

Diese Feststellung könnte sich auf das Versailles-Bild von Pierre Patel (Abb. S. 191) oder auf ein Gemälde von Claude Lorrain beziehen, da sie den Garten als Plattform eines Landschaftserlebnisses vorgestellt. Die Zeilen stammen jedoch von Antoine Joseph Dézallier d'Argenville, einem französischen Privatgelehrten, der sich aus Liebhaberei der Gartenkunst widmete. Ihm haben wir einen der bedeutendsten Traktate zur Theorie und Praxis der Gartenkunst des Barock zu verdanken. Knapp zehn Jahre nach dem Tod André Le Nôtres erschien 1709 das Werk »La Théorie et la Pratique du Jardinage«, das wenige Jahre später auch ins Deutsche übersetzt wurde. Für Dézallier d'Argenville diente ein Lustgarten einer einzigen Aufgabe: dem Vergnügen. Er bedauerte in seiner Einleitung, dass frühere Gartentheoretiker wie Jacques Boyceau de la Barauderie oder André Mollet diesen Aspekt nur unzureichend behandelt hätten. Insgesamt nennt er fünf Punkte, die für die Anlage eines Gartens seiner Meinung nach grundlegend seien: 1. gesunde Exposition, 2. Bodengüte, 3. Wasser, 4. landschaftliche Aussicht und 5. Bequemlichkeit. Die oben zitierten Feststellung betraf natürlich den vierten Gestaltungspunkt.

Um auch tatsächlich den Blick über das Gartengelände hinweg in die Ferne schweifen zu lassen, sollten alle Hindernisse, die einer Aussicht im Wege stehen könnten, wie Mauern, Gitter oder Hecken, vermieden werden. Zu diesem Zweck schlug Dézallier d'Argenville vor, die Begrenzung des Gartenareals durch befestigte Gräben (Abb. gegenüber) vorzunehmen. Als Bezeichnung wählte er einen der seltsamsten Begriffe der Kulturgeschichte, der sich jedoch in der Gartenterminologie durchgesetzt hat:

»Man macht heute Maueröffnungen, Ahas genannt (clairesvoies, appellées des ah, ah), die ohne Gitter auf der Ebene der Alleen liegen, mit einem breiten und tiefen Graben darunter und auf beiden Seiten gemauert sind, damit das Erdreich gehalten wird und keiner hochklettern kann. Das überrascht den herankommenden Betrachter und lässt ihn ›ah, ah‹ rufen, wovon sie ihren Namen bekommen haben. Solche Öffnungen behindern den Blick weniger als die Gitterstangen.«

Solche Ahas oder Hahas sind später für den englischen Landschaftsgarten wichtig geworden, um die Kontinuität zwischen Garten und angrenzender Landschaft zu wahren. Der englische Gartentheoretiker Stephen Switzer hat einen ähnlichen Aha mit nur einer Mauer gezeichnet und sehr anschaulich die Funktionsweise dargestellt (Abb. gegenüber unten). Für Dézallier d'Argenville war es wichtig, die »situation naturelle« in den Entwurf mit einzubeziehen. Er verstand den Garten als offenen Innenraum eines Außenraumes, als einen Raumkörper innerhalb der Natur. Als solcher sollte er immer spürbar bleiben. Deswegen legte er besonderen Wert auf die Dimensionierung und Gestaltung der Hecken, Alleen, Boskette und der Boulingrins – vertieft angelegte Rasenflächen, die in England Bowlinggreens genannt wurden, um Blickpassagen oder Blickpunkte zu er-

Versailles, Ansicht des Apollobassins und des großen Kanals
Gemälde von Pierre-Denis Martin, 1713
Öl auf Leinwand, 260 x 184 cm
Versailles, Musée du Château

möglichen. Ein beliebtes Gestaltungsmittel bei der Wegeführung war die *patte d'oie*, der Entenfuss – fächerförmig angelegte Alleen, die die halbmondförmig gepflanzten Hecken durchbrechen, die zur Begrenzung eines Parterres empfohlen werden.

Dézallier d'Argenville hat seine Kenntnisse und Erfahrungen in den Gärten seiner Zeit gesammelt. Seine Empfehlungen und Begründungen zielen in mancher Hinsicht schon auf den Landschaftsgarten ab, wenngleich die freie Landschaft selbst noch nicht gestaltet, aber doch wenigstens bereits als sichtbarer Bereich in den Entwurf integriert werden sollte. Wenige Jahre nach der ersten Auflage seines Traktats modifizierte der Theoretiker seine Ausführungen, um deutlich das Verhältnis zwischen Kunst und Natur hervorzuheben. In der Ausgabe von 1713 ist zu lesen:

»Wenn man einen Garten anlegen will, so muss man betrachten, dass man sich mehr an die Natur, als an die Kunst zu halten, von welcher letztern nichts mehr zu entlehnen, als was zur Verstärkung der Natur gereichen kann.«

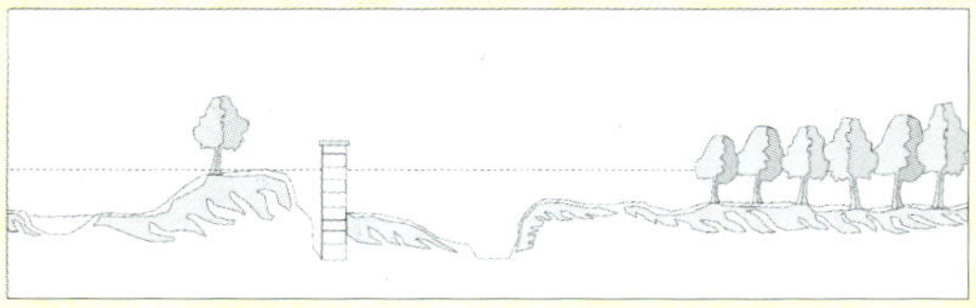

Versailles, Schlossgarten
Blick von der Aha-Allee auf das Grand Trianon (oben);
Aha-Mauer und Graben am Ende der Allee (links) Darstellung einer Aha-Mauer nach Stephen Switzer

Die Kunst wird zur Dienerin der Natur. Sie soll, was das Wesen der Natur ausmacht, das Gedeihen und Wachsen der Pflanzen, hervorheben und fördern. Aus diesem Grund, so Dézallier d'Argenville, seien Treppenanlagen, üppiger Brunnenschmuck oder Mauerbegrenzungen abzulehnen, da »... man hier mehr die Hand der Menschen als der Natur erkennt«.

Parterres und Boskette erachtete Dézallier d'Argenville als die wichtigsten Teile des Gartens. Sie sind so anzuordnen, dass sie einander stets entgegengesetzt sind, also »... ein Lust-Wald (Boskett) und ein Blumen-Stück (Beetkompartiment) oder eine Gras-Vertieffung (Boulingrin), und nicht alle Blumen-Stücke auf der einen Seiten, und alle Lust-Gebüsche auf der anderen Seiten anlegen, oder eine Gras-Vertiefung gegen einen Spring-Brunnen, welches eine Tieffe gegen der andern wäre«.

Um seine Ideen anschaulich zu machen, legte Dézallier d'Argenville Musterpläne vor, denen die Gesamtstruktur und die Anordnung der einzelnen Kompartimente zu entnehmen ist (Abb. rechts). Wenn man aus dem Schloss heraus in den Garten tritt, dann soll man die Parterres erblicken; es sollen Broderieparterres sein, die seitlich der Hauptachse angeordnet sind. Dann folgt eine von Eiben gesäumte erste Querachse mit einem Bassin auf dem Schnittpunkt mit der Mittelallee. Halbkreisförmig schließt sich nun nach kleineren Rasensegmenten

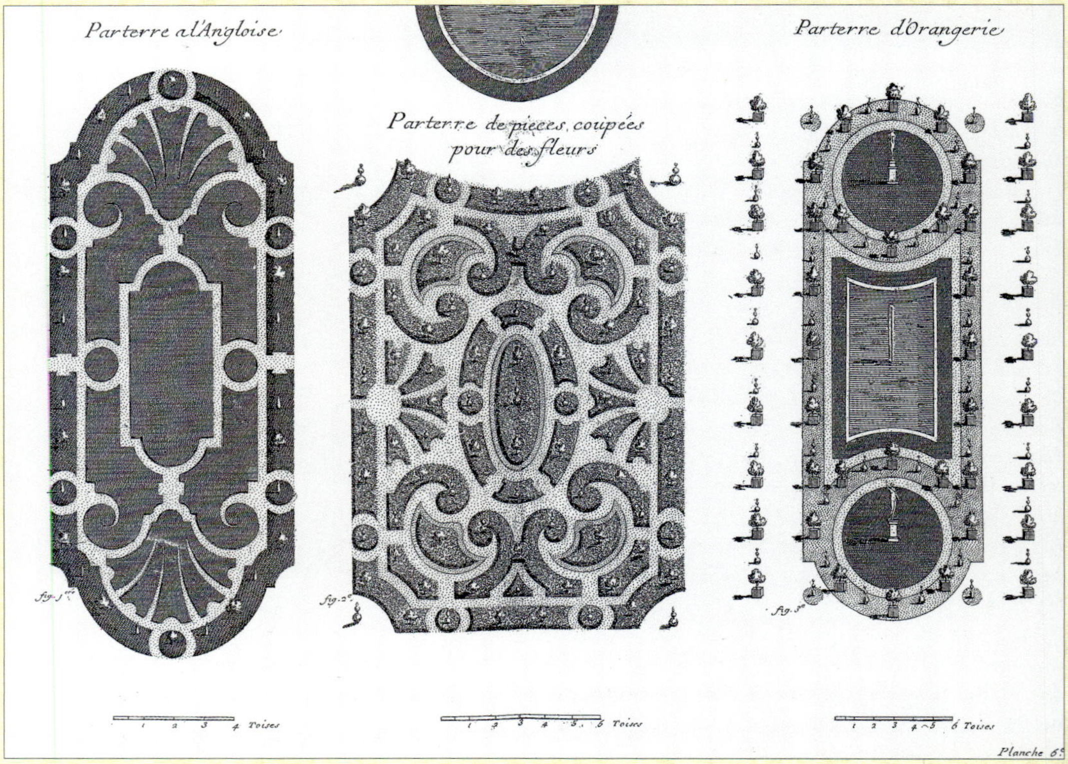

Herrenhausen, Großer Garten
Detailansicht der Parterreanlage mit Skulpturen

A. J. Dézallier d'Argenville
Erster Musterplan, 1709 (oben rechts)

Parterreformen: Parterre à l'Anglaise, Parterre de pieces coupées pour des fleurs, Parterre d'Orangerie (rechts)

ABBILDUNG GEGENÜBER:
Brühl, Schloss Augustusburg

eine Boskettzone mit diagonaler Wegeführung an. Die Hecken der Bosketten weisen Skulpturennischen auf. Dieser erste Teil des Gartens wird von einem breiten und quer zur Anlage verlaufenden Kanal abgeschlossen. Dahinter ist ein großes Boskettquartier vorgesehen, das durch die Mittelallee geteilt wird. Als Blickpunkt dient ein Tritonenbrunnen im erweiterten Mittelteil des Kanals.

Dézallier d'Argenville ging es in diesem Musterplan um die Verteilung von Licht und Schatten. Die unmittelbar dem Schloss zugeordnete lichte Parterrezone kontrastiert mit den niedrig gehaltenen Boskettkompartimenten, die vom Kanal abgeschlossen werden. Die jenseits des Wassers angepflanzten höheren Boskette sorgen für schärfere Kontraste, so dass diese fernere Gartenzone optisch näher rückt und stärker mit den davor liegenden Quartieren verbunden zu sein scheint.

Die Parterres spielen die größte Rolle beim Entwurf, da sie meistens der Gartenfront des Schlosses unmittelbar zugeordnet sind. Dézallier d'Argenville unterscheidet vier Typen: Zuerst nennt er das Broderieparterre, dessen Ornamentik aus Rasenbändern und Zwergbuchs besteht. Es folgt das Kompartimentparterre, das sich aus symmetrisch einander zugeordneten Rabatten und Rasenmuscheln zusammensetzt, wobei die Binnenfläche mit Sand ausgefüllt ist. Im Zentrum ist ein Brunnen vorgesehen. Das Englische Parterre, das auch Rasenparterre genannt wird, ist ein Rasenstück mit ornamental gestalteten Zierwegen. Das Blumenparterre, *parterre de pièces coupées pour des fleurs*, schließlich besteht aus kleinteiligen symmetrisch angeordneten Blumenrabatten, die von niedrigen Buchsbaumhecken eingefasst sind (Abb. gegenüber unten). An den Ecken oder in geschweiften Aussparungen werden häufig auch *topiari* gepflanzt, zu geometrischen Figuren geschnittene Buchsbäume, oder Eiben, die auch *arbrisseaux*, Formbäumchen, genannt werden (siehe hierzu auch S. 346 f.). Das Blumenparterre war besonders beliebt bei kleinen Schlössern oder abseits gelegenen Gartenbereichen, wie dem *giardino segreto*. Dézallier d'Argenvilles Traktat, der damals als »Bibel der Gartenkunst« bezeichnet wurde, erschien im 18. Jahrhundert in vielen Auflagen und Übersetzungen. Im Grunde genommen waren die vom Autor aufgeführten Empfehlungen und ausgearbeiteten Muster bereits von der Gartenkunst Le Nôtres her bekannt. Doch wurden hier die Entwürfe und Anlagen des genialen Gartenarchitekten erstmals in einem Regelwerk vorgetragen, dessen Lehrsätze fortan von den nachfolgenden Gärtnergenerationen befolgt oder variiert werden konnten. Es ist sogar anzunehmen, dass Dézallier d'Argenvilles Betonung des landschaftlichen Elements und sein Engagement für die Natur erste Impulse für die Adaption des englischen Landschaftsgartens gegeben haben.

Gärten des Barock, Rokoko und Klassizismus in Spanien und Portugal

Sevilla, Garten des Alkazars
Beete unter der Arkadengalerie

Spanien
Wir verließen die maurischen Gärten in Spanien, als die Christen kamen und die vorhandenen Gärten teilweise umgestalteten, teilweise aber auch zerstörten und neu anlegten. Dem Phänomen des Mudéjar, der Kunst moslemischer Bauleute und Handwerker unter der christlichen Herrschaft, begegnen wir von Mitte des 12. bis Mitte des 16. Jahrhunderts. Eines der bedeutendsten Beispiele für diesen Stil war der Alkazar in Sevilla, den Peter der Grausame, König von Kastilien und Leon, zwischen 1350 und 1369 von maurischen Bauleuten anlegen ließ. Unter Karl V. wurden die Gärten zu Beginn des 16. Jahrhunderts im italienischen Stil erweitert.

Um sich eine Vorstellung von der barocken Anlage zu machen, sollte man unterhalb der Arkadengalerie aus dem 17. Jahrhundert durch die Terrassengärten mit den Wasserbassins streifen (Abbn. links und gegenüber). Regelmäßig gestutzte Hecken machen auf ein Labyrinth aufmerksam, das ebenfalls auf Vorbilder aus der italienischen Renaissancekunst zurückgeht. Der in der Nähe aufragende Pavillon Karls V., der Pabellón de Carlos V., wird bekrönt von einer imposanten Kuppel aus Zedernholz.

Bis ins 18. Jahrhundert hinein wurden weitere Gartenteile angefügt und alte Bereiche stark verändert, so dass es heute schwierig ist, den maurischen Anteil und damit auch den typischen Mujédar-Stil auszumachen. Eine eindeutige künstlerische Linie oder eine spezifische Stilrhetorik ist in Sevilla nicht festzustellen. Die heitere Note des italienischen Renaissancegartens oder die großzügige und herrschaftliche Anlage des Barockgartens sucht man hier vergeblich. Vorherrschend ist eher noch die zuweilen düstere Stimmung eines abgeschlossenen mittelalterlichen Klostergartens.

Für Italien und Frankreich lassen sich eindeutige künstlerische Gartenprofile erstellen, für die Zeit der Renaissance ebenso wie für die des Barock. Diese klare Linie, die für das Verständnis so hilfreich ist, wird man für Spanien vergeblich suchen. Das hat allerdings nicht nur politische Gründe. Obwohl sich Italien und Spanien geographisch annähernd auf demselben Breitengrad befinden und damit als typische mediterrane Länder auch über ein gemeinsames Klima verfügen, unterscheiden sie sich doch in einem für die Entwicklung der Gartenkultur ganz bedeutenden Punkt: Die Böden sind grundsätzlich verschieden. Seit der Antike wird Italien als fruchtbares Land gepriesen. Dicke und weiche Erdschichten lagern über den tief liegenden Schiefer- und Tonschichten. Die lieblichen Hügellandschaften, überzogen von Oliven- oder Pinienhainen, gleiten sanft ineinander über. Die Täler zeigen im milden mediterranen Licht eine zauberhafte Farbigkeit. Die Gärten – und das haben wir an vielen Beispielen gesehen – nehmen Bezug auf dieses Ambiente.

Spanien ist über weite Regionen ein unfruchtbares Land. Der Boden ist in vielen Teilen des Landes hart und dürr, die Vegetation spärlich. Die Sommersonne lässt häufig auch diese wenigen Grünzonen verdorren. Wenn man sich Spaniens Landschaften als Gemälde vorstellt, dann steht man vor Bildern mit scharfen Schlagschatten. Die Mittelgründe sind häufig ausgespart. Der Vordergrund flieht dem Horizont zu. Die Neigung, sich eine paradiesische Gegenwelt zu bilden, einen von der Landschaft abgeschlossenen Garten, ist verständlich. Als ehemalige Wüstenvölker waren die Mauren Meister in der Beschaffung von Wasser und Künstler, wenn es darum ging, sich inmitten einer öden Gegend eine blühende Insel zu schaffen. Die Alhambra zeugt heute noch von dieser Meisterschaft.

Auf der anderen Seite muss man aber auch die kulturellen und politischen Unterschiede beider Länder ins Auge fassen, um die Gegensätzlichkeit der Gartenentwicklung zu begreifen. Während in Italien mit der Entfaltung des Humanismus die Grundlagen einer neuen europäischen Geisteshaltung geschaffen wurden, blieb Spanien in geistiger und besonders in religiöser Hinsicht noch lange dem Mittelalter verhaftet. Es waren die zahlreichen italienischen Fürstenhöfe, die für die Glanzpunkte der Kultur sorgten. Spanien war seit Ferdinand und Isabella ein zentralistisch regiertes Königreich. Kleinere Höfe waren nicht geduldet. Wissenschaftliche Spekulationen oder humanistische Diskussionen wurden von der Inquisition schroff abgelehnt und aufgeklärtes Denken verfolgt. Der Versuch des Habsburger-Kaisers Karl V., den Geist der italienischen und der flämischen Renaissance endlich auch auf der iberischen Halbinsel walten zu lassen, war ein kurzes und fast vergebliches Unterfangen. Es fehlte – wie man heute sagen würde – an Multiplikatoren, an einer sozialen Schicht, die bereit war, das neue Kulturgut zu einer eigenen Kulturtradition umzuformen. In Spanien

sahen sich die Nachkommen einer uralten Ritterschaft einem Bauernstand gegenübergestellt, der am Rande des Existenzminimums dahinvegetierte. Städtische Gemeinden, blühende Zünfte oder gar Fürstenhöfe, die sich als Förderer der Künste und Wissenschaften hätten betätigen können, fehlten.

Die Gärten des Escorial

Abgesehen von den Privatgärten Philipps II. war der Garten des Escorial, einer der ersten großen neuzeitlichen Gärten Spaniens, als abgeschlossener mittelalterlicher Klostergarten konzipiert worden. Philipp II., Sohn Karls V., gründete den Escorial nicht nur als Residenz mit Kirche und Königsgruft, sondern vor allem als Kloster. Nachdem er am Laurentiustag, dem 10. August des Jahres 1557, das französische Heer in der Schlacht von St. Quentin bezwungen hatte, entschloss er sich aus Dank über diesen Sieg, ein dem hl. Laurentius geweihtes Kloster zu gründen. Mit diesem Sieg über Frankreich festigte Spanien seine Vormachtstellung in Europa und präsentierte sich zugleich als Speerspitze der Gegenreformation. Mit der Vernichtung der Osmanen in der Seeschlacht von Lepanto 1571, der Übernahme Portugals nach dem Aussterben des dortigen Königshauses sowie der damals noch erfolgreichen Bekämpfung niederländischer Unabhängigkeitsbestrebungen sicherte sich Spanien die Vormachtstellung nicht nur im Mittelmeerraum, sondern auch in Nordeuropa.

Die Grundsteinlegung des Real Monasterio de San Lorenzo del Escorial, so der vollständige Name, fand im Jahr 1563 statt. Der Entwurf des von italienischen Architekten ausgebildeten Baumeisters Juan Bautista de Toledo sah einen monumentalen rechteckigen Block vor. Die Fassaden, die durch Ecktürme gerahmt werden, wirken in ihrer zurückhaltenden Gliederung mönchisch-streng. Der Block um-

Sevilla, Garten des Alkazars
Heckengesäumte Wasserbassins

San Lorenzo de El Escorial
Gesamtansicht der 1563–84 von Juan Bautista de Toledo und Juan de Herrera gebauten Anlage

schließt eine Kirche, die nach dem Tod des Baumeisters Bautista 1567 von Juan de Herrera als Zentralbau mit Vierungskuppel und tonnengewölbten Kreuzarmen errichtet wurde. Herrera legte gemeinsam mit dem von Philipp berufenen Gartenbaumeister Marcos de Cordona die Gärten an. Der Klostergarten breitet sich im Patio de los Evangelistas aus, innerhalb des größten Kreuzgangs der Welt. In der Mittelachse, begleitet von vier quadratischen Wasserbassins, erhebt sich ein achteckiger Tempel mit den vier Evangelisten als Nischenfiguren. Ihre Attribute, die so genannten apokalyptischen Wesen Löwe, Stier, Engel und Adler, speisen die Bassins mit Wasser. Die Ornamentierung der Kompartimente ist dem 18. Jahrhundert nachempfunden: Niedrige beschnittene Buchshecken formen Arabeskenmuster. Buchshecken und Buchskugeln rahmen und akzentuieren die durch das kreuzförmige Wegesystem ausgesparten Bereiche.

Ein weiterer Gartenkomplex der Klosterresidenz wurde um die Privatgemächer des Königs, die sich östlich der Hauptkapelle befanden, herumgeführt. Es handelte sich also um monumental angelegte *giardini segreti*, die nur von den königlichen Wohngemächern aus zugänglich waren. Heute sind diese Anlagen ähnlich wie der Kreuzganggarten gestaltet. Damals aber, so darf man vermuten, umrahmten niedrige Buchshecken die Blumenbeete, die im Stil der italienischen Renaissance ornamentiert waren. Unterhalb dieser Gärten wurde im 18. Jahrhundert ein Park mit einem Lustschlösschen, der Casa de Abajo, angelegt.

Philipp hatte seine Vorliebe für Gärten wohl von seinem Vater Karl V. geerbt. Sie zeigt sich auch in der Umgestaltung des Königspalastes in Madrid, die er gleich zu Beginn seiner Regierungzeit im Jahr 1556 vornahm. Der Südtrakt wurde mit einer herrschaftlichen Renaissancefassade versehen, wie sie von italienischen Palästen her bekannt ist. Nordöstlich des Alcazar ließ er neue Gärten anlegen, die zusammen mit großen Teilen des Palastes während der Feuersbrunst von 1734 verwüstet und nicht mehr rekultiviert wurden. Ebenfalls ein Opfer der Flammen wurde ein intimer *giardino segreto*, den sich der König südwestlich, unterhalb der Torre d'Oro auf einer brunnengeschmückten Terrasse hatte anlegen lassen. Hier stand seine Sammlung von Halbfiguren römischer Kaiser, die er im Jahr 1561 vom Kardinal Ricci da Montepulciano als Geschenk erhalten hatte.

San Lorenzo de El Escorial
Detailansicht eines der Hofgärten

Madrid, Palacio Real
Campo del Moro

ABBILDUNGEN GEGENÜBER:
Madrid, El Buen Retiro
Blick durch den Garten Richtung Casón del Retiro (oben)
Gartenfassade des Casón del Retiro (unten)

Madrid, El Buen Retiro
Gartenskulptur

Madrid, Palacio Real
Plan der Gärten des Palacio Real von Esteban Boutelou, dem leitenden Gärtner in Aranjuez, 1747

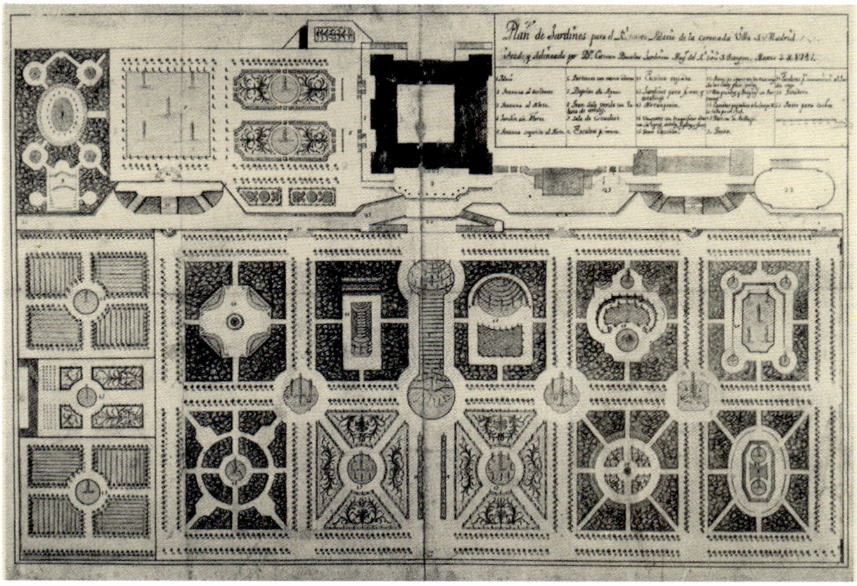

Der heutige Schlosspark, Campo del Moro, westlich des Palacio Real, und die nördlich gelegenen Sabatini-Gärten wurden schon zur Zeit Karls V. als ausgedehnte Jagdreviere genutzt. Der Habsburger-Kaiser soll Krähen aus seiner flämischen Heimat hierher gebracht haben, damit sie in den Bäumen nisten und heimisch werden sollten. Von hier aus führt die Königsbrücke über den Fluss Manzanares in ein weitläufiges Parkgebiet, das Philipp 1558 als Wildpark mit Fischteichen, Volieren und Zwingern für wilde Tiere hat ausbauen lassen.

El Buen Retiro in Madrid

Von den Madrider Barockgärten sind kaum noch Spuren vorhanden. Lediglich die weitläufigen Parkflächen erinnern an die Ausmaße der einstigen herrschaftlichen Anlagen. Auch der östlich des Stadtzentrums gelegene Park Buen Retiro, der Letzte der spanischen Habsburger-Gärten, ist als Barockgarten nicht mehr nachvollziehbar. Er war 1628 von Herzog Olivárez, Minister Philipps IV., bei dem Florentiner Cosimo Lotti, der zuvor mit der Terrassierung der Boboli-Gärten in Florenz beschäftigt gewesen war, in Auftrag gegeben worden. Nach dem Tod des Königs 1665 verfiel der Garten.

Während der Regentschaft Philipps IV. und des letzten Habsburgers Karl. II – er regierte von 1665 bis 1700 – zerfiel das in Europa so dominierende spanische Reich. Die unter Herzog Olivares durchgeführte Dezentralisierungspolitik führte zu Aufständen in Katalonien und vor allem in Portugal. Dort betrieben die Herzöge intensiv ihre Unabhängigkeit, die sie 1668 schließlich erlangten. Zuletzt rieben sich die Spanier in den Kämpfen um die Unabhängigkeit Portugals und im Dreißigjährigen Krieg so sehr auf, dass sie im Westfälischen Frieden von 1648 auch die Unabhängigkeit der Niederlande anerkennen mussten. Karl II., der letzte Habsburger auf dem spanischen Thron, starb ohne Erben. Die testamentarisch verfügte Heiratspolitik griff ebenfalls nicht. Dass Karl den Enkel seiner mit Ludwig XIV. vermählten Stiefschwester, Philipp von Anjou, als Thronfolger vorsah, rief den Habsburger Kaiser Leopold I. auf den Plan, der gewaltsam die Ausführung des Testaments zu verhindern suchte. Der Spanische Erbfolgekrieg (1702–14) erfasste das Land. Nach den Friedensschlüssen verlor Spanien viele Besitztümer und die Habsburger Krone. Der Bourbone Philipp V. wurde zum spanischen König ernannt.

In den wirren Jahrzehnten verfielen die Gärten Spaniens. Buen Retiro in Madrid sollte nach dem Friedensschluss von 1714 von dem Pariser Gartenarchitekten Robert de Cotte neu angelegt werden. Er entwarf einen grandiosen Plan, der jedoch als zu kostspielig zurückgewiesen wurde. Nur ein kleiner oktogonalen Gartenbereich in französischer Barockmanier wurde als *parterre de broderie* angelegt.

1767 übergab der spanische König, der Bourbone Karl III., den Park der Öffentlichkeit. Hundert Jahre später ging El Buen Retiro in den Besitz der Stadt über. Heute gehört er zu den beliebtesten innerstädtischen Ausflugzielen. Im Süden, in der Chopera, kann man im Schatten des alten Baumbestandes spazieren, und im »El Parterre« genannten nördlichen Bereich ist angesichts der gepflegten Blumenbeete noch ein Hauch der französischen Gartenkunst des Barock zu verspüren. Zahlreiche Tempelchen, Brunnen und Statuen tragen zum lebhaften Gartenszenarium bei. Am Ufer des großen Sees fällt das Denkmal von Alfons XII. aus dem 19. Jahrhundert auf. Nicht weit entfernt steht der Palacio de Cristal, ein mit Eisen- und Glas filigran erbauter Palast, ebenfalls aus dem 19. Jahrhundert (Abb. S. 238 oben). Ganz in der Nähe öffnet sich eine liebliche Gartenlandschaft mit einer Grotte und einem Wasserbassin. Zweifellos sollte dort das Gartenambiente der Empfindsamkeit um 1800 spürbar werden.

ABBILDUNGEN GEGENÜBER:
Madrid, El Buen Retiro
Glaspalast (oben)
Zwei Brunnen (unten)

Aranjuez, Schlossgarten
Brunnen mit Putten und Delphinen

Der Schlossgarten in Aranjuez

Aus der nun folgenden bourbonischen Periode, die bis zu den Freiheitskriegen der Spanier gegen Napoleon (1808–14) andauerte, sind zwei bedeutende Gärten überliefert, Aranjuez und La Granja. Der Garten des königlichen Sommerschlosses in Aranjuez, etwa 65 km südlich von Madrid, geht zurück auf eine Anlage des 16. Jahrhunderts, als unter Karl V. und seinem Sohn Philipp II. das dortige Jagdhäuschen in eine Sommerresidenz mit weitläufigem Gartengelände umgestaltet wurde. Um 1562 legten holländische und flämische Gartenbaumeister den berühmten Garten auf einer künstlich geschaffenen Insel im Tajo an. Sie richteten die Kompartimente rechtwinklig an symmetrisch angeordneten Alleen aus. Sechzig Jahre später plante der Florentiner Gartenarchitekt Cosimo Lotti, kurz bevor er zu den Arbeiten am Garten Buen Retiro von Herzog Olivares 1628 nach Madrid gerufen wurde, diese Anlage neu. Auf der Insel wurde ein Boskett mit vielen lebhaft gestalteten Brunnen angelegt. Bereits der Eingang zum Garten verrät die Herkunft des Architekten. Wir treffen dort auf eine Variante des aus dem Boboli-Garten bekannten Herkulesbrunnens: Aus einem großen Wasserbassin erhebt sich ein kleines Felseninselchen, das von einer Brunnenschale bekrönt wird, in der Herkules mit erhobener Keule steht. Beim Durchstreifen des Gartens wird man immer wieder an das florentinische Vorbild erinnert. Die Schnittpunkte der Alleen bilden runde oder achteckige Plätze aus, auf denen sich Brunnen erheben (Abb. oben). Der berühmteste und wohl auch beliebteste war der Tritonenbrunnen, der sich heute jedoch im Garten des Königlichen Palastes in Madrid befindet. Berichten aus dem 17. Jahrhundert zufolge sollen Spaziergänger von jeder Stelle des Gartens aus fünf oder sechs mit Skulpturen geschmückte Brunnen erblickt haben können. Der

Aranjuez, Palacio de Aranjuez
1748 und 1771 von Santiago Bonavia und Francisco Sabatini erbaut, Hauptfassade mit Seitenflügeln

ABBILDUNGEN GEGENÜBER:
Aranjuez, Schlossgarten, Jardín de la Isla und Blick auf den Tajo (oben)
Vase im Jardín del Parterre (unten links)

reichhaltigen Wasserzufuhr aus dem Tajo verdankte der Garten auch ungewöhnliche Wasserspiele, wie beispielsweise Wasserfontänen, die aus hohen Bäumen herab überraschend das sprudelnde Nass auf die erschrockenen Besucher niederregnen ließen, oder versteckte Amoretten, die auf einem künstlichen Hügel Wasser auf Tierskulpturen warfen, die zu einem Standbild der Diana hinaufkletterten.

Der Philipp V. ließ zu Beginn des 18. Jahrhunderts den berühmten Inselgarten in einen französischen Barockgarten verwandeln (Abbn. gegenüber und S. 242). Viele der älteren Wasserspiele und Brunnen sind glücklicherweise bis auf den heutigen Tag erhalten geblieben. Der König ließ erstmals in Spanien Ulmen anpflanzen. Auch die zu Hecken geformten Weiß- oder Hainbuchen waren für Spanien neu. Viele Wege waren von Treillagen, Laubengängen aus Holzgitterwerk, überdacht, so dass man während des Lustwandelns immer wieder Gelegenheit hatte, schattige Plätze aufzusuchen. Ab 1763 ließ der spätere König Karl IV. den am Ufer des Tajo gelegenen Prinzengarten im Stil des englischen Landschaftsgartens umgestalten. In seinem Areal ließ er auch eine botanische Abteilung schaffen und ein dafür geeignetes Gewächshaus erbauen.

Obwohl die Gärten im 17. und 18. Jahrhundert stark umgestaltet wurden, vermag vielleicht noch der südliche Bereich, der Jardín de las Estatuas, das besondere gartenkünstlerische Interesse Philipps II. zu vermitteln. Wie in Madrid frönte er auch dort seiner Vorliebe, die in Italien erworbenen und von dort eingeführten Kunstdenkmäler aufzustellen. Philipp favorisierte in erster Linie antike Kaiserbüsten, die er in großer Zahl im Garten aufgestellt sehen wollte. Sein eigenes Standbild wurde später ebenfalls in diesen Teil des Gartens platziert.

Die Bautätigkeit und die intensive Gartenpflege des Bourbonenkönigs wirkte anregend auf die Granden des Landes und weckte deren Interesse an der Kunst. Sie erkannten schnell, dass der mit Skulpturen reich versehene Garten von italienischen Renaissance- und Barockgärten inspiriert war. Das weckte Begehrlichkeiten. Der Herzog von Alcalà, zugleich Vizekönig von Neapel, nutzte seine Beziehungen zu Italien und erreichte mit diplomatischem Geschick, dass viele Altertümer aus Neapel und Rom

nach Spanien geschafft wurden. In seinem Garten in Sevilla, dem heute so genannten Pilatushaus, sind Kaiserbüsten aufgestellt, ein Janusbrunnen installiert und antike Schrifttafeln an den Gartenmauern angebracht. Der Sammeleifer setzte sich bei vielen spanischen Herzögen fort und war mit dafür verantwortlich, dass den Gärten ein unverwechselbares Renaissancegepräge gegeben wurde.

Mit der Bourbonenherrschaft wurde der französische Garten in Spanien heimisch. Die unter den Habsburgern, besonders unter Karl V. und dessen Sohn Philipp II., im italienischen Stil angelegten Gärten wurden in französische Parterres umgewandelt. Spanien hat nie einen eigenständigen Gartentypus ausgebildet. Von den alten maurischen Gärten blieben nur noch geringe Spuren übrig. Auch der im Mudéjar-Stil gestaltete Garten in Sevilla, der noch am ehesten als spanischer Gartentypus sich hätte durchsetzen können, wurde schon bald nach seiner Fertigstellung verändert, so dass auch ihm keine spezifisch spanische Tradition zuzusprechen ist. Die verschiedenen, über Jahrhunderte wirksamen Fremdeinflüsse waren zu dominant.

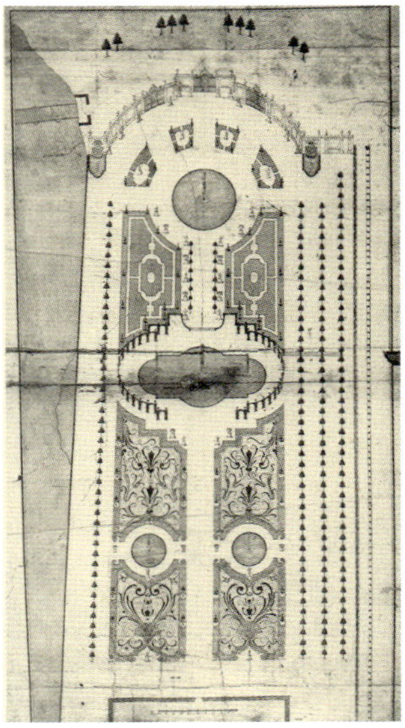

Aranjuez, Parterreausschnitt
Zeichnung von Marchand, um 1730

Aranjuez, Schlossgarten
Apollobrunnen (oben) und Skulpturen im Jardin de la Isla (links)

ABBILDUNG GEGENÜBER:
Aranjuez, Schlossgarten
Kleiner Rundtempel von Juan de Villanueva, 1784

Der Schlossgarten von La Granja

Obwohl Spanien keinen eigenen Gartentypus ausgebildet hat, war interessanterweise dennoch ein spanischer Garten, La Granja de San Ildefonso bei Segovia, Vorbild für eine der größten italienischen Gartenanlagen. Dieser Bezug ist allerdings weniger künstlerischer als vielmehr politischer Natur. Als Philipp V. nach dem Spanischen Erbfolgekrieg 1714 zum König von Spanien ernannt wurde, ließ er, der Enkel des Sonnenkönigs Ludwig XIV., in Erinnerung an seine heiteren Kindheitstage am französischen Hof nach dem Vorbild der Gärten von Versailles am Fuß der Sierra de Guadarrama in fast 1200 m Höhe einen Garten anlegen. Zu diesem Zweck beauftragte er 1728 zwei französische Gartenarchitekten, René Carlier und Étienne Boutelou – letzterer war auch in Aranjuez tätig – mit Plänen. Dem Sohn Philipps wurde 1735 von seinem Vater das Königreich Neapel-Sizilien als Sekundogenitur überlassen. Er regierte es als König Karl IV. und schuf ab 1750 die monumentale Gartenanlage mit dem herrschaftlichen Schloss von Caserta – wohl nicht allein in Erinnerung an seine Heimat Spanien, sondern um die Sommerresidenz seines Vaters an Glanz und Größe zu übertreffen (Abbn S. 182/83).

La Granja, das »spanische Versailles«, umfasste 145 ha Land. Aus dem Gebirgsmassiv mussten Felsen herausgesprengt werden, damit die Kaskaden angelegt werden konnten. Anders als in Versailles floss hier das Wasser reichlich aus den Quellen der in unmittelbarer Nachbarschaft gelegenen Berge. Das veranschaulichen die unzähligen Brunnen und Wasserbassins und natürlich die elegante Kaskade in der Mittelachse des Schlosses, die das Wasser auf dem Gipfelpunkt sammelt, um es über die Treppen hinabsprudeln zu lassen (Abbn. gegenüber und unten). Im Unterschied zu Versailles ist die Anlage in La Granja nicht von einer Hauptachse mit dominantem Parterre beherrscht. Eine Mittelachse, begleitet von zwei rechteckigen Beetkompartimenten, führt zu einem halbrunden Wasserbassin mit einem zierlichen, aus der Ferne kaum zu erkennenden Amphitritebrunnen. Dahinter beginnt die Marmorkaskade, die von einem achteckigen Gartenhaus bekrönt

La Granja de San Ildefonso
Die Cascada Nueva

ABBILDUNG GEGENÜBER:
La Granja de San Ildefonso
Parterre, Kaskadenbrunnen und Gartenfassade des 1734–36 von Filippo Juvarra und Giovanni Battista Sacchetti geschaffenen Jagdschlosses

wird, vor dem ein zweischaliger Grazienbrunnen platziert ist. Östlich des Palastes wurde eine weitere Gartenachse angelegt, die über Rampentreppen zu einem tiefer liegenden Parterre führt, das an einer Seite von einem Kanal begrenzt wird. Zweifellos ist der Blick über die terrassierten Bassins bis hin zum fernen Gebirge spektakulärer als das Panorama, das sich von der zentralen Achse des Schlosses aus bietet. Östlich schließt sich ein weiteres Parterre an, das in lebhaft komponierten Skulpturen die Andromeda-Thematik darstellt. Im benachbarten Boskett befindet sich versteckt ein kleines Labyrinth. Vom Patio de la Herradura aus, dem Ehrenhof des Schlosses, führt eine weitere Allee zu einem Seitenparterre, das durch Brunnen gegliedert ist. Inmitten dieser Anlage ragt das von Italien her bekannte Renaissancemotiv des Monte Parnaso auf. Es handelt sich dabei um einen gestalteten Felsen, dessen Spitze von der allegorischen Gestalt der Fama abgeschlossen wird, die auf dem Rücken des Flügelrosses Pegasus reitet.

Zu dem Fama-Brunnen war der König sicherlich von seiner zweiten Frau, der aus Italien stammenden Isabella Farnese, inspiriert worden. Pegasus hat sich bereits erhoben und setzt zum Sprung an. Der Mythos weiß zu berichten, dass der Hufschlag des Pegasus den Fluss Hippocrene entspringen ließ. Auf seinem Rücken triumphiert Fama, die ihre Trompete in die Höhe hält, um so den Ruhm des spanischen Königshauses zu verkünden. Aus ihr heraus steigt das Brunnenrohr, das den Wasserstrahl senkrecht in den Himmel emporsteigen läßt. Sogar in der zehn Kilometer entfernten Stadt Segovia ist das ferne Glitzern der Wassersäule noch zu sehen. Die Brunnenfontäne von La Granja gilt als die höchste in ganz Europa.

Die Vielgestaltigkeit der Anlage, die überraschenden Perspektiven und die spektakulären Brunnen-Ensembles lassen La Granja zwar als einen ungewöhnlichen, kaum aber als einen typisch spanischen Garten erscheinen. Es fehlt der einheitliche Gesamtentwurf, der beispielsweise den Schlossgarten von Versailles auszeichnet, aber auch die italienische Variante von La Granja, Schloss und Garten von Caserta. Es bleibt also beim oben formulierten Resümee: Spaniens Gärten zeigen viele unterschiedliche Fremdeinflüsse: Bruchstücke des maurischen Gartens, Wasserspiele und Brunnenwerke Italiens sowie französische Parterres. Doch es ist dort nicht gelungen, diese Elemente zusammenzuschmelzen und zu einem einheitlichen nationalen Typus umzuformen. Die Vielgestaltigkeit der spanischen Gärten mit ihrem üppigen Skulpturenschmuck kann zwar einerseits als typisches Kennzeichen hervorgehoben werden, andererseits aber eben als Symptom für das Fehlen eigener Ausdrucksformen gelten.

La Granja de San Ildefonso
Poseidonbrunnen

ABBILDUNGEN GEGENÜBER:
La Granja de San Ildefonso
Vasen, Skulpturen und Brunnen des Schlossgartens

Das Labyrinth von Horta

1794 begann der italienische Architekt Domenico Bagutti im Park der Villa de Horta in Barcelona ein aus Zypressen gebildetes Heckenlabyrinth anzulegen. Der Auftraggeber, Juan Antonio Desvalls, war von der amourösen Literatur der Zeit, die häufig um die Motivik des Liebes-Labyrinths kreiste, dazu inspiriert worden. Die Ausmaße des Labyrinths sind eher gering. Es handelt sich um ein Rechteck von 45 x 50 m. Kaskaden, Wasserbecken, romantische Grotten und Treppenläufe sind in dem Park so angeordnet, dass sie gewissermaßen den Weg zu dem Labyrinth weisen. In diesem Gartenbereich trifft man immer wieder auf Skulpturen, die die vielfältigen Erscheinungsformen der Liebe veranschaulichen. Eine Zypressenallee führt schließlich zu einem großen Wasserbassin, das von einer Balustrade umgeben ist. Hier befindet sich auch der noble klassizistische Pavillon, dessen Kuppel schon von Ferne zu erblicken ist.

Am Eingang des Labyrinths, zu dem eine doppelläufige Treppe hinabführt, ist eine Marmortafel angebracht, auf der Theseus von Ariadne den für die Rückkehr so bedeutsamen Faden gereicht wird. Im Zentrum trifft man allerdings nicht auf den gefürchteten Minotaurus, sondern auf Daphne, die sich aus Furcht vor Apolls Nachstellungen in den Irrgarten geflüchtet hat. In die hoch gewachsenen Hecken des Zentrums sind Bogenöffnungen geschnitten, von denen einige, je nach dem Blikkpunkt, die Säulen und die Kuppel des Pavillons

Barcelona, Labyrinth von Horta
Rundtempel und Labyrinth (links)
Daphne-Skulptur im Zentrum des Labyrinths (oben), Skulptur im Inneren des Rundtempels (unten)

Barcelona, Labyrinth von Horta
Romantischer Wasserfall *en miniature*

ABBILDUNG GEGENÜBER:
Barcelona, Labyrinth von Horta
Brunnen und doppelläufige Treppe mit Grotte

Benfica, Palácio dos Marqueses de Fronteira
Detail des Kachelschmucks der Königsgalerie

Portugal

Von portugiesischen Gärten wird oft leichtfertig behauptet, dass sie von überall her Gestaltungsmotive aufgenommen hätten, sei es von den Arabern aus dem Nachbarland, von dem italienischen Renaissancegarten oder von dem französischen Barockparterre. Das mag richtig sein, doch haben die Portugiesen es verstanden, ihren Gärten ein eigenständiges Profil zu verleihen. Sie waren eher als die Spanier bereit, sich auf heimische Gestaltungsmittel zu konzentrieren und diese in die Gartentradition einzubringen. Die Gründe dafür sind unterschiedlich. Zum einen ist das Land fruchtbarer und weniger zerklüftet als Spanien, es verfügt über breite, wasserreiche Flüssen, die bis in das Landesinnere schiffbar waren. Der Handelsverkehr war intensiver, der Warenaustausch war leichter zu bewerkstelligen. Das Herrenhaus mit seinen Ländereien und dem Garten stand im wirtschaftlichen Leben des Landes stets im Mittelpunkt. Es spielt in der Kulturgeschichte Portugals eine ebenso große Rolle wie die Kirchen und Paläste. Die frühe Orientierung des Landes nach Übersee verstärkte die ökonomische Potenz und trug zu einer weitgehend stabilen politischen Entwicklung bei. Portugal blieb in seiner Geschichte selbstständig und unabhängig – bis auf das kurze spanische Intermezzo unter den Königen Philipp II., III. und IV. In dieser Hinsicht existierte Portugal isoliert vom übrigen Europa und konnte eine eigenständige Kultur ausbilden, die genügend gefestigt war, um Fremdeinflüsse in sich aufzunehmen und für sich fruchtbar zu machen.

Was bedeutet das für die Entwicklung des portugiesischen Gartens? Ein knapper Hinweis mag den Unterschied etwa zu Spanien beleuchten: Die spanischen Gärten wurden für Habsburger oder Bourbonen angelegt, in Portugal für die Könige, die aus dem originär portugiesischen Hause der Braganza stammten. Ein nationaler Charakter blieb also von vornherein gewahrt.

Es handelt sich um drei Gartenelemente, die, wenn man so will, das spezifisch Portugiesische des portugiesischen Gartens ausmachen: die Azulejos, die ornamentierten oder mit figürlichen Darstellungen versehenen Kacheln, die terrassierten Bassins und schließlich die in besonderer Form ausgestalteten Buchsparterres.

Der Garten des Palácio dos Marqueses de Fronteira in Benfica bei Lissabon

Die Integration fremder Stileinflüsse und deren Umwandlung in eine eigene gartenkünstlerische Form lässt sich sehr gut an einem der ersten Barockgärten Portugals ablesen. Es handelt sich um den Garten des Palácio dos Marqueses de Fronteira, der im Jahr 1669 im Auftrag des Marquês de Fronteira, João de Mascarenhas, als Jagdhaus begonnen wurde (Abbn. S. 252–257). Der Marchese Corsini aus Florenz

Benfica, Palácio dos Marqueses de Fronteira
Palast und formale Gartenanlage

Benfica, Palácio dos Marqueses de Fronteira
Gartenanlage mit Königsgalerie im Hintergrund (oben), Kachelmalerei und Skulptur des Bassins unter der Königsgalerie

besuchte in demselben Jahr die Anlage und berichtete in überschwänglichem Ton:

»Das Wohnhaus wird gerade mit System und Geschmack erbaut und besitzt einen angrenzenden Garten mit verschiedenen Parterres, Statuen und Basreliefs. Es gibt fünf großartige Fontänen und einige kleinere, aber von unterschiedlicher Höhe, auf verschiedenen Ebenen des Gartens.«

Seine Euphorie ist angesichts der italienischen Baumeister und Gartenarchitekten, die von dem Marquês hinzugezogen worden waren, verständlich. Aber vielleicht waren es auch die neuen und für die von der italienischen Kultur verwöhnten Augen ungewöhnlichen Ansichten, die sich dem Marchese darboten: Die voluminösen und sehr dicht zu geometrischen Mustern zusammengefügten Buchsbaumhecken mit schön geformten halbhohen Buchsbaumzapfen schließen an ein großes Wasserbassin an, das seinerseits von einer knapp fünf Meter hohen Mauer begrenzt wird. Diese Mauer ist in 15 Bögen unterteilt, von denen zwölf als Blendbögen mit Kachelpanelen gestaltet sind, die Ross und Reiter im Stil der Pferdebilder von Velázquez zeigen. Drei Bögen öffnen sich zu geräumigen Grotten. Seitlich der Mauer führen Treppen auf die so genannte Königsgalerie mit Nischenfiguren, die von zwei Pavillons flankiert wird. Im Zentrum der Galerie erhebt sich über der Balustrade ein offenes rechteckiges Steinportal mit einem gebrochenen Volutengiebel, das den Blick über das Parterre auf die Palastfassade rahmt (Abbn. S. 253).

Die bewegte Buchsornamentik, die mit Blumentöpfen geschmückte Balustrade, die auf hohen Sockeln stehenden Figuren, der Wasserspiegel des Bas-

Benfica, Palácio dos Marqueses de Fronteira
Ostfassade der Terrasse, die zur Kapelle (»Galerie der Künste«) führt: Allegorie der Poesie mit den Statuen des Apoll und Marsias zu ihren Seiten (oben)
Sitzbank mit mehrfarbigem Kachelschmuck (rechts)

ABBILDUNG GEGENÜBER:
Benfica, Palácio dos Marqueses de Fronteira
Ostpavillon am Ende der Königsgalerie

Benfica, Palácio dos Marqueses de Fronteira
Gekachelte Sitzbank und Mauer mit Muschelinkrustationen und Porzellanstücken

ABBILDUNG GEGENÜBER:
Benfica, Palácio dos Marqueses de Fronteira
Terrasse auf dem Weg zur Kapelle (»Galerie der Künste«): gekachelte Arkaden- und Nischenwand mit eingestellten Marmorfiguren und Emailmedaillons in der Art des italienischen Renaissancekünstlers della Robbia.

sins, der das lebhafte blau-weiße Kachelmuster der Blendbögen wiedergibt, und die ebenfalls mit Kacheln geschmückte Königsgalerie fügen sich zu einem zauberhaften Bild zusammen, das in dieser Form in der europäischen Gartenkunst einzigartig ist. Der von seiner heimischen Gartenkunst sicherlich überzeugte und daher in Blickachsensystemen denkende italienische Marchese wird erstaunt gewesen sein, als er dieses intime und zugleich so wirkungsvoll in Szene gesetzte Gartenareal in Augenschein nahm.

Der Garten der Quinta da Bacalhôa

Während in Fronteira die italienische Renaissance bereits in einen eigenen portugiesischen Renaissancestil umgewandelt wurde, ist bei der Quinta da Bacalhôa erst eine vorsichtige Öffnung gegenüber dem italienischen Kunstideal zu entdecken. Braz de Albuquerque, ein Sohn des großen Seefahrers und Feldherrn, erwarb im Jahr 1528 das Anwesen auf der Halbinsel Arrábida südlich von Lissabon und richtete seine Landvilla und den Garten im italienischen Stil ein. Anregungen dazu hatte er nach einer ausführlichen Italienreise erhalten. Es war weniger das architektonische oder plastische Detail, das ihn fasziniert hatte, sondern die Gesamtkonzeption von Villa und Garten, die Öffnung des Gebäudes zum Garten und der gesamten Anlage zur Landschaft hin. Er ließ die Gartenfassade der Villa und die Pavillonfassade in Richtung des großen Wasserbassins mit Loggien versehen. Damit wirkte er dem eher trutzigen und abgeschlossenen Charakter des traditionellen Landhauses entgegen und formulierte mit diesem neuartigen Villenkonzept zugleich auch ein neues Lebensgefühl. Architektonische Details wie Tondi in den Bogenzwickeln der Loggien oder mit Rustika eingefasste Torbögen lassen an italienische Vorbilder der Früh- und Hochrenaissance denken. Doch die portugiesische Komponente zeigt sich im entschiedenen Festhalten an der Tradition der Azulejos, der von den Mauren überlieferten Kunst, mit dekorativen Kacheln Wände, Balustraden, Fensterrahmungen, Nischen, Bögen oder Gesimse zu schmücken. Die Motive sind vielfältig und reichen von würdevollen Darstellungen portugiesischer Könige über mythologische Themen bis hin zu zierlichen Ornamenten und Alltagsszenen oder bizarren Schelmenstücken.

Der Garten des Palácio Nacional in Queluz

Das eindrucksvolle Zusammenspiel von Landschaft, Garten und Villa, das in Bacalhôa wohl erstmals entfaltet wurde und der Kombinaton von Herrenhaus und Garten eine neue Richtung wies, sollte fortan für die Entwicklung der portugiesischen Villa richtungsweisend sein. Im Hügelland nordwestlich von Lissabon ließ sich der Marquês von Castelo

ABBILDUNG GEGENÜBER:
Queluz, Palácio Nacional
Kachelwand und Skulptur am Treppenaufgang einer Kanalbrücke im unteren Bereich der Gartenanlage

Queluz, Palácio Nacional
Kachelmauern mit Vasen entlang des Kanals (oben)
Büsten und Vasen im unteren Bereich der Gartenanlage (unten)

ABBILDUNGEN GEGENÜBER:
Queluz, Palácio Nacional
Poseidonbrunnen mit der sog. »Fachada de Cerimónia« des Königspalastes im Hintergrund (oben)
Formaler Garten mit Skulpturen und Fassadenansichten des Don-Quixote-Flügels des Königspalastes im Hintergrund (unten)

Queluz, Palácio Nacional
Skulpturen und Büsten im oberen Bereich der Gartenanlage

Rodrigo Ende des 16. Jahrhunderts in Queluz einen kleinen Jagdpavillon erbauen. Mit der Übernahme des Königsthrons durch Johann IV. im Jahr 1640 und der damit verbundenen Unabhängigkeit von Spanien wurde das Anwesen 1654 konfisziert und zur Residenz der Infanten ausgebaut. Die entscheidende Umwandlung zum königlichen Palast erfuhr das Gebäude unter Pedro III., der seinen Baumeister Mateus Vicente de Oliveira 1747 mit den Ausführungen betraute. Zehn Jahre später – der portugiesische Architekt musste nach Lissabon eilen, um die Aufbauarbeiten nach dem katastrophalen Erdbeben von 1755 zu leiten – übernahm Jean-Baptiste Robillion den Entwurf der Gartenpläne. Er orientierte sich am französischen Marly, der von Wäldern umgebenen Sommerresidenz Ludwigs XIV. Wenn man von dem grossen Empfangssaal des Schlosses auf die Terrasse tritt, schaut man über zwei Brunnen hinweg auf ein tiefer gelegenes Parterre. Die Figurengruppen der Brunnen (Abb. gegenüber oben) thematisieren den Poseidon- und Thetis-Mythos, wobei der Nereidenbrunnen mit Thetis zweifellos der reizvollere ist. Die Nymphe Thetis, in die Poseidon sich verliebt hat, taucht auf dem Rücken eines Delphins aus dem Meer empor und hält das Tablett mit dem Schmuck hoch, den Hephaistos, der Gott der Schmiede, für die Schöne angefertigt hat.

Die Gärten von Queluz bezaubern nicht nur durch ihre motivisch so vielfältigen Brunnenfiguren, sondern auch durch die großzügige Anlage, die an die Kunst Le Nôtres und an italienische Gärten erinnert. Unverkennbar aber bleibt das portugiesische Element, das an den mit Kacheln verzierten Mauern zu erkennen ist, die den Grand Canal säumen (Abbn. S. 258 und S. 259 oben). Die Gesamtstimmung der Anlage ist den Worten von William Beckford zu ent-

Oeiras, Palácio do Marquês de Pombal
Doppelläufige Treppe zum Garten, mit mythologischen Szenen bemalte Kachelwände

nehmen, dem englischen Sammler und Schriftsteller. Beckford hielt sich im Dezember 1818 in Queluz auf und schrieb begeistert in sein Tagebuch:

»Wasserfälle und Fontänen waren im vollen Spiel: Tausend launige Wasserstrahlen benetzten die üppigen Lorbeer- und Zitronenbäume und trugen deren Duft mit sich fort, wie dies dem Wasser bei solcher Gelegenheit wohl ansteht. Zwischen dem Dickicht, das teilweise von Kerzen, die am Boden unter Milchglas platziert waren, beleuchtet wurde, huschten die an Nymphen erinnernden Bediensteten der Infantin, die alle nach deren königlichem Beispiel spärlich bekleidet waren, hin und her und waren in einem Moment sichtbar und im nächsten schon wieder verschwunden.«

Nach seinem Portugalaufenthalt begab sich der Engländer wieder zurück in seine Heimat und begann gemeinsam mit dem Gartenarchitekten James Wyatt Fonthill Abbey anzulegen (siehe S. 389/99). Der dem romantisierenden englischen Landschaftsgarten verpflichtete Schriftsteller hatte wichtige Eindrücke im barocken Garten von Queluz gewonnen.

Der Garten des Palácio do Marquês de Pombal in Oeiras

Der Architekt Carlos Mardel hatte sich in der ersten Hälfte des 18. Jahrhunderts durch seine Mitarbeit an dem Águas Livres, dem große Aquädukt, der die Wasserversorgung Lissabons sicherstellte, in Portugal einen Namen gemacht. 1737 erhielt er von dem Marquês de Pombal den Auftrag, einen Palast in Oeiras zu bauen. Mardel war gleichermaßen von der französischen und der italienischen Barockarchitektur eingenommen. Das betraf besonders die perspektivischen Verzerrungen, die er in den bizarren Dekorationsentwürfen Borrominis studiert hatte. Sie kehren wieder im Rollwerk über den Fenstern des Erdgeschosses, das nur scheinbar weit über die Fassadenebene hinausragt, in Wirklichkeit aber sehr flach gehalten ist. Auf Mardel dürfte auch die Konzeption der Gärten zurückgehen. Die wie eine barocke Theaterbühne sich ausnehmende Grotte mit groben Felsbrocken und dunklen Gewölben könnte ebenfalls italienischen Grottenwerken entnommen sein. In das Grottengewölbe legte er eine Wasserleitung, um Was-

ABBILDUNG GEGENÜBER:
Nymphen, Detail aus dem *Sturz des Ikarus* auf der rechten Wand des Treppenaufgangs

ser aus der Decke tröpfeln zu lassen. So erhielt er ein kleines Biotop mit Moosen und Farnen, die die Gestalt eines Flussgottes umgeben. Ein besonderer Anziehungspunkt aber sind die schönen Kacheln an den Wänden der zweiläufigen Treppe (Abbn. S. 262 und 263). Sie erzählen in vielen Einzelszenen die Geschichte von Venus und Mars sowie – gewissermaßen kontrapunktisch – von Perseus und Andromeda: Venus befreit den Krieger Mars von seiner Rüstung, um ihn zu verführen und somit am Kämpfen zu hindern. Perseus bedarf dagegen der Rüstung und des Schwertes, um Andromeda zu befreien und vor dem lüsternen Untier zu bewahren. Diese Doppelthematik war im Rokoko besonders beliebt, um das Spannungsfeld von Heldentum und Liebe aufzuzeigen.

Diese Gegenwelt des Rokoko ist typisch für die Gartengestaltung des 18. Jahrhunderts. Die Mythologie war mehr als eine Sammlung von Geschichten, sie war Bedeutungsträger für ein dem Arkadischen verpflichteten Lebensgefühl. Der Garten und die Gartenvilla sind als pastorales Ensemble konzipiert worden, so wie es in der zeitgenössischen Schäferliteratur beschrieben wurde. Dabei verstand sich das Rokoko als Dekorationsstil. Der Bauherr wollte Brunnen, Grotten, Treppen oder Balustraden als architektonisches Ornament verstanden wissen. Das Grundmuster gab die Rocaille ab – daher übrigens der Name Rokoko. Dieses asymmetrische und über eine schwingende Dreiecksform konstruierte Ornament sorgte für den dynamischen Charakter der Garten- und Villendekoration.

Oeiras, Palácio do Marquês de Pombal
Araucarias-Terrasse mit Skulpturen (Abbn. gegenüber und oben)
Vasengeschmückte doppelläufige Treppe mit dem Palácio im Hintergrund (links)

NACHFOLGENDE DOPPELSEITE:
Oeiras, Palácio do Marquês de Pombal
Casa da Pesca (Fischpavillon) de la Quinta da Cima, Kachelmalereien mit Wasserszenen nach Zeichnungen von Joseph Vernet, um 1770

Der Garten der Quinta dos Azulejos in Lumiar

In der Quinta dos Azulejos in Lumiar, einem Vorort von Lissabon, findet sich ein einzigartiges Ensemble von Kacheln, das sich über Mauern, Säulen, Bänke, Wände und Balustraden inmitten eines zauberhaften Gartenambientes verteilt (Abbn. links und oben). Die Darstellungen sind vorwiegend pastoralen Themen entnommen. An der südlichen Mauer, die den Garten gegen den Palast abschließt, kann man auch religiöse Themen entdecken, wie beispielsweise die *Hochzeit zu Kanaa*, die in einem prachtvollen Palast gefeiert wird. Die Bildrahmung erfolgt im motivischen Einklang mit der Bepflanzung des Gartens durch eine dynamisch emporwuchernde Rocailleform. Die Gartenarchitektur und die Azulejos, sicherlich angeregt durch den kurz zuvor entstandenen und überraschend ähnlichen neapoletanischen Chiostro delle Maioliche von Santa Chiara, sind um die Mitte des 18. Jahrhunderts entstanden.

Lumiar/Lissabon, Quinta dos Azulejos
Gekachelte Sitzbank und Säulen (links)
Durchblick auf eine Kachelmalerei mit der biblischen Szene der Hochzeit zu Kanaa

Coimbra, Botanischer Garten
Gartenansicht mit einem Aquädukt im Hintergrund

Auf den Höhen der Sintra, die sich nahe des westlichsten Punktes von Europa über der Küste des Atlantiks erheben, breitet sich eine liebliche Landschaft aus, die von portugiesischen und englischen Dichtern besungen wurde. Ruinen von maurischen Burgen, mittelalterliche Mönchszellen und Herrenhäuser aus dem 18. Jahrhundert sowie exotische Villen des 19. Jahrhunderts verleihen dieser Kulturlandschaft ein einzigartiges Gepräge. Man sollte die Herrenhäuser mit ihren Gärten zu Fuß erkunden. Manchmal sind es nur schmale Pfade, die von den Städten und Dörfern zu den Landgütern und ihren Villen oder Palästen herausführen.

Die Gärten der Quinta da Piedade und der Quinta da Sáo Sebastião in Sintra

Die Quinta da Piedade in Sintra verdient Beachtung, da dort zu Beginn des 20. Jahrhunderts eine Gartenanlage in der Art des 16. Jahrhunderts rekonstruiert wurde. Das Herrenhaus der Familie Cadavale wurde im 19. Jahrhundert erbaut. Die Nachfahren der Familie machten sich daran, einen Garten mit regelmäßiger und symmetrischer Bepflanzung mit einem raffinierten Blickachsensystem anzulegen, das die umliegende Landschaft mit einbezieht. Die gekachelten Mauern und Sitzbänke sorgen für die »portugiesische Stimmung«. Das Wasserbecken, die mit Buchs eingefassten Beete und die von hohen Zypressen gerahmten Arkaden der Pergola, die als Bühne für das Tal, die Dörfer und das ferne Gebirge dienen, sind wohl von italienischen Vorbildern inspiriert.

Die Quinta da Sáo Sebastião in der Stadt Sintra gehört zu den elegantesten Palästen Portugals aus dem 18. Jahrhundert. Das Herrenhaus befindet sich oberhalb der Stadt auf einem Hügel. Das Gelände vor der Gartenfront fällt steil ab, so dass man von der Gartenterrasse aus einen unvergleichlichen Blick hinunter auf die Stadt werfen kann. Das pavillonähnliche Herrenhaus mit den spitzbogig geformten Terrassentüren und -fenstern sowie den klassizistisch gerahmten Tondi wird von einer filigran gestalteten Brüstung mit stuckierten Bändern abgeschlossen. Die von dem Franzosen Jean Pillement und seinen Schülern gestalteten Fresken des Speisesaals zeigen entsprechend der damaligen Mode ideale Landschaften mit pastoralen Motiven. Ein illusionistisch gemaltes Rahmensystem und Vorhänge suggerieren die Öffnung der Wand in die Weite, die Verwandlung der gemalten Illusion in die reale Landschaft außerhalb des Gebäudes (Abbildungsverweis). Die heutige Gartenanlage weist noch Spuren des 18. Jahrhunderts auf, etwa die mit Buchs gerahmten Blumenbeete, die mit Kapuzinerkresse berankten Terrassenmauern oder die runden Wachhäuschen.

Der botanische Garten in Coimbra

Nördlich von Sintra und östlich an der Küste von Prata anschließend, schneidet das Tal des Mondego in das Gebirge. Das kulturelle Zentrum dieser gebirgigen Küstenregion ist Coimbra. In der mittelalterlichen Stadt gab es schon ab 1308 eine Universität, die sich im 16. Jahrhundert zu einem Zentrum des Humanismus entwickelte, wo Wissenschaftler aus Italien, Frankreich und Salamanca ihr Wissen vermittelten. Im Jahr 1772 veranlasste der Marquês von Pombal die Anlage eines botanischen Gartens unterhalb des Universitätsgebäudes, des alten Königlichen Palastes von 1540 (Abbn. S. 270–272). Zum Zwecke universitärer Studien ließ er dort ein

Labor und ein botanisches Museum errichten. Für die Gartenarbeiten gewann er den Engländer William Elsden. Dieser umfasste das gesamte Gartenareal mit hohen Mauern und errichtete zwischen 1791 und 1794 das heute noch existierende Königin-Maria-Tor, das Coimbra-Tor und das Tal-Tor. 1807 war der Garten vollendet. Doch auch in den folgenden Jahren wurden noch weitere architektonische Arbeiten ausgeführt. Die weitläufige Ehrentreppe entstand 1821, das Haupttor 1842 und das große Glashaus im Jahr 1856. Seine gegenwärtige Größe von 20 ha erhielt der Garten im Jahr 1862. Zu einer Zeit, als der englische Landschaftsgarten schon längst die Residenzstädte Europas erobert hatte, besann man sich in Portugal auf die wissenschaftliche Aufgabe eines botanischen Gartens und griff dazu auf die traditionelle barocke Struktur zurück. Wenn man heute auf der oberen Terrasse des Gartens steht, bietet sich die gesamte Anlage eindrucksvoll dar. Die zwischen dem Coimbra- und dem Königin-Maria-Tor angelegte Hauptachse wird im Zentrum durch einen großes Wasserbassin, aus dem ein Brunnen emporragt, markiert. Die einzelnen Beete, achsensymmetrisch ausgerichtet, werden von niedrigen Buchshecken mit halbhohen Buchszapfen gerahmt (Abb. S. 272).

Coimbra, Botanischer Garten
Blick von der Terrasse auf eine der Sichtachsen des Gartens

Coimbra, Botanischer Garten
Blick auf den zentralen Brunnen der Gartenanlage

ABBILDUNG GEGENÜBER:
Vila Real, Casa de Mateus
Südansicht des Herrenhauses

Der Garten der Casa de Mateus bei Vila Real
Eine weitere Region mit Gärten und Herrenhäusern findet man im Douro-Tal im Norden des Landes. Die wachsende Zahl der Landvillen im 18. Jahrhundert ist sicherlich auf die wachsende Bedeutung des Weinanbaus zurückzuführen. Eines der glanzvollsten barocken Anwesen Europas ist das der Grafen von Vila Real: der Garten und das Herrenhaus Mateus, etwa drei Kilometer südöstlich des Ortes Vila Real gelegen. Vermutlich wurden der Palast 1743 und die separat stehende Kapelle 1750 von dem in Portugal im 18. Jahrhundert viel beschäftigten italienischen Architekten Niccolò Nasoni erbaut (Abb. gegenüber und S. 274 oben). Nasoni hat eine Art portugiesischen Spätbarockstil geprägt, der sich als eigentümliche Stilvariante zwischen hochbarocken und streng klassizistischen Formen ausnimmt. Die vielen Baluster, die gesprengten Giebel, die wappenverzierten Wandfelder sowie die ein- und ausschwingenden Voluten stehen im Kontrast zu klassizistischen Säulen, streng angeordneten Fensterachsen und klar gegliederten Wandflächen.

Die architektonische Formenvielfalt setzt sich in der Gestaltung der Gartenterrassen fort. Voluten, geschwungene Randbegrenzungen, Doppelkreise, symmetrisch gefügte Fünfecke oder unregelmäßige Vierecke bilden die Grundmuster der Parterres. Die Formen sind aus Buchshecken auf einem weißen Marmorkiesboden gebildet, oder sie umrahmen Blumen- und Strauchbeete. Während die Ecken mit Halbkugeln aus Buchs hervorgehoben sind, hat man die Beete heute vorwiegend mit rotem Salbei, orangefarbenen Tagetes und purpurnen Lagerströmien (Kreppmyrten) bepflanzt. Die einzelnen Parterres werden durch weit ausladende hohe und kunstvoll geschnittene Buchshecken eingefasst (Abb. S. 274 unten). So wirken die kompakt gerahmten Beete wie Gemälde, die Buchsornamente wie monumentale Kartuschen und die Grenzhecken wie Gesimse oder Giebel von Schlössern. Die Gartenelemente und ihre Kompositionen scheinen einzigartig und unverwechselbar, eben portugiesisch. Dazu gehört auch die häufige Verwendung der Tagetes. Wegen ihres penetranten Geruchs und ihrer Eigenschaft als Schäd-

ABBILDUNGEN GEGENÜBER:
Vila Real, Casa de Mateus
Brunnen und Heckenrondell mit der Nordansicht des Herrenhauses im Hintergrund (oben)
Formale Gartenanlage mit Buchsbaumzier (unten)

Vila Real, Casa de Mateus
Formale Gartenanlage mit Zypressenhohlweg

lingsvertreiberin ist sie eher für Bauerngärten üblich. Diese rustikale Note zählt ebenfalls zu den Spezifika des spätbarocken Gartens in Portugal.

Eine besondere Überraschung bietet sich dem Besucher im unteren Garten dar, wo eine Galerie von Zypressen so kunstvoll zugeschnitten wurde, dass sich ein grünes Tonnengewölbe herausgebildet hat (Abb. oben). Zu beiden Seiten dieses artistischen Hohlweges befinden sich weitere kleinere Gärten, wie beispielsweise ein moderner Wassergarten, in dem ein japanischer Ahornbaum wächst. Ein anderer Garten ist mit einer kunstvoll geschnittenen Hecke umgeben, die an französische Musterbücher des Barock erinnert. Hinter der Hecke befindet sich ein intimes Boskett, das von einem ornamental verzierten Wandbrunnen begrenzt wird. Vor den Brunnen hat der Hausherr dekorativ eine Hinoki-Zypresse pflanzen lassen. Während in Italien das dekorative Verhältnis von Gartenfassade und Parterres ausgewogen erscheint und in Frankreich die Architektur als Hoheits- und Würdeformel herausgestellt wird, versuchten die portugiesischen Architekten und Gartenbaumeister, ein ungewöhnliches Spannungsfeld zwischen dem Garten und der Architektur herzustellen. Noch beeindruckt von der üppigen Formenvielfalt der Hauptfassade der Villa Mateus, bemerkt man überrascht das schlichte und dekorativ äußerst zurückhaltende Aufrisssystem der Gartenfassade (Abb. gegenüber oben). Doch hier befindet man sich bereits inmitten der schwelgerischen Farbenpracht und Formenvielfalt der Blumen- und Strauchbeete sowie der Buchsornamente. Es scheint, dass die Architektur großzügig ihren Schmuck den Parterres zur Verfügung gestellt hat.

Unter den Barockgärten Europas sind neben denjenigen Italiens und Frankreichs kaum nationale Typen greifbar. Italienische Stileinflüsse der Renaissance- und Barockkultur sowie französische Elmente der unvergleichlichen Parterrekunst Le Nôtres trugen zu einem variantenreichen gesamteuropäischen Typus bei. Nur der Barockgarten Portugals fällt aus diesem Rahmen. Die ländliche Note der Bepflanzung, die spezifische Buchsornamentik, die Verbindung von Wasserbassin und Gebäude sowie die phantasievolle und fast schon verschwenderische Verwendung der Kacheln haben einen eigenständigen portugiesischen barocken Garten hervorgebracht, der sich im Laufe der Zeit trotz der europaweiten Orientierung am englischen Landschaftsgarten überraschenderweise erhalten hat.

Gärten des Barock und Rokoko in Deutschland und Österreich

Schleißheim, Schlossgarten
Detail der Beete im Parterrebereich

Ulm, Garten des Joseph Furttenbach, 1641

Der Garten Joseph Furttenbachs

Der Leonberger Pomeranzengarten von Heinrich Schickhardt aus dem Jahr 1611 und der Heidelberger Hortus Palatinus von Salomon de Caus aus dem Jahr 1614 waren für die Entwicklung des deutschen Barockgartens von großer Bedeutung. Der Ulmer Stadtbaumeister Joseph Furttenbach, der mit seinen theoretischen Abhandlungen die Weichen für den süddeutschen Barockgarten gestellt hat, orientierte sich an Schickhardts Pomeranzengärten in Leonberg und in Stuttgart. In seinem 1640 erschienenen Werk »Architectura Recreationis« jedenfalls tauchen im »Vierten Gräflichen Lustgarten« Schickhardts Beetmusterungen auf, die Varianten italienischer Entwürfe darstellen. Für Furttenbach stand die Bepflanzung im Vordergrund (Abb. unten). In einer weiteren theoretischen Abhandlung, der »Architectura Privata« von 1641, beschreibt er eine solche Beetornamentierung. Im Zentrum der Anlage soll eine Corona Imperialis stehen, eine Kaiserkrone. Dann folgt die Tulpe, »... derselben über die hundert/ unterschiedlichen Farben/ darunder fürnemblich schön marbelierte, geflammete, gerissene/ gesprengte/ getupffte«. Dieses Pflanzensystem wurde in Abwandlungen für fast jedes Gartenprojekt in Süddeutschland übernommen. Bei der Rekonstruktion der Bepflanzung barocker Gärten waren die theoretischen Schriften Furttenbachs stets hilfreich.

Tatsächlich werden mit Furttenbachs Anweisungen viele längst verblühte frühbarocke Gärten in Deutschland und Österreich zumindest in der Phantasie wieder lebendig und bunt. Die Bepflanzung und Gestaltung der Parterres änderte sich allerdings im Laufe des 18. Jahrhunderts. Dann standen groß angelegte Buchsornamente, die Integration von Labyrinthen oder Bosketten und die Installation und Komposition von Bassins, Kanälen und Brunnen im Vordergrund.

Schönborn-Gärten

Als Synonym für großzügiges Mäzenatentum und für die Entfaltung barocker Pracht steht der Name der Familie Schönborn, allen voran des Mainzer Erzbischofs und Kurfürsten Lothar Franz von Schönborn, geboren 1655, gestorben 1729. Neben seinen Amtsgeschäften widmete sich der Erzbischof der Planung seiner Gärten vor allem im fränkischen Gaibach bei Würzburg und im nicht weit entfernten Pommersfelden.

Lothar Franz von Schönborn erbte Schloss und Gut Gaibach im Jahr 1668. Nach einer ausgedehnten Kavalierstour durch Europa entwarf er als Zweiundzwanzigjähriger 1677 die Gartenanlage, die in einem Stich von Salomon Kleiner überliefert ist. Der von einer Mittelachse durchzogene lang gestreckte Garten nimmt die Breite des Schlosses auf, eines trutzigen Wehrbaus, der von Wassergräben umgebenen ist. Auf ein dekoratives Broderieparterre folgt ein Quartier mit dem so genannten Ovalsee und einem reich mit Blumen ornamentierten Beetkompartiment. Bei dem Ovalsee handelt es sich um eine Erfindung des Bauherrn, die weder in Frankreich noch in Italien bekannt war. Ein breiter, nach innen geneigter Broderiering wird vierfach unterbrochen von Treppen mit Balustraden, die zu einem Bassin mit einem Brunnen hinabführen, dessen Figuren Springstrahlen hervorschießen lassen (Abb. gegenüber unten).

Der Garten wird elegant von einer halbkreisförmigen Orangerie abgeschlossen, der seitlich viertelkreisförmige Berceaux, aus Holzgitterwerk gefertigte Laubengänge, vorgeordnet sind. Als Vorbild für diesen gestaffelten Abschluss könnte der holländi-

Fürstlicher Lust- und Thiergarten
Joseph Furttenbach, »Architectura civilis«, 1628, Tafel 13

Gaibach, Schlossgarten
Ovalbassin, Stich nach S. Kleiner, 1728

Pommersfelden, Schloss Weißenstein
Ansicht des Schlosses und des Schlossgartens von Südosten, Stich nach S. Kleiner, 1728

sche Garten in Het Loo gedient haben. Das vertiefte ovale Wasserbassin trifft man ebenfalls häufig in holländischen Barockgärten an (siehe Abb. S. 330 unten). Lothar Franz öffnete sich somit dem »welldtgusto«, wie er in einem Brief an seinen Neffen schrieb, den Reichsvizekanzler und späteren Fürstbischof von Bamberg und Würzburg Friedrich Karl von Schönborn. Was Lothar Franz an holländischen Gärten wohl auch interessiert haben dürfte, war die Neigung der Auftraggeber und Gärtner, den Nutz- mit dem Ziergarten innerhalb eines Quartiers zu verbinden. Für eine solche Kombination sah der Erzbischof eine ungewöhnliche Lösung im Garten seines Privatschlosses Weißenstein in Pommersfelden vor (Abb. oben). Der zwischen 1715 und 1723 nach einem Plan von Maximilian von Welsch angelegte Garten verfügt in seinem oberen Drittel über ein Kastanienrondell, das in drei konzentrischen Ringen angeordnet ist. Die Bäume umschließen ein vertieftes Bassin. Seitlich des Rondells liegen Nutzgärten. Dieser eher dem Gartenabschluss zugeordnete Bereich war häufig für Nutzgärten vorgesehen. Das Kastanienrondell, auf der zentralen Achse des Gartens gelegen, lockerte die auf einen Pavillon des Gartenabschlusses gerichtete Blickachse auf. Von diesem Garten ist leider nichts erhalten geblieben. Er wurde schon 1786 dem modernen »welldtgusto« angeglichen, also in einen englischen Landschaftsgarten verwandelt, der sich heute den Besuchern als Wildpark präsentiert.

Der Neffe Friedrich Karl von Schönborn residierte zu Beginn des 18. Jahrhunderts in Wien und stand mit seinem Onkel Lothar Franz in einem lebhaften brieflichen Austausch. Zwischen 1706 und 1711 ließ er sich von dem berühmten Wiener Baumeister Johann Lukas von Hildebrandt ein Palais errichten. Für die Nebengebäude sah er zwei Nutzgärten und für die Rückfront des Palais einen Lustgarten vor, der sich dem heutigen Besucher – ein wenig romantisch-verwildert – im englischen Stil darbietet. Damals jedoch war der Garten wegen seiner Tulpenbeete, die mit sehr seltenen Exemplaren aufwarteten, berühmt. Der stolze Besitzer des Anwesens schrieb an seinen Onkel nach Würzburg:

»Schließlich muß ich EW. Kurfürstl. Gnaden erzählen, wie wunderschön und copios [vielfältig] die Tulipane seyn, ich glaube schon 2000 Stück dem Hofe geschickt zu haben. Ich höre, dass nichts Schöneres in der Welt als Qualität und Diversität der Anemonen und Ranunculi seyn, welche nunmehr in meinem Garten aufgegangen synd.«

Dem Plan von Salomon Kleiner sind die filigranen Beetmusterungen des Hauptparterres zu entnehmen, deren Ornamentik an die Dekorationen Hildebrandts erinnert. Das betrifft in erster Linie die Knotenstrukturen und die teilweise asymmetrisch gestalteten Beete innerhalb einer symmetrischen Gesamtansicht (Abb. links). Das Hauptgebäude wird auf beiden Seiten von den Nebengebäuden flankiert, hinter denen sich parallel zum Ziergarten große Nutzgärten erstrecken, deren unterer mit einer Orangerie abschließt.

Die politischen Bande zwischen deutschen Fürstenhäusern und dem Wiener Hof waren in der Epoche des Barock sehr eng. Die gemeinsamen politischen Ziele bestanden hauptsächlich im Zurückdrängen des Protestantismus in den Jahrzehnten der Gegenreformation und um das Eindämmen der Türkengefahr, um die Sicherung der Habsburgischen Vorlande am Rhein gegen die Übergriffe der Franzosen und um die militärische Beteiligung am Spanischen Erbfolgekrieg.

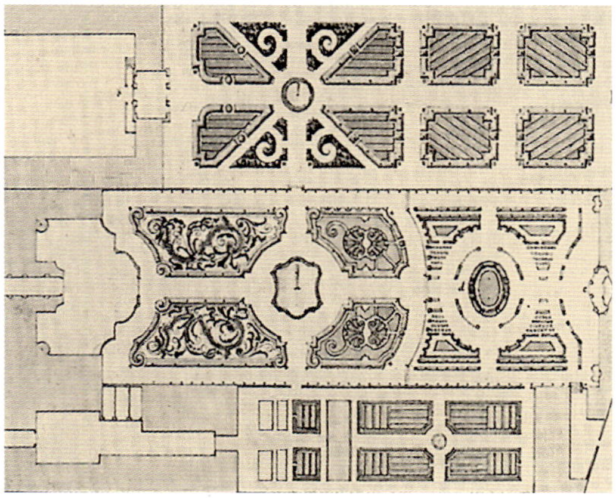

Wien, Garten des Palais Schönborn
Zeichnung von S. Kleiner, um 1738

Schloss Schleißheim
Der bayerische Kurfürst Max Emanuel, der zwischen 1684 und 1688 mit den Habsburgern und an der Seite des berühmten »Türkenlouis«, des Markgrafen Ludwig Wilhelm von Baden, als Held aus den Türkenkriegen hervorgegangen und als glänzender Feldherr in Europa gefeiert worden war, vermählte sich nicht ohne politische Ambitionen mit Maria Antonia, der Tochter des Habsburger-Kaisers Leopold I. Es ist möglich, dass Max Emanuel, als er 1701 von seiner Statthalterschaft aus den Niederlanden zurückkehrte, nach der Königs- oder Kaiserwürde trachtete. Mit dem Neuen Schloss zu Schleißheim ließ er sich eine besonders aufwändige Residenz erbauen, ein »bayerisches Versailles«, wie es bald von den Untertanen ehrfurchtsvoll genannt wurde. Im Jahr 1701 legte er persönlich den Grundstein zu dem ehrgeizigen Bau, der schon ab 1693 in Planung war. Das zuvor erbaute Jagdschlösschen Lustheim mit den beiden zierlichen Pavillons erhielt damit ein stattliches Gegenüber. Zwischen beiden Gebäudekomplexen erstreckte sich das riesige Gartenareal, dessen Gestaltung zusammen mit den Schlossplänen von Enrico Zucalli entworfen wurde (Abb. oben und S. 282 unten). Der Architekt plante einen Kanal, der um den Garten und die Ringinsel von Lustheim, die die Anlage abschloss, herumfloss. Zwischen dem großen Kanal und dem Ringkanal besteht eine Verbindung. Diese kleinen Wasserstraßen dienten nicht nur Vergnügungsfahrten, sondern

Schleißheim, Schlossgarten
Blick von Lustheim über die weitläufige Gartenanlage auf das Neue Schloss

Schleißheim, Schlossgarten
Ansichten der Parterreanlage vor dem Neuen Schloss

auch der Lastschifffahrt. Das dreiteilige Hauptparterre, das an das Schloss angrenzt, liegt tiefer als der übrige Garten (Abbn. rechts und unten). Die anschließenden Quartiere bestehen auf beiden Seiten der Mittelachse aus sechs diagonal aufgeteilten Boskett-Kompartimenten, deren vier mittleren zusätzlich durch Radialwege zusammengefasst sind. Das Parterre direkt beim Schloss wurde nicht nach Zucallis Plänen ausgeführt, sondern, nachdem Max Emanuel sich politisch auf die Seite Frankreichs gestellt hatte, ab etwa 1720 von Dominique Girard streng im französischen Stil angelegt. So entstanden zu beiden Seiten der Mittelachse die hintereinander gestaffelten Fontänen, die auf eine Kaskade zuführen, die ihrerseits die Verbindung zur höher gelegenen Ebene der Boskette herstellt. Es folgt als Mittelachse die Rasenbahn für das Mailspiel, die sich bis zum Schloss Lustheim hinzieht.

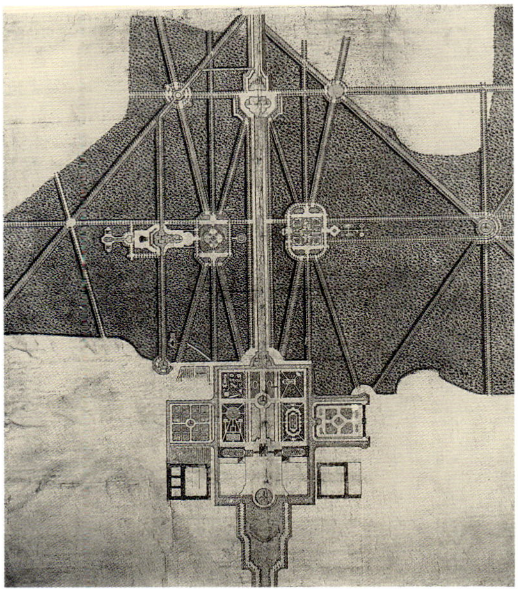

München, Schloss Nymphenburg
Gesamtplan, D. Girard zugeschrieben, um 1715–20

Es sollte noch erwähnt werden, dass die kleine intime Exklave Lustheim gewissermaßen als Hochzeitsgeschenk Max Emanuels an seine Gemahlin Maria Antonia gedacht war. Die Pläne schuf Enrico Zucalli. Der ringförmig um die Schlossanlage geführte Kanal sollte die Abgeschiedenheit des Hochzeitspaares sichern und die Insel der Glückseligkeit und der Liebenden, Cythera, vorstellen (Abb. unten).

Schloss Nymphenburg bei München

Parallel zu Schleißheim ließ Max Emanuel eine weitere großartige Schloss- und Gartenanlage planen und ausführen: Nymphenburg bei München. Das Schlösschen war als »Castello delle Nymphe« für die junge Kurfürstin Henriette Adelaide, Prinzessin von Savoyen, die spätere Mutter Max Emanuels, um 1662 errichtet worden. Nach 1701 ließ der Kurfürst das im italienischen Stil errichtete Landhaus von Enrico Zuccalli in ein repräsentatives Schloss umwandeln, das sich aus gestaffelten Kuben zusammensetzt (Abb. gegenüber). Die Struktur der Gebäude gleicht derjenigen von Het Loo in Holland, die Max Emanuel in der Zeit seiner Statthalterschaft studiert haben könnte. Seine mittlerweile intensiven französischen Ambitionen wollte der Kurfürst ausdrücklich in seiner Gartenanlage umgesetzt wissen. An die Gräfin Arco schrieb er 1715, dass der Garten mit seinen Boskette, Kanälen, Alleen und Wegen durchaus in Frankreich liegen könne.

Wahrscheinlich war es abermals der bewährte Dominique Girard, der den Gartenplan im Stil Le Nôtres schuf. Gemeinsam mit Joseph Effner arbeitete er an der Gestaltung der Anlage (Abb. links). Ein Gemälde von Canaletto gibt das harmonische Wechselspiel von Wasser, Garten, Skulptur und Architektur wieder. Dazu hat der Maler seinen Standpunkt am Ausgangsbecken für den großen zentralen Kanal gewählt. Festlich geschmückte Barken und Gondeln gleiten durch das Wasser. Dokumenten zufolge sollen bereits 1690 italienische Gondolieri vom Kurfürsten angestellt worden sein, um Lustfahrten mit der Herrschaft durchzuführen.

In Richtung des Schosses schließt sich das Hauptparterre mit einem dominanten Brunnen im Schnittpunkt der Hauptachsen an. Guillielmus de Grof war der Schöpfer dieser Fontäne, die er der Flora widmete. Die Figuren sind aus vergoldetem Bleiguss gestaltet. Aus dem Blumenkorb der Göttin schießt der Wasserstrahl über zehn Meter in die Höhe. Auf Canalettos Gemälde kann man vier Kompartimente unterscheiden. Der Schlossfront unmittelbar zugeordnet sind zwei Broderiebeete. Zwei Rasenkompartimente, im Stil von niederländischem Beschlagwerk ornamentiert, sind zum Kanalbecken hin ausgerichtet. Die Zierbeete werden geschmückt von einer Reihe vergoldeter Bleivasen und reizvollen Kindergruppen, die ebenfalls von de Grof stammen. Die von Canaletto dargestellten vier kleineren Fontänen, die den Flora-Brunnen umstehen, wurden nicht ausgeführt. Auch heute noch kann man sich für den

ABBILDUNGEN GEGENÜBER:
Nymphenburg, Schlossgarten
Großes Parterre (oben)
Jupiter-Statue nach einem Modell von I. Günther (1765) im Großen Parterre (unten)

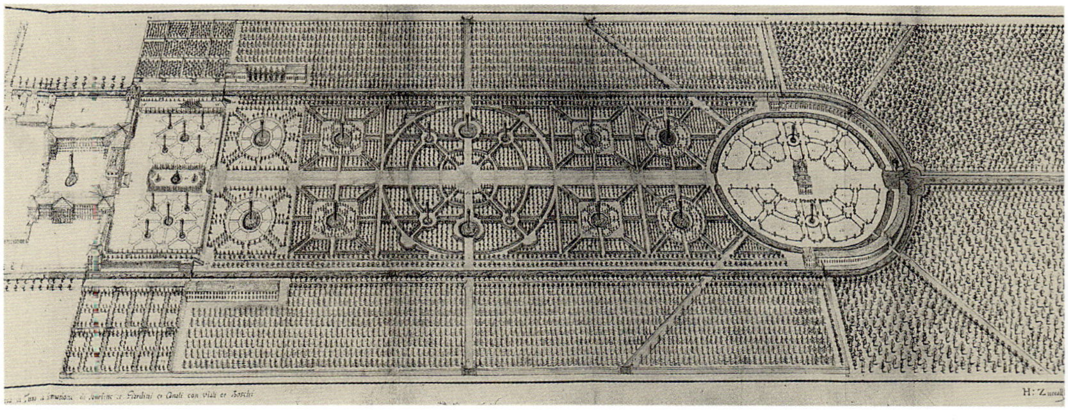

Schleißheim, Schlossgarten
Detail des Gesamtplans von E. Zuccalli, 1700

Nymphenburg, Schlossgarten
Große Kaskade mit den Personifikationen von Donau und Isar

üppigen Skulpturenschmuck des Hauptparterres begeistern. Er stammt allerdings aus der zweiten Hälfte des 18. Jahrhunderts. Einige Skulpturen, wie die Jupiterfigur (Abb. S. 283 unten), sind nach Modellen von Ignaz Günther geformt.

Abgesehen vom Hauptparterre liegt der Schwerpunkt der Gartenanlage von Nymphenburg auf den Kanälen und den Bosketten. Ein Waldstück war beispielsweise als Orangenhain mit einem Mittelbassin angelegt, ein anderes barg ein kleines Kabinettgärtchen. Der Leidenschaft des Kurfürsten, dem sportlichen Spiel im Freien, kamen weitere Boskette mit Ball- und Kegelspielen entgegen. Auf manchen Spielplätze wurde ein Lusthaus errichtet, »wo die Damen, vor der Sonne und vor Regen bedeckt, dem Spiel zuschauen können«, so ein Zeitgenosse.

Die Gesamtanlage nach dem Plan von Girard nimmt sich eindrucksvoll aus und kann durchaus als Bedeutungsträger für die politische Einstellung der bayerischen Kurfürsten verstanden werden. Das beiderseits des zentralen Kanals angelegte Achsensystem erscheint wie eine systemische Wiederholung der kleineren Parterres vor dem Schloss. Da die Alleen selbst einander wiederum in Wasserparterres kreuzen, werden neue Gartenbereiche mit Lustbauten, wie der Badenburg oder der Pagodenburg, erschlossen und gestaltet. Weitere Alleen zweigen in den äußeren Bereichen des Areals ab, kreuzen einander wieder mit anderen Alleen und bilden Rondelle aus, die erneute Ansatzpunkte für das Anlegen von Parterres und Lusthäusern oder Pavillons bieten. Der Park befindet sich, und das war in der Struktur von vornherein angelegt, in einem dynamischen Prozess der Vergrößerung – durchaus vergleichbar etwa mit den politischen Ambitionen der absolutistischen Herrscher.

Nymphenburg, Schlossgarten
Flötende Panfigur in der Waldregion

Schloss Augustusburg in Brühl

Ein Sohn Max Emanuels, der Kölner Erzbischof und Kurfürst Clemens August von Bayern (1700–61), ließ sich von seinem Vater den bereits bejahrten Dominique Girard nach Schloss Augustusburg bei Brühl schicken, um sich von ihm Gartenentwürfe vorlegen zu lassen. Mit den Arbeiten wurde wahrscheinlich schon 1727 begonnen. Die Planung Girards mußte einen älteren Parkbereich, den Tiergarten, in die Planung mit einbeziehen. Da dieses Terrain von einem Wasserkanal umzogen war, bezog Girard eine aufwendige und kostenintensive Begradigung der unregelmäßigen Begrenzung nicht in sein »garten-dessin, so er für Ihro Churfürstliche durchlaucht dahir gemacht«, mit ein. Der Kanal blieb erhalten – mit der ausdrücklichen Billigung des Bauherrn. Clemens August war fasziniert vom Nymphenburger Kanalsystem, verzichtete aber auf eine dominierende Zentralachse. Stattdessen plante er ein Wasserkreuz nach dem Vorbild von Versailles, das aber nicht verwirklicht wurde.

Heute bietet sich die Gartenanlage, die sich vor der Südfront des Schlosses ausbreitet und großzügig von einem Kanal umflossen wird, als gepflegter, mit Broderiebeeten und Wasserbassins geschmückter Barockgarten dar (Abbn. gegenüber, oben und unten). Zierliche Buchshecken bilden Schwünge und Schleifen und setzen sich gegen den hellen Kies markant ab. Die Beete sind eingefasst durch Blumenrabatten, die ebenfalls durch kleine Buchshecken gerahmt sind. Auf der Mittelachse wurde ein großes Wasserbecken eingerichtet. Baumalleen grenzen das Parterre seitlich gegen die Boskette ab, die – ähnlich wie in Nymphenburg – an den Schnittpunkten der Diagonalwege mit Brunnen versehen sind. Der Entwurf für Brühl war das späteste Werk von Girard. Die Nähe zu Schleißheim und Nymphenburg ist nicht zu übersehen – sie war auch bedingt durch die verwandtschaftlichen Beziehungen des Kurfürsten. Dass sich Girard vieler gartenkünstlerischer Motive des französischen Gartenarchitekten André Le Nôtres bedient hatte, sollte nicht als Plagiat gewertet, sondern eher als nachhaltige Empfehlung seines Auftraggebers verstanden werden.

Brühl, Schloss Augustusburg
Blick vom Schloss auf das zweiteilige Broderieparterre

ABBILDUNG GEGENÜBER:
Brühl, Schloss Augustusburg
Blick über den westlichen Teil des Parterres auf die Gartenfassade des Schlosses

Brühl, Schloss Augustusburg
Blumenbeete und Zierbäumchen

Schloss Clemenswerth bei Sögel

Einer der bedeutendsten Barockbaumeister im kurfürstlichen Herrschaftsbereich Westfalens war Johann Conrad Schlaun. Zwischen 1736 und 1745 beauftragte ihn der Kölner Kurfürst und Erzbischof Clemens August, der verliebt in seine Parforcejagden war, mit dem Bau des Jagdschlösschens Clemenswerth bei Sögel nahe Osnabrück. Als Grundmodell wählte Schlaun die Pagodenburg im Park von Schloss Nymphenburg. Anregend wirkte ebenfalls das Studium von Marly-le-Roi und das Jagdschloss Bouchefort bei Brüssel. Doch sein Projekt übertraf die genannten Vorbilder. Das aus rotem Backstein gemauerte zweigeschossige Schloss erhebt sich über einem kreuzförmigen Grundriss. Es bildet das Zentrum eines weiten Kreises, an dessen Peripherie sieben Pavillons und eine Kapelle errichtet sind. Sie wurden in die Winkel der sternfömig auf das Schloss zulaufenden Alleen platziert. Die Anlage wirkt durch ihre klare Struktur. Die weiten ungestalteten Rasenflächen und die würdigen Baumalleen entsprechen dem Gebäudestil. Die Gliederung der Wand fällt einfach und fast schnörkellos aus. Damit unterstrich Schlaun seine frühklassizistischen Neigungen in einer Zeit, als in Deutschland noch die in Mode gekommene Zierart des Rokoko dominierte. Überraschend im Vergleich mit den Gärten in Brühl oder in Nymphenburg wirkt auch die freie Landschaftsgestaltung des Schlossareals. Die Gliederung der Anlage durch Alleen und das Konzept der zirkulären Pavillons dürften wohl die damals obligaten Barockparterres ausgeschlossen haben.

Sögel, Schloss Clemenswerth
Mittelachse des Klostergartens

ABBILDUNG GEGENÜBER:
Sögel, Schloss Clemenswerth
Luftaufnahme der Gesamtanlage mit dem Klostergarten im Hintergrund

Der Große Garten von Herrenhausen

Als einer der berühmtesten Barockgärten Deutschlands gilt der Große Garten von Herrenhausen in Hannover. 1696 war der französische Gartenarchitekt Martin Charbonnier von der Kurfürstin Sophie von Hannover mit der Planung und Durchführung des Gartens beauftragt worden (Abbn. S. 290–295). Im Jahr 1714 waren die Arbeiten abgeschlossen. Parallelen zu französischen Gärten sind offensichtlich: Die Mittelachse des Gartens ist zugleich die Mittelachse des Schlosses und endet in einem runden Platz. Sind die Kompositionen von Bosketten und Parterres dem klassischen französischen Barockgarten ebenso verpflichtet wie auch die *giardini segreti* seitlich des Schlossbaus, so fallen doch auch weitere Merkmale auf, die nicht unbedingt französischer Herkunft sind. Kurz vor Planungsbeginn, im Jahr 1696, war Charbonnier nach Holland gereist, um sich u. a. in Nieuwburg, Honslaerdyck und Het Loo zu informieren. Es ist durchaus möglich, dass er dort die Anregung zu dem Kanal erhielt, der den Gartenbereich umschließt. Auch der Obstgarten mit seinen dreieckigen Feldern, die von Buchenhecken eingefasst sind, ist ein Hinweis auf holländische Einflüsse. Charbonnier verstand es, diese Elemente zu einer Einheit zusammenzuschmelzen und damit einen Gartentypus zu schaffen, der bezeichnend für die norddeutsche Tiefebene geworden ist (Abb. unten).

Herrenhausen, Großer Garten
Großes Parterre mit Vase *Der Sommer* von Ch. Vick (oben)

Gesamtansicht von Schloss und Garten, Stich von J. van Sasse, um 1720

ABBILDUNG GEGENÜBER:
Herrenhausen, Großer Garten
Eckpavillons von Remy de la Fosse

NACHFOLGENDE DOPPELSEITE:
Herrenhausen, Großer Garten
Das neu gestaltete Parterre

Diesen neuen Gartentypus brachte Hennebo auf den Begriff, indem er die Entstehungsvarianten und deren Herkunft analysierte. Die strenge axiale Durchgliederung führte zu einer Vereinzelung der Kompartimente, die besonders in der Parterre- und Boskettzone auffallen. Das mag auf holländische Traditionen, vielleicht aber auch auf den französischen Renaissancegarten zurückgehen. Hingegen fallen auch Gestaltungsweisen auf, die den barocken Musterbüchern von Dézallier d'Argenville entnommen sein könnten. Dort ging es bereits um die Schematisierung der Beet- und Parterreanordnung sowie um ein Ordnungsgefüge für den Gesamtplan. Gemäß den Neigungen der Kurfürstin, einen zeitgemäßen Entwurf zu verwirklichen, der sich am klassisch-französischen Formenkanon orientierte, wurden von Charbonnier die entsprechenden Pläne studiert, um sie in Einklang mit seinen Studien in Holland zu bringen.

Betrachtet man heute die Durchgestaltung des Parterres, dann werden die Ideen und Vorstellungen von Dézallier d'Argenville spürbar – mehr aber auch nicht. Während der Rekonstruktion des Gartens im Jahr 1966 ging es wohl nicht so sehr um die historischen Pläne, die von der Kurfürstin Sophie favorisiert worden waren, sondern um eine gefällige Gestaltung in der Art der neobarocken Beetformung des 19. Jahrhunderts.

Fast gleichzeitig mit Herrenhausen entstand der Garten des Schlosses Salzdahlum des Herzogs Anton Ulrich von Braunschweig-Wolfenbüttel. 1697 ließ die Kurfürstin und spätere Königin Sophie Charlotte, Tochter der Sophie von Hannover, den Garten des Berliner Schlosses Charlottenburg anlegen. Die Planungen stammen von Siméon Godeau, einem Schüler des berühmten André Le Nôtre.

Herrenhausen, Großer Garten
Niederdeutscher Blumengarten mit Skulptur
Die Wahrheit von Evermann

ABBILDUNG GEGENÜBER:
Herrenhausen, Großer Garten
Detailansicht der Großen Kaskade

Die Gärten Augusts des Starken

Nachdem er auf ausgedehnten Reisen die Prachtentfaltung der Königs- und Fürstenhöfe in Frankreich und Italien intensiv kennen gelernt hatte, gelüstete es August den Starken, den sächsischen Kurfürsten und König von Polen, diese Festivitäten zu übertreffen. Unter seiner Herrschaft blühte die Festtradition Sachsens zu einer bislang nie gekannten Pracht auf. Ein barockes Fest konnte mehrere Tage dauern und war von vielen Aktivitäten wie Rossballetten, Opern, Feuerwerken, Schauessen oder Theaterspielen begleitet. Daher legte der Kurfürst größten Wert auf eine Gartengestaltung, die diesen festlichen Aspekten Rechnung trug. 1694 fertigte er sogar selbst eine Skizze für die Neugestaltung der Fest- und Turnierplätze zwischen dem alten Schloss und dem Festungszwinger in Dresden an. Er wollte einen geräumigen und eigenständigen Festplatz ohne städtebaulichen Bezug zum Schloss. Die Hofarchitektur sollte eine repräsentative Begrenzung des Platzes abgeben. Er befahl, »... dass dieser Zwingergartenbau nach dem approbierten Grundriss als ein besonderes und nicht in einer Symmetrie mit dem Schloss stehendes Werk ... zu bringen sei«. Sein Architekt Matthäus Daniel Pöppelmann setzte diese Angaben fast sklavisch um. 1728 waren die Bauarbeiten am Zwinger abgeschlossen. Eine zum späteren Abbruch bestimmte Holzgalerie an der Elbseite wurde erst 1847 entfernt und 1854 von Gottfried Semper durch den Galeriebau ersetzt. Stolz konnte Pöppelmann seinem Kurfürsten melden: »Denn außer den verschiedenen großen Spaß-, Spiel- oder Tanzsälen ... beschließt das ganze Gebilde zusammen einen so ansehnlich länglich-runden Platz, dass in demselben ... auch alle Arten öffentlicher Ritterspiele, Gepränge und andere Lustbarkeiten des Hofes angestellt werden können.«

1717, wenige Jahre nach Beginn der Bauarbeiten am Zwinger, erwarb August der Starke das Japanische Palais in der Dresdner Neustadt. Nach Fertigstellung des Zwingers ließ der Kurfürst das Palais von Pöppelmann ausbauen, um in seinen Räumen die reiche Sammlung von chinesischem, japanischem und Meißner Porzellan unterzubringen. Es entstand eine imposante Vierflügelanlage mit Eckpavillon, deren Dächer elegant ausschwingen – eben japanisch, daher der Name des Palais.

Die Grundrissgestaltung des Gartens sollte ähnlich der des Zwingers erfolgen. Es kam also auch hier zu exedrenartigen Ausbuchtungen der Längsseiten. Die Parterres wurden mit vielen Statuen geschmückt und mit kleinen Baumgruppen umgeben, die man bis hoch zu den Exedren verfolgen konnte. Der sanft zum Elbufer hin abfallende Mittelteil nahm die Flußlandschaft fast prospektartig mit auf. Am Ufer wurde eine Treppenanlage gebaut,

Dresden, Zwinger
Galerie und Wallpavillon von Matthäus Daniel Pöppelmann, 1697–1716

ABBILDUNG GEGENÜBER:
Dresden, Großer Garten
Blick auf eine Vase mit Frauenskulptur (Corradini-Vase) und das Palais im Hintergrund

Dresden, Schloss Pillnitz
Das Wasserschloss mit einer großen Treppenanlage zur Elbe hin

Ansicht von Schloss und Garten aus der Vogelperspektive, Stich des Zustandes zwischen 1725 und 1731

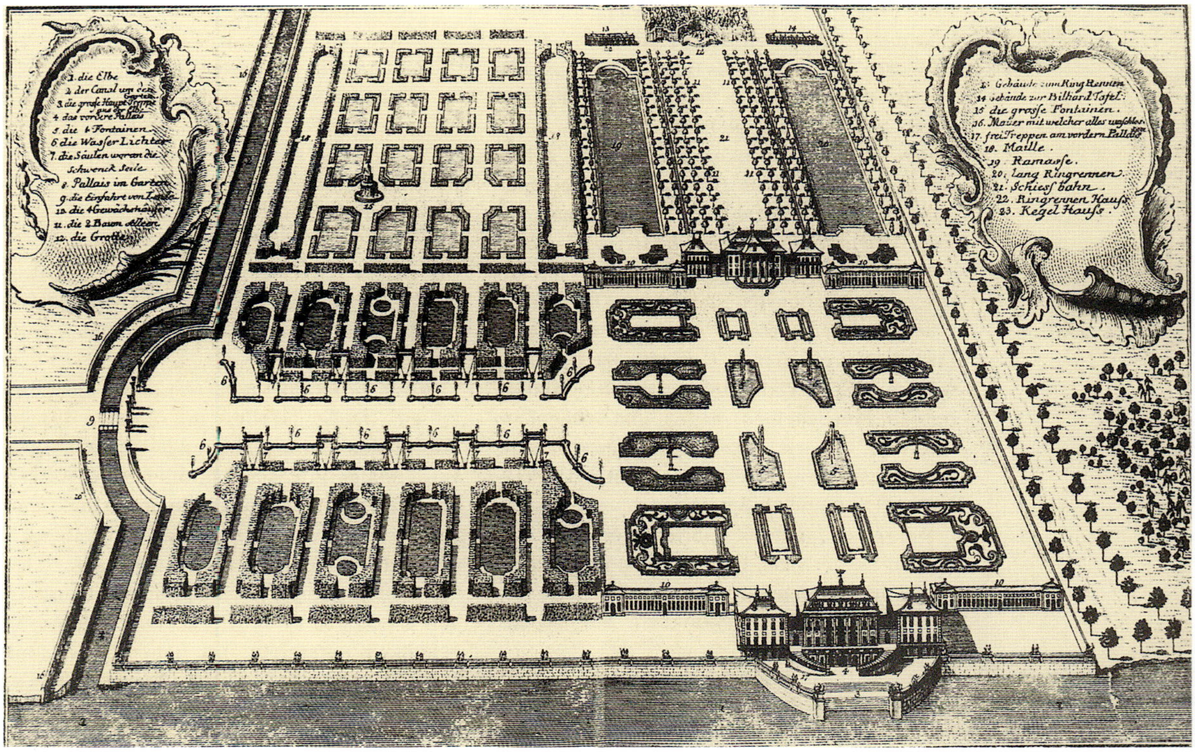

die bis ins Wasser hineinreichte und so als Gondelhafen genutzt werden konnte.

Der Große Garten (Abb. S. 297) wurde ab 1715 von Johann Friedrich Karcher für den Kurfürsten vergrößert. So kam der Gartenpalast, zwischen 1678 und 1683 nach Plänen von Johann Georg Starke errichtet, inmitten des Kreuzungspunktes des Alleensystems zu liegen. Ähnlich wie in Marly wird die mittlere Zone des Gartens durch Pavillons und Treillagen von den Bosketten getrennt.

Schloss Pillnitz gehörte zwischen 1708 und 1718 der Gräfin Cosel. August der Starke erwarb das Gut, nachdem die Gräfin am Hof in Ungnade gefallen war, und ließ es zum Lustschloss für Park- und Wasserfeste ausbauen. Von 1720 bis 1730 befasste sich Pöppelmann mit dem Projekt. Er entwarf entlang dem Elbufer einen gestreckten Trakt mit schwingenden Dächern, die der damaligen Chinamode entsprachen. Diesem so genannten Wasserpalais (Abb. gegenüber oben) folgte vier Jahre später als Pendant das Bergpalais (Abb. rechts). Es entstand ein weitläufiger Hofbereich, in dem der Lustgarten angelegt wurde. Oberhalb des Bergpalais ließ der Kurfürst den Großen Schlossgarten anlegen. Hier sollte man sich nach dem Wunsch des Regenten dem Spiel hingeben. Dazu wurde in der Mitte eine große Rasenfläche geschaffen, die von Alleen und kleineren Wasserbassins gerahmt war. Da der Platz auch für Schießübungen genutzt wurde, mußte ein Kugelfang eingerichtet werden. Man erfand ihn

Dresden, Schloss Pillnitz
Das Bergpalais von Süden

Gartenanlage von Großsedlitz
Die »Stille Musik«

NACHFOLGENDE DOPPELSEITE:
Gartenanlage von Großsedlitz
Ansicht des Orangerieparterres und der unteren Orangerie

Gartenanlage von Großsedlitz
Das »Eisbassin«

in Form einer Grotte, die an der Schmalseite des Rasens installiert wurde.

Wäre Großsedlitz vollendet worden, zählte es zu den glanzvollsten Gartenanlagen. Was heute noch zu sehen ist (Abbn. S. 299 – 302), läßt immerhin die großartige Gesamtplanung erkennen. 1723 konnte der Kurfürst das Anwesen erwerben. Es gab damals das Friedrichsschlösschen, das 1871 abgebrochen wurde, und die Obere Orangerie mit dem Gewächshaus. Umfassende Veränderungen waren vorgesehen. Doch die Arbeiten wurden nie beendet. Geblieben sind zwei Parallelgärten, die sich von der Anhöhe über eine Talsenke ziehen. Die Obere Orangerie wurde als architektonischer Orientierungspunkt für die eine Anlage gewählt. Ihre Mittelachse ist auf den Gegenhang hin ausgerichtet, wo sich das Wasser über eine Kaskade in ein Talbassin ergoss. Beides existiert heute nicht mehr. Der östlich angrenzende Gartenteil ist in seiner Mittelachse auf die Untere Orangerie hin ausgerichtet. Über zwei mit Fontänen bestückte schmale Kanäle – bei denen vielleicht Vaux-le-Vicomte Pate stand – zielt die Achse auf die »Stille Musik«, eine malerische, mit musizierenden Eroten geschmückte Treppenanlage, die ein Bassin mit Fontänen rahmt.

Kassel-Wilhelmshöhe, Karlsberg
Gesamtansicht des Karlsberges mit Oktogon und Kaskade

Der Karlsberg in Kassel-Wilhelmshöhe

Auf einer ausgedehnten Italienreise 1699–1700 hatte Landgraf Karl von Hessen-Kassel die bedeutendsten Renaissance- und Barockgärten kennen gelernt. Wie intensiv er die gartenkünstlerischen Details studierte, läßt sich in seinem »Diarium Italicum« nachlesen. Besonders haben ihn die »Wunderdinge von Frascati« entzückt, er war aber auch von dem berühmten Palazzo Farnese in Rom begeistert, wo er die Statue des Herkules eingehend betrachtete. Diese und noch viele weitere Eindrücke trug er Giovanni Francesco Guerniero vor, der sogleich mit der Planung einer monumentalen Gartenanlage auf der Kasseler Wilhelmshöhe begann. 1705 – die Arbeiten waren ab 1701 bereits fortgeschritten – legte er seinem Landgrafen eine erste Vogelschauansicht der damals noch Karlsberg genannten projektierten Gesamtanlage vor. Eine über mehrere Terrassen geführte Kaskade sollte ein prächtiges Schloss auf dem Berg mit einem Palais in der Art der italienischen Landvilla am Fuße des Berges verbinden. Die finanziellen Mittel reichten jedoch nicht aus. 1718 war lediglich ein Drittel des Vorhabens ausgeführt. Dennoch betrachtet der heutige Besucher die Anlage staunend (Abb. oben): Auf der Höhe erhebt sich ein achteckiger Zentralbau, der von einer Pyramide bekrönt wird, auf der

Weikersheim, Schlossgarten
Blick vom Parterre auf das Schloss, Skulptur im Vordergrund: Artemis

die 9,2 m hohe, von dem Goldschmied Johann Jakob Anthoni 1713–17 geschaffene Replik des Herkules Farnese ragt. Die Kaskade läuft über drei Terrassen hinunter zum Talschloss. Die untere Kaskade, begleitet von zwei schmalen Seitenläufen, mißt 250 m und ist die längste der drei Abschnitte. Drei Querbecken mit Fontänen gliedern das sprudelnde Wasserspiel, das sich auf der unteren Terrasse in das Neptunbecken ergießt.

Schloss Weikersheim
Der Ort Weikersheim liegt im malerischen Taubertal und gilt als Stammsitz der Herren von Hohenlohe, die als Herren von Weikersheim bereits ab 1135 urkundlich bekannt sind. Auf dem Marktplatz des Residenzstädtchens fallen die so genannten barocken Zirkelbauten auf, deren großzügig gestalteten Laubengänge auf das fast versteckt wirkende Renaissance-Schlosstor hin zuhalten. In der Geschichte der südwestdeutschen Gartenbaukunst nimmt Weikersheim eine besondere Rolle ein. Wir wollen zunächst das Schloss betrachten (Abb. links). Von der Gartenseite her gesehen bietet es sich dem Besucher als repräsentatives Prachtgebäude mit drei volutenverzierten Giebeln dar.

In einer ersten Bauphase, die zwischen 1586 und 1603 erfolgte, ließ Graf Wolfgang von Hohenlohe die mittelalterliche Wasserburg in ein prunkvolles Renaissanceschloß verwandeln. Der Treppenturm, der Südtrakt und die im Erdgeschoss durch Arkaden erweiterte Front vermitteln ein lebhaftes Bild von der Eigenart der südwestdeutschen Renaissancearchitektur. Das trifft besonders auf die monumentale Kassettendecke des Rittersaals zu, die von Elias Gunzenhäuser gestaltet worden ist. Jagdszenen und Tierbilder zieren die Deckenfelder – so hatte es der Bauherr gewollt. Er hatte auch verlangt, dass die Höhe und die Breite der Saaltür es ihm erlaubten, aufrecht und hoch zu Ross in sein Wohnzimmer hineinzureiten. Hinter dem Saal öffnet sich der Garten; den Auftakt bildete hier ein vergoldetes Reiterstandbild des Grafen Carl Ludwig von Hohenlohe. Es konnte seinen Platz an dieser Stelle allerdings nur bis zum 19. Jahrhundert behaupten.

Es ist ein besonderes Vergnügen, den Schlosspark zu erkunden; er ist bevölkert von Steinfiguren, die Hofnarren, Faulpelze, Kammerzofen oder Trommler darstellen (Abbn. gegenüber). Auf diese Weise wird das Leben der Bediensteten am Hofe dargestellt. Die fürstliche Würde kommt in griechischen Göttergestalten, in den Allegorien der Winde, Elementen oder in den Erdteilen zum Ausdruck.

Zwar ist vom einstigen Barockgarten nur noch wenig erhalten geblieben, doch das komplexe Figurenprogramm ist fast vollständig präsent. Daniel Matthieu hat den Garten entworfen und in drei Phasen zwischen 1707 und 1725 ausbauen lassen. Das Konzept ist einfach: Ein rechteckiges Parterre wird durch ein Wegkreuz in vier gleiche Beete aufgeteilt. Im Zentrum öffnet sich ein Rundbecken mit Brunnen, und vor dem Hauptparterre, zur Gartenfront des Schlosses hin orientiert, wurde ein Querbecken angelegt. Offensichtlich drehte sich alles um die Figuren, für die der Garten eigens erschaffen worden zu sein scheint. Johann Jakob Sommer, ein Skulpteur aus Künzelsau, hatte schon im Jahr 1708 die meisten Exemplare fertiggestellt. Mit der zwei-

Weikersheim, Schlossgarten
Galerie der Zwerge auf den Balustraden am Schlossgraben

Details der Zwergengalerie: Kellermeister (links außen), Hofgärtnerin (links)

teiligen Orangerie (Abb. rechts), erbaut nach einem Entwurf von Johann Christian Lüttich zwischen 1719 und 1723, erhielt der Garten das abschließende Pendant zum Schlossbau. Zwei Jahre später war der Garten vollendet.

Das Bildprogramm ist intelligent angeordnet; es scheint, als ob das Gartengelände den gesamten, auf das Haus Hohenlohe bezogenen Kosmos darstellt. Die vier äußeren Ecken des Hauptparterres werden von den Allegorien der vier Winde besetzt. Es folgen im vorderen Bereich die vier Elemente, gefolgt von den Göttern und Halbgöttern des griechischen Olymps. Die zentrale Bedeutungsachse aber verlief von dem Gartensaal des Schlosses über das vergoldete Reiterstandbild des Grafen Carl Ludwig von Hohenlohe und die vordere Gartenterrasse, die von *Herkules* und *Zeus* flankiert wird, und weiter bis auf den zentralen Brunnen mit der Herkulesfigur hin. Sie findet ihren Endpunkt im Halbrund der abschließenden Orangerie, in dessen Zentrum *Europa* platziert wurde. Ihr zur Seite stehen *Asien* und *Afrika*. Um das Pathos dieser umfassenden Weltsicht aus der Perspektive des Hohenlohe-Grafen ein wenig zu mildern, versammelte sich das Schlosspersonal auf der vorderen Gartenterrasse, angeführt von dem *Trommler* und dem *Wachtmeister*, die unmittelbar vor *Zeus* und *Herkules* Stellung bezogen haben.

Weikersheim, Schlossgarten
Orangerie, Detail des Ostflügels (oben), Herkulesbrunnen (links)

ABBILDUNG GEGENÜBER:
Weikersheim, Schlossgarten
Blick vom Schloss über das Parterre auf die Orangerie

ABBILDUNG RECHTS:
Potsdam, Schlossgarten Sanssouci
Weinbergterrassen und Schloss

Zwei Terrassenanlagen

Vom Barockgarten des Schlosses Sanssouci in Potsdam ist heute leider nicht mehr viel erhalten geblieben, da die Anlage 1822 von Peter Joseph Lenné in einen romantischen Landschaftsgarten verwandelt worden ist. Doch das Einzigartige dieses Gartens, die Terrassenanlage, ist noch zu sehen (Abb. rechts). Mit dieser Anlage wurde ein neuer Gartentypus geschaffen. Die Arbeiten erfolgten zwischen 1744 und 1764. König Friedrich der Große legte Planskizzen vor, deren peinliche Befolgung er von seinem Baumeister Georg Wenzeslaus von Knobelsdorff erwartete. Für das Schloss, die exedraförmig gebildeten Terrassen, das Parterre und die seitlichen Rampen lassen sich keine direkten Vorbilder in der Renaissance oder auch im Barock finden. Am Fuß des Weinbergs und auf der Mittelachse von Schloss und Terrassen ließ der König die von Marmorstatuen umgebene Grosse Fontäne platzieren.

Interessanterweise entstand um die gleiche Zeit (1740–50) ein weiterer Terrassengarten bei dem ehemaligen Zisterzienserkloster von Kamp am Niederrhein (Abb. unten). Die Parallelen zu Sanssouci sind überraschend, zumal eine gegenseitige Beeinflussung als ausgeschlossen gelten kann. Demnach kommen nur gemeinsame Vorbilder in Frage, die in der römisch-antiken Exedren- und Theater-Architektur zu suchen wären. Aber auch pragmatische Gründe mögen eine Rolle gespielt haben. So weisen Handbücher für die Gartenkunst darauf hin, dass konkave Terrassen günstig für die Sonneneinstrahlung und die Wärmeverteilung sind.

Kamp Lintfort, Terrassengarten
Blick über das Parterre auf die Terrassenanlage

Bayreuth, Felsengarten Sanspareil
Blumen- und Buchsparterre vor dem Morgenländischen Bau

Der Felsengarten Sanspareil bei Bayreuth

Sanspareil nahe Bayreuth, zu Füßen der Burg Zwernitz gelegen, könnte als einer der letzten deutschen Barockgärten oder als erster deutscher Landschaftsgarten beschrieben werden. Eine Trennlinie zu ziehen ist sehr schwierig, da das Rokokoschlösschen, von dem leider nur noch ein kleiner rechteckiger Bau mit dem zierlichen Speisesaal erhalten geblieben ist, malerisch in einen Buchenhain platziert wurde. Eine hohe Buche wurde sogar ummauert, um sie in den Bau mit einzubeziehen. Das Gartenparterre schließt einsam und isoliert vom Schloss an den Hain an und wird vom Küchenbau begrenzt. Die Schöpferin der Gartenanlage, Markgräfin Wilhelmine, deren Gatte Friedrich der Vielgeliebte damals gerade eine Affäre mit der Gräfin Burghaus genoss, zog sich 1744, in der Seele tief verletzt, in die Einsamkeit zurück und entdeckte in der unwegsamen Zwernitz-Niederung zu Füßen eines Felsens den Eingang einer Höhle, die sie »Grotte der Kalypso« taufte. Den Hain verwandelte die Weltflüchtige in die Insel Ogygia, benannt nach der liebenden Göttin. Sie schuf sich, angeregt durch die Lektüre der Abenteuer des Telemach von Fénelon einen Ort ohne gleichen, »sans pareil«.

Die Waldeinsamkeit veränderte sich bald. Die Grotte wurde mit bunten Steinen ausgeschmückt. Bald fand die Markgräfin weitere geeignete Plätze am Felsen, wo sie verschiedene Grotten einbrechen ließ. Dann erhielten Felsenpartien gemalte Prospekte, um die Naturwirkung künstlich zu steigern. Das Naturtheater, aus schweren Tuffsteinen errichtet, glich einer verfallenen antiken Bühnenarchitektur (Abb. gegenüber oben). Der Zuschauerraum war als Felsenhöhle gestaltet. Das sentimentalische Eiland, diese entrückte poetische Welt, währte nur wenige Jahre. Nach dem Tod der Markgräfin im Jahr 1758 verwaiste der Park, und zuletzt verfiel er schließlich. 1838 wurde Sanspareil zum Abbruch verkauft.

Heute jedoch nimmt sich das Naturtheater, das von vornherein als Ruine konzipiert war, nach mehr als 200 Jahren Verwitterung noch phantastischer aus, als sich die Markgräfin wohl jemals hätte träumen lassen.

ABBILDUNGEN GEGENÜBER:
Bayreuth, Felsengarten Sanspareil
Ruinen- und Grottentheater (oben)
Bärenhöhle (unten links)
Dianengrotte (unten rechts)

Benrath, Schlossgarten
Ansicht des Gartens vor dem Hauptgebäude des Lustschlosses

Der Garten von Schloss Benrath
Im Jahr 1746 gab Kurfürst Karl Theodor den Neubau seines Schlosses und die Anlage eines Garten in Benrath in Auftrag. Als Architekten wählte er den bewährten und von Schwetzingen her bekannten Nicolas de Pigage. Karl Theodor schwebte ein ländliches Lustschloss vor, das aber alle Attribute der Repräsentation und des glanzvollen Hoflebens aufweisen sollte. Er ließ das Schloss mit einem Mitteltrakt und zwei Flügeln versehen, die halbkreisförmig um ein Bassin angeordnet wurden. Der elegante, einem Pavillon gleichende eingeschossige Bau ist zur Gartenseite hin mit einem stark vortretenden Mitteltrakt versehen. Pigage hat ein raffiniertes Konzept für die Position des Palais zum Garten vorgesehen. Die seitlich des Mitteltraktes untergebrachten Privatgemächer schließen an einen Gartenbereich an, der vom Hauptgarten abgesondert ist. Die Hauptachse geht vom großen Gartensaal aus und wird durch einen Kanal markiert, der sich bis zum Hauptboskett hinzieht. Ein schmaler Kanal umfließt das Boskett, das sich durch eine verschlungene Wegführung auszeichnet. Auf die Gliederung des Hauptparterres legte der Kurfürst besonderen Wert. Pigage wählte sternförmig einander kreuzende Wege, die im oberen Gartenbereich von einer kreisförmigen Allee aufgefangen werden.

Interessant ist die Verbindung eines dem englischen Landschaftsgarten fast schon nahe kommendes Wegesystem innerhalb des Bosketts mit dem eindeutig barock gegliederten Hauptparterre. Die Herrschaftsattitüde des Kurfürsten verlangte nach Repräsentation – natürlich nach französischem Vorbild. Die neuen gärtnerischen Vorstellungen, die sich in der zweiten Hälfte des 18. Jahrhunderts allmählich auch auf dem Kontinent durchsetzten, sollten aber auch zur Geltung kommen. Und so geschah es denn auch partiell.

Der Garten von Veitshöchheim

Wer einen typischen Rokokogarten sucht, wird ihn zweifellos in Veitshöchheim bei Würzburg finden. Das betrifft besonders seine Ausstattung mit Skulpturen von Ferdinand Tietz, die entscheidend zur heiteren Stimmung in diesem Garten beitragen. Die Gartengeschichte geht zurück auf das 17. Jahrhundert, als der Würzburger Fürstbischof Peter Philipp von Dernbach um 1682 ein kleines Sommerhaus errichten ließ. Es bildete den Kernbau des späteren Schlosses. Seitlich entstand ein Baumgarten, der unter Fürstbischoff Johann Philipp von Greiffenclau um 1702 zu einer prachtvollen Gartenanlage erweitert wurde. Fürstbischof Adam Friedrich von Seinsheim gilt schließlich als der Vollender des Anwesens. Wie der Perspektivplan (Abb. unten), der um 1780 von Johann Anton Oth gezeichnet wurde, verdeutlicht, besteht der Garten aus drei Bereichen. Das Schloss ist eingebettet inmitten von zwölf unterschiedlich großen Parterres, die symmetrisch zur Mittelachse angeordnet worden sind. Entlang der Mittelachse schließen sich zwei mit Hecken und Bäumen eingefaßte Rondelle an. Der größere Gartenbereich, östlich des Schlosses gelegen, wird durch eine zentrale Allee in zwei Zonen aufgeteilt, von der die südliche durch den Großen See dominiert wird (Abb. S. 314). Als Pendant wurde im oberen Bereich ein »Circus« angelegt. Hierbei handelt es sich um ein Rondell, das von einem Laubengang umschlossen ist.

Die Figuren von Tietz, zwischen 1765 und 1768 entstanden, waren für die Seezone und die Boskette vorgesehen. Gerade dort, im dichten Laubwerk der Boskette, nehmen sich die Figuren aus wie auf einem Gemälde von Antoine Watteau. Mal ist es ein Putto, der auf einem rocailleförmigen Sockel seinen

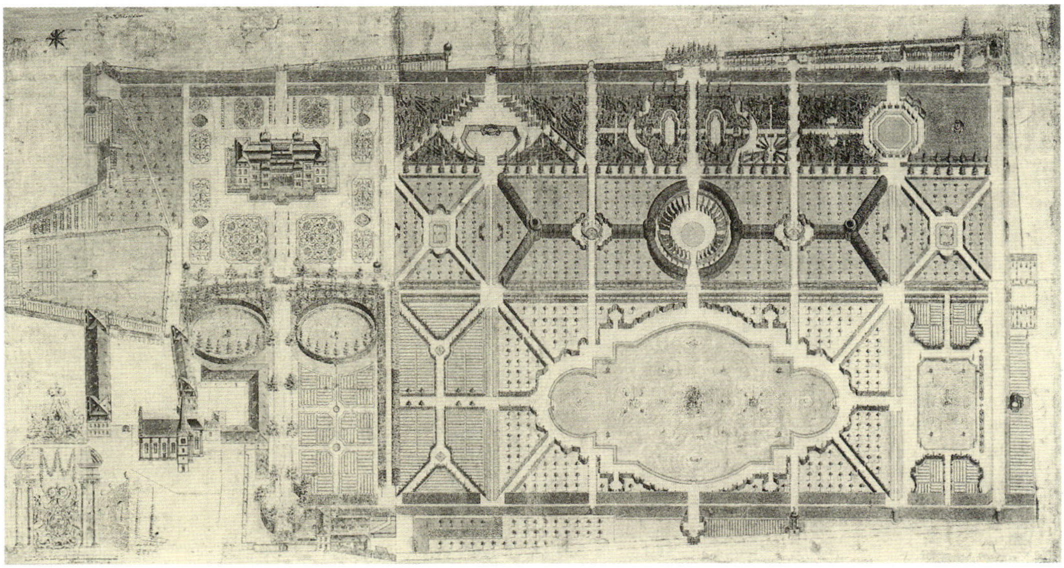

Veitshöchheim, Rokokogarten
Skulptur von Ferdinand Tietz

Perspektivplan der Gesamtanlage von J. A. Oth, um 1780

Umhang schwingt, mal eine tanzende Dame mit elegantem Hüftknick. Neben den Allegorien gibt es Szenen aus den Tierfabeln von Äsop, wie beispielsweise »Fuchs und Storch«, und auch ein Musikantenpaar in Schäfertracht tritt auf, so dass man einem über den gesamten Garten verteilten Szenarium der Commedia dell'arte beizuwohnen glaubt. Die verspielte Welt des Rokoko entfaltet in diesem Garten auch heute noch ihren Charme und Zauber.

Damals ging es allerdings um mehr als diese Wirkung: Die Konstruktion einer sentimentalischen Gegenwelt war zusammen mit der beginnenden Aufklärung in Mode gekommen. Der Mensch öffnete sich der Natur, um darin einen Reflex seiner Gefühle zu entdecken. Während die Vernunft das politische Tagesgeschehen der Herrschaft diktierte, sollte ein pastorales Ambiente die Empfindsamkeit und Nachdenklichkeit des Menschen entfalten. Tierfabeln, musizierende und tanzende Schäfer oder allegorische Szenen aus der griechischen Mythologie verbanden sich mit einem Naturszenarium, das insgesamt die Sehnsüchte und Hoffnungen nach einer idealen Welt zum Ausdruck brachte. Der aus dem barocken Konzept abgeleitete und weiterentwickelte romantisierende Garten gab oftmals das Vorbild ab für die in dieser Zeit entstandenen Idealveduten oder Prospekte.

Veitshöchheim, Rokokogarten
Der Große See mit dem Musenberg Parnass (links); eine der zahlreichen Skulpturen um den Großen See (unten)

Veitshöchheim, Rokokogarten
Pavillon à la chinoise in der Waldregion (links); Grottenhaus (gegenüber)

Der Schlossgarten in Schwetzingen

Mit dem Bau des Schlossparks in Schwetzingen klingt die barocke Gartenkultur in Deutschland in einem Schlussakkord aus. Zugleich damit heben die neuen Klänge des englischen Landschaftsgartens an, die, zumindest in Deutschland, verstärkt von historistischen Motiven begleitet sind.

Kurz nachdem Pfalzgraf Carl Theodor seiner alten Residenzstadt Heidelberg den Rücken gekehrt hatte, um auf dem Reißbrett die neue Handelsmetropole Mannheim zu schaffen, suchte er 1720 in Schwetzingen Zuflucht, um der riesigen städtischen Baustelle am Rhein zumindest in den heißen Sommermonaten zu entfliehen. Ab 1742 Kurfürst, entschloss er sich, diesen Ort zur Sommerresidenz auszubauen. Zwischen 1753 und 1758 entwarf der kurpfälzische Hofgärtner Johann Ludwig Petri einen neuen Garten. Die von Ferdinando Galli-Bibiena entworfenen Zirkelhäuser des Schlosses gaben die Struktur des Parterres vor (Abb. gegenüber). Um ein Achsenkreuz herum wurden rechteckige und segmentförmige Kompartimente mit Obelisken und Pyramiden angelegt. Im Zentrum der Kreuzung umschließen segmentförmige Beete ein Wasserbassin. Baumalleen und Boskette begleiten die großen rechteckigen Kompartimente, die von buchsumsäumte Blumenrabatten gerahmt sind. Das Parterre ist 1970–75 nach den Plänen von Petri einfühlsam rekonstruiert worden, so dass wir uns auch heute

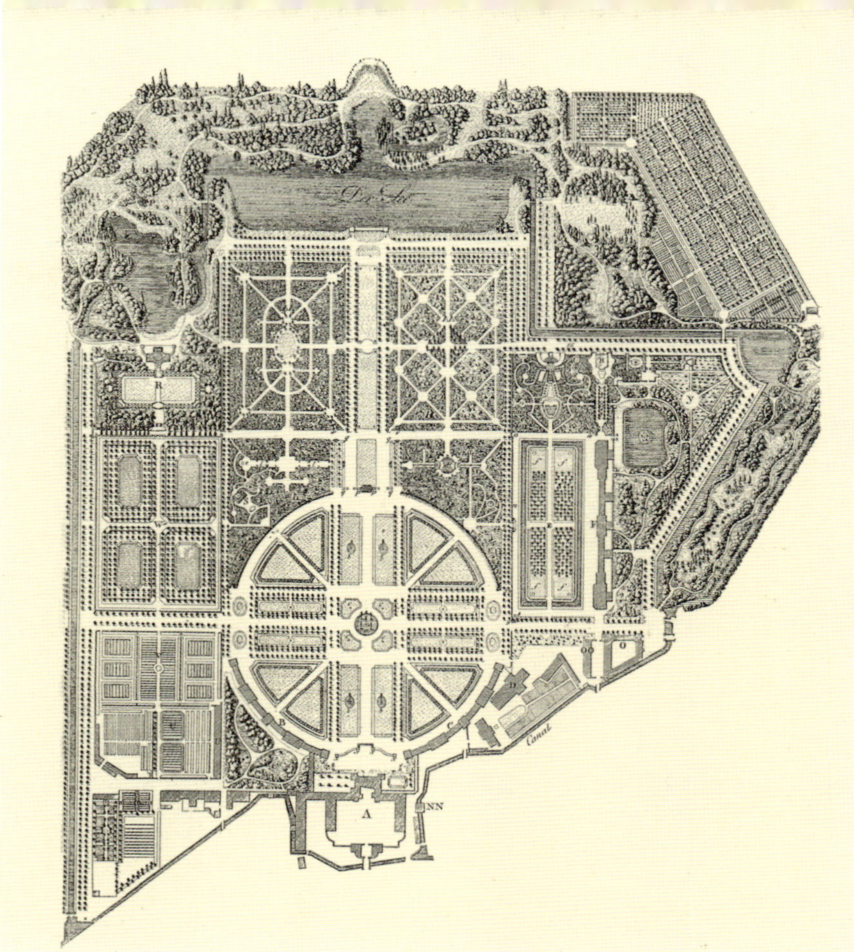

Schwetzingen, Schlossgarten
Plan der Gesamtanlage nach G. M. Zeyher, 1809 (oben)
Naturtheater und Blick auf den Apollotempel (links)

ABBILDUNGEN GEGENÜBER:
Schwetzingen, Schlossgarten
Südlicher Zirkelbau und Kreisparterre (oben); Hauptachse und Parterre (unten)

Schwetzingen, Schlossgarten
Merkutempel

ABBILDUNG GEGENÜBER:
Schwetzingen, Schlossgarten
Das »Perspektiv«. Das Gemälde der idyllischen Flusslandschaft am Ende des Laubenganges stammt vom Mannheimer Hofmaler Wilwert.

noch eine genaue Vorstellung von der barocken Anlage machen können.

Mit den Erweiterungsarbeiten von Nicolas de Pigage ab 1761 wandelte sich das Bild des Gartens allmählich. Die Boskettzonen wurden vergrößert, ein Kanal eingefügt und im nördlichen Bereich eine Orangerie mit einem Orangeriegarten angelegt. Bei manchen Boskettteilen wird in der verwirrenden, an Labyrinthe erinnernden Wegeführung ein neuer, spielerischer Zug spürbar. Die neuen Bauwerke wie das Badhaus mit dem chinesischen Teeraum (1769–73) und der Tempel der Botanik (1776–79) verstärken das exotische Moment und erhöhen den Erlebniswert des Gartens für die Besucher. Später kommen das Römische Wasserkastell (1776–79), eine künstliche Ruine mit Aquädukt und Obelisk, der ebenfalls als Ruine gestaltete Merkurtempel (1784–87, Abb. oben) sowie die berühmte Moschee hinzu. Die »römischen Ruinen« sollen sinnbildhaft für das Reich der Götter, Nymphen, Satyrn, Musen und Heroen stehen. Möglicherweise hatte man mit diesen Staffagebauten »konkrete Bilder« oder einen Bühnenraum für Festivitäten der Herrschaft gestalten wollen, wie sie typisch waren für den spätbarocken Illusionsraum. Vorbilder fanden sich in den Gemälden von Johann Heinrich Schönfeld aus Biberach, der viele Jahre in Rom verbracht und dort ausführlich die antiken Ruinen skizziert hatte. Seine Sujets waren damals populär und könnten Gartenkünstler zu ihren Schöpfungen angeregt haben.

Wie sehr man sich in Schwetzingen um die gleitenden Übergänge von Architektur, Gartengestaltung und Malerei bemüht hatte, mag das »Perspektiv« (Abb. gegenüber) veranschaulichen. Es handelte sich um einen Aussichtspunkt, von dem aus man über das Parkgelände hinweg auf einen monumentalen Prospekt mit einer idyllisch Landschaft blickte. Sie sollte das pastorale Moment im Park verstärken.

Dieses Ensemble von Staffagebauten und Prospekten inmitten intimer Boskette und begleitet von Labyrinthen oder Orangeriegärten dokumentieren eine grundlegend neue Phase der Gartenkultur, den historistischen Garten des späten 18. und frühen 19. Jahrhunderts.

Bernardo Bellotto, gen. Canaletto
Schönbrunn, Gartenseite, 1758/61
Öl auf Leinwand
Wien, Kunsthistorisches Museum

Der Schlossgarten Schönbrunn in Wien

Die vorbarocke Geschichte Schönbrunns läßt sich bis zum 16. Jahrhundert zurückverfolgen. Damals bereits hatte der Wiener Bürgermeister Hermann Bayer eine befestigte Mühle, die Katterburg, zu einem Herrensitz mit Lustgarten ausbauen lassen. Der eigentliche Name des Ortes aber geht auf Kaiser Mathias zurück, der auf einem seiner Jagdzüge eine Quelle entdeckte, die er den »schönen Brunnen« nannte. Dort gab er den Bau eines Schlösschens in Auftrag, das jedoch schon 1683 von den anrückenden Türken zerstört wurde. Das heutige Schönbrunn nahm erst unter Kaiser Leopold I. Gestalt an. Johann Bernhard Fischer von Erlach plante ein bescheidenes, aber elegantes Gartenpalais. 1696 begannen die Bauarbeiten, deren Abschluss erst unter der Regentschaft der Kaiserin Maria Theresia erfolgte. Die Aus- und Umbauten besorgte Nikolaus Pacassi bis zum Jahr 1749.

Noch während Fischer von Erlach am Schloss arbeitete, entstand der großzügig angelegte Park. Im Anschluss an die Fertigstellung des Mitteltraktes beauftragte Kaiser Leopold I. den französischen Gartenarchitekten Jean Trehet mit der Planung und Ausführung. Trehet veranlaßte den Transport von 1000 jungen Bäumen sowie des Modells einer Bewässerungsmaschine von Paris nach Wien. Schon um 1700 sollen im weiten Gelände von Schönbrunn Jagden stattgefunden haben und erste Feste gefeiert worden sein.

Die für das heutige Aussehen entscheidende Umgestaltung erfuhr der Park in den Jahren von 1750 bis 1755. Ein sternförmiges Alleensystem wurde angelegt, das die älteren Wege und Alleen berücksichtigte. Die Planung sah vor, das Schloss noch stärker in den Mittelpunkt der Gesamtanlage einzubeziehen. Die kaiserliche Familie sollte bereits in den Festräumen und dann natürlich erst recht auf der Terrasse den Park als ihr zugeordneten Landschaftsraum erfahren. Nicolas Jadot de Ville-Issey sah am Ende der westlichen Diagonalachse eine kreisförmige Menagerie mit einem achteckigen Pavillon vor. Die Menagerie war aufgeteilt in 13 Abteilungen mit jeweils einem kleinen Parterre und einem Wasserbassin. Um den Tierbestand zu erweitern, schickte der Kaiser den Botaniker Nicolaus Jacquin im Jahr 1755 auf eine Expedition nach Westindien. Spätere Expeditionen führten nach Südafrika, nach St. Helena und sogar nach Brasilien. Als optischer Endpunkt der östlichen Diagonalallee wurde ein Obelisk gewählt.

Als nächste größere Bauaufgabe nahm der Kaiser die Orangerie in Angriff. Das lang gestreckte, 200 m lange Gebäude wurde von Pacassi entworfen. Er installierte eine hypokaustische Heizungsanlage, die heute noch funktioniert. Im Winter wurden die empfindlichen Pflanzen in die Orangerie verbracht, deren Gebäude zuweilen sogar für Festlichkeiten und Theateraufführungen genutzt wurden. Schließlich fehlte noch das bekrönende Bauwerk auf der Anhöhe des Schönbrunner Berges. 1772 erhielt der Architekt Johann Ferdinand Herzendorf den Auftrag, ein Wasserreservoir zu entwerfen, zu dem ein gewundener Weg mit acht Brunnen führte. 1775 konnte schließlich der Abschluss der Arbeiten mit dem Aussichtspavillon, der Gloriette, gefeiert werden. Nach dem Tode Maria Theresias waren die Arbeiten am Großen Parterre, das sich bis zum Schönbrunner Berg zog, um 1780 abgeschlossen, wie auf dem Gemälde von Bernardo Bellotto aus dem Wiener Kunsthistorischen Museum zu sehen ist (Abb. gegenüber). Die 32 Gartenfiguren, seitlich der Hecken aufgestellt, verkörpern antike Götter, Gestalten der griechischen Mythologie und Helden der römischen Geschichte.

Zu einem grundlegenden Stilwandel der Gartengestaltung von Schönbrunn kam es Ende des 18. Jahrhunderts. Hetzendorf arbeitete Entwürfe aus, die dem Konzept des englischen Landschaftsgartens eng verpflichtet waren. Zusammen mit der Gloriette wurden gegen 1780 die Römische Ruine und der Obeliskenbrunnen errichtet. Hinzu kam der Neptunbrunnen in Form einer monumentalen Felsenlandschaft, bevölkert von mythologischen Figuren.

Der Garten des Palais Liechtenstein in Wien

Kurz nach 1700 ließ sich Fürst Adam von Liechtenstein Pläne für einen Gartenpalast vorlegen. Ein erster Entwurf stammt von Johann Bernhard Fischer von Erlach. Später arbeitete der Italiener Domenico Martinelli weitere Pläne aus. Im Jahr 1704 war der Bau vollendet. Der etwas erhöhte Mitteltrakt mit fünf Achsen wird flankiert von vierachsigen Seitenflügeln. Die prächtige, an der Rückfront anschließende Gartenpartie ist heute leider nicht mehr vorhanden. Ein Gemälde von Bernardo Belotto von Mitte des 18. Jahrhunderts vermittelt aber ein sehr anschauliches Bild vom einstigen Parterre (Abb. S. 324/25). Die Mittelachse mit einem Springbrunnen geht von der Toreinfahrt aus und führt hinauf zur Terrasse des ehemaligen Gartenbelvedere Johann Bernhard Fischer von Erlachs. Es wurde 1873 abgerissen, um einem historistischen Neubau zu weichen. Von der Mittelachse gehen die Beetkompartimente ab, die unterschiedlich ornamentiert und bepflanzt sind. Man sieht Buchs, Eiben und Zypressen sowie Knoten- und Spiralornamente. Die Gartenanlage wurde mit zahlreichen Skulpturen geschmückt. Auf hohen Postamenten erkennt man Gestalten der antiken Mythologie und reizvolle allegorische Szenen wie Apollo und Daphne. Die Skulpturen wechseln ab mit reich verzierten Vasen.

Wien, Schlossgarten Schönbrunn
Skulpturen beim Parterre (oben), der »Kammergarten« mit Blick auf das Schloss (links)

Bernardo Bellotto, gen. Canaletto
Sommerpalais Liechtenstein in Wien, Gartenseite, 1758/61
Öl auf Leinwand
Vaduz, Fürstlich Liechtensteinische Sammlungen

Der Belvedere-Schlossgarten in Wien
Im Jahr 1693 erwarb der siegreiche Feldmarschall Prinz Eugen mehrere Grundstücke vor den Toren der Stadt Wien, um ein Palais mit einer großen Gartenanlage bauen und gestalten zu lassen. 1706 hegte der Prinz erste Pläne für das ab 1714 von Lukas von Hildebrandt erbaute Untere Belvedere. Schon damals legte Hildebrandt erste Terrassen für den Garten an. Die Arbeiten am lang gestreckten, eingeschossigen unteren Pavillon gingen rasch voran. Sie konnten bereits 1716 abgeschlossen werden. Das Gebäude erhebt sich hinter einem trapezförmigen Ehrenhof und weist lediglich im Mitteltrakt ein zweites Stockwerk auf. Dann begannen die Arbeiten an dem Garten.

Zweifellos wird die österreichische Gartenkultur mit der Anlage des Belvederegartens gekrönt. Man machte sich die leicht ansteigende Geländesituation zu Nutze und schuf zwischen dem eher intimen Schlösschen des Unteren Belvedere und dem später erbauten repräsentativen Oberen Belvedere (Abb. gegenüber) einen unvergleichlichen Garten, dessen ursprünglicher Zustand im Stichwerk von Salomon Kleiner überliefert ist (Abb. rechts). Prinz Eugen konnte im Jahr 1717 den kurbayerischen Architekten Dominique Girard, der schon vorher in Nymphenburg und in Schleißheim gewirkt hatte, für die Gartenarbeiten gewinnen.

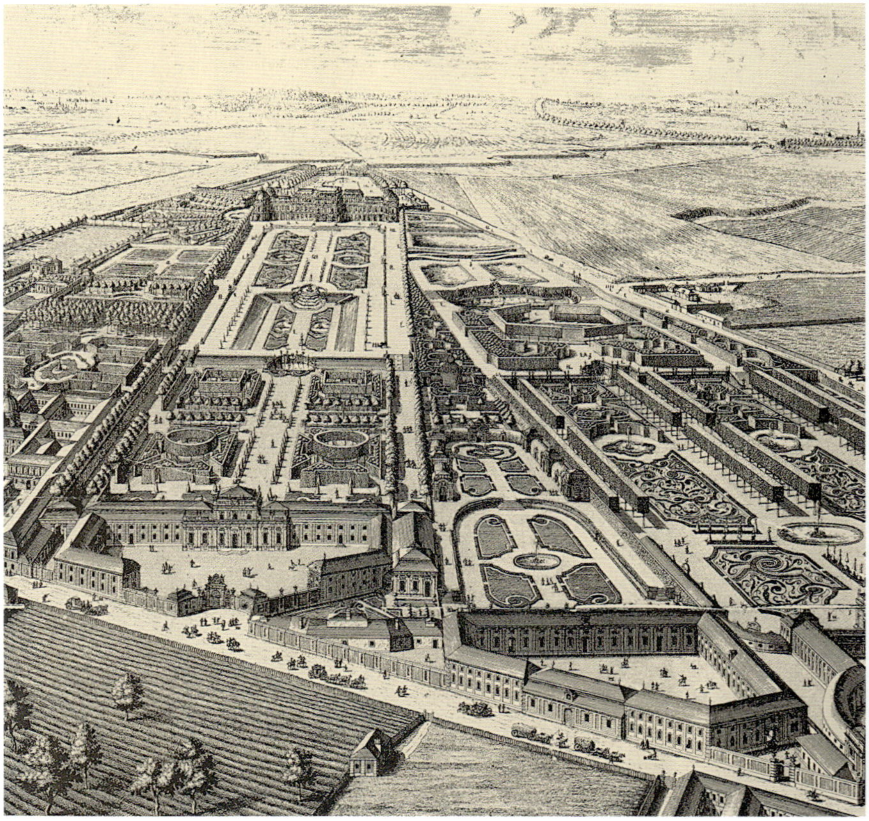

Wien, Belvedere-Schlossgarten
Unteres Parterre mit Blick auf die Kaskade und das Obere Belvedere

Eine als Querachse dienende Böschung mit seitlichen Treppen und einer zentralen Kaskade unterteilt den Garten in zwei Terrassen und überwindet so den Höhenunterschied zwischen beiden Palästen (Abb. oben). Auf der unteren Terrasse wurde ein Heckengarten mit stereometrisch gestalteten Bäumen angelegt. Für die obere Terrasse waren Blumenbeete und Wasserspiele vorgesehen. Ähnlichkeiten mit Versailles sind unübersehbar, doch liegt hier keinesfalls eine Nachahmung vor. Die Gestaltung der Boskette, gegliedert durch ein diagonales Wegesystem, findet sich im Gartentraktat von Dezallier d'Argenvilles, der 1709 erschienen war und zur bedeutendsten Anleitung für die gartenkünstlerischen Tätigkeiten im 18. Jahrhundert wurde.

Noch während die Gartenarbeiten im Gange waren, plante der Prinz einen krönenden Abschluss oben auf der Höhe des Geländes. Er entschloss sich zur Errichtung eines repräsentativen Baus. Die Arbeiten am Oberen Belvedere begannen 1721. Dem überhöhten zentralen Mittelpavillon mit dem Marmorsaal sind das Treppenhaus und ein Vestibül mit einem schwingenden Segmentgiebel vorgesetzt. Die Flügelbauten enden in jeweils zwei achteckigen Pavillons, die mit ihren bekrönenden Rundkuppeln den Rhythmus der unterschiedlichen Geschosshöhen aufnehmen und abschließen. Die Bewegung der lang gestreckten Gartenterrassen wird auf geniale Weise in der Architektur des Oberen Belvedere zum Abschluß gebracht. Die Flügelbauten stufen sich ab, das heißt, die vom Mittelpavillon ausgehenden Seitentrakte erfahren jeweils über den ersten fünf Achsen eine Aufstockung, die über den Giebel des Vestibüls reicht. Dahinter ragt der Mittelpavillon mit seinem Dach wie eine Bekrönung des gesamten Gebäudes auf. Es gibt wohl kaum eine vergleichbare Anlage, in der die Architektur und die Gestaltung des Gartens so harmonisch aufeinander abgestimmt worden sind.

Die Einzigartigkeit des Wiener Belvedere geht auf mehrere Faktoren zurück. Zum einen ist es das Zusammenspiel von Architektur, gestalteter Natur und Landschaft, zum anderen die geniale planerische und ausführende Leistung Hildebrandts. Das in seinen Ausmaßen eher bescheidene, in der Detailgestaltung aber äußerst prunkvolle Untere Belvedere bildet den Auftakt zu dem ungewöhnlichen, aber faszinierenden Dialog zwischen Gartenterrassen und der Dächerlandschaft des Oberen Belvedere. Ein wohl durchdachtes Blickachsensystem, wie es sonst in der barocken Gartengestaltung üblich war, schien hier entbehrlich, da sich sowohl die Anlage des Gartens als auch die Architektur der Paläste zu einem homogenen ästhetischen Erlebnisraum zusammenschlossen, in dem die komplexen visuellen Bezüge enthalten waren.

ABBILDUNGEN GEGENÜBER:
Wien, Belvedere-Schlossgarten
Sphinx und Parterre vor dem Oberen Belvedere; im Hintergrund: Unteres Belvedere und die Stadt Wien (oben)

Gesamtanlage der Schlossbauten und Gärten aus der Vogelperspektive, Radierung von S. Kleiner, 1731 (unten)

Der Schlossgarten Mirabell in Salzburg

Der Barockgarten von Mirabell in Salzburg geht auf den Salzburger Fürsterzbischof Wolf Dietrich von Raithenau zurück, der die Anlage 1606 für sich und seine Lebensgefährtin Salome Alt sowie für die gemeinsamen Kinder anlegen ließ. Damals wurde das Anwesen Schloss Altenau genannt. Der Cousin und Nachfolger des Fürsterzbischofs, Markus Sittikus von Hohenems, benannte das Schloss in »Mirabell« um. Zur Zeit des Dreißigjährigen Krieges baute der Italiener Santino Solari umfangreiche Befestigungsanlagen in Salzburg, die zum Teil auch Mirabell betrafen. Die Stadtwälle umschlossen den Lustgarten. Die beiden berühmtesten Barockarchitekten Österreichs, Johann Bernhard Fischer von Erlach und Johann Lukas von Hildebrandt, nahmen sich des Schlosses und des Gartens Ende des 17. und Anfang des 18. Jahrhunderts an. Es entstanden zwei parallele Gartenachsen, die auf die Festung Hohen-Salzburg ausgerichtet waren. In das Zentrum des Hauptparterres platzierte man einen großen Brunnen mit überlebensgroßen Statuen. Franz Anton Danreiter, Salzburger Hofgarteninspektor, gestaltete den Garten ab 1728 weiter aus. Das betraf das kleine Parterre, den Orangeriegarten und eine neu erschlossene Fläche auf der großen Schanze. Ab 1811, das Schloss war zu dieser Zeit die Residenz des Kronprinzen von Bayern, wandelte Friedrich Ludwig von Skell die Gartenanlage bis auf einen kleinen Bereich, den er als geometrische Anlage bestehen ließ, in einen Landschaftsgarten um.

Salzburg, Schlossgarten Mirabell
Pegasusbrunnen (oben)
Vogelperspektive der Gesamtanlage nach F. A. Dannreiter, um 1728 (links)

ABBILDUNG GEGENÜBER:
Salzburg, Schlossgarten Mirabell
Blick über den Garten auf die Festung Hohen-Salzburg

Gärten des Barock und Rokoko in den Niederlanden, England, Skandinavien und Russland

Het Loo, Schlossgarten
Unterer Garten mit Globus-Springbrunnen

Barockgärten in den Niederlanden

Ob für das bayerischen Nymphenburg oder das niedersächsische Herrenhausen, neben den überragenden französischen Anlagen gingen auch vom holländischen Garten viele Anregungen aus. Seine Blütezeit ist im Kontext der politischen Entwicklung ab etwa 1670 anzusetzen. Nach der Befreiung von der spanischen Herrschaft und nach dem Westfälischen Frieden von 1648 dominierte in Holland das Stadtpatriziat. Diese bürgerliche Führungselite machte sich die traditionellen herrschaftlichen Statussymbole zu Eigen und integrierte sie in ihr Auftreten. Die Regierung legte Wert auf die höfischen Formen, um ihre politische Würde zu betonen.

Heemstede

Der Utrechter Staatsmann Diderick van Veldhuysen erwarb Gelände in Heemstede bei Utrecht im Jahre 1680, das er als riesige Gartenanlage nach französischem Muster ausgestalten ließ. Wahrscheinlich wirkte Daniel Marot, ein französischer Hugenotte, der nach den Niederlanden emigriert war, mit an der Planung. Dies zeigt sich an der Parterregestaltung und an der Beetornamentierung, die deutliche Züge der von Ludwig XIV. favorisierten Gartengestaltung aufweist.

Im Zentrum der Anlage befindet sich ein achteckiges Wasserschloss, dessen polygonale Ecktürme für einen Hauch von Exotik sorgen.

Nach französischem Vorbild sind sicherlich die achsensymmetrische Aufteilung der Quartiere und die spannungsreichen Blickachsen geschaffen worden. Auch die Ornamentierung der Beete dürfte auf entsprechende französische Musterbücher zurückzuführen sein. Darüber geben die Aquarelle Auskunft, die Isaac de Moucheron um 1700 anfertigte (Abb. rechts). Dem »gout français« wurde durch Treillagen, Galerien, Boskettwände, Buchsobelisken oder Labyrinthe Rechnung getragen. Doch das durch Kanäle und Alleen geschaffene Rechteckraster ist ein typisch holländisches Motiv, das dem Erscheinungsbild der Landschaft entspricht. Mehr noch als in Frankreich, wo Hügel- oder Gebirgsformationen das Gartengelände begrenzen, öffnet sich die Anlage in Heemstede bis zum Horizont. Der Übergang vom Garten zur ihn umgebenden Kulturlandschaft ist kaum auszumachen.

Der Schlosspark Het Loo

Der niederländische Statthalter und spätere König von England, Wilhelm III., ließ sich 1685 neben seinem Schloss Het Loo einen Garten nach den Entwürfen von Daniel Marot anlegen (Abbn. gegenüber und S. 332/33). Zeitgenössische Radierungen und die Beschreibungen des königlichen Leibarztes Walter Harris vermitteln noch ein recht genaues Bild vom Garten, der um 1800 verwilderte und erst 1978 wieder rekonstruiert wurde.

Das Konzept ist französisch und Versailles nachempfunden. Das betrifft den oberen Garten, der mit einem radial von der Mittelachse abzweigenden Wegesystem auf Weite ausgerichtet ist. Der untere, dem Schloss zugeordnete Garten nimmt sich dagegen typisch holländisch aus. Er ist in selbstständige, gegeneinander abgesetzte Einheiten aufgeteilt. Die für die holländische Landschaft so typischen Baumalleen und Hecken gliedern die Gesamtanlage.

Das für den holländischen Garten und später auch für Nymphenburg und Schleißheim so bedeu-

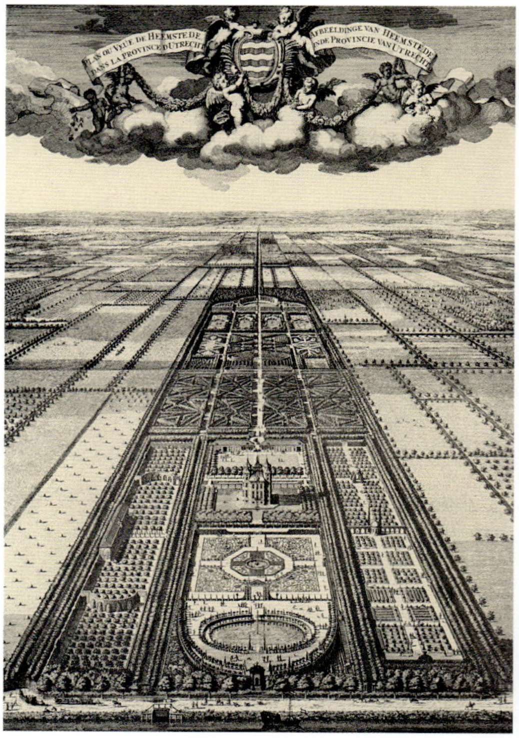

Heemstede
Ansicht der Gesamtanlage aus der Vogelperspektive.
Stich von D. Stoopendaal nach I. de Moucheron, um 1700

tende Kanalsystem geht zurück auf den Garten von Honselaarsdijk in Zuid-Holland südlich von Den Haag, den Prinz Frederik Hendrik ab 1621 anlegen ließ. Das riesige Areal wurde gemeinsam mit dem Schloss von einem Kanal umflossen, den streckenweise Baumalleen begleiteten.

In Het Loo kann man noch heute die Verwandlung der französischen Beetornamentierung aus der Zeit Ludwig XIV. in eine spezifisch holländische Variante verfolgen. Das liegt an der gestalterischen Handschrift des Franzosen Daniel Marot, der zuvor schon in Heemstede tätig war. Marot galt damals als der bedeutendste Ornamentkünstler. Seine Parterre-Entwürfe sind in dem umfangreichen, fast schon einer Enzyklopädie gleichenden Stichwerk mit dem Titel »Œuvres de Sieur Daniel Marot« enthalten, das erstmals im Jahr 1703 erschienen ist. Zusammen mit Jacob Roman, dem holländischen Bildhauer und Architekten, arbeitete er die Ornamentierung der Parterres aus. Obwohl Marot dem Stil Le Nôtres eng verhaftet war, wandelte er dessen Strukturen ab und gelangte zu einer symmetrischen Form, die sich gegenüber den französischen Beispielen eher streng und fast schon nüchtern ausnahm. Mit solchen Mustern konnten sich die Holländer von ihrer Mentalität her leicht identifizieren. Für die Binnenstruktur des Parterres wählte Marot einen ungewöhnlichen Kunstgriff. Er legte Rasenbänder an, um die Ornamentzonen der Rabatten miteinander zu verknüpfen. Diese Bänder, ein Leitmotiv seiner Ornamentkunst, sah er ebenfalls für die Außenrahmung und die Akzentuierung des Achsenkreuzes vor. Auffallend ist ferner sein Umgang mit der Koloristik der Blumen. Seine Blumenrabatten sollten Beete oder Quartiere rahmen und zugleich innerhalb von Buchsarabesken die durchgängig grünen Farbtöne aufhellen.

Marots Bemühungen leben heute noch in der Bepflanzung und Gestaltung von Het Loo nach, etwa im Broderieparterre des »Gartens der Königin« (Abb. S. 332), im Hauptparterre vor dem Schloss (Abb. oben) oder in den Anlagen des Oberen Gartens (Abb. S. 333).

Auch das so genannte Grüne Kabinett im »Garten der Königin« mit seinen Pavillons, die kunstvoll aus berankten Latten gebildet wurden, oder die zierlichen Laubengänge, die diesen Gartenbereich durchziehen, entstammen der phantasievollen Vorstellungswelt Marots und waren in seinem Stichwerk vorgebildet.

Het Loo, Schlossgarten
Blick vom Schloss auf das Parterre. Der Hauptbrunnen im Zentrum des Parterres ist Venus und Amor gewidmet.

ABBILDUNG GEGENÜBER:
Het Loo, Schlossgarten
Parterre-Ausschnitt mit Vase und Skulptur, alter Baumbestand im Oberen Garten

Het Loo, Schlossgarten
Parterre mit Buchsbaumornamenten, Zierbäumen und Berceau im »Garten der Königin«

Neben diesen typisch holländischen Aspekten werden die Besucher immer wieder auf rein französische Motive aufmerksam gemacht. Der Untere Garten, dem Schloss zugeordnet, wird flankiert von Terrassen, die einen Blick auf die Anlage ermöglichen. Die Parterre-Struktur mit den Wegekreuzen und dem zentralen Brunnen wird sichtbar. Diese Terrassen mögen Zuschauern einen guten Platz geboten haben, wenn dramatische Festivitäten stattfanden. Die Herrschaft konnte das Schauspiel von der Gartenterrasse des Schlosses aus verfolgen. In Holland waren solche Terrassen eher unüblich, da man auf Grund der Topografie des Landes gerne auf das zu aufwendige Schaffen und Gestalten von Hügelzonen verzichtete. In Frankreich dagegen sind solche Terrassen, die das Hauptparterre begleiten, häufig zu finden, etwa in den Pariser Tuilerien.

Während der Untere Garten von Het Loo klar gegliedert und eindeutig dem Schlossbau zugeordnet ist, erweist sich der später angefügte Obere Garten als überdimensionale Anlage, die Weite und Grenzenlosigkeit zum Ausdruck bringen sollte. Auch hier wirkte die französische Gartenideologie Ludwigs XIV. nach, der beispielsweise in Versailles ein anschauliches Gleichnis seines grenzenlosen Besitzes geben wollte.

London, Hampton Court Palace, Schlossgarten
Blick auf den Privy Garden mit Flusslandschaft im Hintergrund

England
Man kann eigentlich nicht behaupten, der englische Garten habe eine vom Kontinent losgelöste Eigenentwicklung durchgemacht, obwohl der englische Barockgarten sich in vielen Details vom französischen Garten unterscheidet. Während in der Architektur markante englische Sonderwege auszumachen sind, scheinen die Gartenmodelle der italienischen Renaissance und des französischen Barock und Rokoko übernommen und variantenreich abgewandelt worden zu sein.

Hampton Court ist ein gutes Beispiel für das Aufgreifen und Umsetzen französischer Konzepte. Beliebt und einfach anzulegen waren die Alleen, die sternförmig von einem Rondell ausgingen, um das Park- oder Gartengelände zu gliedern. Häufig ergaben sich aus der Wegeführung interessante Blickpunkte auf ferne Kirchtürme oder innerhalb des Gartenbereichs installierte Brunnen.

Die Gartengeschichte von Hampton Court geht zurück auf die Regierungszeit von König Heinrich VIII., der das Gelände zu Beginn des 16. Jahrhunderts von Kardinal Wolsey erwerben konnte. Im 17. Jahrhundert gewann der Garten während der Regierungszeit König Charles' II. an Profil. Um 1660 ließ er den Großen Kanal anlegen, der mittelachsig vom Schloss ausging und mit den sternförmig vom Schlossplatz ausgehenden Alleen korrespondierte. Diese eindeutige Adaptation französischer Gartenanlagen wird durch Charles' Vorliebe für die Kunst des kontinentalen Nachbarlandes unterstrichen. Er schickte seinen Gärtner John Rose nach Paris, damit er dort die französische Gartenkunst André Le Nôtres studieren konnte. Ja, er ließ sogar am französischen Hof nachfragen, ob Meister Le Nôtre nicht selbst nach Hampton Court kommen könne, um dort das Parterre zu entwerfen. Geschmeichelt von diesem Ansinnen, soll Ludwig XIV. seinem Gärtner tatsächlich die Erlaubnis erteilt haben, nach England zu gehen. Von einem Aufenthalt Le Nôtres in Hampton Court ist allerdings nichts bekannt.

Die Blüte von Hampton Court fällt in die Regierungszeit von König William und seiner Gemahlin Mary. Sie planten den Ausbau des Schlosses und des Gartens, um sich in Hampton Court eine ständige Residenz zu schaffen. Christopher Wren, der damals berühmteste Baumeister Europas, erhielt 1689 den Auftrag, das Schloss, den schönen Tudorbau, nach dem Vorbild von Versailles auszubauen. Vor dem Ostflügel des Schlosses entstand ein halbkreisförmig angelegter Ziergarten. Die Alleen und der Kanal wurden zurückgedrängt. Kieswege, unterbrochen von Rondellen und Brunnen, durchmaßen nun in der Verlängerung der Alleen und des Kanals das halbkreisförmige Hauptparterre bis zur Gartenfront des Schlosses. Dreizehn größere und kleinere Fontänen sowie zahlreiche Skulpturen schmückten diesen Bereich, so dass man damals schon von dem »Great Fountain Garden« sprach. Das Parterre ornamentierte der viel beschäftigte Daniel Marot.

Die älteren Gärten der Anlage, unter anderem der Wassergarten, auch »Pond Garden« genannt, blieben bis auf den heutigen Tag erhalten und wurden im Stil der Renaissance bepflanzt. Nur der alte Privy Garden, der Privatgarten Heinrichs VIII. mit dem künstlich aufgeworfenen Hügel und dem Aussichtspavillon, wurde umgestaltet. König William ließ den Hügel abtragen und Parterrebeete anlegen. Als Abschluss erhielt das Areal wunderschöne Eisengitter mit zwölf Toren vom französischen Kunsthandwerker Jean Tijon. Leider hat man dieses großartige Werk 1865 abgerissen und in das South Kensington Museum überführt. Doch zu Beginn des letzten Jahrhunderts besann man sich der außerordentlichen gartenkünstlerischen Wirkung des Werkes und installierte es erneut an seinem angestammten Platz.

König Williams Gartenplanung endete mit der Umwandlung der alten Obstgärten des nördlichen Bereichs in eine so genannte »wilderness«. William wählte als Vorbild das französische Boskett, doch vermied er dessen gekünstelte Gestaltung und versah den Waldkomplex mit einem verschlungenen Wegesystem. Damit dämmerten erste Aspekte des englischen Landschaftsgartens herauf. Das französische Boskett, ein beliebter sommerlicher Schattenspender, ein Aufenthaltsort für Verliebte und der intime Platz für Schäferspiele, eignete sich nicht für englisches Temperament und Wetter. Schattenreiche Plätze suchte man eher in den luftigen Alleen als in engen und abgeschlossenen Boskettkabinetten.

Oxfordshire, Blenheim Palace
Buchsbaumornamente und kunstvoll ausgezackte Wasserbassins bilden zusammen eine Art Wasser-Parterrelandschaft. Die formalen Gartenbereiche beim Schloss, Nachbildungen des italienischen wie des französischen Gartens, sind Schöpfungen des 20. Jahrhunderts.

Blenheim Palace

Der Grundstein zum Blenheim Palace wurde am 17. Juni 1705 gelegt. Fünf Tage später schrieb der Dramatiker und Architekt Sir John Vanbrugh an seinen Herrn, den Duke of Marlborough, dass mit der Terrassierung des Gartens am selben Tag begonnen

London, Hampton Court Palace, Schlossgarten
Östliche Gartenanlage

wurde wie mit den Bauarbeiten am herrschaftlichen Palast. Innerhalb eines Jahres wollte er die gesamte Gartenanlage »geformt und gepflanzt« haben. Das war natürlich nicht zu schaffen. Der von Charles Bridgemann signierte Endplan der Anlage datiert von 1709. Er zeigt den mit Bastionen versehenen so genannten Militärgarten, den mit einer Mauer befestigten Küchengarten und die im Norden und Osten mit Ulmen bepflanzten Alleen.

Henry Wise sorgte für die Bepflanzung und die Pflege der Gärten. Die ungewöhnliche Idee, die Gärten mit einer Fortifikation zu versehen, geht wahrscheinlich auf Vanbrugh zurück. Im Jahre 1719 konnte Malborough endlich seinen Palast beziehen und in den Gärten lustwandeln – leider nicht für lange Zeit. Er starb wenige Jahre später, 1722, in Windsor.

Chatsworth Garden, Derbyshire

Bess Hardwicke of Hardwicke, eine bemerkenswerte Frau, die bereits mit 13 Jahren verwitwet war und ihren letzten Gatten, den vierten, um viele Jahre überlebte, kannte nur eine Leidenschaft: das Bauen und Anlegen von Schlössern und Gärten. Diese Leidenschaft war ihr Lebenselixier, denn eine Zigeunerin weissagte ihr, dass sie so lange leben würde, so lange sie baue. Sie starb fast hundertjährig. Bess, eine Landadelige, die im Jahre 1520 geboren wurde, heiratete natürlich ausschließlich in ihren Kreisen, und brachte es zu einem beträchtlichen Vermögen und, was für ihre Bauwut wichtiger war, zum Besitz großer Ländereien. Sie plante und beriet unter anderem in Hardwick Hall und in Welbeck Abbey. Ihr erstes und bedeutendstes Werk aber war Chatsworth zur Zeit ihrer Ehe mit Lord Cavendish. In der zweiten Hälfte des 16. Jahrhunderts begann man mit den Arbeiten am Herrenhaus, das im Laufe der folgenden Jahrhunderte deutliche Veränderungen erfuhr. Immerhin soll zu dieser Zeit auch ein erster typischer Renaissancegarten angelegt worden sein. Von ihm sind aber keine Spuren mehr vorhanden.

Ab 1687 beauftragte der Herzog die damals bedeutendsten Gartenbaukünstler Henry Wise und George London mit der Anlage des Gartens. Wise war der Erste Gärtner der Königin Anne und galt als Vertreter des französischen Modells, das er in ein unverkennbar englisches Barockmodell übertrug. Ihm gelang es, Labyrinthe in eine künstlich gestaltete Wildnis wie in Hampton Court zu integrieren oder streng symmetrisch ausgerichtete Ulmen-Alleen wie in Blenheim anzulegen. Das Französische – das war den herrschaftlichen Auftraggebern wichtig –

Chatsworth Garden, Derbyshire
»Salisbury Lawns«

ABBILDUNGEN GEGENÜBER:
Chatsworth Garden, Derbyshire
Broad Walk und Blanche's Vase (oben)
Das Labyrinth (unten)

Chatsworth Garden, Derbyshire
Blick von der Großen Kaskade auf das Schloss und die anschließende Hügellandschaft

Entwurf zur Umgestaltung des Gartens von Chatsworth
Zeichnung von William Kent

ABBILDUNG GEGENÜBER:
Chatsworth Garden, Derbyshire
Das Kaskadenhaus

sollte durchaus spürbar sein, ohne dabei den englischen Charakter zu vernachlässigen.

Wise und sein Partner London erhielten vom Herzog den Auftrag, in Chatsworth einen Garten im Stil von Versailles zu entwerfen. Damit war die Größe und Prachtentfaltung gemeint, nicht aber unbedingt die Ornamentierung der Beete oder Strukturierung der Parterres. Der hinter der Gartenfassade sanft ansteigende Hügel bot viele Möglichkeiten der geometrischen Gestaltung und natürlich der Konzeption eines dominanten Wasserlaufs. Zu diesem Zweck ließ der Herzog im Jahre 1694 einen Franzosen und Schüler von Le Nôtre nach England kommen, um sich eine Kaskade bauen zu lassen. Das die Kaskade abschließende Kaskadenhaus (Abb. gegenüber) stammt von Archer.

Eine weitere Umgestaltung erhielt der Garten unter dem neuen Besitzer, dem vierten Herzog von Devonshire. Er engagierte 1760 Lancelot »Capability« Brown, der mit einer durchgreifenden Umgestaltung der Anlage zu einem Landschaftsgarten begann. Die Kaskade ließ er glücklicherweise unangetastet. Sie zeugt noch heute von dem einstigen Barockgarten.

Melbourne Hall, Derbyshire
Wer in Chatsworth die von Wise und London entworfene großartige Barockanlage vermisst, wird in Melbourne Hall entschädigt. Das Anwesen in Derbyshire zählt zu den wenigen Beispielen in England, deren Anlage sich aus dem 17. und 18. Jahrhundert noch weitgehend erhalten hat. Der Vertrag zwischen den beiden Gartenarchitekten und Thomas Coke, dem Vize-Kämmerer der Königin Anne, datiert vom Jahr 1704. Zu diesem Zeitpunkt existierte offensichtlich schon ein barocker Garten, der nach dem Vorbild Le Nôtres streng geometrisch konzipiert war. Wise und London übernahmen das Muster, erweiterten aber den Gartenbereich. Sie warteten mit einem kleinen Wunderwerk auf, indem sie einen 90 Meter langen Eibentunnel pflanzten, den längsten in Europa. Der Tunnel befand sich südlich einer Reihe von Rasenterrassen, die sich hinunterzogen zu einem großen Wasserbassin, das von hohen Zypressen umgeben ist. Südlich davon schließt sich das Boskett mit Eiben und Buchen an, das von Alleen durchzogen wird. An deren Schnittpunkte installierten Wise und London Brunnen, Fontänen und Skulpturen. Nicht weit von diesem Bezirk entfernt wurde eine Grotte errichtet, in der ein Brunnen mit hervorsprudelndem Mineralwasser eingebaut ist. Einzigartig in englischen Gärten ist der so genannte *birdcage*, eine Laube in der Form eines Vogelkäfigs. Das zierliche und artistisch gestaltete Schmiedewerk stammt von Robert Blakewell aus dem Jahre 1706. Es befindet sich östlich des Sees. Es diente der Herrschaft als ferner *point of view* und war durch die Seeoberfläche und eine langgezogene Eibenallee vom Herrenhaus getrennt (Abb. gegenüber).

Von der oberen Terrasse kann man einen weiten Blick über die Allee, den Teich und den wundervollen *birdcage* hinüber zu ansteigenden Rasenterrassen und weiteren Alleen bis zum Horizont werfen.

Melbourne Hall, Derbyshire
Skulptur des Merkur im Französischen Garten. Die Gärten von Melbourne Hall sind heute noch deutlich vom französischen Stil geprägt.

ABBILDUNG GEGENÜBER:
Melbourne Hall, Derbyshire
Blick von der schmiedeeisernen Laube (*birdcage*) über den Teich auf das Schloss

Kopenhagen, Schloss Frederiksborg
Blick über den Teich des Schlossgartens auf das Schloss

Skandinavien

Wie die anderen europäischen Länder blickt auch Dänemark auf eine lange Gartentradition zurück. Seit dem Mittelalter, als die Mönche die Klostergärten anlegten, war der dänische Garten zunächst vorwiegend Nutz- und weniger Zier- oder Lustgarten. Erst als der dänische König Frederik IV. (1699–1730) auf einer Frankreichreise die Gärten André le Nôtres kennen lernte und sich an der Pracht der Anlagen begeisterte, entwickelte sich in dem skandinavischen Land eine eigene Gartenkultur. Mit dem Bau des Schlosses Frederiksborg in Kopenhagen (Abb. oben) begann um 1700 die Terrassierung des Gartens im französischen Barockstil. Der Entwurf des schwedischen Architekten Nicodemus Tessin von 1699 fand aus Kostengründen nicht die Zustimmung des Königs. Stattdessen beauftragte er Hans Hendrik Scheel mit der Planung und Ausführung der Arbeiten.

Wenige Jahre später, 1717, entschied sich der König zu einem weiteren Repräsentationsbau, dem Schloss Fredensborg nördlich von Kopenhagen (Abb. rechts). Der italienische Architekt Marcantonio Pelli arbeitete zusammen mit Johann Cornelius Krieger die Pläne für den Garten aus. Sie wurden zwischen 1759 und 1769 umgesetzt. Die finanziellen Möglichkeiten des Hofs erschöpften sich jedoch ziemlich bald, so dass die geplanten kostbaren Marmorterrassen und Kaskaden nicht mehr verwirklicht werden konnten. Stattdessen suchte man nach kostengünstigeren Möglichkeiten, wie etwa mit Gras und Pflanzen bewachsene Erdwälle. Kostspielige Bassins mit Fontänen wurden durch Teiche ersetzt, die man mit Holz und Findlingen befestigte. So entstand nicht nur eine eigene dänische Variante des europäischen Barockgartens, sondern ein erster Ansatz zum Landschaftsgarten. Die herrschaftlichen Gärten erscheinen nunmehr intimer, gefälliger und nicht so prunkvoll wie in Frankreich oder Italien.

Schloss Fredensborg (Dänemark)
Schlossgarten mit bewachsenen Erdwällen und Ansicht des Schlosses

Schloss Drottningholm auf einer Insel des Mälarsees westlich von Stockholm
Schlossgarten mit Brunnenanlage in der zentralen Sichtachse des Schlosses

Ähnlich wie in Dänemark entwickelte sich auch in Schweden die Gartenkultur. Es waren französische Mönche, die um die Mitte des 12. Jahrhunderts in den Klöstern Kräuter- und Lustgärten anlegten. Der Orden der Heiligen Brigitta von Schweden kultivierte in seiner Abtei in Vadstena einen Klostergarten, der heute noch besucht werden kann.

Der barocke Garten entwickelte sich in Schweden weniger unter dem Eindruck der französischen Gärten, sondern in Anlehnung an den Heidelberger Hortus Palatinus des Salomon de Caus (Abb. S. 133). Unter den Vasa-Königen wurde das mittelalterliche Kastell in Stockholm in einen Renaissance-Palast umgebaut. Gustav II. Adolf, König von Schweden, der große Widersacher des kaiserlichen Oberbefehlshabers Wallenstein, festigte in seinen ersten Regierungsjahren bis zum Eintritt in den Dreißigjährigen Krieg im Jahre 1630 die schwedische Ostseeherrschaft. In diesen Jahren zwischen 1611 und seinem Heereszug wurde er offensichtlich bekannt mit den Plänen des Heidelberger Schlosses und Gartens. Genauere Kenntnis hat man allerdings erst von den Bautätigkeiten seiner Tochter, der Königin Christine, nach dem Ende des Dreißigjährigen Krieges. Sie berief den Franzosen André Mollet nach Stockholm, wo er 1651 sein einflussreiches Buch »Le Jardin de Plaisir« herausgab. Mollet setzte seine Gartenideen zunächst in der Modernisierung des Königlichen Gartens in Stockholm um, wo er ein großes Broderieparterre schuf. Zu diesem Zweck ließ er Pflanzen importieren und erbaute Orangerien.

Eine der prächtigsten Gartenanlagen Nordeuropas entstand in Drottningholm (Insel der Königin) auf einer Insel des Mälarsees westlich von Stockholm (Abb. oben). Das spätmittelalterliche Schloss wurde unter der Regierung der Königin Hedvig Eleonora ab 1661 umgebaut. Fast gleichzeitig legte man den Garten an. Die von Nicodemus Tessin entworfenen Pläne verarbeiteten Mollets Parterre-Muster und orientierten sich in der Dimensionierung und Struktur der Anlage an den Plänen Le Nôtres, zu dem der schwedische Architekt persön-

St. Petersburg, Peterhof
Doppelkaskade vor dem Schloss

liche Kontakte pflegte. Die Anlage hat sich ohne große Veränderungen bis auf den heutigen Tag erhalten. Die Bronzefiguren des Gartens stammen von Adrian de Vries. Diese kostbare Sammlung gelangte als Kriegsbeute sowohl aus Prag als auch aus dem dänischen Schloss Frederiksborg nach Schweden. Seit 1981 lebt die Königliche Familie auf Schloss Drottningholm.

Russland

Von einer spezifisch russischen Gartenkultur kann eigentlich erst ab dem 18. Jahrhundert die Rede sein. Zwar gab es schon im 17. Jahrhundert Sommerresidenzen in der Umgebung von Moskau, doch ist darüber wenig bekannt. Sehr wahrscheinlich handelte es sich um Holzbauten, die durch Brand gefährdet waren und deswegen häufig Erneuerungsarbeiten und Umbauten erfuhren. Erst mit dem Auftreten Peters des Großen im ersten Drittel des 18. Jahrhunderts und der Gründung von Petersburg wurden mit dem Bau der Paläste und Residenzen auch Gärten angelegt. Architektur und Gartenkunst studierte der Zar auf seinen ausgedehnten Reisen durch Europa. Holland, England und Deutschland boten ihm viele Anregungen. Sein Sommerpalast auf der Admiralitätsinsel in der Newa, heute leider verschwunden, war mit einem prächtigen Parterre versehen. Springbrunnen, Skulpturen und verschiedene Lusthäuser sowie ein Boskett nach dem Vorbild von Versailles gehörten ebenso zur Ausstattung wie eine Grotte mit Wasserkünsten, für deren Bau und Installationen er den Berliner Baumeister Andreas Schlüter verpflichtete.

Im Jahre 1715 entschloss sich der Zar, gegenüber seiner Stadt an der Südküste des Finnischen Meerbusens ein Lustschloss errichten zu lassen. Die Lage war günstig, denn die Terrasse für das Schloss erhebt sich hier etwa zwölf Meter über den Meeresspiegel und fällt sanft in weichen Wellen zum Meer hin ab. Der nach dem Zaren benannte Peterhof (Petrodvorets) sollte im Stil der französischen Barockresidenzen mit anschließenden Gartenanlagen erbaut werden. 1716 wurde ein Schüler Le Nôtres, der französischer Gartenbaumeister und Architekten Jean-Baptiste Alexandre Le Blond, nach Petersburg geholt, um das Schloss und die Gärten zu planen und auszuführen (Abbn. links und gegenüber). Der Garten erstreckte sich von der Terrasse des Schlosses bis hinunter zum Meer. Schwierig waren weniger die Erdarbeiten als die Bepflanzung des Terrains. Zu diesem Zweck ließ der Zar Bäume und Pflanzen aus allen Teilen Europas herbeischaffen. Über 40.000 Ulmen und Ahornbäume aus Russland, Obstbäume aus Italien und viele exotische Pflanzen aus dem Vorderen Orient wurden auf langen Wegen zum Schloss transportiert. Trotz des langen und strengen Winters gediehen die Anpflanzungen gut, wie berichtet wurde.

Der Glanzpunkt der gesamten Anlage ist auch heute noch zu bewundern: die Doppelkaskade, die zu beiden Seiten einer Grotte über sieben Stufen aus farbigem Marmor begleitet von vergoldeten Figuren in ein grosses Bassin herabfällt (Abb. links). Dort erhebt sich ein künstlicher Felsen mit einem mächtigen Samson, der dem Löwen das Maul aufreißt, um eine Wasserfontäne daraus hervorschießen zu lassen. Vom Bassin geht ein von Fontänen gesäumter Kanal aus, der in ruhigem Fluss dem Meer zustrebt. Hier ermöglichte eine kleine Hafenanlage den herrschaftlichen Schiffen bequemes Landen.

Zar Peter der Große lernte die Kunst der Blickachse in Versailles kennen. Nach dem Motto »Besitz, so weit das Auge reicht!« organisierte er die Stellung von Schloss, Kaskade und Kanal. Oben auf der Schlossterrasse bietet sich dem Betrachter ein wunderbares Panorama: Der Blick wird über die Kaskaden zum Kanal gelenkt und von dort weiter über die Küste und das Meer zu den goldenen Kuppeln der Stadt Petersburg. Diese visuelle Machtdemonstration wiederholt sich in der Residenzstadt selbst, wenn man auf dem Dekabristenplatz hinter dem von Étienne Maurice Falconet gestalteten Denkmal

St. Petersburg, Peterhof
Brunnen und großes Bassin im Schlossgarten

St. Petersburg, Peterhof
Pavillon Marly im unteren Bereich des Schlossgartens

Peters des Großen steht. Das von einem riesigen Granitblock aufspringende Pferd mit dem Zaren reißt den Blick mit über den Platz und die Newa in die Ferne in Richtung Meer und Peterhof. Dieser ästhetisierte Machtgestus, ein politischer Topos des Absolutismus, war Gestaltungsmerkmal nicht nur der Gartenkunst, sondern auch der Stadtplanung. Stadt und Garten erfuhren nicht unbedingt eine Integration, aber sie standen in einer optischen Fernbeziehung zueinander. Es ging um die Suggestion von Ferne, darum einen Machtanspruch jenseits visuell fassbarer Grenzen zu formulieren. So gesehen greift die Bezeichnung »Russisches Versailles« für Peterhof zu kurz. Der Gartenkontinent des Sonnenkönigs sollte als Modell für einen strukturierten und organisierten Machtbereich gelten. Petersburg und Peterhof dagegen waren lediglich Eckpunkte eines umfassenden, in jede Himmelsrichtung sich ausdehnenden Gebietes, dessen Grenzen auch jenseits des Meeres immer wieder neu zu definieren waren. Wenige Jahrzehnte später, nach dem Tod des Zaren, entschloss man sich, die Anlage in großen Teilen einzuebenen und zu erweitern. Man wollte der neuen Mode entsprechen, und den gesamten Gartenbereich in einen englischen Landschaftsgarten umwandeln.

Topiari – Die Kunst des Baumbeschnitts

Die Kunst des Baum- und Heckenbeschnitts bezeichnete der römische Enzyklopädist Plinius d. Ä. als »opus topiarium«. Er bezog sich dabei allgemein auf die Gartenkunst, der es in erster Linie darum ging, die Natur in eine bestimmte Form zu bringen. So nannte man auch im antiken Rom Landschaftsgärtner oder Gartenpfleger »topiarii«. Es handelte sich meistens um Sklaven aus Griechenland, die es zuweilen zu außergewöhnlicher Kunstfertigkeit und beträchtlicher Anerkennung brachten. Ihre Namen wurden sogar auf Grabsteinen verewigt. Später wurde der Begriff eingegrenzt. In theoretischen Abhandlungen über die Gartenkunst wurde die Formenvielfalt beschnittener Bäume und Hecken *topiari* (franz = topiaire, engl.= topiary) genannt. Berühmt wurden diese Figurenhecken und -bäume erstmals durch Francesco Colonna, der in seiner »Hypnerotomachia Poliphili« von 1499 eine *topiari*-Sammlung abbildete. Er stellte nicht nur Ring-, Kugel- oder Pilzbäume, sondern auch phantasiereiche Formen wie Rundtempel, die mit Vögeln geschmückt waren oder menschliche Gestalten, die verzierte Tore in die Höhe hoben, vor (Abb. S. 43).

Francis Bacon, der englische Philosoph und Begründer der empirischen Wissenschaften veröffentlichte verschiedene Abhandlungen über die Anlage und Pflege von Gärten. In seinem Essay »On Gardens« von 1625 äußert er sich skeptisch über den Gebrauch von *topiari*:

»Die Aufteilung der Teile innerhalb der großen Hecke überlasse ich der Erfindung eines jeden; nichtsdestoweniger erinnere ich, dass die Form, welche immer man ihr geben mag, nicht zu aufdringlich oder überladen (busy, or full of work) sein darf. Wobei ich für meinen Teil in Wacholder oder anderes Gartenmaterial geschnittene Bilder nicht mag; das ist für Kinder.«

Möglicherweise spielt er auf besonders reichen *topiari* in Hampton Court in London an, die in der Regierungszeit Henry VIII. angelegt wurden.

Chatsworth Garden, Derbyshire
Ring pond, Heckenanlage mit eingestellten Skulpturen und Zierbäumchen

Enghien (Belgien), Gartenanlage mit variantenreichem Baumbeschnitt
Stich von Romain de Hooghe, um 1687

ABBILDUNG GEGENÜBER:
Het Loo, Schlossgarten
Detailansicht des Broderieparterres mit Zierbäumchen

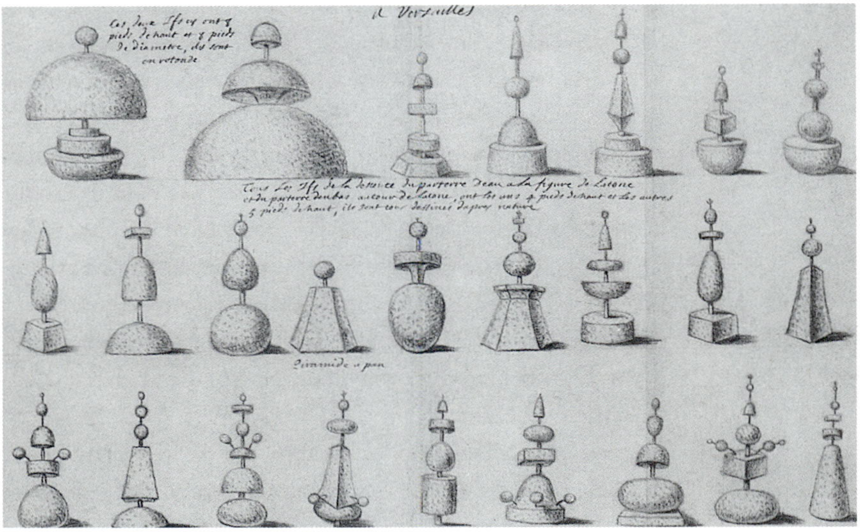

Musterblatt mit zahlreichen Varianten von Formschnitten für die Bäume an den Rampen im Latona-Parterre des Schlossgartens von Versailles

Francis Bacon empfahl dagegen einfache und stellenweise rund beschnittene Hecken »... mit ein paar hübschen Pyramiden und an manchen Stellen schöne von Lattenwerk gestützte Säulen«. Wahrscheinlich wurde hier zum ersten Mal für die Barockgartenkunst die Empfehlung ausgesprochen, aus Bäumen oder Hecken Architekturformen wie Säulen, Architrave oder Kollonaden zu schneiden.

In seinem Werk »La Théorie et la Pratique de Jardinage« von 1709 beschrieb der bereits mehrfach genannte französische Gartentheoretiker Antoine Joseph Dézallier d'Argenville auch solche Architektur-*topiari*. Dieser bald als »Bibel der Gartenkunst« gerühmte Traktat erlebte viele Neuauflagen und Übersetzungen und wurde zum Standardwerk der Gartenkunst des 18. Jahrhunderts. D'Argenville verglich die Alleen und Wege eines Gartens mit dem städtischen Straßensystem. Dessen Gestaltungsweise trage entscheidend zur Erscheinungsform eines Gartens bei. Er schlug vor, zwischen den Alleebäumen seitlich der Parterres so genannte *parapette* anzulegen, etwa 130 cm hohe Hecken, die für einen Abschluss der Baumreihe sorgen und dennoch den Blick in die angrenzenden Gartenbereiche freigeben. Sollten diese Hecken höher werden, könnten sie sogar mit kleinen fensterförmigen Durchblicken versehen werden. Auf der anderen Seite betonte Dézallier d'Argenville aber auch die Eigenständigkeit der Hecken und Büsche und sah vor, ihnen durch Beschnitt vielfältige Architekturformen zu verleihen. Er fertigte eine Art Katalog von geschnittenen Hecken an, die modifiziert bald in vielen Gärten Europas zu sehen waren und andere Gartentheoretiker bzw. -architekten zu ähnlichen Musterentwürfen anregten (Abb. links): Im 17. und 18. Jahrhundert erschienen zahlreiche *topiari*-Musterbücher, u.a. auch vom deutschen Gartenbaumeister Matthias Diesel, der in seiner Schrift »Erlustierende Augenweide in Vorstellung hortlicher Gärten und Lustgebäude« aus dem Jahre 1717 kunstvolle Baum- und

Manoir d' Eyrignac (Südwestfrankreich)
Eibensäulen und Kugelbäumchen im formalen Garten des Landhauses

Heckenfigurationen vorstellt, die sich aus stereometrischen Gebilden zusammensetzen.

Zur Zeit des englischen Landschaftsgartens kamen die *topiari* aus der Mode und galten vielen englischen Gartenliebhabern als Beispiel für schlechten Geschmack. Als aber um 1800 historisierende und rustikale Architektur den Garten schmückte, besann man sich auch wieder auf die zugeschnittenen Bäume und setzte sie wirkungsvoll als Zierelement ein. Kugel- oder kegelförmig beschnittene Eiben sind in kleineren Privatgärten eigentlich nie aus der Mode gekommen. John Ruskin und William Morris, die in den 60er Jahren des 19. Jahrhunderts das kunstgewerbliche Arbeiten neu belebten und aufwerteten, sahen auch für das *cottage gardening* dekorative Gestaltungsmöglichkeiten vor und verhalfen den *topiari* zu einer neuen, wenn auch verhaltenen Geltung. Hier ging es allerdings vorwiegend um einzelne beschnittene Pflanzen, die im Garten oder vor dem Gebäude zu einem dekorativen Arrangement zusammengestellt wurden. In dieser Funktion erhielten die *topiari* im Jugendstil eine besondere Bedeutung. Aber die barocken vegetabilischen Architektur-Ensembles, die phantasievollen Hecken- und Baumfassaden konnten sich in den Gärten des 20. Jahrhunderts nicht mehr behaupten und sind heute nur noch in Anlagen zu bewundern, in denen die Gartenkunst der Renaissance und des Barock liebevoll rekonstruiert und ständig gepflegt wird. In diesen Gärten lenken die kunstvollen Baum- und Heckenfiguren auch heute noch das Hauptaugenmerk auf sich.

Chatsworth Garden, Derbyshire
Das Labyrinth mit variantenreichem Baumbeschnitt

NACHFOLGENDE DOPPELSEITE:
Wivenhoe Park, Essex
Gemälde von John Constable, 1816
Öl auf Leinwand, 56 x 101 cm
Washington, National Gallery of Art, Widener Collection, USA

Der englische Landschaftsgarten

Rousham Park, Oxfordshire
Bleiskulptur des Bacchus von John van Nost

Stowe, Buckinghamshire

Stowe war einer der ersten englischen Landschaftsgärten. Um 1730 angelegt, beeinflusste er die künftige Entwicklung dieses neuen Gartentypus entscheidend (Abbn. S. 352–358). Ab 1593 im Besitz der Familie Temple, wurde Stowe unter Richard Temple, 1. Viscount Cobham, 1715–26 ausgebaut. Der führende Gartenarchitekt war Charles Bridgeman, der für die frühe Entwicklung des englischen Landschaftsgartens eine Art Schlüsselfigur war. Bridgemann bekleidete das Amt des Königlichen Gärtners unter George II. und Königin Caroline. Er arbeitete in Hampton Court, im St. James's Park und im Hyde Park sowie in Kensington Gardens, wo er für den Round Pond und die Serpentine verantwortlich war. Die königlichen Gärten forderten ihn nur wenig. Ihm oblag es, die traditionellen Strukturen weitgehend zu erhalten. Die Situation änderte sich mit privaten Aufträgen, unter anderem vom Viscount in Stowe, wo Bridgeman bereits 1713 seine Tätigkeit aufnahm.

Die ersten Pläne zeigen eine dem französischen Barockgarten ähnliche Anlage. Die zeitliche Nähe zur Gartenkunst le Nôtres ist deutlich zu spüren. Abgesehen von der unregelmäßigen Begrenzung, arbeitete Bridgeman in freier Variation mit dessen Parterre-Struktur. Um die angrenzende offene Landschaft sichtbar zu machen, konstruierte er nach den Anweisungen Dézallier d'Argenvilles einen Aha, einen künstlichen Graben mit einem Mauerzug (siehe hierzu Abbn. S. 229). Erst unter der Leitung von William Kent, dem »Feind der Geraden«, wie er von Zeitgenossen spöttisch genannt wurde, wandelte sich der Garten ab 1735 in ein malerisch-idyllisches Naturbild. Es entstanden die Elysischen Felder, ein kleines Tal mit Tempelchen im Stil Palladios sowie gewundene Wege mit Baumgruppen. Auch zur Planung des Landschaftsgartens in Holkham Hall in Norfolk wurde Kent hinzugezogen, wo er die weiten Wiesengründe ebenfalls mit Gruppen von Bäumchen zu strukturieren versuchte, wie eine Federzeichnung seiner Hand zeigt (Abb. gegenüber unten).

Die so genannte Gartenrevolution in England war nicht ganz so spektakulär wie häufig behauptet. Der englische Landschaftsgarten war auch nicht Folge des vermeintlich aussterbenden Barockgartens, der teilweise noch lange erhalten blieb und parallel zum Landschaftsgarten gepflegt und gefördert wurde. Der von Bridgeman gezeichnete Plan von Stowe, 1739 publiziert, zeigt noch die axialgeordnete Struktur mit geometrischen Parterres, die vom Herrenhaus ausgehen. Eine lange Allee, die weit in die Landschaft ausgreift, verbindet den ferneren und ungleich größeren Landschaftspark mit dem Anwesen des Viscount (Abb. unten). Eine zeitgenössische Beschreibung von Lord Percival, der 1724 die Anlage besuchte, lässt zudem eher an einen italienischen Renaissancegarten denken. Von Springbrunnen ist die Rede und von quer laufenden Wegen, die in Kolonnaden, Statuen und Bögen enden, sowie von verborgenen Pfaden, die durch die Bosketten führen. Einem Gestaltungsmotiv aber schien der Viscount besondere Aufmerksamkeit zu schenken: »Die Schönheit dieses Gartens erfährt noch eine Steigerung, indem er nicht von Mauern, sondern

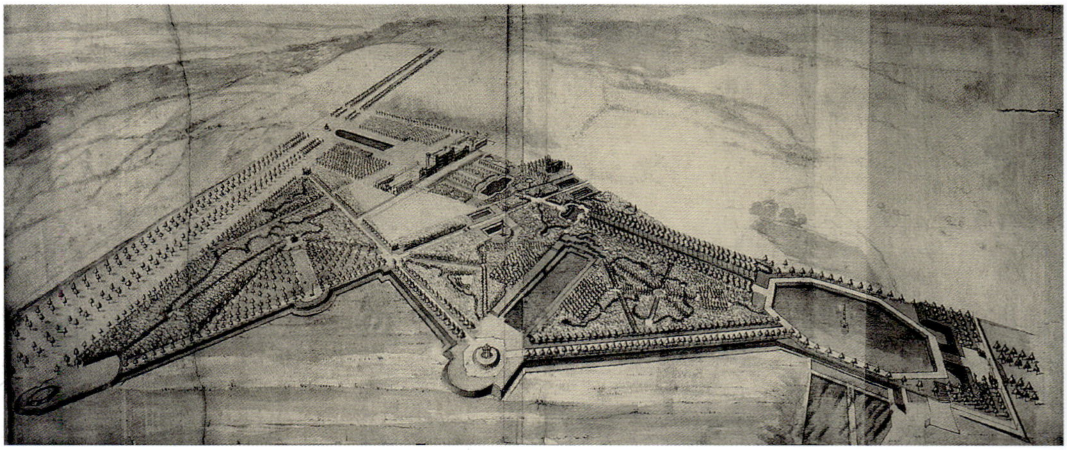

Entwurf für Stowe
Zeichnung von Charles Bridgeman, um 1720
Oxford, The Bodleian Library

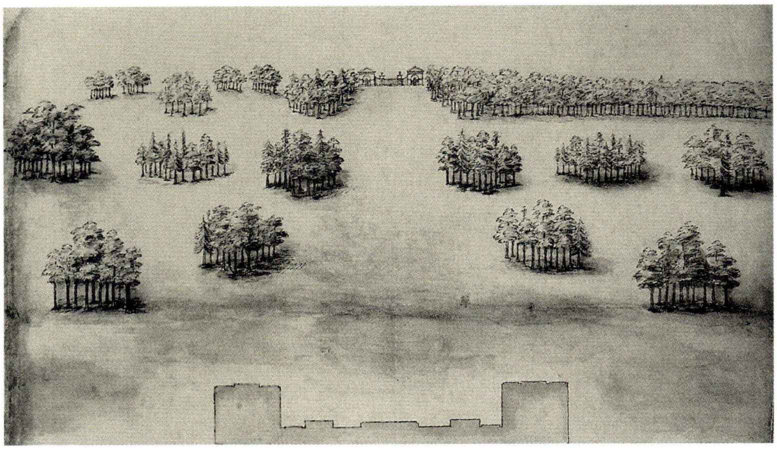

Stowe, Buckinghamshire
Blick auf die beiden Seepavillons

Entwurf zur Bepflanzung des Parks von Holkham
Federzeichnung von William Kent

Stowe, Buckinghamshire
Elysische Felder mit William Kents *Temple of Ancient Virtue*

ABBILDUNG GEGENÜBER:
Stowe, Buckinghamshire
Gotischer Tempel/*Temple of Liberty* von James Gibbs, 1741

NACHFOLGENDE DOPPELSEITE:
Stowe, Buckinghamshire
Palladianische Brücke

nur durch einen ›Ha-Ha‹ begrenzt wird, der den Ausblick auf eine schöne bewaldete Gegend gestattet und die Länge der mit hohen Bäumen bepflanzten Allee nicht erkennen lässt.«

Das strengere Muster löste Bridgeman in der Zusammenarbeit mit Kent allmählich auf und ersetzte es durch gefällige Erdmodellierungen und geschwungene Wegeführungen. Welche Faktoren haben diesen Wandel in der Auffassung einer englischen Gartenanlage herbeigeführt? Zunächst sollte man die sozialen und politischen Umstände näher betrachten. Ab Ende des 17. Jahrhunderts versuchte der englische Landadel, den Folgen des Bürgerkriegs und dem damit einher gehenden wirtschaftlichen Niedergang durch Landerwerb und Kultivierung von Brachland zu begegnen. Es entstanden große Güter, die landwirtschaftlich intensiv genutzt werden konnten. Ziel war es, eine Landschaft zu gestalten, die den Lebensstandard des Volkes qualitativ verbesserte. Daraus erwuchs eine neue Einstellung gegenüber der Natur. Ein 1780 gemaltes Bild von Joseph Wright bringt diese neue Natursicht rückblickend auf den Punkt. Der englische Maler platzierte den jungen Sir Brooke Boothby nachdenklich in melancholischer Pose im Gras auf einer Waldeslichtung liegend. Er könnte, seiner Haltung und Kleidung nach zu urteilen – allerdings ohne Hut und Schuhe –, auch auf dem Diwan im Saal seines Landhauses liegen. Sein Raum ist jedoch die Natur, der er sich enger verbunden fühlt als der Architektur. Das Buch, in dem er gerade gelesen hat, stammt – wen wundert es? – von Jean Jacques Rousseau.

Von da an änderten viele Engländer ihre Einstellung zum französischen Garten, der diese Wohlstand verheißende Natur gestutzt und begradigt, kurz: vergewaltigt hatte. Der französische Garten als Symbol des Absolutismus konnte in England auf keine Zustimmung stoßen. Nachdem die »Glorious Revolution« von 1688 und die »Declaration of Rights« ein Jahr später die Grundlagen modernen Staatsbürgertums vorbereitet hatten, stieg England zur ersten Handels- und Kapitalmacht der Welt auf.

Versailles und andere französische Gärten wurden eher als eine Art Katalog betrachtet, denen man für die Gestaltung des eigenen herrschaftlichen Anwesens das eine oder andere Detail wie Labyrinthe, Bosketten, Parterres oder Ahas entnahm, um sie in freier Variation in der Nähe des Hauptgebäudes anzuordnen. Das war nicht abfällig gemeint. Die Engländer verachteten eher den absolutistischen Symbolgehalt der Gärten Frankreichs und die damit verbundene politische Anmaßung seiner Herrscher. Die Verehrung für Le Nôtre und seine Kunst blieb dagegen bis in die erste Hälfte des 18. Jahrhunderts hinein ungebrochen. Die Blickrichtung englischer Gartenkünstler war anders ausgerichtet. Sie zielte auf den dynamischen Prozess der Natur, den es zu kultivieren, nicht aber zu organisieren und zu geometrisieren galt. Schon in John Miltons Epos »Paradise Lost« von 1667 wird das Urbild eines Gartens als das Idealbild der Welt vorgestellt. Es trägt Züge eines Landschaftsparks, dessen Wesen in der sich selbst offenbarenden Natur zu erkennen ist.

Die Verbürgerlichung des englischen Landadels und die Auffassung von der Landschaft als Zeichen für Fortschritt und Wohlstand waren allerdings nicht die einzigen Gründe für den Wandel der Gartenkultur. Englands weit verzweigte Handelsbeziehungen in alle Welt förderten ein weiteres kulturgeschichtliches Thema, das der Fremdheit oder Exotik (siehe hierzu S. 388f.). Hier ist in erster Linie China zu nennen. Reiseberichte aus der ersten Hälfte des 18. Jahrhunderts erzählten von wunderbaren Gär-

Stowe, Buckinghamshire
Temple of British Worthies von William Kent

ten, die sich mit ihren Menagerien, gewundenen Pfaden, künstlichen Hügeln und Wasserläufen mit zierlichen Bogenbrücken wie Miniaturlandschaften ausnahmen. Diese chinesische Variante des englischen Gartens wurde bald zum Grundmotiv vieler europäischer Landschaftsgärten um 1800. Man betrachtete China als unerschöpfliche Quelle für Dekorationen und nutzte es entsprechend. 1757 veröffentlichte der englische Architekt Sir William Chambers eine Sammlung von Zeichnungen chinesischer Architektur, vorwiegend von Gartengebäuden: »Designs of Chinese Buildings«. Euphorisch merkte er an: »Die Kunst, Gärten im chinesischen Geschmack anzulegen, ist empfänglich für so viele Variationen, wie es unterschiedliche Möglichkeiten in den Werken der Schöpfung gibt.«

Neben den von China importierten Exotica waren die Engländer auf ihrer Grand Tour in Italien auch von der römischen Antike begeistert. Sie reisten über die Toskana nach Rom, um dort das antike Erbe zu bestaunen. Weiter ging es durch Latium an den Golf von Neapel und an der amalfitanischen Küste entlang bis nach Paestum. Italien galt als Sehnsuchtsland für aufgeklärte Geister. Die Bildungsfahrt beschränkte sich jedoch meistens auf das Sammeln von historisch durchaus wertvollen Objekten und auf das Skizzieren von Altertümern. Die überwältigenden Reiseeindrücke sollten schließlich zusammen mit den Souvenirs die Parklandschaft ausschmücken. Durch die von Inigo Jones zuvor schon rezipierte Palladio-Architektur an den italienischen Gustus gewöhnt, begannen die Gartenarchitekten auf dringende Empfehlungen ihrer Auftraggeber hin, kleine Rundtempelchen oder Tempelfassaden, antike Büsten und Statuen zusammen mit chinesischen Pagoden, Pavillons und Bogenbrücken wie theatralische Versatzstücke in verschiedenen Gartenbereiche zu platzieren.

In Italien werden die von der Natur und der Antike begeisterten Engländer allerdings kaum pastorale Landschaften mit Tempeln oder überkuppelten Senatshallen gesehen haben, an denen Hirten mit Schafen vorüberzogen. Dafür konnten sie in den Gemälden Claude Lorrains, Nicolas Poussins oder Gaspard Dughets in der römischen Galeria Doria Pamphili oder daheim in der Londoner National Gallery diese einfühlsamen und fast meditativen Landschaften betrachten. Dort wurde der Bogen geschlagen von der konkret erlebten Landschaft Kam-

Hagley Hall, Worcestershire
Landschaftspark mit künstlicher Burgruine, um 1747

paniens zur Vision einer vermeintlich paradiesischen antiken Lebensweise. Ganz direkt aber wurde mit diesen utopistischen Landschaften ein Modell vorgeführt, das die Verbindung von idyllischer Landschaft und erhabener Antike anschaulich machte. Dieses Modell mußte nun im Landschaftspark umgesetzt werden. Anders als bei Le Nôtre, der in seinen Gärten die Fernwirkung einer gemalten Landschaft suggerieren wollte, war es jetzt der begrenzte Landschaftsausschnitt, ein für Maler besonders attraktives Motiv, das als Maßstab für die Gartenanlage galt.

Hagley Park, Worcestershire

Hagley Hall in den West Midlands ist zweifellos ein Sonderfall des englischen Landschaftsgartens. Das von Lorrain her beliebte pittoreske Element wurde bereichert durch eine poetische Variante. George, erster Lord Lyttleton und Neffe von Lord Cobham of Stowe, war nicht nur als Politiker erfolgreich; er förderte auch den schottischen Dichter James Thomson, der mit seinem Gedicht »The Seasons« den englischen Landadel begeisterte. 1730 publiziert und mit Illustrationen von William Kent versehen, schildert das Gedicht in eindrucksvollen Bildern das ländliche Leben. Es sollte die Menschen lehren, die englische Heimat mit ihrer idyllischen Landschaft wieder zu entdecken. Neben seinen wortgewaltigen Landschaftsschilderungen waren es auch die didaktischen Ambitionen, die von den englischen Landschaftsmalern hoch geschätzt wurden.

Lord Lyttleton entwarf gegen Mitte des 18. Jahrhundert den weitläufigen Park. Die beiden Architekten Thomas Pitt und Sanderson Miller unterstützten den Lord bei der baulichen Ausstaffierung. Miller entwarf um 1747 eine Burgruine mit Zinnenkranz und gotischer Fensterwand (Abb. gegenüber). Pitt konstruierte eine Brücke im palladianischen Stil. Später wurde der Architekt James Stuart beauftragt, einen griechischen Tempel, eine Replik des Theseus-Tempels unterhalb der Athener Akropolis, auf der Höhe eines bewaldeten Hügels zu errichten (Abb. oben). Er gilt als Gründungsbau des Klassizismus. Das Bezugsfeld zwischen dem antiken Ideal und der mittelalterlichen Ritterromantik sollte die pastorale Stimmung eines Lorrain-Gemäldes entfalten und neue Blickpunkte für die englische Landschaft setzen. Immer wieder überrascht den Besucher der Ausblick über die Malvern Hills oder die fernen Black Mountains von Wales.

Hagley Hall, Worcestershire
Landschaftspark mit Theseus-Tempel, 1758

Rousham Park, Oxfordshire
Formaler Gartenbereich beim Taubenhaus in der Nähe von Rousham House

Rousham Park, Oxfordshire

Der Landschaftsgarten von Rousham House in der englischen Grafschaft Oxfordshire ist wohl der einzige Garten von William Kent, der in seiner Gesamtanlage nahezu unverändert die Zeiten bis zum heutigen Tag überdauert hat. 1738 war die Anlage weitgehend abgeschlossen und galt damals in England als einzigartiges Beispiel für ein in einen Landschaftspark umgewandeltes Landgut. Der englische Dichter und Kritiker Alexander Pope, der schon zu Beginn des 18. Jahrhunderts vehement gegen den formalen Garten nach dem Muster Frankreichs und für den naturnahen Garten gestritten hatte, sah in Rousham seinen Wunsch in Erfüllung gehen. Dort, so der Dichter, werde die Landschaft als ein Stück gestalteter Natur präsentiert. Mehr noch: Der Park sei so angelegt worden, dass die Umgebung in das Konzept mit einbezogen werde. Er pries den Park als den schönsten Ort, wo Wasserfälle, kleine Bäche und Teiche zu bewundern seien und mit Buschwerk bewachsene Hügel sowie Waldzonen sich in die Ferne zögen.

In einer Zeichnung von Kent ist das so genannte Venus-Tal festgehalten. Eine aus Natursteinen gebildete Brücke überwindet Wasserkaskaden, die in einen Teich stürzen, aus der eine Fontäne aufsteigt. Unter hohen Bäumen und über weite Rasenflächen geben sich Menschen einzeln oder in Gruppen ein Stelldichein. Die Watteau'sche Stimmung war von Kent sicherlich beabsichtigt, um das pastorale Ambiente hervorzukehren. Natürlich sorgte der Gartenkünstler auch für die entsprechenden Staffagebauten.

Der Rundweg führte vom Venustal über die obere Brücke mit der Statue der Venus als Brückenfigur hinüber zum *Tempel of Echo*, einem von William Townesend entworfenen und ausgeführten Zentralbau mit vorgelagertem römischem Portikus (Abb. gegenüber). Etwas weiter entfernt und unterhalb des Echo-Tempels findet sich eine Apollostatue. Neben der klassizistischen Statue und dem Staffagebau sah William Kent einen Neorenaissancebau vor, einen

Rousham Park, Oxfordshire
Detailansicht des Arkadengangs Praeneste

ABBILDUNG GEGENÜBER:
Rousham Park, Oxfordshire
Temple of Echo von Kent und Townesend

siebenbogigen Portikus, die so genannte Praeneste-Arkade, die den Lilienteich begrenzt (Abb. S. 360 unten). Auch der Bezug zum Mittelalter wurde berücksichtigt: Der neogotische Rundbau mit der zierlichen Laterne und den Dachgauben fungierte damals als Taubenhaus (Abb. S. 360 oben). 1750 beschrieb der Gärtner John Maccalary in einem Brief einen Rundweg, der zu den bemerkenswertesten Aussichtsplätzen führte und die Staffagebauten sowie die Teiche mit den Brücken einschloss. Aus der Beschreibung geht hervor, dass Rousham zunächst als *ferme ornée*, als landwirtschaftlich genutzter Garten, konzipiert worden ist. Darauf deutet natürlich auch das Taubenhaus hin. Der Park selbst sollte durch immergrüne Pflanzen in Verbindung mit einem Aha abgegrenzt werden.

Die Weitläufigkeit des Parks, die vielen idyllischen oder heroischen Ausblicke über das Gartenareal sowie die malerisch platzierten Staffagebauten und Skulpturen machen das Anwesen auch heute noch zu einem der begehrtesten und am häufigsten besuchten Kulturdenkmäler Englands.

ABBILDUNGEN GEGENÜBER:
Rousham Park, Oxfordshire
Pferd-Löwengruppe von Peter Scheemakers, 1741 (oben)
Skulptur der Venus an der oberen Kaskade des Venustals (unten)

Rousham Park, Oxfordshire
Neptungrotte mit Bleiskulptur des Neptun

Claude Lorrain
Küste mit Äneas auf Delos, 1672
Öl auf Leinwand, 100 x 134 cm
London, National Gallery

Stourhead, Wiltshire
Nahansicht des Pantheons am See
des Landschaftsgartens

Stourhead, Wiltshire
Einer der wohl berühmtesten Gärten in England, sicherlich aber der romantischste, war und ist auch heute noch Stourhead in Wiltshire. Besitzer und Auftraggeber war der Londoner Bankier und Bürgermeister Henry Hoare, der sich 1721 von Colen Campbell ein Landhaus nach dem Vorbild der venezianischen Villen des Andrea Palladio erbauen ließ. Das große Gartenareal erstreckt sich abseits des Herrenhauses und ist um eine unregelmäßige Kette von Seen herum angeordnet. Die gärtnerischen Vorstellungen entsprechen denen von William Kent. Doch hatte der Besitzer selbst die Anlage geplant und von Gärtnern ausführen lassen. Der geschwungene Uferverlauf bietet immer wieder überraschende Blicke auf Tempel, Wasserfälle oder Brücken. Rhododendren – die freilich erst später gepflanzt wurden – umgeben ein römisches Pantheon (Abb. gegenüber unten). Von dort aus schaut man hinüber zur alten Dorfkirche und auf den Tempel der Flora. Henry Hoare soll von seinem Anwesen so begeistert gewesen sein, dass er es »a charming Gaspard picture« nannte, ein Gemälde von Gaspard Dughet, der auch Poussin genannt wurde. In der Tat lassen sich diese Naturgemälde in der Manier Poussins, Dughets oder Lorrains auch heute noch aufsuchen. Es ist denkbar, dass Hoare, bevor er das Landschaftsszenarium von Stourhead entwarf, Lorrains Gemälde »Küste mit Äneas auf Delos« in der Londoner National Gallery studiert hat (Abb. gegenüber oben).

Spätestens an dieser Stelle muß man eingestehen, dass die Unterscheidung zwischen Garten und Park sehr schwer zu treffen ist. Häufig wird die Meinung vertreten, dass der Landschaftsgarten als Park zu bezeichnen sei. Hat der Garten in der ersten Hälfte des 18. Jahrhunderts eine Wandlung hin zum Park vollzogen? Die Entstehungsgeschichte des Petit Trianon in Versailles könnte diese Vermutung nahe legen, da dort die geometrische Parterrestruktur in ein verschlungenes Wege- und Pfadgeflecht übergeht, das über die Hügel gelegt wurde. Ähnlich nahm sich der zuvor von Bridgeman angefertigte Plan von Stowe aus. In Stowe fällt allerdings ein Unterschied auf: Der zu einem Landschaftsgarten umgewandelte Barockgarten musste auf gerade Alleen weitgehend verzichten, wohingegen im entfernter liegenden Landschaftspark eine großzügig gestaltete Komposition aus sternförmig ausgerichteten Alleen vorgesehen war. Der englische Gartentheoretiker William Gilpin unterschied in seiner Schrift »A Dialogue upon the Gardens« ausdrücklich zwischen Garten und Park: »Der Park ist eine außer England wenig bekannte Art von Landschaft und eine der herrlichsten Zubehöre eines ansehnlichen Wohnhau-

Stourhead, Wiltshire
Blick über den See auf das Kreuz von Bristol und die St.-Peter-Kirche

Stourhead, Wiltshire
Blick über die Grassodenbrücke und den See auf das Pantheon

Leasowes, Shropshire
Seeansicht des Landschaftsparks

ses.« Natürlich sieht Gilpin auch im Park künstlerische Gestaltung vor, jedoch nur in der Weise, dass die wild wachsende Natur von dem Gärtner vervollkommnet werde. Als Garten bezeichnet Gilpin das »Luststück« (pleasure-ground), das dem Wohngebäude am nächsten liegt. Blumenrabatte und Kieswege zieren den Garten, in dessen äußerem Bereich Bäume und Büsche gepflanzt werden sollen, um ihn mit dem Park zu verbinden.

Leasowes, Shropshire

Neben Stourhead war Leasowes in der mittelenglischen Grafschaft Shropshire einer der berühmtesten romantischen Landschaftsgärten seiner Zeit, der die Unentschiedenheit zwischen traditionellem Parterre und Parkgestaltung abgelegt hatte. Sein Eigentümer, William Shenstone (Abb. rechts), gestaltete das Areal in den Jahren 1745 bis 1763 (Abb. oben). Shenstone war Dichter und Gartentheoretiker. In seinen Essays beschrieb er – wenn auch nicht ausdrücklich – den Unterschied zwischen Garten und Park. Er teilte die Gärtnerarbeit in drei Bereiche auf und bezeichnete sie als Küchen-, Parterre- und Landschaftsgärtnerei (kitchen-gardening, parterre-gardening, landskip- or picturesque gardening). Mit

Porträt von William Shenstone
Aus: R. & J. Dodsley, »The Works in Verse and Prose of William Shenstone«, Bd. 1, London 1764

dem pittoresken Landschaftsgarten dürfte er den Park gemeint haben. Er betonte, dass dieser Gartenteil (bzw. Park) die Besucher mit seiner Großzügigkeit, Schönheit und Vielfalt überraschen solle. Die Anlage verfügte über eine abwechslungsreiche Topografie mit bewaldeten Tälern, rauschenden Bächen, Bogenbrücken, Kaskaden und sogar den Ruinen einer alten Abtei. Aussichtspunkte bezogen das umliegende Land mit den markanten Mittelgebirgszügen, wie Clint Hills oder Frankley Beeches, visuell in das idyllische Szenarium mit ein.

Dieser Garten gehört nicht nur eindeutig zum pittoresken oder romantischen Typus, sondern ist auch eine *ferme ornée* bzw. *ornamental farm*. Diese Typenbezeichnung verweist auf ein ähnliches Phänomen, wie wir es schon in Versailles im Hameau de Trianon kennen gelernt haben: auf das theatralisch inszenierte Landleben. In England und speziell in Leasowes sollte allerdings das landwirtschaftlich genutzte Areal in den Gartenbereich mit einbezogen werden – ein typisches Zeichen für die englische Naturauffassung und den an wirtschaftliche Rentabilität denkenden Gutsbesitzer. Die Idee stammt von Stephen Switzer, der 1715 in seinem Traktat »The Nobleman, Gentleman, and Gardener's Recreation« schrieb, dass die nützlichen und profitablen Seiten des Gärtnerns innerhalb eines Gartenareals günstig und erfolgreich miteinander in Verbindung gebracht werden sollten. Doch Shenstone hat diesen Begriff von der *ferme ornée 1745* als Erster aufgebracht – merkwürdigerweise als französischen Terminus. Er grenzte dieses Wort gegen *parc orné* ab, womit er die geometrisch gestalteten Parterres meinte. Offen blieb allerdings, in welche Richtung sich die *ferme ornée* entwickeln sollte, ob zum gartenkünstlerisch gestalteten Farmland oder zum landwirtschaftlich genutzten Park. So verschwand der Terminus denn auch bald wieder aus der Gartenliteratur, da nur sehr wenige Gutsbesitzer sich der Landwirtschaft in Verbindung mit der künstlerischen Gestaltung der Parklandschaft widmen konnten und wollten. Lediglich in Rousham hat man versucht, das Eine mit dem Anderen zu verbinden und die beiden unterschiedlichen Garten- bzw. Parkbereiche miteinander zu harmonisieren.

Leasowes wurde zu einem Treffpunkt literarisch und philosophisch ambitionierter Gentlemen. Auch Louis-René Girardin, Vicomte d'Ermenonville, besuchte Leasowes 1763, im Todesjahr von William Shenstone, und begeisterte sich sowohl am Landschaftsgarten als auch am Konzept der *ferme ornée*. In seinem Traktat über den Landschaftsgarten, der 1777 in Genf erschienen ist, wollte er ebenfalls die pittoresken Aspekte mit den landwirtschaftlich sinnvoll genutzten Bereichen verbinden. In Ermenonville ließ er William Shenstone ein Denkmal errichten – übrigens in der unmittelbaren Nachbarschaft des Grabes von Jean Jacques Rousseau, der seine letzten beiden Lebensmonate auf dem Gut des Vicomte verbracht hatte (Abb. S. 441).

OBEN UND UNTEN:
Bristol-Henbury, Avon
Blaise Hamlet mit so genannten *cottages ornés* von John Nash, 1811

Warwick Castle, Warwickshire
Blick auf den Avon und das Viktorianische Bootshaus

ABBILDUNG GEGENÜBER:
Warwick Castle, Warwickshire
Burganlage im Landschaftsgarten

Das Werk des Lancelot »Capability« Brown

Horace Walpole, 4. Earl of Oxford, jüngster Sohn des ersten englischen Premiers Sir Robert Walpole, wurde durch seinen Essay »On Modern Gardening« bekannt, geschrieben zwischen 1750 und 1770. Walpole nannte William Kent den Begründer des pittoresken Landschaftsgartens. Die einfühlsamen Verse John Miltons und die utopistischen Landschaftsvisionen Claude Lorrains führte er als Inspirationsquellen an. Dieser Bezug ist kaum nachzuvollziehen, da Walpole für seinen kleinen Garten Strawberry Hill in Twickenham mit einem malerischen Blick auf die Themse gerade Alleen bevorzugte – für William Kent eine ausgesprochene gärtnerische Unart. Auch bei den Charakterisierungen und Einschätzungen weiterer Gartenanlagen und ihrer Schöpfer hat er nicht immer einen sicheren Blick gehabt. So äußerte sich der Gartentheoretiker im Jahr 1751 über Warwick Castle: »Er ist von einem gewissen Brown nach einigen Ideen von Kent und Southcote vorzüglich angelegt.« Bereits einige Jahre später dürfte Walpole bemerkt und zutiefst bedauert haben, dass er von »einem gewissen Brown« geschrieben hatte. Denn das war eine fast schon unerträgliche Herabwürdigung der damals wohl berühmtesten Gärtnerpersönlichkeit Englands: Lancelot Brown, auch Lancelot »Capability« Brown genannt. Der Beiname bezog sich auf Browns Eigenschaft, in nahezu jeder Landschaft die Möglichkeiten (capabilities) der gärtnerischen Gestaltung zu sehen. Als Brown, 1716 geboren, 1783 starb, schrieb Walpole: »Sein großer und schöner Genius blieb ohne Nebenbuhler, und es war ein besonderes Glück, dass er von allen Schichten der Gesellschaft unseres Landes und bei vielen Adligen und großen Männern des Auslandes anerkannt wurde.«

Wer war Lancelot Brown? Seine Karriere begann bescheiden, zunächst als Gärtnergehilfe und später als Küchengärtner in Stowe, wo er den englischen Adel durch die Gartenanlage führte und bei dieser Gelegenheit seine künftigen Auftraggeber kennen lernte. Unter der Leitung von William Kent fertigte er erste Entwürfe an und schuf in den Jahren um 1750 unter der Leitung seines Auftraggebers Lord Broke die Anlage von Warwick Castle in Warwickshire, die ihn berühmt machte (Abbn. links und gegenüber). Der mittelalterliche Burgwall wurde geschleift, und das Gelände wurde neu geformt. Dann pflanzte man Baumgruppen, darunter Zedern aus dem Libanon und schottische Kiefern. Die Anlage orientierte sich am Burghügel und wurde so gestaltet, dass sich immer wieder malerische Perspektiven zur Burg und ins Avon-Tal ergaben.

In den Jahren seiner Tätigkeit in Warwick Castle entwarf Brown 1750 für Lord Deerhurst das Herrenhaus von Croome Court, Worcestershire, im palladianischen Stil. Er legte auch den Landschaftsgarten an. Auf dem Inselchen im See schuf er ein klassizistisches Sommerhäuschen und untertunnelte sogar die Hauptstraße, um das benachbarte Gelände ebenfalls gärtnerisch zu gestalten und mit dem Hauptanwesen zu verbinden.

London-Twickenham, Strawberry Hills
Neugotisches Landhaus, 1749/50–76 von Horace Walpole u. a. errichtet; Ansicht von Süden mit Garten

Brown war nun ständig in England unterwegs, um für den Adel Landschaftsgärten anzulegen und Herrenhäuser zu entwerfen. Fast jährlich wechselte der Unermüdliche seinen Standort. Im Jahr 1767 trat er in das Amt des *Master Gardener* am königlichen Hof ein. Mit Wilderness House erhielt er eine herrschaftliche Dienstwohnung. In den Gärten von Hampton Court, wo er nur wenige Änderungen veranlasste, sah man ihn häufig mit König George III. lustwandeln. Seine Hauptaufgabe lag in Old Park in Richmond, der heute Teil des Königlichen Botanischen Gartens ist.

In jenen Jahren befasste sich Brown mit Entwürfen für die Gärten in Langley und Blenheim, Oxfordshire. Die Gartenanlage von Blenheim war schon zu Beginn des 18. Jahrhunderts begonnen worden. Später gestaltete Bridgeman Bereiche des Anwesens, unter anderem den Küchengarten und einen mit Bastionen versehenen so genannten Militärgarten, die allerdings den Entwürfen Browns weichen mussten. Browns Änderungspläne für Blenheim Park für den 4. Herzog von Marlborough stammen von 1764. Zehn Jahre sollten ihn die Arbeiten in Atem halten. Zunächst ging es um das Aufstauen des River Glyme und um den Erdaushub für zwei Seen. Im westlichen Areal an den äußersten Seeufern sah Brown die Errichtung einer große Kaskade vor – ein Ersatz für Sarah's Cascade, die 1720 von der Herzogin-Witwe Sarah geschaffen worden war.

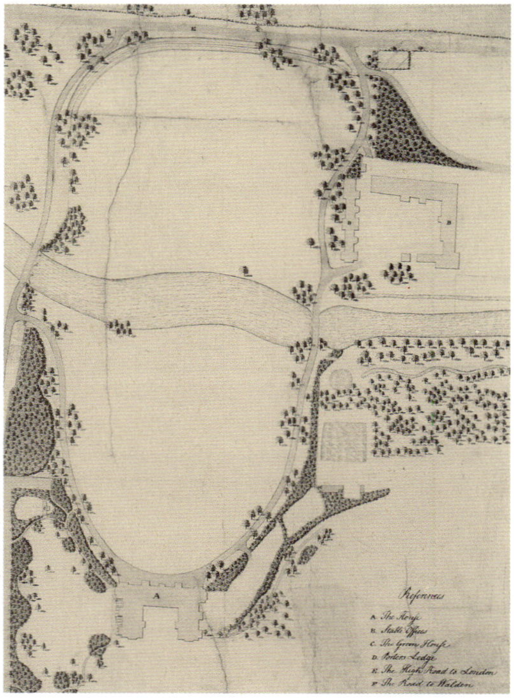

Audley End House, Essex
Plan von Lancelot Brown, um 1762

Blenheim Palace, Oxfordshire
Landschaftsgarten, Mitte 18. Jh. von Lancelot Brown gestaltet

Heveningham, Suffolk
Plan von Lancelot Brown, 1781

Blenheims Wasserreichtum blieb auch im 20. Jahrhundert erhalten – jedoch in einer fast schon ironischen Umdeutung. Der 9. Herzog von Marlborough engagierte um 1930 den französischen Gartenarchitekten Achille Duchêne, der die Anlage umgestaltete, indem er drei Wasserterrassen im Stil der *parterre d'eau* von Versailles anlegte. Dessen Vater, Henri Duchêne, war bekannt geworden durch die Umwandlung englischer Landschaftsparks in klassische Barockgärten.

Lancelot Brown starb plötzlich und unerwartet im Jahr 1783 an einem Schlaganfall. Von seinen drei Söhnen eignete sich keiner zum Nachfolger. Das Ausmaß seines Wirkens war ungewöhnlich groß. Rechnet man die Quadratkilometer seiner gestalteten Gartenflächen zusammen, ergibt sich ein Vielfaches der Fläche, die von den Werken André Le Nôtres eingenommen wird.

Wodurch nun unterscheiden sich Browns Schöpfungen von denen anderer englischer Landschaftsgärtner? Sein Ausspruch, einen Garten müsse man mit den Empfindungen eines Dichters und den Augen eines Malers anlegen, trifft sicherlich auch für viele andere Gartenkünstler zu. Dabei schien diese Sentenz für Brown kaum von Bedeutung gewesen zu sein. Farbliche Kontraste vermied er bewusst. In die Natur integrierte antike Gebäude findet man selten, zumindest nicht in der Häufung, wie sie bei anderen Landschaftsgärten auffällt. Brown gestaltete weder ein Lorrain- noch ein Poussin-Szenarium. Ihm ging es um die Harmonie der Linien, die sich in sanften Hügelwellen oder in gewundenen Flusstäler ausdrückten. Gebäude und Statuen wurden da eher als störend empfunden. Brown ging sehr sparsam mit den künstlerischen Mitteln um, wie sich auch in seinen Entwürfen ablesen lässt. Der Plan von Heveningham in Suffolk von 1781 beschreibt auf den ersten Blick ein äußerst karges Szenarium (Abb. oben). Die Baumgruppen verteilen sich über weite Rasenflächen, und ein kaum verzweigtes Wegesystem durchzieht in langen Schwüngen die Anlage, in der sich ein serpentinenförmig angelegter See mit einer bewaldeten Insel erstreckt.

Mit Brown änderte sich das Bild des englischen Landschaftsgartens. Er gestaltete ganze Landschaften; dabei ging es ihm allerdings weniger um den Ausdruck von Naturnähe als vielmehr um die Erzeugung eines harmonischen Erscheinungsbildes, dessen Künstlichkeit keinesfalls verborgen bleiben sollte.

Horace Walpole nahm Browns Schöpfungen zum Anlass, ein hohes, wenn auch stark national gefärbtes Lied vom englischen Landschaftsgarten anzustimmen: »Wir haben die Vollendung erreicht. Wir haben der Welt das Vorbild der wahren Gartenkunst gegeben. Andere Länder mögen unseren Geschmack nachahmen und verderben, hier aber soll er auf seinem grünen Thron herrschen – original durch seine elegante Einfachheit. Er ist auf keine andere Kunst so stolz wie auf jene, die es versteht, die Strenge der Natur zu mildern und ihr anmutsvolles Spiel nachzuahmen.«

Sheffield Park

Im Jahr 1776 beschloss John Holroyd, 1. Earl of Sheffield, in der Grafschaft Sussex einen 40 Hektar großen Landschaftspark zu schaffen. Es gelang ihm, zwei der berühmtesten englischen Gartenkünstler für die Arbeiten zu gewinnen, Capability Brown und

ABBILDUNG GEGENÜBER:
Sheffield Park, East Sussex
Uferbewuchs am *Ten Food Pond*

Humphrey Repton. Letzterer arbeitete ab 1789 an dem Garten und war verantwortlich für die Anlage einer Kette von kleinen Seen bis hinauf zum Herrenhaus. Brown legte die beiden *Woman's Way* genannten Seen an. Die gärtnerische Gestaltung wurde erst im Jahr 1883 wieder aufgenommen, als der 3. Earl of Sheffield die Seenplatte erweiterte. Die Arbeiten übernahm die Firma Pulham and Sons. James Pulham war in England als Felsenskulpteur berühmt geworden. Er benutzte als erster Zement, um künstliche Felslandschaften zu gestalten. Auf Pulham gehen wohl auch die Kaskaden zwischen den Seeterrassen zurück. In jenen Jahren wurden Korniferen und Rhododendren angepflanzt. Zu Beginn des 20. Jahrhunderts ging der Garten in den Besitz von Arthur Soames über, der in den Jahren 1909 bis 1934 den Uferbereich der Seenplatte nutzte, um viele unterschiedliche Baum- und Buscharten anzupflanzen, die im Herbst für eine besondere Laubfärbung sorgen sollten (Abb. links). In jüngster Zeit hat man den so genannten *Queen's Walk* eingerichtet, der sich durch das Seengebiet zieht und an einer bestimmten Stelle einen wunderschönen Blick auf Sheffield Park House ermöglicht (Abb. oben). Der Bau wurde im Jahr 1887 zum 50. Jahrestag der Inthronisierung Königin Victorias errichtet. Später übernahm der National Trust den Park und machte ihn der Öffentlichkeit zugänglich. Die von den englischen Gartenpuristen bereits um die Mitte des 18. Jahrhundert geforderte Verbannung der Staffagebauten war umstritten und wurde in vielen Landschaftsgärten nicht befolgt.

Sheffield Park, East Sussex
Fernblick aus dem Landschaftsgarten auf Sheffield Park House (oben)
Uferbepflanzung am *Middle Lake* (links)

Tatton Park, Cheshire
Italienischer Garten mit Neptunbrunnen, 1859 von Joseph Paxton angelegt

ABBILDUNGEN GEGENÜBER:
Tatton Park, Cheshire
Ansichten des Japanischen Gartens von 1910

Tatton Park

Wie man den Stichen der Britannia Illustrata entnehmen kann, bevorzugte der englische Landadel schon im 17. Jahrhundert die Gliederung der Gärten durch Baumalleen. Buchen- oder Lindenalleen wurden nicht allein als Zufahrtswege zum Herrenhaus gewählt, sondern fanden auch im inneren Gartenbereich Verwendung. Tatton Park bei Knutsford in Cheshire ist berühmt für seine Buchenalleen, die in viele verschiedene Richtungen ausstrahlen. Eine der Alleen führte vom spätbarocken und geometrisch reglementierten Garten zum Herrenhaus, das kurz nach 1700 entstanden ist. Humphry Repton riet den Besitzern, die Alleen aufzubrechen, um Baumgruppen zu pflanzen und gewundene Wege zu ziehen. Das entspreche dem Ideal des Landschaftsgartens. Doch glücklicherweise widerstand man seinen Plänen. Die Alleen blieben erhalten – bis auf den heutigen Tag.

In der Zeit um 1814 entwarf Lewis Wyatt einen Blumengarten, dessen Alkoven, *Lady Charlottes Arbour*, und der zierlich geformte Brunnen erhalten geblieben sind. 1818 wurde das Gartenensemble durch eine Orangerie ergänzt. Sir Joseph Paxton, der berühmte Architekt des 1850 für die Weltausstellung errichteten Londoner Glaspalastes, kam in ebendem Jahr auch nach Tatton Park, um die Parkterrassen im italienischen Stil zu entwerfen. Er legte große Treppenfluchten an, konzipierte ein zentrales Brunnenbecken und verteilte elegant geschwungene Blumenvasen auf die Balustraden (Abb. oben). Von dort aus gelangt man in einen entlegenen Landschaftsgarten, in dem sich der *Golden Brook* befindet, ein verwunschener Gartensee mit einem Shinto-Tempel. Dieser als Japanischer Garten ausgestaltete Bereich wurde um 1910 angelegt (Abb. gegenüber).

In Knutsford durchlitt die im Jahr 1810 geborene englische Dichterin Elisabeth Cleghorn Stevenson, die später den Pfarrer Gaskell heiratete und unter diesem Namen berühmt wurde, ihre Seelenkreise. Tatton Park diente ihr als Kulisse für den Roman »Frauen und Töchter«, in dem sie das Anwesen in »Cumnor Towers« umtaufte. Sie bezog sich dabei auf das Landhaus, das die Architekten Samuel und Lewis Wyatt um 1800 für William Wegerton im klassizistischen Stil erbaut hatten.

Tatton Park ist ein anschauliches Beispiel dafür, in welchem Maße gartenkünstlerische Motive tradiert werden. Die für den Exotismus so aufgeschlossene Kultur des Rokoko war für die Gartenkünstler der Zeit um 1900 eine bedeutende Inspirationsquelle. Aus diesem Grund wurden wieder exotische Staffagebauten interessant, wie beispielsweise der Shinto-Tempel im Tatton Park.

ABBILDUNG GEGENÜBER:
Castle Howard, North Yorkshire
Fernblick auf das Mausoleum, 1726–29 von Nicholas Hawksmoor errichtet

Castle Howard

Bei Castle Howard in Yorkshire könnte man an ein »englisches Versailles« denken. Charles Howard, 3. Graf von Carlisle, und der Marineoffizier und Lustspielautor John Vanbrugh sinnierten 1699 gemeinsam über die Errichtung einer gigantischen Schlossanlage, die alles bislang Erbaute im Königreich übertreffen sollte. Vanbrugh entwarf einen riesigen Schlosskomplex, der Graf ließ den Bau errichten. Vanbrugh avancierte rasch zum bedeutendsten Architekten. Kein anderer Profanbau in England besaß eine größere Kuppel als die von Castle Howard. Das Schloss, mit einem vorgezogenen Mitteltrakt und neunachsigen Flügelbauten sowie mit Eckpavillons versehen, war von einem weitläufigen Garten umgeben, der bald alle Merkmale des späteren Landschaftsgartens aufwies. Obwohl noch dem barocken Ideal verpflichtet, suchte man weite und erhabene Perspektiven und schuf diese durch gewundene Wege, Flussläufe und Brücken. Doch das Hauptparterre, dort, wo heute der monumentale Herkulesbrunnen steht, war mit manieristischen Heckenfiguren, Scheinarchitekturen, Obelisken und Torbögen versehen. Ob diese barocke Anlage tatsächlich vollendet wurde oder Fragment blieb, damit man sich dem neuen Ideal des Landschaftsgartens zuwenden konnte, ist ungewiss. Östlich des Schlosses legte der englische Gartentheoretiker Stephen Switzer ein Wäldchen an, *Ray Woods*, mit verschlungener Wegführung und Laubengängen, die zu Lichtungen mit Pavillons, zu Brunnen und Kaskaden führten. Dieser Gartenbereich gab dem neuen englischen Landschaftsgarten seine ersten prägenden Akzente. Stolz notierte Switzer: »Dieser unvergleichliche Wald ist die höchste Steigerung, die natürliche und galante Gartenkunst jemals wird erreichen können.«

Der nach Süden hin verlaufende *terrace walk* bietet prächtige Ausblicke in die Landschaft. Der Weg führt oberhalb eines künstlich angelegten Sees zum Tempel der Vier Winde, einer freien Variante der Villa Rotonda von Palladio (Abb. unten). Vanbrugh errichtete das Gebäude 1725. Einen mächtigen Eindruck vermittelt das 1729 erbaute Mausoleum von Nicholas Hawksmoor, ein klassizistischer Rundtempel, der von einer flachen Kuppel abgeschlossen wird (Abb. gegenüber).

Castle Howard, North Yorkshire
»Tempel der Vier Winde« von Sir John Vanbrugh, 1725

Duncombe Park

Das Städtchen Helmsley in Yorkshire wird von einer romantischen Burgruine beherrscht, die einen weiten Rundblick in die Landschaft und hinunter in das Tal des River Rye bietet. Die Burg wurde von Sir Charles Duncombe, Banker der Londoner Goldschmiede, Ende des 17 Jahrhunderts erworben. Sie war nicht etwa ein Staffagebau, sondern ein mittelalterliches Gebäude. Doch bevorzugte der Edelmann bald ein Schloss, das John Vanbrugh um 1710 nebst einem weitläufigen Park erbaute. Vom Schloss gelangt man über eine weite Rasenfläche zu einer Sonnenuhr, die von Saturn, dem Vater der Zeit, justiert wird. Die Skulptur ist von dem flämischen Bildhauer John Van Nost (Abb. unten). Am geflügelten Saturn vorbei führt ein Terrassenweg, auf dem man in einem weiten konkaven Bogen vom Tuskischen Tempel hinüber zum Ionischen Tempel entlangspazieren und einen prachtvollen Blick hinunter auf das Tal des River Rye genießen kann (Abb. gegenüber). Unterhalb des um 1718 errichteten Ionischen Tempels steht eine Aha-Mauer, die in ähnlicher Form später in Stowe zur Geltung kam.

Neben Castle Howard zählt auch Duncombe Park zu den frühen englischen Landschaftsgärten. Vanbrugh muss als Pionier dieses Gartentypus herausgestellt werden. Seine Erfolge rühren möglicherweise auch aus dem Umstand, dass er weder als Architekt noch als Gärtner eine akademische Ausbildung genossen hatte. Er erkannte intuitiv die Möglichkeiten, eine natürlich gewachsene Landschaft mit dem künstlich angelegten Hauptparterre in Beziehung zu

Duncombe Park, North Yorkshire
Sonnenuhr mit Skulptur des Saturn von John Van Nost mit Blick auf den Ionischen Tempel

ABBILDUNG GEGENÜBER:
Duncombe Park, North Yorkshire
Ansicht vom Ionischen Tempel auf die Landschaft

setzen. Eine seiner grundlegenden Ideen bestand in der parallel zur Schlossfassade entlang geführten Hauptallee. Dadurch waren Blicke vom Herrenhaus in und über den Garten hinaus bis weit in die Landschaft hinein möglich. Dieser neue »english style«, im Garten oder Park die Nähe zur Natur zu suchen, dürfte in Duncombe Park fast gleichzeitig mit Castle Howard erstmals zur Ausführung gelangt sein.

Studley Royal

»Auf einer Fläche von nicht weniger als zehn Morgen Landes kann man die Reste der großen Abtei studieren. Die meist moosverkrusteten Gemäuer verraten noch, wo sich einst die Wohn- und Wirtschaftsgebäude der früheren Besitzer erhoben, wo ihre terrassierten Gärten sich dehnten. In der Mitte dieser Ruinen erhebt sich noch immer [...] eines der edelsten Werke der christlichen Kunst, die Abteikirche. Versehrt, aber noch immer bewunderungswürdig in Form und Gestalt, war das Gewölbe im Sommer ihr einziges Dach, und von ihren prächtigen Fenstern war nichts geblieben als die Symmetrie ihrer weiten Bogen und ein paar krause Relikte des phantastischen Maßwerks.«

Mit diesen Worten beschrieb der Schriftsteller und Politiker Benjamin Disraeli die Ruinen von Fountains Abbey in North Yorkshire nahe dem Dörfchen Aldfield. Sie gehen zurück auf ein im 11. Jahrhundert erbautes Zisterzienserkloster (Abbn. S. 386–387). Den ganzen Zauber aber bezieht diese Anlage durch die Umgestaltung von John Aislabie, der das Areal zu Beginn des 18. Jahrhunderts erworben hatte und ab 1722 bis zu seinem Tod 20 Jahre später in einen schönen Wassergarten verwandelte. Mittels eines Kanals führte er Wasser vom River Skell auf sein Areal, legte einen großen See an, gestaltete Grottenquellen und die berühmten Mondteiche, einen in der Form des Vollmondes, den anderen als zunehmenden Mond. Gegen 1728 entwarf er den klassizistischen *Temple of Piety*, den Richard Doe, ausführte (Abb. gegenüber). Oberhalb des Wassergartens führte er einen Weg hinauf auf den Hügel zu einem oktogonalen neugotischen Tempel, der kurz vor seinem Tod begonnen wurde. Von hier aus gelangt man zum Gipfel des Tent Hill, der einen unvergesslichen Blick über den Kanal und die Kaskaden des River Skell zu den Ruinen von Fountains Abbey bietet.

Die eindrucksvollste Ansicht vom Wassergarten hat man von einem erhöhten Plateau aus, gegenüber dem *Temple of Piety*. Studley Royal gemeinsam mit Fountains Abbey gehört wohl zu den gartenkünstlerischen Sonderfällen Englands. Die für einen sentimentalen Garten obligatorische Ruinenromantik war bereits vorhanden. Die Verbindung der Klosterruinen mit der klassizistischen Architektur innerhalb eines weitläufigen, von Seen, Teichen und Kanälen geprägten Landschaftsparks ist wohl einzigartig.

ABBILDUNG GEGENÜBER:
Studley Royal, North Yorkshire
Skulpturen im Wassergarten

ABBILDUNG OBEN:
Studley Royal, North Yorkshire
»Temple of Piety«, um 1730

Studley Royal, North Yorkshire
Fountains Abbey, ehem. Abteikirche:
Mittelschiff nach Osten

ABBILDUNG GEGENÜBER:
Studley Royal, North Yorkshire
Blick von Osten auf Fountains Abbey

Exotismus

Im 17. und 18. Jahrhunderts gelang es einigen europäischen Ländern wie Frankreich, Holland oder England, ihre Kolonialherrschaft im Pazifik, in Ostasien sowie in Süd- und Mittelamerika auszudehnen. Der Überseehandel florierte und bescherte den Ländern nie gesehene oder gekostete Waren. Hinzu kamen die häufig phantasievoll abgefassten illustrierten Reisebeschreibungen, die von unglaublichen Tieren, Pflanzen und Menschenrassen berichteten. Besonders chinesische Erzeugnisse wie Vasen oder Stoffe erfreuten sich bald zunehmender Beliebtheit. An den europäischen Fürsten- oder Königshöfen begannen die Künstler, die fremdländischen Ornamente zu kopieren und in die angestammte Hofkunst als neuartigen Dekorationsstil zu integrieren. Bald wurden auch exotische Gebäude wie maurische Tempel oder chinesische Brücken und Pagoden als Staffagebauten übernommen. Dabei wurde – besonders beim englischen Landschaftsgarten – versucht, eine perfekte Illusion entlegener Weltgegenden zu erzeugen. Ein Leitmotiv exotischer Gartengestaltung ist die chinesische Pagode, die der englische Architekt Sir William Chambers erstmals 1763 in Kew Garden einführte (Abb. gegenüber). Pagoden folgten in Het Loo, in Sanssouci oder im Englischen Garten in München.

Zweifellos wird der Exotismus in der Gartengestaltung von den so genannten Chinoiserien dominiert. Das betrifft nicht nur chinesische Pagoden oder Brücken, sondern auch die Ausstattung der Gartenvillen und -schlösser mit Spiegel- und Porzellankabinetten sowie chinesischen Zimmern. Daneben behaupteten sich aber auch indische oder maurische Kabinette. Im Wörlitzer Park finden sich chinesische Staffagebauten mit ägyptischen Elementen gemischt. Türkische oder maurische Architektur- oder Dekormotive gibt es etwa in Stockholm, Schwetzingen und in der Stuttgarter Wilhelma. Ein solcher Eklektizimsus, die Kombination unterschiedlicher, meist sogar gegensätzlicher Stilmotive, bereitete dem Historismus der zweiten Hälfte des 19. Jahrhunderts den Weg.

Chinesischer Pavillon
Abbildung aus: Le Rouge, Cahier XII von »Détails des nouveaux jardins«, 1784

ABBILDUNG GEGENÜBER:
London, Kew Garden
Chinesische Pagode, 1763, von Sir William Chambers

Heale Garden, Wiltshire
Japanische Brücke vor einem Teehaus

Während sich die Chinamode bald zu einem bewährten Stilfaktor des Rokoko entwickelte, handelte man die selteneren Dekormotive des exotischen Orients und Indiens als Kuriosa. Arabische Moscheen mit schlanken Minaretten, türkische Zelte oder indische Tempel mit weiten Bögen und figurenreichen Fassaden wirkten in den Weiten des Landschaftsgartens als ästhetisch akzeptierte Fremdkörper, die als Blickfang am Ende einer Allee oder versteckt inmitten einer Baumgruppe ihre exotischen Reize entfalten sollten. So blieben diese Exotismus-Varianten auch weitgehend vereinzelt und ließen sich kaum in den Dekorkomplex der Chinoiserien integrieren.

Der Exotimus in der Gartenbaukunst war durchaus nicht nur beliebt, sondern forderte auch Kritiker heraus. Schon 1748 schrieb William Gilpin in seinem »Dialogue upon the Garden«, dass es der Chinamode an Wahrhaftigkeit und Geschmack fehle und sie den Eindruck des Arkadischen, der doch wohl an der griechischen Idee der Elysischen Gefielde gemessen werden müsse, verhindere.

Chinesischer Pavillon
Zeichnung von William Chambers, aus:
»Designs of Chinese Buildings«, 1757

Cassan, ehem. Park des 18. Jahrhunderts
Chinesischer Pavillon

Englische Gartentheorien im 18. und 19. Jahrhundert

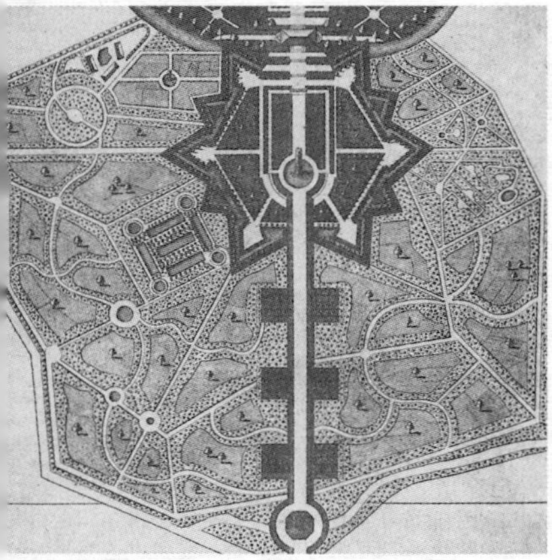

The Manor of Paston
Anlageplan nach Stephen Switzer

Die englischen Gartentheorien zeichnen ein interessantes Bild der Gartenpraxis nach. Oft ging nicht die Theorie der Praxis voraus, sondern umgekehrt: Garten- oder Parkanlagen waren häufig Anlass für die Theoretiker, die Gestaltungselemente auf den Begriff zu bringen. Stephen Switzer (1682–1745), ein praktizierender Gärtner, war wohl der Erste, der den Bogen vom französischen Barockgarten zum naturorientierten Landschaftsgarten zog. 1718 kam sein dreibändiges Werk »Ichnographia Rustica« in London heraus. Er forderte von der Gartenkunst die Verbindung des Nützlichen mit dem Angenehmen, lehnte aber die französische Gartengeometrie strikt ab. Das ist verwunderlich, da er seinen Idealgarten von 1718 nach französischem Vorbild anlegte. Zwar fehlt die spezifisch französische Beetornamentierung, die Struktur mit geometrisch gegliederten Kompartimenten zu beiden Seiten eines regelmäßig eingefassten Teichs geht aber noch eindeutig auf den traditionellen Barockgarten zurück (Abb. links). Die von Switzer gewünschte innige Verbindung mit der Landwirtschaft führte zur Konstruktion von Gräben mit Zäunen, den so genannten Ahas, um das Vieh daran zu hindern, in den Bereich der Lust- und Nutzgärten einzudringen. Switzer übernahm viele Gedanken aus den Schriften von Dézallier d'Argenville, formte diese im englischen Sinne um und legte damit erste theoretische Gedanken zum Landschaftsgarten vor.

Der enge Kontakt zur Landschaftsmalerei wurde erstmals von Thomas Whatley, einem Tory-Parlamentarier, in seinem Werk »Observations on Modern Gardening Illustrated by Descriptions« (London, 1770) thematisiert. Er pries den Wert der Gartenkunst, da sie der Landschaftsmalerei überlegen sei, so wie das Original immer der Kopie vorgezogen werde. Das ist ein interessanter Vergleich, machte er doch darauf aufmerksam, dass der Gartenkünstler in der Lage ist, die Natur zu formen, im Gegensatz zum Maler, der sie lediglich nachahmen kann. Whatley, ein ausgesprochener Ästhet, sah in der Gärtnerei weniger ein Handwerk, als vielmehr

Hortus Penbrochianus/Wilton Garden
Zeichnung von Isaac de Caus, 1645

So sahen auch in England Mitte des 17. Jahrhunderts die herrschaftlichen Gartenanlagen aus, bevor der neue Typus des englischen Landschaftsgartens ab der ersten Hälfte des 18. Jahrhunderts das Bild deutlich veränderte.

eine Kunst, die der Inspiration bedarf. Aus diesem Grunde ging es ihm auch nicht um die Aufzählung von Aufgaben, die der Gärtner zu berücksichtigen und zu erfüllen hat, sondern um die Integration der Gartenkunst in das weite Feld der freien Künste. Ein Gemälde sollte also niemals Vorbild für einen Gartenentwurf sein, da der Gartenkünstler nach eigenen ästhetischen Regeln arbeitet, zu denen er durch das Studium der Natur gelangt. Stowe, Stourhead oder die Gärten Lancelot Browns waren die Vorbilder für Whatley. In ihnen entdeckte er die ästhetischen Strukturen, die er in seinen Schriften ordnete und zusammenfasste. Es wäre nicht einmal verfehlt, wenn man Whatleys Ausführungen als den theoretischen Teil zu den konkreten Schöpfungen Browns charakterisieren würde. Sein Einfluss auf den kontinentalen Landschaftsgarten in Deutschland war besonders nachhaltig und intensiv.

Während Whatley, ähnlich der Gartenpraxis Browns, ein fast puristisches Landschaftsdesign favorisierte, war der Londoner Architekt Sir William Chambers (1723–96) an der exotischen Ausgestaltung der Gärten interessiert. Seine China-Reisen führten zu einer intensiven Hinwendung zu chinesischen Dekormotiven im Landschaftsgarten. Im Gegensatz zu Brown bereitete er den sentimentalen Garten vor, der vor allem das Gefühl ansprechen sollte. Tatsächlich konnten beide Gartentypen in England nebeneinander bestehen, jedoch teilten sich ihre Anhänger entschieden in zwei Lager auf, in die der Chamberisten und der Brownisten. In Deutschland und in anderen Ländern des Kontinents wurden dagegen eher die Gedanken Chambers aufgenommen, als dass die Gärten Browns nachgeahmt wurden.

Über die Unterscheidung von Park und Garten in den theoretischen Schriften William Gilpins (1724-1804) wurde bereits geschrieben. Seine Betonung des Malerischen führte zu einer Betrachtungsweise des Gartens, die einer Bildanalyse ähnlich war. Für ihn, den Pfarrer in Boldre, Hampshire, und Freund von Horace Walpole, war der Garten ein dreidimensionales und dynamisches Gemälde, wie seinen »Remarks« von 1791 zu entnehmen ist. In diesem Essay stellte er in Aquarellen die richtige und die falsche Gestaltung eines Waldrandes oder einer Baumgruppe vor. Um den pittoresken Charakter eines Landschaftsgartens zu steigern, schlug Gilpin vor, mit Hilfe von Staffagebauten Blickachsensysteme zu schaffen. So sollten Baumalleen, die von ei-

Heale Garden, Wiltshire
Südterrasse vor dem Herrensitz aus dem 17. und 19. Jahrhundert

Perspektivische Ansicht einer »Avenue«
mit den Ruinen eines alten Gebäudes in römischer Art als Endpunkt, nach Langley, 1728

Falsche (oben) und richtige (unten) Kombination von senkrechten und waagerechten Formen
Aus: Humphry Repton, »Sketches« (Ausgabe von 1840)

nem Teich oder einem Bassin ausgingen, auf eine ferne Ruine zulaufen. Die Ruine selbst müsste nicht unbedingt architektonisch ausgeführt, sondern könnte auf eine Leinwand gemalt oder aus Ziegeln gemauert und mit Zement verkleidet werden. Gilpin arbeitete eine Betrachtungsweise des englischen Landschaftsgartens heraus, die das Malerische betonte. Im aufkommenden Industriezeitalter trug er entscheidend zu einer Sichtweise bei, die Teile des praktischen Lebens ausklammerte.

Auch Humphry Repton (1752–1818), der seit 1788 ausschließlich als Gartenkünstler tätig war, unterschied wie Gilpin zwischen Park und Garten. Für den in Hausnähe angelegten Garten forderte er eine strikt architektonisch-geometrische Gestaltungsweise, während er für den weiter vom Haus entfernten Park das Prinzip der künstlerischen Gestaltung der Natur vorsah. Repton stellte differenzierte Gestaltungsregeln auf, um das ästhetische Zusammenspiel von Garten, Herrenhaus und Park zu demonstrieren. Wie Gilpin unterschied er zwischen falschen und richtigen Gestaltungsweisen. In seinen »Sketches and Hints on Landscape Gardening« (London 1795) analysierte er die Möglichkeiten der Kombination von senkrechten und waagerechten Formen. Das bezog sich auf die Stellung und den Beschnitt von Laub- oder Nadelbäumen in der Nähe des Wohnhauses (Abbn. links). Ein historistisches Gebäude mit Stufengiebel, Senkrechtgliederung und flankierenden Türmchen benötigt als Kontrast weite und ausladende Baumkronen von Laubbäumen, die zusammen mit einem Ensemble von niedrigem Buschwerk das Gebäude rahmen. Dagegen eignen sich für ein klassizistisches Haus mit der Betonung der Waagerechten hohe Fichten, die durch ihren Wuchs zu dem Aufrisssystem des Hauses einen Gegensatz bilden.

So sehr Repton mit diesen Beispielen den Gemäldecharakter von Park, Garten und Haus herausstellte, ging es ihm offensichtlich nicht ausschließlich um die pittoreske Wirkung. In den »Sketches« schrieb er: »Die Gartenkunst muss die beiden gegenseitigen Merkmale ursprüngliche Wildnis und künstlichen Komfort einschließen, jedes dem Genius und dem Charakter des Ortes angepasst; jedoch auch eingedenk, dass nahe dem Sitz des Menschen Bequemlichkeit und nicht pittoreske Wirkung den Vorrang haben muss, wo immer auch sie im gegenseitigen Wettbewerb eingesetzt werden.«

ABBILDUNG GEGENÜBER:
Bath, Somerset
Prior Park, Blick vom Schloss über den Landschaftspark mit der Palladianischen Brücke

Sheffield Park, East Sussex
Uferbepflanzung am *Middle Lake*

Mit John Claudius Loudon (1783–1843), Sohn eines schottischen Gutsbesitzers, vollzog sich eine Umorientierung in der künstlerischen und sozialen Einschätzung des englischen Landschaftsgartens, die sich in seinen sehr umfangreichen gartentheoretischen und gartenpraktischen Schriften nachvollziehen lässt. Obwohl Loudon weitgehend den Gedanken Reptons folgte, ließ er doch keine Gelegenheit aus, Fehler und Schwächen im System des immerhin um eine Generation Älteren aufzuzeigen. Er sprach wieder vom Garten und nicht mehr vom Park. Der pittoreske Garten sollte bis an das Haus heranreichen und den Geschmack des Besitzers unter Beweis stellen. Später stellt er neben diesen Gartentypus gleichberechtigt den geometrischen Garten – übrigens ohne Ressentiments gegenüber dem traditionellen architektonischen oder barocken Garten. Diese Meinungen äußerte er in vielen Schriften zu Beginn des 19. Jahrhunderts. In den 30er Jahren jedoch führte Loudon einen neuen Terminus ein, indem er in der achten Ausgabe des »Gardener's Magazin« vom Jahre 1837 schrieb: »Man wird einsehen müssen, dass dem gardenesken Stil (gardenesque) ein gleiches artistisches Vermögen zukommt wie dem pittoresken Stil.« Es ging ihm um die Ordnung und klare Gliederung von Wegesystemen und Baumgruppen. Bäume und Sträucher wurden jetzt als Einzelobjekt angesehen, um ihre ästhetische Form hervorzuheben, ganz im Gegensatz zum pittoresken Stil, bei dem sich die Betrachtung auf die Gruppen von Bäumen oder Büschen konzentrierte, deren Einzelgestaltung aber vernachlässigten konnte.

Mit dem Begriff des Gardenesken gewann nun die geometrische Form zunehmend an Bedeutung. Innerhalb eines geschwungenen Wegesystems sollten in Gruppen Bäume und Büsche sowie kreisförmige

Beete, die leicht zu bepflanzen sind, angeordnet werden (Abb. unten). Wichtig war, so der Vorschlag Loudons, die Beete jeweils mit nur einer Blumen- oder Strauchsorte zu bepflanzen. Ferner sollten sie voneinander und vom Weg mindestens drei Fuß Abstand halten. Wenige Jahre später übertrug er bei dem Entwurf für eine Vorstadtresidenz dieses Modell in ein strenges geometrisches Muster (Abb. rechts). Vor dem Wohngebäude liegen Küchengärten, zwischen denen eine Obstbaumallee auf die Eingangsfront zuführt. Die rückwärtige Gartenfront wird von einem *sunken garden* im Stil des englischen Renaissancegartens eingenommen, der durch ein einziges großes Ornament gegliedert ist. Ein Quadrat schließt einen Kreis ein, der in sich unterschiedliche Beetformen wie Halbkreisbögen, Zwiebelformen oder Vierecke aufnimmt, die unterschiedlich bepflanzt werden. Die Wege sind asphaltiert, um – wie Loudon mitteilte – Wartungskosten zu sparen.

Loudon ist konsequent den Weg vom englischen Landschaftsgarten zum historistischen oder eklektizistischen Garten gegangen. Das Echo auf seine Vorstellungen war positiv, da er auch die sozial schwächer gestellten Bevölkerungsgruppen berücksichtigte und für sie den städtischen Hausgarten konzipierte, der nun wahrlich nicht als Landschaftsgarten angelegt werden konnte.

Den entscheidenden Schritt vom Landschaftsgarten zum geometrischen Garten ging, zumindest in seinen theoretischen Äußerungen, der Buchhändler und Buchbinder Shirley Hibberd (1825–1890). In seinen Schriften folgte er den von Loudon vorgezeichneten Wegen und erklärte das Ende des Landschaftsgartens. Hibberd schrieb ausdrücklich für die »plain people«, die Armen, und ging davon aus, dass jeder Mensch über Geschmack und damit auch über ein gewisses Maß an Kunstfertigkeit verfügt. So versuchte er, die Menschen in der Kunst des Gärtnerns zu unterweisen, damit sie ihre Seele wie die Blumen im Garten pflegen können: »Von allen Plätzen der Welt muss gerade in der finsteren Stadt die Gegenwart von Blumen dazu dienen, uns dann und wann von der Fieberhast des Geschäfts zurückzurufen und uns an unsere Kindheit und unser Elternhaus, an unsere erste Liebe, unsere erste Wanderung, an das Lächeln und die Küsse unserer Mutter und an das goldene Kalifornien zu erinnern, das wir damals in einer Butterblumenwiese fanden.« Diese romantisch verklärte soziale Einstellung sollte dazu beitragen, die Sitten zu verbessern, da die für die Stadtbewohner unerreichbare Natur als Mikrokosmos im Wohnzimmer oder als kleine Parzelle vor der Haustür installiert werden konnte.

So gesehen wurde der altenglische Garten als Gegenpart zur industrialisierten Stadt zum neuen modernen Garten ausgerufen. Die Vorbilder entnahm man bewusst älteren Musterbüchern aus der Renaissance oder dem französischen Barock, was sich durch einen Vergleich von Hibberds geometrischem Garten mit einem Entwurf von Dézallier d'Argenville verdeutlichen ließe. Auch die Begrenzung des Gartens sollte wieder markant hervortreten – eine klare Absage an den alten Aha des Landschaftsgartens.

Dieses Gartenkonzept hat in den Jahrzehnten der Sozialutopien zweifellos seine Berechtigung gehabt. Wie aber konnte angesichts der zunehmenden Verstädterung und einer durch die Industrialisierung von der Natur entfremdeten Gesellschaft der Landschaftsgarten diffamiert werden? Für Hibberd war dieser Gartentypus ein Symbol für die Privilegien des Landadels, an dem der größte Teil der Bevölkerung nicht teilhaben konnte. Aus diesem Grunde musste so etwas wie ein miniaturisierter Landschaftsgarten als Haus- oder Zimmergarten die Natur ersetzen. Die geometrische Form drängte sich gewissermaßen für diesen Typus auf.

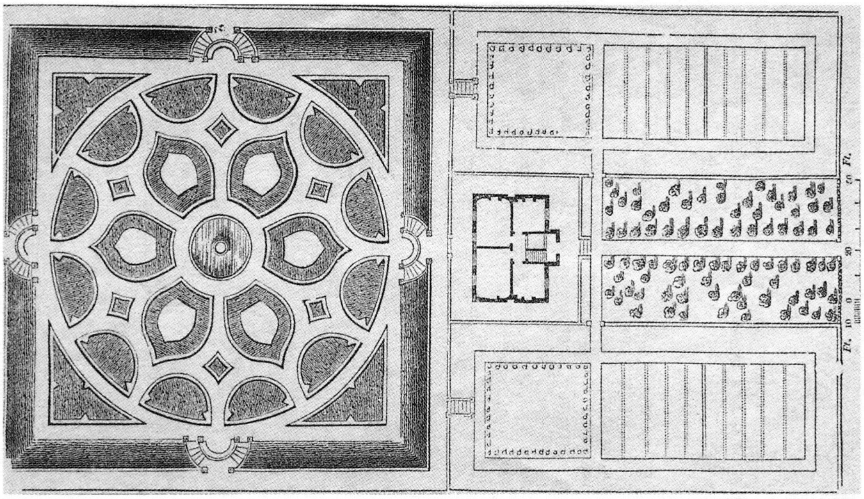

Suburban Residence im geometrischen Stil
Aus: Gardener's Magazine 1841

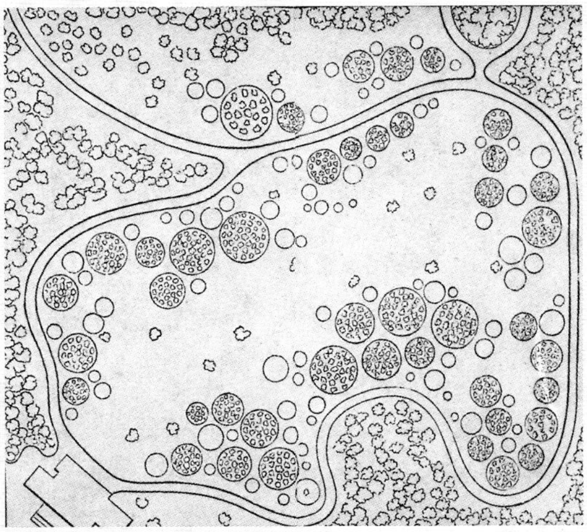

Kreisförmige Beetanlage
Gartengestaltungsvorschlag von John Claudius Loudon für Gärtner, die nicht Künstler sind
Aus: Gardener's Magazine 1835

William Beckford und Fonthill Abbey

William Beckford (1760-1844)
Porträt des romantischen Sonderlings als Schöngeist

Was Bomarzo für den italienischen Barockgarten, war Fonthill Abbey für den englischen Landschaftsgarten – ein exzentrisches Exemplar seiner Gattung. Zwar sind es nicht Bomarzos Monstrositäten, die in entsprechenden Varianten in Fonthill auftauchen, doch waren die Anekdoten, die sich um seinen Schöpfer William Beckford ranken, ähnlich kurios wie die Phantasiewesen in dem italienischen Garten. Die für den Hausherrn wohl bezeichnendste referierte Hermann Fürst Pückler-Muskau in seinen »Briefen eines Verstorbenen«: Der Sonderling Beckford soll sein Anwesen mit einer zwölf Fuß hohen Mauer umgeben haben, um ungebetene Besucher fern zu halten. Ein neugieriger Lord aus der Nachbarschaft überwand die Mauer mit einer langen Leiter und stand plötzlich dem Hausherrn gegenüber. Dieser erbot sich, dem Eindringling in höflichster Weise Haus und Garten zu zeigen. Nach dem Rundgang verabschiedete sich William Beckford von seinem Gast und wünschte ihm einen guten Tag. Als der Lord den Ausgang verschlossen fand und den Diener bat, ihm diesen zu öffnen, verwies dieser auf das Gebot seines Herren, der Gast möge dort hinausgehen, wo er hereingekommen sei.

Der Fürst beginnt seine Anekdote mit der Frage: »Hast Du wohl von dem Sonderling Beckford je gehört, eine Art Lord Byron in Prosa ...?« Ebendieser Lord Byron beschrieb William Beckford (1760–1844) als den reichsten Mann Englands, dessen Vermögen es ihm erlaubte, seine romantischen Visionen Wirklichkeit werden zu lassen (Abb. links). Seinen ersten Garten ließ Beckford in Portugal in den Hügeln der Sintra, anlegen, ein, wie er schrieb, »Claude-like place« – gemeint war ein Garten, der einem Gemälde von Claude Lorrain nachempfunden war. Nach seiner Rückkehr nach England in den 90er Jahren des 18. Jahrhunderts beauftragte Beckford den Architekten James Wyatt mit dem Bau der neogotischen Abtei Fonthill in der Grafschaft Wiltshire nahe Salisbury. Es handelte sich um eine kuriose Kombination von mittelalterlichem Belfried, hochgotischem Kirchenschiff, burgähnlichen Trakten und zinnengesäumten Türmen – ein Architekturtheater, auf dessen Bühne nur ein einziger Mann, nämlich der Hausherr selbst, Regie führte und gleichzeitig agierte (Abb. rechts).

Wer war Lord Beckford? Sein unermessliches Vermögen war ihm von seiner Familie hinterlassen worden, die durch Sklavenhandel und Zuckerrohrplantagen in Jamaica reich geworden war. Als Fünfjähriger genoss er Klavierunterricht bei Wolfgang Amadeus Mozart. Der Aquarellist Alexander Cozens weihte ihn in die Kunst des Zeichnens ein. Als der junge Beckford Weihnachten 1781 seine Volljährigkeit feierte, wurden die Räume des väterlichen Landschlosses Fonthill Splendens in einen Illusionsraum aus transparenten und bewegten Bildern verwandelt – illuminiert von farbigem Licht und begleitet vom Gesang der berühmtesten Kastraten Europas. In jenen Jahren arbeitete Beckford an seinem Roman mit dem Titel »Vathek«, einem düsteren Buch der Schwarzen Romantik, das die Faust-Thematik im Orient spielen lässt. Lord Byron nannte das Buch seine Bibel. Dieser verheißungsvolle Auftakt einer literarischen und politischen Karriere wurde jäh beendet, als die homosexuellen Neigungen Beckfords ruchbar wurden und Hetzkampagnen ihn außer Landes fliehen ließen – er ging nach Portugal. Dieses selbstgewählte Exil tauschte er bald ein gegen das »exterritoriale« Fonthill Abbey. Beckford nannte die Baupläne »diabolisch«. Der Zentralturm sollte 84 m in die Höhe ragen, das Hauptschiff annähernd so lang werden wie Westminster Abbey. »Niemals«, so der Lord, »wurde so viel Ziegelstein verbraucht außer in Babylon.« Dort konnte er sich seiner Einsamkeit und Melancholie hingeben – umgeben von einer Schar von Dienern, einem Straßburger Arzt und einem Schweizer Zwerg, genannt Perro, der die Aufgabe hatte, den seltenen Gästen das zehn Meter hohe Eichenportal zu öffnen. Später schrieb Beckford: »Ich leide nicht wenig unter der

Fonthill Abbey
Landschloss des William Beckford in Gestalt einer mittelalterlichen Abtei

Joseph Mallord William Turner
Ansicht von Fonthill aus einem Steinbruch, um 1799
Bleistift, Tusche und Wasserfarben auf Papier, 29,8 x 47,7 cm
Leeds Museum and Galleries (City Art Gallery)

scheußlichen Langeweile und der Einsamkeit dieses Grabes von einer Abtei, aber das Schlimmste ist, dass man in diesem Grab nicht die Ruhe findet, die andere Gräber geben.«

Das Anwesen war von einer drei Meter hohen und zwölf Kilometer langen Mauer umgeben und umschloss neben dem Architekturkonglomerat einen teils märchenhaften, teils düsteren Park. Beckford ließ einen so genannten amerikanischen Garten anlegen, nachdem ab der zweiten Hälfte des 18. Jahrhunderts frostunempfindliche Pflanzen aus Nordamerika wie Rhododendren oder Magnolien sowie Sumpfzypressen oder Tulpenbäume eingeführt und populär geworden waren. Unterhalb der Abtei legte er den künstlichen Bitham-See an. Weite Rasenflächen und lange Baumalleen durchziehen das Gelände, das teils von heimischen, teils von exotischen Bäumen umgeben ist. Beckford wünschte sich eine gärtnerisch kontrollierte Wildnis, in der den Tieren, die außerhalb der Mauer gnadenlos von den jagdbessenen Lords zu Tode gehetzt wurden, eine paradiesische Bleibe beschieden sein sollte.

Im Jahr 1799 hielt sich auf Einladung Beckfords der junge William Turner drei Wochen lang in Fonthill auf, um Zeichnungen und Aquarelle von dem Park und der Abtei anzufertigen (Abb. oben). Wahrscheinlich wollte Beckford seine eigenen Visionen in der Kunst Turners konkretisiert sehen, da eine seiner Beschreibungen von Fonthill ziemlich genau einem Aquarell des Künstlers entspricht: »Alle die dunklen Wälder um die Abtei waren von der sinkenden Sonne in leuchtende Farbigkeit gehüllt und unter dem lieblichsten Blau des Himmels. Und aus diesen Forsten erhob sich die Burg des Atlas mit all ihren wie Diamanten blitzenden Fenstern! Nichts, was ich je in meinem Leben gesehen habe, reicht an diese einzige Vision heran, nicht in der Größe der Erscheinung, nicht im Zauber der Farben.« Das Motiv der in den Lüften schwebenden Burg des Magiers Atlas hatte Beckford dem »Rasenden Roland« des Ariost entnommen.

1807 wurde der Sklavenhandel abgeschafft. In den westindischen Kolonien fielen die Zuckerrohrpreise, und die Einkünfte Beckfords schrumpften dahin. Das aufwändig verwaltete Gut konnte nicht länger mehr finanziert werden, so dass Fonthill Abbey im Jahr 1822 bei Christie's in London für 330 000 Pfund veräußert werden mußte. Beckfords Kommentar: »Ich bin das Heilige Grab los!« Als Jahre später der hohe Abteiturm einstürzte, äußerte er sich ähnlich distanziert. Er bedauerte, nicht dabei gewesen zu sein.

Landschaftsgärten in Deutschland um 1800

Die Wurzeln und die theoretischen Grundlagen des Landschaftsgartens liegen in Frankreich, seine Entwicklung zum spezifischen Gartentypus ist natürlich in England beheimatet. Wie aber gelangte der englische Landschaftsgarten wieder zurück auf den Kontinent? Immerhin war es der französische König Ludwig XV., der in den sechziger Jahren des 18. Jahrhunderts den Trianon-Bereich in Versailles nach den Vorstellungen einer romantischen Pastorale anlegen ließ. Der englische Garten wurde gegen Ende des 18. Jahrhunderts immer populärer, immer begierig war man nach Gärtnern von der Insel. In jenen Jahren war der Barockgarten am Ende seiner Entwicklung angelangt. Gefragt war nun die urwüchsige Natur, die man durch Versatzstücke wie Felsen, Wasserfälle oder wild wuchernde Uferpartien sowie kleine antike Tempelchen bereichern wollte.

Eine entscheidende Rolle bei der Vermittlung dieser neuen Gartenidee ist Jean-Jacques Rousseau zuzuschreiben, der mit seinem Briefroman »La Nouvelle Héloise, ou Lettres de deux amans, habitans d'une petite ville au pied des Alpes«), 1761 erstmals erschienen und 1762 bereits ins Deutsche übersetzt, eine neue Lebensphilosophie auf der Basis einer innigen Verbindung mit der Natur entwarf. Als Modell diente ihm der Garten, in dem er die Natur fand, wo der Mensch zu den Quellen seines eigenen Ichs, zu seiner Natürlichkeit zurückfinden konnte. Aus diesem Grund kennt der Garten weder Symmetrie noch Ordnung oder Geradlinigkeit. Nach dem Motto »die Natur pflanzt nichts nach der Schnur« sollten der natürliche Wuchs der Pflanzen, Büsche und Bäume sowie der Landschaftscharakter gefördert werden.

Der Landschaftsgarten in Wörlitz

In Deutschland verbreitete sich die Idee des Landschaftsgartens auf der Basis der Rousseauschen Philosophie besonders schnell. Im Zeitalter der Empfindsamkeit und Aufklärung erlangte der Garten von Wörlitz rasch Bedeutung. Die Schöpfung des Fürsten Leopold Friedrich Franz von Anhalt-Dessau zählte schon kurz nach ihrer Vollendung um 1790 zu den ersten Sehenswürdigkeiten Europas. Maler, Philosophen und Dichter wurden aufgerufen, nach Wörlitz zu kommen. Der Fürst sah in dem Garten ein Modell für den aufgeklärten Staat. Das Gartenreich sollte als ästhetisches Zentrum eines mustergültigen Fürstentums vorgestellt werden. Eindeutiges Vorbild hierfür war der englische Landschaftsgarten. Der englische Diplomat Charles Stewart soll angesichts der weiträumigen Parkanlage und der häufigen überraschenden Landschaftsperspektiven begeistert ausgerufen haben: »God damn, hier bin ich in England!«

Fürst Franz (Abb. links) hatte sich bereits als junger Mann ab den siebziger Jahren des 18. Jahrhunderts der intensiven Landschaftspflege und der Verschönerung seines Besitzes gewidmet – eine Folge mehrerer ausgiebiger Englandreisen und des Studiums der dortigen Gärten. Auf seinen Reisen hatten ihn der Architekt Friedrich Wilhelm von Erdmannsdorff und der Gärtner Johann Friedrich Eyserbeck begleitet, dem auch die Leitung der Gartengestaltung in Wörlitz übertragen wurde. Doch auch der Fürst selbst versuchte sich im Planen und Entwerfen – oftmals entgegen den Vorstellungen seiner Fachleute.

Seine Vision von einem Gelehrtenstaat konnte der Fürst ansatzweise verwirklichen. Ihm gelang es, den Altertumsforscher und Übersetzer August von Rode in Wörlitz ansässig zu machen. 1781 wurde in Dessau die Allgemeine Buchhandlung der Gelehrten und Künstler gegründet, und 15 Jahre später war die

Wörlitz, Landschaftsgarten
Blick auf den Venustempel

Fürst Friedrich Franz von Anhalt-Dessau
Gemälde von Anton von Maron, um 1766
Nürnberg, Germanisches Nationalmuseum

ABBILDUNGEN GEGENÜBER:
Wörlitz, Landschaftsgarten
Das Wörlitzer Schloss oder Landhaus wurde 1769-73 von Friedrich Wilhelm von Erdmannsdorff nach italienischen und englischen Vorbildern errichtet (oben).
Der Wörlitzer See mit Amaliengrotte (unten)

Wörlitz, Landschaftsgarten
Sichtachsenfächer an der Goldenen Urne mit Blick auf die Synagoge, St.-Petri-Kirche und den Warnungsaltar

ABBILDUNG GEGENÜBER:
Wörlitz, Landschaftsgarten
Floratempel

Chalkographische Gesellschaft das Ziel bedeutender Kupferstecher. Im Philantropium wirkte der Pädagoge Johann Bernhard Basedow. Besonders beliebt aber war die eigens für Gartenarchitekten aus aller Welt eingerichtete Fachbibliothek im Wörlitzer Park. Dies alles gelang dem von seinem mächtigen Nachbarn Friedrich II. von Preußen verächtlich »princillo«, Prinzlein, genannten Fürsten, der sein Land politisch von Preußen abkoppeln und sein Fürstentum für neutral erklären konnte. Für diesen klugen Schritt musste Friedrich Franz zwar ungeheure Kontributionsleistungen erbringen, doch lohnte sich aus seiner Sicht der finanzielle Aufwand, um dem großen Ziel, eine Gelehrtenrepublik zu schaffen, näher zu kommen. Inmitten des Sees ließ der Bauherr eine Rousseau-Insel mit einem Denkmal anlegen. Damit verwies er auf die ideelle Wurzel seiner Staats- und Lebensphilosophie, den Keim der Aufklärung, und zugleich auf seine Beziehung zu dem großen französischen Denker, den er 1775 in Paris auch persönlich kennen gelernt hatte.

Die »englische Perspektive« kommt – gleich einem Landschaftszitat – in unverwechselbarer Weise am Wörlitzer See zum Ausdruck, wenn man am Ufer entlangspaziert und unvermittelt das malerisch von hohen Bäumen flankierte Nymphäum erblickt. Erdmannsdorff entwarf diesen tempelähnlichen Pavillon 1767/68 als überdachten Gartensitz. Der zitatenreiche Park versammelt die Reiseeindrücke des Fürsten. Anlässlich eines Neapelaufenthaltes ließ er die Insel »Stein« gestalten, damit er sich auch in der Heimat an der kampanischen Landschaft erfreuen konnte. Strawberry Hill, der Landsitz von Horace Walpole nahe London, war ihm Anregung für die Errichtung eines vergleichbaren Gebäude im neogotischen Stil. Fast exotisch und ein wenig fremd im Kreis der klassizistischen Gebäude nimmt sich das von Fichten umgebene Gotische Haus auf der weiten Rasenfläche aus (Abb. unten). Seine Vorliebe für diesen Stil wird der Fürst vermutlich in England entdeckt haben. Dort präsentierten sich in der zweiten Hälfte des 18. Jahrhunderts die Architekturformen sowohl klassizistisch als auch historistisch, also neoromanisch oder, häufiger noch, neogotisch – ein Phänomen, das in Deutschland im Bereich der Architektur erst später in Erscheinung trat und Verbreitung fand. In Wörlitz jedoch hatte der Fürst es schon sehr früh verstanden, über die Gartenkunst eine stilistische Verbindung dieser formal so gegensätzlichen Baustile herzustellen.

Wörlitz, Landschaftsgarten
Gotisches Haus, 1785–86 von Friedrich Wilhelm von Erdmannsdorff erbaut

Weimar, Park an der Ilm
Das am Talrand gelegene Gartenhaus wurde 1776 von Goethe bezogen. Dieser hatte das Haus von Herzog Karl August als Geschenk erhalten. Der Park an der Ilm, eine von bewaldeten Hängen eingeschlossene Flussaue am Rande des alten Stadtkerns von Weimar, entstand ab 1778 unter der Mitarbeit Goethes. Herzog Karl August und Goethe hatten zuvor den Wörlitzer Landschaftspark besucht und darin ihr Vorbild für die Weimarer Anlage gefunden. Sie wurde mit einigen Parkgebäuden ausgestattet und soll einst von einer empfindsamen Stimmung geprägt gewesen sein. Die oben gezeigte Ansicht lässt dies erahnen.

Hirschfelds »Theorie der Gartenkunst«

Für den überwältigenden Erfolg des englischen Landschaftsgartens auf dem Kontinent waren auch die theoretischen Schriften der Engländer verantwortlich, die in den siebziger Jahren des 18. Jahrhunderts in deutscher Übersetzungen vorlagen und für die Gestaltung neuer Gärten intensiv konsultiert wurden. Neben diesen Traktaten wurde sehr bald die Gartentheorie von Christian Cay Lorenz Hirschfeld, Professor für Philosophie und Ästhetik in Kiel, populär. Er hatte zwar nie die Gelegenheit gehabt, englische Gärten persönlich in Augenschein zu nehmen, analysierte aber dennoch den Landschaftsgarten und stellte dessen Kompositionsmittel und Elemente zusammen. Anders als die früheren Theorien unterschied Hirschfeld in seiner 1779 erschienenen »Theorie der Gartenkunst« den Garten nach Tages- und Jahreszeiten (Abb. gegenüber). Er differenzierte die Anlagen auch nach den Stimmungen, die sich bei einem Besuch einstellen. So sprach er von einem melancholischen, heiteren, sentimentalen und feierlichen Garten. Für ihn war es die besondere Art der Bepflanzung, die Stimmungen evozierte. Zum ersten Mal wurde bei Hirschfeld die Typologie des Gartens erweitert. Neben den Kloster-, Friedhofs-, Akademie-, Bad-, Hospital- und Schlossgarten trat der Volksgarten. Hier sollte sich, so Hirschfelds Vorstellung, die Stadtbevölkerung »Bewegung, Genuss der freien Luft, Erholung von Geschäften und gesellige Unterhaltung« verschaffen. Die Struktur der Anlage sollte seiner Meinung nach sowohl den damals populären englischen Landschafts- als auch den französischen Barockgarten berücksichtigen, um einen spezifisch deutschen Garten hervorzubringen. Dabei wandte sich Hirschfeld nicht nur gegen das »Gekünstelte«, die Rokokomanier des französischen Gartens, sondern sah auch im englischen Landschaftsgarten Elemente, die es zu vermeiden galt, beispielsweise chinesische Teehäuser und andere zierliche Staffagebauten. Hirschfeld wollte mit diesen Empfehlungen den Garten noch stärker als Landschaftsgarten ausprägen. Er orientierte sich also an der » strengen englischen Linie«, wie sie etwa Lancelot »Capability« Brown vertreten hatte. Hirschfelds »Theorie« setzte sich bald als Standardwerk der deutschen Gartenkunst durch.

»Sowohl von der Vorderseite des Arcadenhauses an, als auch hinter ihm verbreiten sich die Anlagen der Spaziergänge fast im Geschmack eines englischen Gartens. Vor dem Arcadenhaus erstreckt sich ein ziemlich ansehnlicher Wald von Eichen, der jedoch viele grosse Zwischenräume hat, worin Pflanzungen von mancherley einheimischen und ausländischen Bäumen und Gesträuchen abgelegt und mit Blumenstauden vermischt sind. Zur Abwechslung des Spazierganges und der Aussichten sind Vertiefungen und Anhöhen gemacht. Überall findet man weiße Bänke,

Theorie
der
Gartenkunst.
Von
C. C. L. Hirschfeld,
Königl. Dänischem würklichen Justizrath und ordentlichem Professor der Philosophie
und der schönen Wissenschaften auf der Universität zu Kiel.

Erster Band.

Leipzig,
bey M. G. Weidmanns Erben und Reich. 1779.

Christian Cay Lorenz Hirschfeld
»Theorie der Gartenkunst«, Titelblatt und -vignette, Leipzig 1779

Sitze, Tische auf den Höhen und in den Thälern; unter den hohen Eichen und den Buchen, die zwischen ihnen erscheinen, laden beschattete Ruheplätze ein.«

Diese überaus lobenden Worte Hirschfelds galten dem Park des Wilhelmsbades nahe Hanau bei Frankfurt am Main. Der Vergleich mit dem englischen Landschaftsgarten ist nicht nur vom Augenschein her gerechtfertigt, sondern nahe liegend auch aufgrund der familiären Beziehungen des Besitzers, des Erbprinzen Wilhelm von Hessen-Kassel, dessen Mutter eine Tochter des englischen Königs Georg II. war. Der Erbprinz hatte die Anlage zwischen 1776 und 1784 erbauen lassen. Die Badgebäude, der Brunnentempel mit der Äskulapstatue und eine im mittelalterlichen Stil errichtete Burgruine sowie kleinere Pavillons dienten der Kurzweil der Besucher, zu denen auch Gartenfachleute wie Hirschfeld zählten. Die auf einer Insel platzierte romantische Ruine (Abb. unten), die in nahezu keinem englischen Landschaftsgarten fehlen durfte, diente Wilhelm als Wohnung: »... ein halb verfallener gotischer Turm, in einem wahrhaft täuschenden Stil, nach der Zeichnung des Prinzen erbaut«, schreibt Hirschfeld in seinen Aufzeichnungen über Wilhelmsbad. Eine beson-

Wilhelmsbad, Landschaftspark
Burgruine nach dem Grundriss eines gotischen Pavillons (nach einem Stich von B. Lanley). Das Gebäude wurde 1780 in Insellage als Wohnung für Erbprinz Wilhelm von Hessen-Kassel erbaut.

Park und Schloss Wilhelmshöhe
Idealansicht um 1800, Gemälde von Johann Erdmann Hummel
Kassel, Staatliche Kunstsammlung

dere Attraktion stellte das tempelartig errichtete Karussell mit mechanisch bewegten Holzpferdchen dar. Es ist heute noch auf einer kleinen Anhöhe des Parks zu bewundern.

Als Wilhelm 1785 nach Kassel zog, um dort als hessischer Landgraf Wilhelm IX. die Regierung zu übernehmen, wurden die Arbeiten in Wilhelmsbad eingestellt. Der Kurbetrieb dämmerte noch einige Jahrzehnte dahin, dann schlief er ein. Aus konservatorischem Gesichtspunkt kann der heutige Besucher über dieses Schicksal des einst so lebhaften Bades dankbar sein: Der Landschaftsgarten ist in seiner Struktur seitdem nicht mehr verändert worden.

Kassel, Wilhelmshöhe

In Kassel fand der neue hessische Landgraf einen der prachtvollsten Barockgärten Deutschlands vor. Dort hatte Landgraf Karl, inspiriert von den Gärten Italiens, die er besucht hatte, ab 1701 am Osthang des Habichtswaldes einen Garten im italienischen Stil anlegen lassen. Glanzpunkt des Gartens war und ist die berühmte, von Giovanni Francesco Guerniero konstruierte 250 m lange Wassertreppe, die von der denkwürdigen Herkulesstatue bekrönt wird, einer ins Monumentale gesteigerten Replik des römischen Herkules Farnese. Davon war bereits in einem früheren Kapitel die Rede (siehe S. 303).

Wilhelm machte sich sofort nach seiner Übersiedlung an die Arbeit, um die riesige Gartenanlage in einen englischen Landschaftsgarten umzuwandeln. Er behielt jedoch wichtige Teile der barocken Struktur bei, da er erkannt hatte, dass der neu zu konzipierende landschaftliche Park durch die Integration der dominanten Kaskadenachse nur gewinnen konnte (Abb. oben). Im oberen Drittel der Anlage führt die in Stein gefasste Kaskade von dem unbewohnbaren Schloss mit der bekrönenden Herkulesstatue auf der Bergkuppe hinunter zum ovalen Neptunbrunnen. Von dort aus verläuft sie durch eine enge Waldschneise malerisch über mehrere Zwischenstufen hinab bis zu dem weiten Platz, der von der klassizistischen Schlossanlage halbkreisförmig begrenzt wird. Die Hauptattraktion des Karlsbergs, der erst später in Wilhelmshöhe umbenannt wurde, ist die Fontäne, die der Landgraf 1790 im unteren Bassin vor dem Schloss platzierte. Das spektakuläre Schauspiel ist auch heute noch während der Sommermonate zu verfolgen. Das von der Höhe herabfließende Wasser erzeugt so viel Druck, dass der Wasserstrahl über 50 m in die Höhe schießt. Zwischen dem Schloss – dessen so genannte Weißenstein- und Kirchflügel 1786 und 1788 von Friedrich Simon Louis du Ry begonnen und dessen blockförmiger, mit einem mittleren Portikus verse-

ABBILDUNG GEGENÜBER:
Wilhelmshöhe (Kassel), Landschaftsgarten
Fontänenteich mit Jussowtempel, 1817/18

Wilhelmshöhe, Landschaftsgarten
Blick vom Höllenteich auf das Schloss

hener Mittelbau 1798 von Christoph Jussow vollendet wurde – und dem Bassin mit der Fontäne ließ der Landgraf einen so genannten *bowling green* anlegen. Diese abgesenkte Rasenfläche schuf trotz der Weitläufigkeit und der verhältnismäßig großen Distanz eine raffinierte visuelle Raumverkürzung. Das Schloss, die Fontäne und der dahinter aufsteigende Berg mit der Kaskade rücken scheinbar zusammen und bilden dadurch ein geschlossenes und romantisch wirkendes Ensemble.

Im Laufe der Jahre – 1803 erhielt der Landgraf als Wilhelm I. die Kurfürstenwürde – kamen weitere Staffagebauten in dem aufgeforsteten und mit einem verschlungenen Wegesystem versehenen Park hinzu. Neben dem Virgilsgrab (Abb. gegenüber unten links) und dem Merkurtempel sind heute noch die ägyptische Pyramide (Abb. gegenüber unten rechts) und die Eremitage des Sokrates – Ausdruck der philosophischen Neigungen des Bauherrn – zu besichtigen. Dieses sentimentalische Szenarium erhielt den obligatorischen exotischen Farbtupfer, ein komplettes chinesisches Dorf, von dem nur noch ein Pavillon (Abb. gegenüber oben) erhalten geblieben ist.

Man kann sagen, dass der Landgraf seine in Wilhelmsbad bei Hanau begonnenen Parkarbeiten in Kassel fortsetzte. Was wir heute auf der Wilhelmshöhe bewundern, wäre wahrscheinlich in Hanau verwirklicht worden, hätte nicht Wilhelm sein Amt in Kassel angetreten. Auffallend ist, dass er die mittelalterliche Ruine des Wilhelmsbades in Wilhelmshöhe zu einer üppig ausgestalteten Ritterburg, der Löwenburg, benannt nach dem hessischen Wappentier, weiterentwickelte (Abb. S. 413). Romantische Gefühle und sentimentalische Neigungen ließen sich im mittelalterlichen Illusionsraum entfalten und ausleben. Die Burg war Wohnschloss und

Wilhelmshöhe, Landschaftsgarten
Chinesischer Pavillon (oben)
Virgilsgrab (links außen)
Pyramide (links)

Grabstätte zugleich – so wollte es der Kurfürst. Das umgebende Ambiente mit der Wolfsschlucht und der Teufelsbrücke (Abb. gegenüber) mochte den Kurfürsten entrückt haben. Ob er in den Gemächern seiner Burg oder in der Eremitage des Sokrates über die moralische Rechtfertigung des Verkaufs seiner Soldaten an die Engländer nachdachte, die in Boston und Umgebung gegen die verzweifelt um Unabhängigkeit ringenden Amerikaner kämpften, bleibt ungewiss. Auf jeden Fall hat er für die Finanzierung der aufwändigen Parkanlage Geld aus dem Soldatenhandel eingesetzt.

Im Jahr 1805 wurde der Ausbau der Anlage für einige Jahre unterbrochen. Der Kurfüst war von Napoleon ins Exil getrieben worden. Bis 1815 herrschte auf der Wilhelmshöhe Napoleons Bruder Jérome als König von Westfalen. Er zog den von Lichterglanz erhellten Bankettsaal der düsteren Eremitage vor und führte ein glanzvolles Hofleben. Von seinen Vasallen und bald auch von der Bevölkerung erhielt er den Spottnamen »König Lustig«. Seine Spuren kann man heute noch im Weißensteinflügel des Schlossmuseums finden.

Hirschfeld äußerte sich verhalten über die Kasseler Anlage. Auf der einen Seite hoffte er, eine Anstellung am Kasseler Hof zu erhalten, auf der anderen Seite musste er sich, um nicht an Glaubwürdigkeit zu verlieren, von der absolutistischen Machtsymbolik des Parks mit dem Herkulesschloss distanzieren. Das widersprach dem aufklärerischen Geist, dem der empfindsame Hirschfeld sich zutiefst verbunden fühlte. Diplomatisch rang er sich zu folgender Bewertung durch:

»So sehr auch dies Werk durch seine außerordentliche Kühnheit und Größe in Erstaunen setzt, so sind seine Wirkungen doch von den Rührungen entblößt, die alte Bergschlösser oder Ruinen auf Felsen erregen. Der Carlsberg stellt ein Wunder dar, das von der Hand einer übernatürlichen Macht entsprungen zu seyn scheint; seine ungewöhnliche Größe drückt den Anschauer bald zum Gefühl der Kleinheit und Schwäche andrer menschlicher Werke nieder.«

Ob Wilhelm diese Botschaft – sollte er sie je vernommen haben – verstanden hat? Wenn das der Fall war, wird er wohl niemals daran gedacht haben, den berühmten Gartentheoretiker in seine Dienste zu nehmen. Hirschfelds Worten ist zu entnehmen, dass ihm eine andere Gartenarchitektur vorschwebte, die eher durch das Naturszenarium in der unmittelbaren Nähe einer mittelalterlichen Burg verwirklicht worden wäre.

Wilhelmshöhe, Landschaftsgarten
Löwenburg, 1791–99

ABBILDUNG GEGENÜBER:
Wilhelmshöhe, Landschaftsgarten
Romantische Teufelsbrücke von Chistoph Jussow

Friedrich Ludwig von Sckell (1750–1823)
Porträt des Gartenarchitekten um 1820. Sckell ist der erste professionelle Gartenarchitekt des neuen Landschaftsstils in Deutschland. Als führender Vertreter in seiner Disziplin gelang es ihm, eine zuvor nicht gekannte Unabhängigkeit von seinen Auftraggebern zu erreichen.

Der Englische Garten in München

Auch für Friedrich Ludwig von Sckell (Abb. oben) dürfte die Kasseler Anlage nicht nachahmenswert gewesen sein. Ihm standen die Überlegungen Hirschfelds näher als die spätbarocken Gartenstrukturen, die der hessische Kurfürst bevorzugte. Sckell entschied sich ganz im Sinne Hirschfelds, einen Garten zu entwerfen, der programmatisch »das Gepräge des deutschen Genies« zum Ausdruck bringen sollte. Dabei handelte es sich um den Englischen Garten in München, der einerseits als eine Art Pantheon der großen bayerischen Regenten und andererseits als Volksgarten zur Erbauung und Belehrung gedacht war.

Als Kurfürst Karl Theodor, unter dessen Ägide der Schwetzinger Garten bei Heidelberg geschaffen worden war, 1778 von Mannheim nach München übersiedelte, ließ er unter dem Motto »München kann fürderhin keine Festung mehr sein« die Stadtbefestigung schleifen, um Platz für neue Wohngebiete zu schaffen. Im Norden der Stadt wurden die so genannten Schönfeldanlagen geplant, mit denen gemeinsam auch der Carl-Theodor-Park, der spätere Englische Garten, entstand.

Für Sckell bot sich eine einzigartige Möglichkeit: Er konnte die neuen Ideale der Gartenkunst ohne die Beschränkungen eines bereits vorhandener Barockgartens frei verwirklichen. Der in München wenig geliebte Kurfürst wollte den neuen Garten dem Volk als landesherrliches Geschenk präsentieren. So erließ der neue Regent 1789 ein Dekret, mit dem er die Gunst des bayerischen Volkes zu erlangen hoffte. Er gedachte »... den hiesigen Hirschanger zur allgemeinen Ergötzung für Dero Residenzstadt München herstellen zu lassen«, und teilte mit, dass er »diese schönste Anlage der Natur dem Publikum in ihren Erholungs-Stunden nicht länger vorzuenthalten« gnädigst gesinnt sei.

In diesem frühen deutschen Volksgarten konnte Sckell die Empfehlungen Hirschfelds umsetzen. Doch in den ersten Planungs- und Arbeitsphasen musste er sich noch mit dem Reichsgrafen Rumford, einem Amerikaner in bayerischen Diensten, und dessen Nachfolger, dem Grafen Werneck, auseinander setzen. Als Sckell im Jahr 1804 endgültig nach München ging, wurde er von dem neuen Regenten Maximilian Joseph in den Rang des Hofgartenintendanten erhoben. Nun konnte er sein Werk beginnen, einen riesigen, über fünf Kilometer langen Streifen Natur in einen harmonischen und rhythmisch gegliederten Park zu verwandeln.

Die Anlage setzte sich aus vier Teilen zusammen. Der erste Bereich, die so genannte Schönfeldwiese, grenzte an den Hofgarten. Daran schloss sich der Hirschangerwald an, das Gebiet in der Umgebung des Chinesischen Turmes, der damals der Hofgesellschaft vorbehalten war (Abb. unten). Nördlich brei-

München, Englischer Garten
Chinesischer Turm

tete sich um den künstlich angelegten Kleinhesseloher See herum (Abb. oben) der dritte Gartenbereich aus, und schließlich folgte das Hirschaugebiet, das bis zum Aumeister-Gelände führte. Die ersten beiden Bereiche wollte Sckell durch einen gewundenen Panoramaweg miteinander verbinden, um visuell die Residenzstadt an den Park anzuschließen. Er spazierte selbst durch das Gelände und kennzeichnete die Wegeführung, um sicher zu sein, dass die Lustwandelnden »... die Stadt München im Vordergrund und den ehrwürdigen Wald Hirschanger im Hintergrund mit der übrigen schönen Natur« sehen könnten. Die Verbindung von Krone und Pastorale, Zonen der höfischen und der ländlichen Gesellschaft, sollte durch solche geschwungenen Wege hergestellt werden. Sckell schwebten fließende Übergänge zwischen dem Hofgarten und dem Parkbereich des Dorfes Schwabing vor. Allerdings konnte er seinen Plan, den Hofgarten mit dem Englischen Park zu verbinden, nicht verwirklichen, da das 1803 im Stile Palladios erbaute Palais Salbert, das spätere Prinz-Carl-Palais, wie eine Schranke zwischen beiden Bezirken wirkte.

Nach den Empfehlungen Hirschfelds wollte Sckell Staffagebauten nur im »guten und reinen Styl«, dem des Klassizismus also, errichten lassen. Die sentimentalen und exotischen Motive, allen voran den bereits 1790 erbauten Chinesischen Turm, empfand er als deplatziert und wollte er entfernen. Der Chinesische Turm blieb jedoch erhalten und avancierte zum Wahrzeichen des Englischen Gartens. Er wurde nach der Zerstörung im Zweiten Weltkrieg originalgetreu wieder aufgebaut.

Dieser Staffagebau ist eine Variante der Pagode, die William Chambers 1757 im Zuge der Umgestaltung der Kew Gardens in London entworfen hatte

München, Englischer Garten
Kleinhesseloher See

(Abb. S. 388). Der Chinesische Turm dürfte demnach auch als Geste der Verbundenheit mit dem englischen Landschaftsgarten verstanden worden sei. Gegen den so genannten Rumford-Saal, ein Kasino nahe dem Pavillon, hatte Sckell offensichtlich nichts einzuwenden. Der Bau war von dem Architekten Johann Baptist Lechner im reinen palladianischen Stil entworfen worden – das in englischen Landschaftsgärten obligate Modell für Staffagebauten.

Für Sckell mußten Parkbauten neben einer klaren architektonischen Form auch eine bestimmte politische Bedeutung haben. So legte er Wert darauf, dass die Bauten an »würdige Regenten und verdienstvolle Männer im Staate« erinnerten. Dagegen verwahrte er sich vor allzu vordergründigen antik-mythologischen Bezügen und noch entschiedener vor mittelalterseliger Ritterromantik.

Die Umsetzung seiner Vorstellungen von Staffagebauten im »guten und reinen Styl« durch Leo von Klenze hat Sckell nicht mehr erlebt; er starb 1823. Zu den imposantesten Gebäuden zählt sicherlich der 1838 errichtete Monopteros auf dem künstlich aufgeworfenen Hügel nahe dem Hofgarten (Abbn. links und unten). In diesem Rundtempel ließ Ludwig I. eine Gedenkschrift für Karl Theodor und Maximilian I. anbringen. Am Ufer des Kleinhesseloher Sees, im eigentlichen Volksgartenbezirk, ragt das

München, Englischer Garten
Monopteros, 1837 von Leo von Klenze erbaut (links)
Blick vom Innern des Monopteros über die Parklandschaft auf das Zentrum Münchens (unten)

München, Englischer Garten
Wasserfall, romantische Partie am Eisbach

Sckell-Denkmal auf, das nach Entwürfen Leo von Klenzes kurz nach dem Tod des großen Gartenarchitekten angefertigt und aufgestellt wurde (Abb. gegenüber links). Die Inschrift lautet:

»Dem sinnigen Meister schoener Gartenkunst der sein volles Verdienst um der Erde reinsten Genuss durch diese Anlage kroente ließ diesen Denkstein setzen sein König Max Joseph MDCCCXXIV.«

Welchem Hirschfeld-Typus kann man den Englischen Garten aber nun zuordnen? Dem melancholischen, dem heiteren, dem sentimentalen oder dem feierlichen Typus? Da es sich hier im Wesentlichen um einen Volksgarten handelt, trifft am ehesten das Attribut »heiter« zu. Weder der Monopteros noch der Chinesische Pavillon färben diesen Garten herrschaftlich oder sentimental.

Wenngleich Hirschfeld in seinem Traktat zu einer sehr sparsamen Verwendung von Staffagebauten aufgefordert hatte, so müssen er oder seine Nachfolger jedoch auch darüber nachgedacht haben, ob die reine gestaltete Natur für das Hervorrufen sentimentaler oder melancholischer Stimmungen überhaupt ausreichte. Der sentimentale Garten lebt von den Sehnsüchten seiner Besitzer oder Besucher. Dabei handelte es sich in jenen Jahrzehnten fast immer um Sehnsüchte nach Italien oder nach der Vergangenheit. Diese aber ließen sich nur durch geeignete Staffagebauten ansprechen.

Es galt also, eine Alternative innerhalb des englischen Konzeptes zu finden. Einerseits verlangte die im städtischen Ambiente entfaltete Parknatur nach architektonischen Fixpunkten, andererseits sollte ebendiese Natur nicht durch Märchen und Mythen vernebelt werden. Durch den Klassizismus Leo von Klenzes wurden die Staffagebauten durch eine angemessene Parkarchitektur ersetzt, die erhabene Gedanken und durchaus auch sentimentale Gefühle evozieren konnte.

München, Englischer Garten
Sckell-Denkmal am Südwestende des Kleinhesseloher Sees, 1823 nach einem Entwurf Leo von Klenzes errichtet

München, Englischer Garten
Werneck-Denkmal. Graf Werneck gehört neben Rumford und Sckell zu den Schöpfern des Englischen Gartens.

Potsdam, Neuer Garten
Küchenbau im Stil des römischen Marstempels (1788–90) und Marmorpalais (1797) von Carl von Gontard und Carl Gotthard Langhans

Der Neue Garten und der Park von Sanssouci

Der Neue Garten nördlich des Stadtbezirks von Potsdam ist ein wunderbares Beispiel für die poetisch-sentimentale Gartenkunst. Der Garten entstand in zwei Phasen. In einer ersten berief Friedrich Wilhelm II. 1790 den aus dem Dessau-Wörlitzer Kunstkreis her bekannten Johann August Eyserbeck, der die Uferzone des Heiligen Sees mit vielen Gebäuden schmückte und darauf bedacht war, die Fernwirkung nach englischem Vorbild zu berücksichtigen. Eine der reizvollsten Perspektiven bietet sich auf dem Gelände vor dem Küchenhaus mit einer halb im Erdreich versunkenen Tempelruine (linkes Gebäude der Abb. oben). Von dort aus führte ein unterirdischer Gang zu dem Sommerschloss des Königs, dem Marmorpalais (rechtes Gebäude der Abb. oben), erbaut von Carl von Gontard und 1797 erweitert von Carl Gotthard Langhans, dem Erbauer des Brandenburger Tors. In der Nähe befinden sich außerdem die roten Backsteinhäuser des Holländischen Etablissements, einer Gruppe von Tor- und Dienerhäuschen mit Ställen und Remisen, sowie eine als Eiskeller genutzte Pyramide. Dieser an unerwarteten Blickpunkten reiche Garten eröffnet ein raffiniertes Bezugsfeld: Wer in der Pyramide ein Grabmal oder in dem römischen Tempel ein Relikt aus der Vergangenheit vermutet, wird überrascht deren praktische Funktionen feststellen. Für das Lustwandeln im Garten und die Hingabe an eine sentimentale Stimmung sind die Staffagebauten und das romantische Naturszenarium unverzichtbare Bedingungen. Wer aber in diesem Park mit Genuss leben will, kann auf das Schloss, die Küche und den Eiskeller ebensowenig verzichten.

Etwa 20 Jahre später, in einer zweiten Ausbauphase des Gartens, wurde der Landschaftsgarten durch Peter Joseph Lenné, dem weit gereisten königlichen Landschaftsgärtner, erneut zum Erlebnisraum poetischer Träumereien. Der Park war damals fast zugewachsen und mußte freigelegt werden. Lenné ließ Sichtschneisen schlagen. In diesem Zusammenhang wurde auch die Uferbepflanzung entfernt, so dass Durchsichten und neue Ansichten geschaffen werden konnten. In einem Brief notierte er:

Peter Joseph Lenné (1789–1866)
Porträtzeichnung von Gerhard Koeber, um 1830
Die Anlage bzw. Umgestaltung der Potsdamer Gärten ist das Hauptwerk des vielseitigen Gartenarchitekten.

»Mein unmaßgeblicher Vorschlag richtet sich demnach dahin: in dem kommenden Herbste, wo die entlaubten Bäume das Auffinden der interessantesten (...) Durchsichten und Ansichten gestatten werden, diese Punkte sowohl von dem neuen Garten, wie von dem Landsitze Klein-Glienicke des Herrn Staatskanzlers Hardenberg aus zu bestimmen.«

In diesen Jahren nahm sich Lenné ebenfalls des großen Parkareals an, das sich an die Terrassen von Schloss Sanssouci anschloss, und formte es in einen romantischen Landschaftsgarten um. Am Fuß der Weinbergterrassen erstreckte sich ein regelmäßig angelegter Bereich. Weiter östlich wirkten ein kleiner *jardin anglo-chinois* und ein 1754 von Johann Gottfried Büring errichtetes Teehaus gemeinsam wie ein exotischer Gartentupfer inmitten eines weitgehend verwilderten Waldgebietes (Abbn. S. 422 und 423).

Lenné, der im Auftrag König Friedrich Wilhelms III. ab etwa 1816 mit dem Ausbau des Parks begann, hatte eine kaum lösbare Aufgabe zu bewältigen: Die heitere Note des friderizianischen Rokoko in der Form der allgegenwärtigen Weinbergterrasse und des zierlichen Schlosses musste mit den neuen Erfordernissen des romantischen Landschaftsgartens mit seinen historisierenden und exotischen Staffagebauten in Harmonie gebracht werden. Das hieß, der klassischen Strenge eine heitere Note abzugewinnen, um den eher melancholisch gestimmten Landschaftsgarten mit dem Rokoko-Areal zu verbinden. Zunächst legte Lenné weite Rasenflächen an und sorgte für eine lockere Pflanzung von Baumgruppen. Der Wald wurde gelichtet, Wege wurden gezogen, und schließlich ging man ab 1825 an eine zusätzliche Erweiterung, um das Schlösschen Charlottenhof in das Gesamtareal mit einzubeziehen.

Der italienbegeisterte Kronprinz wünschte sich eine mediterrane Landvilla im modernen, d. h. klassizistischen Stil. Sie wurde von Karl Friedrich Schinkel entworfen und 1826–29 erbaut (Abb. S. 427 oben). So entstand aus dem Vorgängerbau, einem einfachen Landhaus des 18. Jahrhunderts, das neue und elegante Schloss Charlottenhof. In der Nähe erstreckte sich

Plan von Sanssouci und Charlottenhof, 1836
Der Plan enthält die von Lenné vorgenommenen Erweiterungen und Veränderungen des alten Gartens.

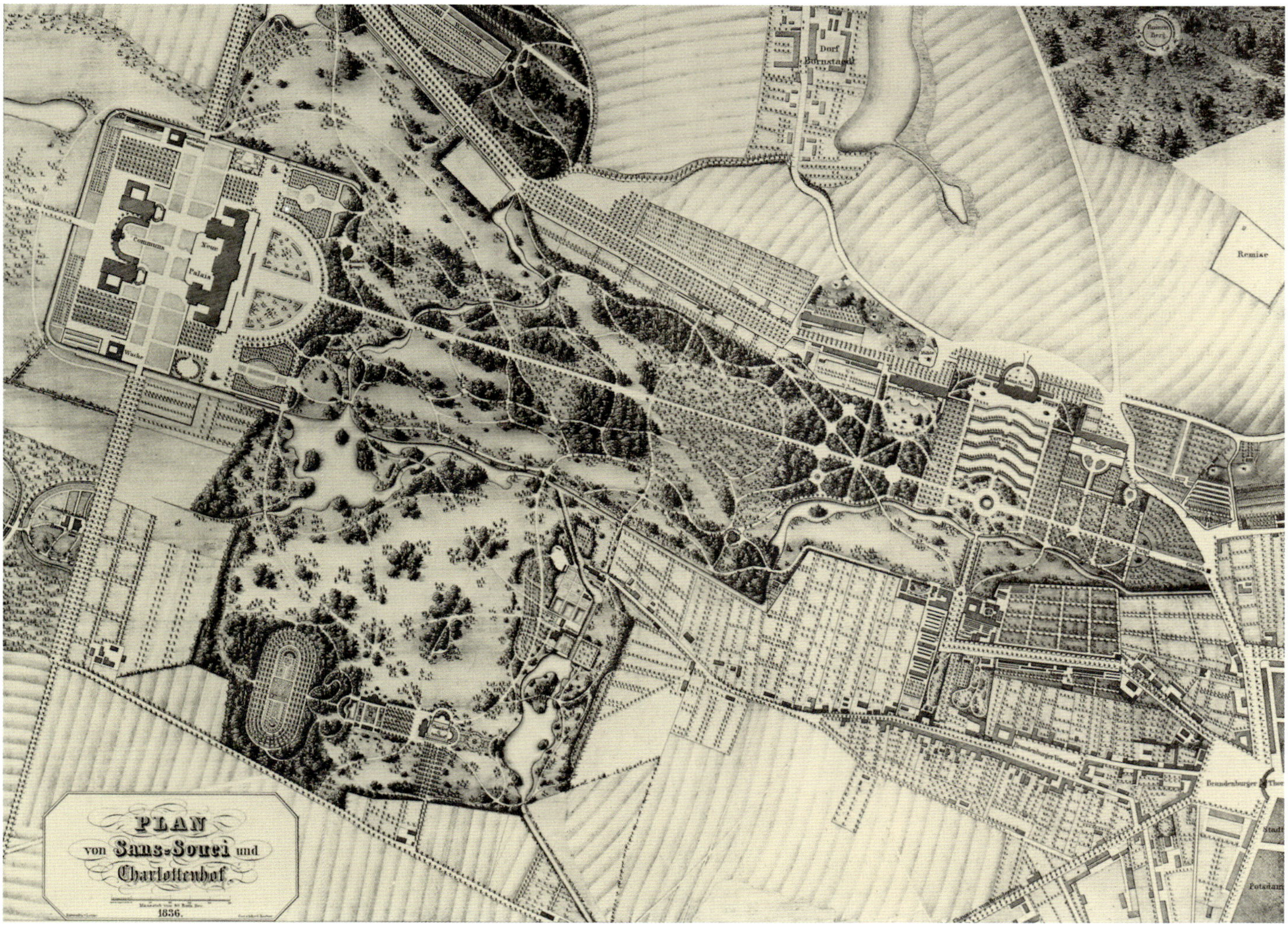

Potsdam, Park von Sanssouci
Einer der Gitterpavillons neben dem Schloss Sanssouci. Goldene Sonnen als Symbol der Aufklärung und der Menschlichkeit schmücken die Gitterpavillons zu beiden Seiten des Schlosses. Zugleich nehmen sie Bezug auf den Geheimbund der Freimaurer, dem Friedrich der Große angehörte.

GEGENÜBER UND LINKS:
Potsdam, Park von Sanssouci
Das Chinesische Teehaus, 1754–55 von Johann Gottfried Büring errichtet, befindet sich innerhalb des ehemaligen Rehgartens südlich der Großen Allee.

Blick aus dem Rundsaal des Chinesischen Teehauses (links)

Potsdam, Park von Sanssouci
Blick von Schloss Sanssouci auf den Ruinenberg

ABBILDUNG GEGENÜBER:
Potsdam, Park von Sanssouci
Parterreregion vor dem Weinberg mit Blick auf eine Skulptur der Diana und die Große Allee im Hintergrund

der mit Kastanien bepflanzte Dichterhain mit Büsten berühmter deutscher und italienischer Dichter wie Wieland und Goethe oder Petrarca und Tasso. Nicht weit vom Schloss entfernt befinden sich die Römischen Bäder, die 1829–35 ebenfalls im italienischen Landhausstil errichtet wurden und wiederum auf die planende Hand Schinkels zurückgehen.

1840 trat der Kronprinz sein Erbe an und bestieg den Königsthron als Friedrich Wilhelm IV. Er erwählte sein preußisches Arkadien als Sommerresidenz und erwarb den so genannten Vogelschen Weinberg östlich des Schlosses. Dort wollte er seine eigenen gartenkünstlerischen Vorstellungen verwirklichen und zugleich mit dem in höfischen Dingen allgegenwärtigen französischen Vorbild konkurrieren. Er taufte dieses neue Gartenareal den Marlygarten, in Erinnerung an das Sommerrefugium Ludwigs XIV. Der Garten war durch dichten Bewuchs von den anderen Zonen abgesondert. 1845 erteilte Friedrich Wilhelm seinem Baumeister Ludwig Persius den Auftrag, eine Kirche zu bauen. Die vom König so genannte Friedenskirche sollte zum einen Denkmal für die Friedenspolitik seines Vaters und zum anderen Grabeskirche für ihn und seine Frau sein. Die Pläne zum Bau entstanden im Dialog zwischen Auftraggeber und Architekt. Als Kronprinz hatte er Rom besucht und war von San Clemente derart begeistert, dass er sich für seinen Park eine Replik der römischen Kirche wünschte. Er wollte die Ostpartie und den Kirchturm auf der Oberfläche eines Sees sich spiegeln lassen. Lenné verwandelte den kleinen Tümpel im Parkgebiet in einen stattlichen See, um dem König das erwünschte Bild zu ermöglichen. Tatsächlich werden die Bauteile der Kirche, der neoromanische Glockenturm und die mit einer Zwerggalerie geschmückte Apsis, durch den See und die flankierenden Bäume wirkungsvoll in Szene gesetzt (Abb. S. 427 unten) – wenn man so will eine klassizistische Vedute im Stil Jakob Friedrich Hadeerts.

Die ideelle Aufwertung des Mittelalters, die Sehnsucht nach Italien und die Verehrung der Antike spielten in Deutschland eine größere Rolle als die Verwendung von Chinoiserien oder anderer exotischer Requisiten. Zunächst war es die Antike, deren Fragmente als Staffagebauten den Park schmückten, dann entdeckten die Bauherren ihre Vorliebe für das Mittelalter und ließen sich Pläne für Burgruinen und Burganlagen vorlegen. Vom Ehrenhof des Schlosses Sanssouci schaut man über ein Tal hinweg auf einen Hügel, der mit merkwürdigen Ruinen bebaut ist. Dieser so genannte Ruinenberg (Abb. S. 424) war schon von Friedrich dem Großen gemeinsam mit seinem Baumeister Georg Wenzeslaus von Knobelsdorff 100 Jahre zuvor geplant worden. Dabei handelte es sich um Nachbauten antiker Fragmente wie Teile eines Amphitheaters oder einer ionischen Säulenkolonnade. Friedrich Wilhelm IV., der zeitgemäß dort auch das Mittelalter vertreten wissen wollte, beauftragte seinen Baumeister Persius mit dem Bau eines mittelalterlichen Wartturms. Das ionische Tempelfragment und die mittelalterliche Stadtmauerruine, gerahmt von dichtem Laubwerk und vis-a-vis einem

Potsdam, Park von Sanssouci
Skulptur der Parterreregion vor dem Weinberg: Personifikation des Elements Wasser

Potsdam, Park von Sanssouci
Musenrondell

beschwingten Rokokoschlösschen, mögen heute als merkwürdiger Kontrast empfunden werden. Damals aber gehörte diese seltsam anmutende Kombination zum obligatorischen Gartenprogramm. Die – historisch wie geographisch weit hergeholte – antike Ruine, die romanische Basilika oder das chinesische Teehaus waren keineswegs als ein homogenes Ensemble gedacht. Vielmehr sollten sie im Zusammenhang mit dem Park und seinem Wegesystem gesehen und als Zeichen eines bestimmten Bildungsauftrags empfunden werden.

Die sentimentalischen Staffagebauten, die in einer wunderlichen Kombination von Baumotiv und Gebäudefunktion auftraten – wie etwa die als Eiskeller genutzte ägyptische Pyramide in Potsdam –, gewannen um 1800 immer mehr an Beliebtheit. Das widersprach sowohl der Theorie Hirschfelds als auch der Anlage eines englischen Landschaftsgartens im Stile eines Lancelot Brown. Der griechische Tempel neben der mittelalterlichen Burgruine galt den Königen oder Fürsten als Zeichen ihrer aufgeklärten Gesinnung, wenngleich die zeitgenössischen Dichter und Philosophen dieses Zeitgefühl anders definierten.

Potsdam, Park von Sanssouci
Schloss Charlottenhof, 1826–36 von Karl Friedrich Schinkel errichtet

Potsdam, Park von Sanssouci
Friedenskirche, 1843–48 von Ludwig Persius errichtet

Klein-Glienicke

Während Lenné im Neuen Garten in einem bereits festgelegten Areal landschaftliche Akzente zu setzen hatte, konnte er in Klein-Glienicke einen vorwiegend landwirtschaftlich genutzten Bereich in einen Landschaftsgarten verwandeln, also von Anfang an ein grundlegendes Gartenkonzept entwickeln. Eigentümer war der Staatskanzler Karl August Fürst von Hardenberg. Lennés erste Aufgabe 1816 bestand in der Gestaltung des so genannten *pleasureground* (Abb. S. 430 unten), eines englischen Gartentypus, der schon in der Renaissance angelegt wurde. Dabei handelt es sich um hügeliges Gelände, das gewundene Kies- oder Sandwege durchziehen, die weite Rasenflächen, kleinere Teiche und dichten Buschbewuchs begrenzen. In dieser Form, über drei Terrassen angelegt, schuf Lenné den Garten. Als Kronprinz Carl, der dritte Sohn Friedrich Wilhelms III., Klein-Glienicke 1822 erwarb, erkannte er die »poetischen Möglichkeiten« dieses Parks und trug nach einer ausgedehnten Italienreise seinen Wunsch nach einer typischen Villegiatura, dem erholsamen Landleben in einem mediterranen Ambiente, seinem Gärtner und dem Architekten Karl Friedrich Schinkel vor. Gemeinsam gelang beiden im Zusammenspiel von gestalteter Natur und Architektur ein einzigartiges Werk.

Für das alte Jagdschloss Glienicke des Hofrats Mirow aus dem 18. Jahrhundert entwarf Schinkel 1824 neue Fassaden im klaren klassizistischen Stil (Abb. S. 430 oben). Der Innenhof erhielt einen wunderschönen Blumengarten. Die Wände des gegenüberliegenden Kavaliershauses nutzte Prinz Carl, indem er darin seine auf den Reisen durch die Länder der Antike gesammelten Fragmente wie Spolien einsetzte. Eine weitere spezifisch italienische Remini-

Potsdam, Landschaftsgarten Klein-Glienicke
Löwenfontäne bei Schloss Glienicke, 1837 nach einem Entwurf von Schinkel errichtet

Goldener Greif am Hauptportal von Schloss Glienicke

Potsdam, Landschaftsgarten Klein-Glienicke
Schloss Glienicke, Ansicht von Süden. Das Miniaturschloss wurde in den Jahren 1824 und 1825 von Schinkel und Persius umgestaltet. Dabei erhielt es seine klassizistische Fassade.

ABBILDUNG GEGENÜBER:
Potsdam, Landschaftsgarten Klein-Glienicke
Stibadium, 1840 von Persius errichtet

szenz kann man beim Löwenbrunnen vor der Südfront des Schlosses erkennen. Fast barock mutet das Ensemble von Löwen auf Säulen, Balustraden und einem eleganten Rundbecken an (Abb. S. 428/29). Die ungewöhnlich hoch aufschießende Fontäne wurde mittels Dampfkraft aktiviert, wofür eine etwas weiter nördlich installierte Maschine verantwortlich war. Löwenköpfe speien auch Wasser aus dem Podest des Stibadiums in kleine halbrunde Schalen. Das von Ludwig Persius 1840 konstruierte Stibadium, eine nach römisch-antikem Vorbild konstruierte überdachte Bank mit einem vorgelagerten Brunnen und einer als mittlerer Stützpfeiler der Laube fungierenden Karyatidenfigur, liegt am Zufahrtsweg des Schlosses (Abb. gegenüber). Von dort aus konnte sich der Prinz seinen Träumereien hingeben, den Blick über die Parkterrassen und die Havel hinüber nach Potsdam gleiten lassend.

An der unteren Spitze des Parks, unmittelbar vor der heutigen Glienicker Brücke gelegen, ließ der Prinz die so genannte »Große Neugierde« errichten, eine überdachte Rotunde, von der aus ebenfalls ein herrlicher Blick über Potsdam und den Pfingstberg bis hin nach Sacrow möglich ist. 1824 machte sich Schinkel noch während der Arbeiten am Schloss an die Umgestaltung des älteren Billardhauses. Er schuf eine kleine Preziose, das Casino nahe dem Havelufer. Er versah es mit einer mediterranen Weinpergola. Zur Havelseite hin führt eine zweiläufige Treppe hinunter in den Garten, der durch einen Laubengang vom Park und vom Flussufer abgegrenzt wird.

Im Jahr 1860 waren die Arbeiten im Park abgeschlossen. In jenen Jahrzehnten pflanzte Linné nicht weniger als 25 000 Bäume, unter ihnen auch ausgewachsene Exemplare, um dem Park Würde zu verleihen. Wenige Jahre später begann der unrühmliche Verfall. Der Garten verkam und wurde von breiten Alleen zerschnitten, die in den dreißiger Jahren Potsdam mit Berlin verbinden sollten. Im Schloss wurde eine Jugendherberge eingerichtet. Ab 1979 aber besann man sich wieder des alten Kulturerbes und begann, den Park und die Gebäude zu restaurieren. Heute präsentiert sich das unvergleichliche Ensemble wieder in seinem alten Glanz.

Potsdam, Landschaftsgarten Klein-Glienicke
Der so genannte *pleasureground*

ABBILDUNG GEGENÜBER:
Berlin-Wannsee
Blick vom Blockhaus Nikolskoje auf die Pfaueninsel

Berlin-Wannsee, Pfaueninsel
Schlösschen von Johann Gottlob David Brendel, 1794–97; eiserne Brücke zwischen den Türmen, 1807

Pfaueninsel
1685 wurde »Pfauwerder« vom Großen Kurfürsten zur Kaninchenzucht genutzt – weswegen sie kurzzeitig auch ganz unpoetisch »Kaninchenwerder« genannt wurde. Erst Friedrich Wilhelm II. entdeckte den besonderen Reiz und die Schönheit der einsamen Wildnis. 1793 erwarb er die Insel und ließ ab 1821 innerhalb von nur drei Jahren von dem bewährten Gärtner Lenné einen exotischen Park anlegen. Ein Lustschlösschen, eine Meierei, ein Küchenhaus und Kastellanswohnungen schmückten das Eiland. Wilhelmine Encke, die Geliebte Friedrich Wilhelms, schlug vor, das Schlösschen als Ruine zu gestalten (Abb. unten). Ihre Vorstellungen zu diesem bizarren Konstrukt soll sie auf einer Italienreise entwickelt haben. Das torartige Gebäude setzt sich aus zwei Rundtürmen zusammen, die von einen fragmentarischen Mitteltrakt verbunden werden. Eine zierliche Eisenbrücke zieht sich von einem Turm zum anderen.

Der König starb kurz vor der Vollendung seines Schlosses. Sein Nachfolger, Friedrich Wilhelm III., ließ ein gläsernes Palmenhaus errichten und 5000 Rosenstöcke pflanzen. Ein Dampfmaschinenhaus sorgte für die Bewässerung der Gartenanlagen.

Hohenheim, ehemaliger Schlosspark
»Drei Säulen des donnernden Jupiter« (oben), Dorf mit einer Meierei und einem Schweizerhaus (unten)
Kolorierte Stiche von Victor Heideloff

Der ehemalige Park in Hohenheim
Wie nur konnte der württembergische Herzog Carl Eugen jemals als aufgeklärter Staatsmann gelten, wenn er den Dichter Christian Friedrich Daniel Schubart zehn lange Jahre gerade wegen aufklärerischer Schriften im Gefängnis des Hohenaspergs darben ließ? – Wohl kann dem Herzog dabei nicht gewesen sein.

Nach einer gemeinsamen Romreise schenkte er seiner Mätresse, der späteren Reichsgräfin Franziska von Hohenheim, Schloss und Park Hohenheim bei Stuttgart. 1781 beauftragte der Herzog den Baumeister Reinhard Ferdinand Heinrich Fischer mit dem Ausbau des alten Wasserschlösschens zu einer prunkvollen Residenz. Johann Caspar Schiller legte einen Landschaftspark im englischen Stil an. Zum ersten Mal nahm in dem an Barockgärten so reichen Herzogtum ein romantischer Park Gestalt an. Der Herzog legte großen Wert auf die Schaffung eines Illusionsraumes in Hohenheim, wohin er gemeinsam mit Franziska entfliehen konnte, um zwischen Blumen und Wasserläufen, ländlichen Gebäuden und einem römischen Gasthof das einfache und sinnenfrohe Leben zu führen, das ihm in Stuttgart versagt war.

Vielleicht konnte er dort den inhaftierten Aufklärer Schubart vergessen und seine eigene Aufklärungsphilosophie ausspinnen. So ließ er ein Dorf mit einer Meierei und einem Schweizerhaus »auf den Trümmern des antiken Rom« errichten. Von den etwa 100 erbauten Gartenhäusern sind nur das 1788 errichte Spielhaus, das »Wirtshaus zur Stadt Rom« und die »Drei Säulen des donnernden Jupiter« erhalten geblieben (Abb. links oben). Glücklicherweise ist die Gestalt weiterer dieser wunderlich anmutenden Gebäude in kolorierten Stichen überliefert. Der zu dem engen Freundeskreis Friedrich Schillers zählende Kunstprofessor an der Carlsschule Victor Heideloff fertigte insgesamt 44 Blätter für den Herzog an, um ihm seine Traumlandschaft in einer Mappe zu präsentieren. Blättert man heute in diesem Werk, dann wird deutlich, wie sich der Herzog ein Dorf auf römischen Trümmern vorstellte. Das Meiereigebäude beispielsweise wird von einem ionischen Tempelfragment gerahmt. Die Säulen, die in das Gebäude integriert sind, ragen über das zweistöckige Haus hinaus, und man hofft, dass das schwere und labil wirkende Architravfragment nicht auf das Dach stürzt (Abb. links). Die »Drei Säulen des donnernden Jupiter« ragen mit ihren kompositen Kapitellen über kurzem Schaft und dem Architravfragment monumental aus einem Kornfeld hervor, in dem, winzig klein, Bauern bei der Ernte sind. Das surreal anmutende Szenarium wird von einem Waldstück begrenzt, hinter dem sich pathetisch Wolken auftürmen.

1793 starb der Herzog. Er erlebte die Vollendung von Schloss und Garten nicht mehr. Für seinen Nachfolger, Herzog Friedrich II., war die einstige

»Mätressenresidenz« – Carl Eugen hatte Franziska 1785 geheiratet – belanglos. Franziska wurde aus Hohenheim vertrieben. Sie verbrachte ihre letzten Lebensjahre auf ihrem Witwensitz in Kirchheim unter Teck, wo sie im Jahre 1811 starb.

Der englischen Landschaftsgarten in Hohenheim war eine Art Folie für die Aufnahme von Staffagebauten, die eher dem individuellen Geschmack des Herzogs und dessen römischer Erlebnisperspektive entsprangen als einer homogenen und professionell durchgeführten Planung. Wie die Stiche Heideloffs veranschaulichen, ging es dem Herzog um begehbare Bilder, deren Motive sich aus Reiseerinnerungen und dem daraus resultierenden Bildungsbewusstsein zusammensetzten. Die Natur des Gartens war eine künstliche Natur, die in eine Vedute gezwängt wurde – ähnlich der Natur des barocken Gartens, die geometrisiert wurde. Die Dominanz der Staffagebauten einschließlich des Staffagedorfes trug dazu bei, dass der Landschaftsgarten zu einem naturhaften Rahmen wurde. Dadurch, dass der Landschaft als dreidimensionalem Gemälde eine künstlerische Potenz zugewiesen wurde, verlor dieser Gartentypus seine Seele, den in Pflege genommenen natürlichen Landschaftsbezirk.

Man war sich dieser Gefahr damals durchaus bewusst und hatte abzuwägen zwischen der Anlage eines reinen Landschaftsgartens und dem Bau von historisierenden Gebäuden. Einem Gartenarchitekten zumindest ist dieses Kunststück gelungen – vielleicht weil er Autodidakt war: Hermann Fürst von Pückler-Muskau (Abb. unten). Seine Formel schien einfach und zugleich anmaßend: Warum Staffagebauten erstellen, wenn die Gelegenheit besteht, bereits existierende Bauten und Dörfer in den Landschaftspark mit einzubeziehen? Seine Ideen finden sich niedergeschrieben in den damals viel gelesenen »Briefen eines Verstorbenen«.

Branitz, Landschaftsgarten des Fürsten Pückler-Muskau
Pergola und Vase

Fürst Pücklers Landschaftsgärten in Muskau und Branitz

Mit den Landschaftsgärten in Muskau und Branitz schuf Fürst Pückler die Krönung dieses Gartentypus in Deutschland. Auf einer 1811 geerbten Standesherrschaft im Neißetal ließ er einen fast 600 ha großen Landschaftsgarten anlegen. Die Arbeiten begannen im Jahr 1815. Dreißig Jahre später war das Werk vollendet. Leitsterne der Parkgestaltung waren für ihn die Wege, die »stummen Führer des Spazierengehenden«, und das Wasser, »das Auge der Landschaft«, wie er in seinem 1834 erschienenen Traktat »Andeutungen über Landschaftsgärtnerei« schrieb. In der Endphase des Zweiten Weltkriegs tobten in Pücklers Gartenreich erbitterte Kämpfe, in deren Verlauf das Areal zu einem großen Teil zerstört wurde. Bedingt durch die anschließend erfolgte Grenzziehung entlang der Neiße gibt es heute einen deutschen und einen polnischen Teil des in vielen Bereichen wieder hergerichteten Parks.

Der Fürst hatte ein »Übergesamtkunstwerk« geplant, um es mit einem Begriff Sedlmayrs zu sagen,

Fürst Hermann Ludwig Heinrich von Pückler-Muskau, um 1835
Lithografie nach einem Porträt von Franz Krüger von 1824
Fürst von Pückler-Muskau (1785–1871), Gartenkünstler und Literat, hat sich als Schöpfer der Parkanlagen von Muskau, Babelsberg und Branitz einen unvergessenen Namen gemacht.

dessen Verwirklichung die Verwandlung einer Landschaft samt Dörfern und der Stadt Muskau in einen Park bedeutete. Hierbei war sein Ziel, »ein sinniges Bild von unserer Familie, oder vaterländischer Aristokratie, wie sie sich eben hier vorzugsweise ausgebildet, auf eine solche Weise darzustellen, dass sich diese Idee im Gemüt des Beschauers so zu sagen von selbst entwickeln« würde. Auch die Präsentation damals bereits altertümlicher Gewerbe und Industrien, wie etwa des Bergwerks, der Brennerei oder der Wachsbleiche, gehörte zu seinem Konzept, denn »jede Form menschlicher Ausbildung ist ehrenwert, und eben weil die hier in Rede stehende sich vielleicht ihrem Ende naht, fängt sie wieder an, ein allgemeines, poetisches und romantisches Interesse zu gewinnen«.

1845 musste der Fürst sein Anwesen verkaufen. Die unvorstellbar großen finanziellen Mittel, die er zur Durchführung seines Plans benötigte, konnte er nicht mehr aufbringen. Bekannt war ebenfalls, dass sein aufwändiger Lebensstil – es kursierte damals das Schmähwort vom »Tollen Pückler« – einen großen Teil seiner Finanzen verschlang. Wer heute das Anwesen erkunden möchte, dem steht ein 27 km langes Wegenetz zur Verfügung, auf dem er stunden- und sogar tagelang einen unvergleichlichen Naturpark durchwandern kann. Die Wege führen den Besucher zu Seen, vorbei am wieder aufgebauten Alten Schloss, durch den Blauen Garten oder über den Eichseewehr und lassen ihn das vom Fürsten favorisierte »geregelte Ganze« als romantisches Naturgemälde erleben.

1845 übersiedelte der Fürst nach dem Verkauf seiner Besitzungen in Muskau nach Branitz, einem Dorf südöstlich von Cottbus gelegen. Als Sechzigjähriger machte er sich erneut an die Arbeit, um den verwahrlosten Besitz in einen sentimentalen Landschaftsgarten umzuwandeln. Über 200 Arbeiter beschäftigte der Fürst, darunter Tagelöhner und Strafgefangene, um mittels umfangreicher Erdarbeiten die erwünschte Modellierung des Geländes zu erzielen. Dann ließ er etwa 300 000 Bäume anpflanzen, davon etliche tausend Großbäume, die den Himmelshorizont des Parks bilden sollten. Im Zentrum der etwa 70 ha großen Anlage steht das 1852 von Gottfried Semper umgebaute ehemalige Barockschloss (Abb. gegenüber). Westlich breitet sich der mit Skulpturen kunstvoll ausgestattete Blumengarten mit einer blauen Rosenlaube aus. Für den Fürsten war die Trennung von Garten und Park ein unverzichtbarer Bestandteil seiner gärtnerischen Choreographie: Der dem Schloss zugeordnete Garten galt ihm als »ausgedehnte Wohnung«, während er das umgebende Parkgelände als »zusammengezogene idealisierte Natur« interpretierte. An Originalität kaum noch zu übertreffen, zumindest aber auf die Extravaganz des Schöpfers verweisend, nehmen sich die archaisch wirkenden Erdpyramiden aus, die er nach dem Tod seiner Frau 1852 hatte schaffen lassen. In der Seepyramide hatte Fürst von Pückler-Muskau sich sein Grab einrichten lassen. Dort wurde er im Jahr 1871 bestattet – nach altägyptischem Totenritus, wie er es in seinem Testament verfügt hatte. (Abb. S. 438/39).

Branitz, Landschaftsgarten
Skulpturengruppe Bacchus und Faun (oben)
Denkmal für Henriette Sonntag (rechts)

Branitz, Landschaftsgarten
Blick über den Schilfsee auf das 1852 von Gottfried Semper umgebaute Barockschloss

Branitz, Landschaftsgarten
Parkansicht mit Blick auf die Schmiede

Branitz, Landschaftsgarten
Blick über den Pyramidensee auf die Erdpyramide von 1871

Landschaftsgärten in Frankreich, den Niederlanden, Skandinavien und Osteuropa

Château de Canon, Schlosspark
Nebengebäude des Schlosses

Frankreich

Die Übernahme und Abwandlung des englischen Landschaftsgartens erfolgte im Laufe des 18. und 19 Jahrhunderts in den Ländern des Kontinents auf unterschiedliche Weise. Während man in Frankreich schon sehr früh die rustikalen Aspekte betonte, indem man ein landwirtschaftliches Theaterszenarium schuf – wie beispielsweise im Garten des Petit Trianon von Versailles – versuchte man in Deutschland, weite Landschaftsbereiche großzügig als Parkanlage zu gestalten. Im Unterschied zu England kam es in Deutschland aber nicht zu einer Diskussion, wie sie dort zwischen Chamberisten und Brownisten so heftig um das Pro und Contra von Staffagebauten geführt wurde. Zwar neigte Hirschfeld zu einer puristischen Form des Landschaftsgartens, etwa in der Art von Brown, doch konnte er sich nur schwer den romantischen und sentimentalischen Neigungen der Auftraggeber nach Chinoiserien oder mittelalterlichen Burgruinen entziehen.

Eine weitere Variante dürfte in den französischen Gestaltungsideen zur so genannten *ferme ornée*, dem effektiv landwirtschaftlich genutzten Garten, gesehen werden. Der Garten von Ermenonville des Marquis de Girardin war, wie bereits erwähnt, vom englischen Leasowes von William Shenstone inspiriert. Der Marquis erwarb im Jahre 1766 das Land südöstlich von Senlis in der Île-de-France. Die Wälder des 900 Hektar großen Geländes grenzten westlich an das Areal von Chantilly. Girardin teilte das Gebiet in vier Teile auf, in eine Landwirtschaftszone auf der Hochfläche östlich des Dorfs, in ein großes Parkareal am See südlich des Schlosses, in einen kleinen Park nördlich des Schlosses und in die so genannte Wildnis (désert), eine Zone, in der die Natur sich frei entfalten sollte. Unbewachsene Hügel, Pinien und Sandsteinblöcke geben dem Gelände ein unverwechselbares Gepräge. Als zentrale Achse der gesamten Parkkomposition wurde das Tal bestimmt. Vom Nordtrakt des Schlosses schaute der Marquis über die weite Marschlandschaft des Kleinen Parks und ließ sich von der liebevoll eingerichteten holländischen Szenerie entzücken. Ein Kanal mit flachen Brücken, eine Wasser- und eine Windmühle sowie ein gotischer Turm sorgten für ein romantisch anrührendes Ambiente. Heute sind nur noch der Kanal

Chantilly, Schlosspark
Im Osten des Wassergartens von Le Nôtre befindet sich Le Hameau, ein Weiler mit Holzgebäuden (1774), der älter ist als der bekanntere Hameau in den Schlossgärten von Versailles.

und die Mühle erhalten geblieben. Jean-Jacques Rousseau, der vom Marquis tief verehrt wurde, verbrachte seine letzten Jahre in Ermenonville, wo er 1778 starb. Gemäß der Beschreibung in seiner »Nouvelle Héloise«, schuf Girardin Julies Garten, ein kleines irdisches Paradies, die Bocage.

Der südliche Bereich des Gartens ist ungewöhnlich pittoresk gestaltet. Teiche, gewundene Wege, Kaskaden und eine Grotte sorgen für eine empfindsame Stimmung. Dass der Marquis den Bewohnern des Dorfes den Zugang zu diesem Bereich gestattete, war sicherlich nicht nur uneigennützig. Er versprach sich davon eine Steigerung der pastoralen Wirkung, wenn »echte Bauern« das Szenarium bevölkern würden. Zumindest konnte er von den südlich gelegenen Fenstern seines Schlosses das gesamte Areal überblicken. Am Ende des Gartens öffnet sich ein größerer See mit der Île des Peuplier, der Pappelinsel mit dem Grab des Philosophen (Abb. oben). Die tiefe Verehrung Rousseaus fand in diesem Monument eine gartenkünstlerische Form, die bald von vielen anderen europäischen Landschaftsgärten übernommen wurde, so in Wörlitz, im Berliner Tiergarten oder im polnischen Arkadia.

Rosseaus Philosophie, die um die Wiedergewinnung der natürlichen Empfindungen im Einklang mit vernünftigem Handeln kreist, erfuhr in Ermenonville eine seltene Konkretion. Julies Garten inmitten eines pastoralen Szenariums darf als ein frühes romantisches Aufbegehren gegen die Aufklärung gelten.

Pappelinsel mit dem Grab Jean-Jacques Rousseaus in Ermenonville
Gemälde von Hubert Robert, 1802
Öl auf Leinwand, 53,3 x 64,8 cm
Privatbesitz (?)

Paris, Bois de Boulogne
Schlösschen Bagatelle von François-Joseph Bélanger, 1777

Einer der ersten englischen Gärten Frankreichs, der als eine Art Konzentrat Stourheads begriffen werden könnte, war La Bagatelle in Paris. Im südlichen Bereich des heutigen Bois de Boulogne ließ sich Marschall Victor d'Estrées im Jahre 1720 einen Landsitz einrichten, den Ludwig XV. zu einem Ort des Vergnügens umgestaltete. Als der Comte d'Artois, der Bruder Ludwigs XVI., das Anwesen 1775 übernahm, schloss er eine denkwürdige Wette mit der ebenfalls gartenbegeisterten Marie-Antoinette ab: Er beabsichtigte, innerhalb von 64 Tagen das Schlösschen Bagatelle erbauen und mit Wasserspielen und Staffagebauten im englischen Stil ausstatten zu lassen (Abb. rechts). Der Prinz musste über eine Million Pfund aufbringen, um seine Wette zu gewinnen. Um möglichst rasch an die notwendigen Baumaterialien zu gelangen, ließ er sämtliche Fuhren mit Werkstoffen aller Art vor den Toren der Stadt beschlagnahmen. Damit zog er den Zorn der Bevölkerung auf sich. Die im Volksmund bald »Folie d'Artois« genannten Gärten waren wohl nicht nur als liebevolle Umschreibung einer Fürsten-Narretei gemeint. Die Gärten wurden von Thomas Blaikie, einem Schotten, und François-Joseph Bélanger entworfen und ausgeführt. Der Franzose hatte vorher viel in England gearbeitet, um dort für seine anglophilen französischen Auftraggeber Erfahrungen zu sammeln. Er legte einen mit Felssteinen umsäumten See an, einen gewundenen Flusslauf, Kaskaden, künstliche Felsen und bizarre Schmuckgebäude, so genannte *fabriques*. Darunter verstand man seit der Mitte des 18. Jahrhunderts Konstruktionen mit ausschließlich schmückender Bedeutung. Zuerst tauchten *fabriques* in der Landschaftsmalerei auf (Abb. unten), dann wurden sie mit Vorliebe in der englischen Gartenkunst übernommen – u.a. als so genannte *eyecatcher*. *Fabriques* hat man gern in Form von chinesischen Tempeln oder miniaturisierten

Carmontelle überreicht dem Herzog von Chartres die Schlüssel des Gartens von Monceau
Gemälde von Carmontelle
Paris, Musée Carnavalet

ägyptischen Pyramiden gestaltet. Besonders bizarre Formen, die sich keinem Architekturtypus zuordnen ließen, nannte man in England *follies*, Verrücktheiten. Berühmt ist der Conolly-Tower von Castletown in Irland geworden, den William Conolly zu Beginn des 18. Jahrhundert in seinem Garten errichten ließ. Diese Mischung aus romanischer Bogenarchitektur und ägyptischem Obelisken inspirierte später viele französische Gartenarchitekten zu ähnlichen *fabriques* oder *follies*, die aber fast ausschließlich den Stürmen der französischen Revolution zum Opfer gefallen sind.

So gesehen bezieht sich die Bezeichnung »Folie d'Artois« auch auf den Gartentypus, da Bélanger viele weitere *fabriques* installierte wie beispielsweise die Grotte des Philosophen im neogotischen Stil, die Chinesische Bogenbrücke, die obligatorische Insel mit Grabmälern, den Liebestempel und schließlich das Pharaonengrab. Alle diese *folies* existieren nicht mehr. La Bagatelle ist heute in dem Volkspark Bois de Boulogne aufgegangen.

Hubert Robert, der die romantische Landschaft wie kein anderer Maler des 18. Jahrhunderts monumental und zugleich idyllisch gestaltete (Abb. S. 441), wurde 1783, kurz vor der Französischen Revolution, von Ludwig XVI. mit der Oberaufsicht und dem Entwurf der Parkarrangements für Rambouillet südwestlich von Paris beauftragt. Das auf Ludwig XIV. zurückgehende Anwesen wurde in einen englischen Park umgewandelt, wobei die Strukturen des Schlossparterres und des Kanalsystems mit dem großen Wasserbecken erhalten blieben. Als Geschenk für Marie-Antoinette ließ der König eines der schönsten Beispiele pastoraler Architektur von Charles Thévenin erbauen, die Laiterie de la Reine, eine Molkerei im klassizistischen Stil (Abbn. oben). In der Nähe ließ der König eine *ferme ornée* anlegen, um dort Merino-Schafe zu züchten. In den französischen Gärten der zweiten Hälfte des 18. Jahrhunderts ist ein einzigartiger Wechsel in der Motivik der Gartengestaltung festzustellen. Das betrifft nicht nur den beinahe schon schroffen Übergang von der formalistischen zur romantischen Anlage, sondern auch die gesamte Gartenthematik. Der Rousseausche Aspekt »Zurück zur Natur« wird zu einer Art Weltflucht verstärkt. Die *fabriques* und *follies*, die Chinoiserien und andere Exotismen deuten bereits auf den zunehmenden Autoritätsverlust des Monarchen.

Rambouillet, Schlosspark
Meierei der Königin von Charles Thévenin, Innen- und Außenansicht (oben)
Winterlicher Schlosspark mit Schloss im Hintergrund (unten)

Rückblickend können diese Gärten als Indikatoren für die Auflösung des Absolutismus verstanden und als Boten für das Herannahen der Französischen Revolution von 1789 gedeutet werden.

Der in Frankreich abgewandelte englische Landschaftsgarten hat sich weit von den monumentalen Kunstwerken Le Nôtres entfernt und darf als eigenständiger Typus herausgestellt werden, als pittoresker französischer Garten. In manchen Gärten, wie etwa dem von Canon (Abbn. gegenüber, rechts und unten), hat er nur von Teilen Besitz ergriffen. Dabei wurde die ganze Spanne von pastoral-theatralischer Staffage bis poetisch-philosophischer Bestimmung ausgelotet. Der Garten wurde nun nicht mehr als komplexe Einheit empfunden; er teilte sich auf in verschiedene Zonen mit unterschiedlicher Thematik und Gestaltung. Auf der einen Seite hegte man die Neigung, die Natur und das naturverbundene Leben auf dem Lande neu zu entdecken; auf der anderen Seite verspürte man das Bedürfnis nach tief greifenden philosophischen Betrachtungen und den daraus resultierenden elegischen Stimmungen.

Um das oben Gesagte noch einmal zu pointieren: Der Herrscher repräsentierte nicht mehr durch seine Gartenkontinente, sondern kümmerte sich lieber um Schafzucht und Rousseau-Lektüre. Für unsere heutige Betrachtungsweise waren das durchaus sympathische Züge. Das Bürgertum Ende des 18. Jahrhunderts jedoch erkannte darin eine deutliche Schwäche, die es zu nutzen galt.

Château de Canon, Schlosspark
Chinesischer Pavillon (oben)
Kleiner klassizistischer Tempel (links)

ABBILDUNG GEGENÜBER:
Château de Canon, Schlosspark
Chartreuse, Arkadenweg

NACHFOLGENDE DOPPELSEITE:
Château de Courances, Schlosspark
Japanischer Garten

Holland

Die Gartenkunst Hollands entwickelte sich im 18. Jahrhundert überwiegend unter französischem Einfluss. Das schloss eigenständige Varianten, die schon durch die Topographie und Vegetation des Landes bedingt waren, natürlich nicht aus. Das anschaulichste und auch früheste Beispiel für einen holländischen Sonderweg bietet Waterland bei Velsen in Nord-Holland. Ein Kaufmann aus Amsterdam legte um 1720 einen ersten Garten mit einem Labyrinth an. Ihm ging es offensichtlich weniger um eine homogene künstlerische Parterregestaltung als vielmehr um pittoreske Elemente wie Baumgruppen, ein türkisches Zelt oder einen Triumphbogen. Das türkische Zelt war ein beliebtes Gartenrequisit, das mit der China-Mode in den fünfziger Jahren des 18. Jahrhunderts nach England gelangte und von dort seinen Weg auch in die kontinentalen Landschaftsgärten fand (Abb. S. 451). Der weit gereiste und von vielen Kulturen inspirierte holländische Handelsmann versuchte außerdem – das war für diese Zeit in Nordeuropa einzigartig – bewegte Bilder zu erzeugen. Diese Illusion schuf er durch einen Tunnel, dessen Ausgang ein Szenarium mit schwimmenden Booten auf einem benachbarten See rahmte. Diese raffinierten Kunststücke sind dem niederländischen Manierismus verhaftet, tendieren also eher noch zur Epoche des Barock.

In Twickel bei Delden in der holländischen Provinz Overijssel wurde schon kurz vor 1700 ein geometrischer Schlossgarten mit einem Knotenparterre sowie einem Küchen- und Obstgarten im Renaissancestil angelegt. Ein Kanal, der von Bäumen gesäumt war, zog sich um die Anlage herum. Die Gestaltung der Parterres und der Boskette ging auf Daniel Marot zurück, der ein ähnliches Gartendesign um 1710 auch für den Londoner Kensington Garden entworfen hatte.

Um 1790 verbreiterte man den Kanal zu einem See und schuf gewundene Wasserläufe. In diese Zone platzierte man eine idyllische Baumeremitage, eine Fischerhütte und eine Fähre. Etwas weiter entfernt warf man einen künstlichen Berg auf, baute ein Gartenhäuschen, eine Kapelle und das obligatorische Eishaus. Ein großer Hirschpark schloss sich an dieses Areal an. Die Akzente sind einerseits dem englischen Stil, andererseits aber auch der pittoresken Note der damaligen französischen Gärten verpflichtet. Man mag an die englischen Chinoiserien und gleichzeitig an das Konzept von Ermenonville denken. Der französische Einfluss verstärkte sich um 1800, da sich durch das Auftreten Napoleons die politische Landkarte in Europa veränderte. Fast geräuschlos annektierte der französische Imperator im Jahre 1810 die Niederlande, nachdem sein Bruder Louis das Land 1806 in ein Königreich umge-

Twickel, Schlossgarten
Blick über den See auf das Schloss

wandelt hatte, das er aber erfolglos regierte. Nach Napoleons Niedergang war man dann sorgfältig darauf bedacht, die französischen Spuren zu tilgen. Jan David Zocher, der bedeutendste niederländische Landschaftsarchitekt des 19. Jahrhunderts, erhielt den Auftrag, den Garten von Twickel umzugestalten. Für Zocher galten die Prinzipien des Landschaftspuristen Lancelot Brown. Er ließ eine kleine Welt von Wasser, Wiesen und Bäumen um Twickel kreisen (Abb. gegenüber) und favorisierte die harmonische Linie, die er auf die Komposition von Baumgruppen, auf den Lauf der Wasserwege und auf die weich gewellten Wiesengründe übertrug. Sein Konzept wurde gegen 1850 von dem deutschen Eduard Petzold übernommen und nur geringfügig abgewandelt. Petzold war ein Schüler Fürst Pückler-Muskaus und wurde später Hofgärtner in Weimar. Für das Parterre nahe der Orangerie in Twickel wurde ein Franzose eingestellt, der weit gereiste Edouard François André, der in Russland, Italien und in England tätig gewesen war. Sein 1879 erschienener Traktat »L'Art des jardins: Trité générale de la composition des parcs et jardins« berichtet ausführlich von der Geschichte der Gartenkunst und ihren Theorien. Praktische Hinweise für die Gestaltung sind ebenfalls enthalten. Seine Maxime war, in der Gartenkunst die Wissenschaft mit der Kunst zu verbinden. Aus diesem Grunde seien Konzepte beispielsweise der *ferme ornée* kaum tauglich, da sie einer Utopie nachhingen, die weder den Bauern noch den Kunstverständigen befriedigen könne.

Zur Zeit der Industrialisierung zog das Landschaftsszenarium das Bürgertum an. In Amsterdam entstand der Vondelpark, benannt nach Joost van den Vondel, dem holländischen Dichter des 17. Jahrhunderts. Die Anlage, zum großen Teil von privater Hand finanziert, sollte für die Öffentlichkeit zugänglich sein. Jan David Zocher arbeitete die Pläne aus. Der Park, der 1877 vollendet war, präsentiert sich unspektakulär (Abbn. oben und rechts). Den gewundenen Wasserläufe und weiten Rasenflächen mit den Baumgruppen nach dem Kompositionsmuster Lancelot Browns wurden später ein Musikpavillon und ein Milchkiosk hinzugefügt. In der zweiten Hälfte des 19. Jahrhunderts hatte sich der Landschaftspark bereits durchgesetzt. Auf Staffagebauten wurde weitgehend verzichtet. Interessant wurde nun der Aspekt der Öffentlichkeit. Dem Bürgertum öffnete sich ein städtischer Freiraum, der zu Freizeitaktivitäten oder einfach zur Erholung einlud. Die durch die fortschreitende Industrialisierung immer intensiver in die Arbeitswelt eingespannten Bürger verlangten nach öffentlichen Einrichtungen, die sie für ihre Freizeit nutzen konnten.

Amsterdam, Vondelpark
Winterliche Parkansicht

Denkmal für den niederländischen Dichter und Namensgeber des Parks Joost van den Vondel (1587–1679)

Frederiksborg (Dänemark), Schlossgarten
Chinesischer Teepavillon

Skandinavien

Die Landschaftsgärten skandinavischer Länder wie Dänemark oder Schweden orientierten sich am gängigen europäischen Typus. Am Anfang stand der pittoreske Garten mit Staffagebauten, der sich im Laufe des 19. Jahrhunderts zum reinen Landschaftspark wandelte. Der dänische König Frederik IV. ließ im Jahre 1699 den Garten von Schloss Frederiksborg bei Kopenhagen zunächst im französischen Stil anlegen. Später wurde Johann Cornelius Krieger für weitere Arbeiten im Garten angestellt. Er wusste erste Aspekte der Landschaftskunst umzusetzen. Der dänische Adel konnte sich den Materialluxus der Franzosen nicht leisten. Statt Marmor verwendete man Bohlen und Findlinge, die Teiche und kleinere Seen einfassten. Eine Art rustikaler Note war also vorgegeben, so dass der Übergang zum Landschaftsgarten sich fast von selbst ergab. Zwischen 1785 und 1801 wurde Frederiksborg umgestaltet und mit typischen Attributen wie einem chinesischen Teehaus (Abb. oben) und einem ionischen Tempel versehen. Um 1840 nahm sich Rudolf Rothe, einer der profiliertesten dänischen Landschaftsarchitekten und Direktor der Königlichen Gärten Dänemarks, des Gartens an und gestaltete ihn erneut um. Die Anlage ist heute noch in einem sehr guten Zustand anzutreffen und allein schon wegen des reizvollen chinesischen Teepavillons aus der Zeit um 1800 sehenswert.

Einer der ersten englischen Landschaftsgärten Dänemarks mit nordischem Akzent entstand in Liselund auf der Insel Møn. Das Szenarium wurde von Jean Jacques Rousseau inspiriert. Teiche, Felsen, Wasserfälle, ein See und gewundene Wege, die zu überraschenden Ausblicken auf die Ostsee führen, ließen ein romantisches Szenarium entstehen. Um die Philosophie Rousseaus zumindest in einigen Gedankenbereichen anschaulich zu machen, thematisierte man die Vergänglichkeit der Natur. Künstliche Grabmonumente und Grabhügel verbergen sich unter dichtem und dunklem Laub. Aber auch die lokalen kulturellen Bezüge sollten nicht ausgespart bleiben. Neben dem chinesischen Pavillon fanden auch ein Schwedenhaus, die norwegische Hütte und andere Gebäude ihren Platz (Abb. unten).

Einer der frühesten und zugleich schönsten Barockgärten Dänemarks ist auf Fünen in Glorup zu finden. Das Herrenhaus, ab 1743 von Philip de Lange für Christian Ludwig Scheel von Plessen errichtet, dominiert mit seinem hohen Mansarddach eine Gartenanlage, die bis ins 17. Jahrhundert zurückreicht. Noch heute kann man Spuren der unterschiedlichen Gestaltungsphasen nachvollziehen. In Glorup wurde tatsächlich jeder bedeutende Gartentypus verwirklicht, angefangen vom ornamentalen Spätrenaissancegarten über den axial aufgegliederten Barockgarten bis hin zu den Varianten des Landschaftsgartens. Henrik August Flindt, begeisterter Landschaftsgärtner und seit 1877 Nachfolger von Rothe als Direktor der Königlichen Gärten, zerstörte glücklicherweise nicht die alten Gartenstrukturen, als er mit Erneuerungsarbeiten in Glorup beauftragt wurde. Südlich des Herrenhauses und am Ende eines 200 Meter langen Spiegelbassins pflanzte er über Jahre hinweg insgesamt über 100 000 Blumen für die Besucher des Parks. Die barocken Alleen ließ er in breite Pfade übergehen, die in den Bereich des Landschaftsgartens im englischen Stil

Liselund auf der Insel Møn, Landschaftsgarten
Romantisches Szenarium mit Kapelle

Lederzelt im Park von Haga in Stockholm, Aquarell von Louis-Jean Desprez, 1787
Das Zelt wurde 1785 für die Wachsoldaten errichtet und ist ein Beispiel für die orientalische Variante des um 1800 in vielen Gärten anzutreffenden romantischen Exotismus der Nutz- oder Staffagebauten (siehe hierzu auch S. 388 f.).

führen. Eine besondere Attraktion sind die Reste einer neogotischen Hängebrücke über einer künstlichen mit Holz ausgeschalten Schlucht.

Um die Mitte des 18. Jahrhunderts erreichte die englische Mode auch das Königreich Schweden. Es ging vornehmlich um die Ausstattung der königlichen Gärten mit Chinoiserien. Die guten Verbindungen des englischen Architekten und ausgewiesenen Chinakenners William Chambers zum schwedischen Herrscherhaus förderten den regen kulturellen Austausch. Gegen Ende des Jahrhunderts war es der schwedische Architekt Frederik Magnus Piper, ein intimer Kenner der englischen Landschaftsgärten, der von König Gustav III. beauftragt wurde, in Drottningholm und in Haga das englische Konzept umzusetzen. Der um 1785 umgestaltete Park in Haga wurde mit den üblichen Requisiten wie etwa einem türkischen Kiosk (Abb. oben) und einem chinesischen Pavillon versehen. Der französische Architekt Louis Deprez wurde überdies beauftragt, ein Casino im klassizistischen Stil zu entwerfen. Die Arbeiten gediehen allerdings nicht über die Fundamente hinaus. Ähnlich wie im Nachbarland Dänemark konnte sich auch in Schweden kein eigener Gartentypus durchsetzen. Die Adaption des englischen Modells wurde durch eine zunehmende Orientierung am deutschen Landschaftsgarten eher noch verstärkt. Im frühen 19. Jahrhundert versuchte man, das irreguläre Naturszenarium zumindest teilweise zu ordnen, indem neben dem gewundenen Wegesystem symmetrisch ausgerichtete Alleen angelegt wurden.

Osteuropa
Auch in Russland ist der englische Landschaftsgarten schnell populär geworden. Gefördert wurde diese Orientierung an der englischen Gartenkunst von der Zarin Katharina der Großen, die im Jahre 1772 an Voltaire schrieb, dass sie nur in einem Garten, der nach dem Vorbild der Engländer gestaltet sei, Zerstreuung finden würde. Sie betonte die Vorzüge der geschwungenen Landschaftslinien, der sanften Hügel und der Teiche, die sich wie Seen ausnehmen. Eine strikte Ablehnung äußerte sie gegenüber geraden Alleen und Brunnen, in denen das Wasser gequält und gegen seine Natur in Bahnen gezwängt werde. Die Begeisterung Katharinas für die englische Kultur nahm ungewöhnliche Ausmaße an. Sie bestellte bei Wedgwood and Bentley ein Tischservice, bestehend aus 925 Teilen und mit 1244 Ansichten von Großbritannien, darunter vielen Landschaftsparks. Die Zarin sandte ihren Architekten Vasily Ivanovich Neyelov nach England, der in einer sechsmonatigen Rundreise die wichtigsten Landschaftsparks besichtigte. Das Design der Palladianischen Brücke im Park von Wilton House übernahm er und setzte es in Tsarskoye Selo (Puschkin-Park) um. Er studierte auch die Pläne und Publikationen von William Chambers und John Halfpenny und bezog aus ihnen wichtige Anregungen für seine chinesischen Architekturen. Jahre später ließ die Zarin den Engländer John Busch, einen gebürtigen Deutschen, nach St. Petersburg kommen, um dort Pläne für Pulkova auszuarbeiten. Die Zarin war begeistert von den Entwürfen und beauftragte ihn dar-

Tsarskoye Selo, Puschkin-Landschaftspark
Palladianische Brücke

aufhin mit der Anlage des englischen Landschaftsparks in Tsarskoye Selo, den er zusammen mit Neyelov ausführte. Von Busch ist ein Plan überliefert, wahrscheinlich um 1790 entstanden, der die gesamte Anlage dieses Yekaterinsky-Parks darstellt. Er teilt sich auf in einen älteren barocken Teil, der für die Kaiserin Elisabeth um die Mitte des 18. Jahrhunderts neu angelegt wurde, und den englischen Park mit den Seen, Inseln, Hügeln und gewundenen Wegen. In dem Plan sind auch die Gebäude verzeichnet, darunter eine Turmruine, die Palladio-Brücke Neyelovs (Abb. oben), ein Triumphbogen und kleinere Pavillons sowie ein klassizistischer Tempel (Abb. unten). Das Parkszenarium mit den Staffagebauten, Uferzonen und Waldwegen erinnert an das englische Stowe. Man könnte sogar den Eindruck gewinnen, dass der russische Park in Konkurrenz mit vergleichbaren englischen Vorbildern tritt, da im heutigen Alexandrovsky-Park ein chinesisches Dorf aufgebaut wurde – das Größte seiner Art in Europa. Es war das Werk Neyelovs in Zusammenarbeit mit Charles Cameron, einem weiteren englischen Architekten, der seit 1779 für die Zarin arbeitete.

Der größte Landschaftsgarten Russlands, Pawlowsk, in der Nähe von St. Petersburg gelegen, den ebenfalls Cameron entwarf, umfasste 600 Hektar. Glanzpunkt war der später so genannte Tempel der Freundschaft, ein runder Zentralbau mit dorischen Säulen, der von einer Kuppel abgeschlossen wurde (Abb. gegenüber oben). Neben weiteren klassizistischen Gebäuden, unter anderem einem Vogelhaus (Abb. gegenüber unten), dem Tempel der drei Grazien (Abb. S. 455 unten) sowie der Apollo-Kolonnade, errichtete Cameron auch rustikale Gebäude, eine strohgedeckte Molkerei, eine Eremitenzelle und eine Köhlerhütte, um die sentimentalischen Neigungen der Zarin zu befriedigen. Pawlowsk war wohl der größte europäische Landschaftsgarten. Im Zweiten Weltkrieg wurden weite Teile zerstört, aber später in vorbildlicher Weise wieder hergestellt, so dass man heute in diesem englisch-russischen gartenarchitektonischen Kunstwerk ausgedehnte und erlebnisreiche Spaziergänge unternehmen kann.

Schließlich sollte noch ein weiterer romantischer Landschaftsgarten Osteuropas erwähnt werden: Arkadia in Polen. Arkadia, 80 Kilometer von War-

Tsarskoye Selo, Puschkin-Landschaftspark
Grotte und andere Staffagebauten am Großen Teich

schau entfernt, wurde zwischen 1778 und 1785 als Sommerresidenz der Radziwill-Familie gegründet. Der Park, von Szymon Bogumil Zug, Henryk Ittar und Wojciech Jaszcold angelegt, entfaltete die Arkadienthematik, die um Glück, Liebe und Tod kreist. Als zentraler Ort wurde der See, um den sich Wasserläufe und Wege ziehen, mit einer kleinen Rousseau-Insel angelegt. Ruinen, rustikale Gebäude, klassizistische Tempel und ein Amphitheater sind in Seenähe und entlang den Wasserläufen und Wegen zusammen mit Baumgruppen arrangiert. Glücklicherweise ist der Park während der Kriegswirren kaum in Mitleidenschaft gezogen worden. Er ist heute für die Öffentlichkeit zugänglich, so dass man sich von der Anlage und den romantischen Staffagebauten überraschen lassen kann.

Horace Walpole, stolzer englischer Schloss- und Gartenbesitzer, schrieb in seiner »Geschichte des neueren englischen Gartens« von 1770 den denkwürdigen Satz: »We have given the true model of gardening to the world«. Damals mochte dieser Satz vielleicht noch etwas vermessen geklungen haben.

Pawlowsk, Landschaftsgarten
Tempel der Freundschaft von Charles Cameron, 1780–82

Pawlowsk, Landschaftsgarten
Klassizistischer Bau einer Voliere am Kanal

Pawlowsk, Landschaftsgarten
Ringförmiger See um den klassizistischen Palast, 1782–86 von Charles Cameron errichtet (rechts)

Skulptur vor Fliederbüschen (unten)

Tempel der drei Grazien; Skulpturengruppe der drei Grazien (unten rechts)

Aber er hat sich schließlich in vollem Umfang bewahrheitet. Wenngleich in vielen unterschiedlichen Varianten, hat sich das englische Modell auf dem Kontinent sehr schnell durchgesetzt. Und heute kennen wir in allen Großstädten der Welt den Stadtpark oder die Park- und Schlossanlagen im englischen Stil. Ob in Mexiko City, in New York, in München oder in Paris, immer treffen wir denselben Typus an: Die weiten, über sanft geformte Hügel sich hinziehenden Rasenflächen sind mit gewundenen Wegen versehen, die durch Schatten spendende Baum- und Buschgruppen zu kleineren Seen führen. Bachläufe mit Bogenbrücken, versteckten Rundtempelchen und Pavillons – in denen häufig ein Restaurant untergebracht ist – bereichern das idyllische Szenarium. Ist der englische Landschaftspark, für den das stattliche Alter von über 250 Jahren konstatiert werden darf, die letzte Station in der Entwicklung des europäischen Gartens geblieben, oder barg er doch ein künstlerisches Potential, das für den Garten oder Park des 20. Jahrhunderts genutzt werden konnte?

Aspekte und Erscheinungsformen der Gartenkunst von 1850 bis heute

Zur Zeit der Renaissance und des Barock hatten findige Gartenarchitekten Gewächshäuser konstruiert, die im Winter auf- und im Sommer wieder abgebaut werden konnten. Vielleicht waren dies die Vorformen der Fertigbauweise – man hatte für diese mobilen Gartenbauten eigens eine Art Baukastensystem entworfen. Für den Renaissancegarten in Stuttgart hatte der Architekt und Gartenbauingenieur Heinrich Schickhardt für die Feigenhäuser sogar einen fahrbaren Untersatz anfertigen und Schienen verlegen lassen, so dass die Bauten an die geeigneten Plätze gerollt werden konnten.

Im 17. und 18. Jahrhundert kamen die Orangerien in den Schlossgärten in Mode. Dabei handelte es sich um Gewächs- oder Pflanzenhäuser, in denen exotische Pflanzen kultiviert und gepflegt wurden.

Mit dem Aufkommen der Eisen-Glas-Architektur in der ersten Hälfte des 19. Jahrhunderts entstand ein neuer und eigener Bautypus des Gewächshauses, der Wintergarten. Eines der ersten Beispiele dieses Typus findet man in England: das Gewächshaus von Downton Castle aus dem Jahr 1815, erbaut von Thomas Andrew Knight, dem Pionier der wissenschaftlichen Erforschung des Gartenbaus. Von 1811 bis zu seinem Tod im Jahr 1838 war Knight Präsident der Horticultural Society of London. Die Fassade zeigt bereits die auch in späteren Jahrzehnten verwendeten Eisenrippen, die in der Form des Viertelkreises angelegt waren. Die Rückwand war gemauert. In der folgenden Entwicklungsstufe sollte die Halle ohne Lichtverlust vergrößert werden. Die Architekten erreichten das durch weite Glasgewölbe, die mehrfach übereinander gestaffelt waren. Typische Beispiele sind auch die Gewächshäuser des Naturhistorischen Museums in Paris, die Christophe Rohault im Jahr 1833 entworfen hat.

Einer der berühmtesten in Eisen-Glas-Konstruktion ausgeführten Wintergärten war der im Botanischen Garten von Kew in London, 1845–47 von den Architekten Decimus Burton und Richard Turner errichtet (Abb. S. 458 oben). Turner, ein Eisenschmied aus Dublin, war nicht nur für den englischen

Brüssel, Botanischer Garten
Klassizistisches Gewächshaus in Form eines Rundtempels, 1826–29 von François Gineste und Tilman-François Suys errichtet (links)
Detail der Brunnenfiguren vor dem Gewächshaus (oben)

ABBILDUNG GEGENÜBER:
Laeken (Brüssel), Königliche Gärten
Innenansicht des Großen Wintergartens, 1876 von Alphonse Balat errichtet

London, Kew Gardens
Palmenhaus, 1844–48 von Decimus Burton und Richard Turner errichtet

Wien, Schlossgarten Schönbrunn
Palmenhaus, 1879–82 von Franz Xaver Segenschmid errichtet

Adel tätig, sondern auch für den preussischen König Friedrich Wilhelm IV. Burton, ein erfolgreicher Bauunternehmer aus London, hatte sich schon in den 20er Jahren des 19. Jahrhunderts mit dem Bau des Kolosseums im Londoner Regents Park hervorgetan.

In Chatsworth traf Burton den ehemaligen Gärtner von Chiswick, Joseph Paxton. Der Herzog von Devonshire ernannte den begabten Paxton im Jahr 1826 zum Verwalter des Parks von Chatsworth. Er erhielt den Auftrag, den Great Stove, den Wintergarten, gemeinsam mit dem damals zweifellos berühmteren Burton zu entwerfen. Die Arbeiten dauerten von 1836 bis 1840. Begeistert von Paxtons Werk, schickte der Herzog seinen Gärtner auf Studienreise in die Schweiz, nach Italien, Griechenland und Spanien. Zurückgekehrt nach England, widmete er sich ausschließlich der Architektur und legte für die Londoner Weltausstellung unaufgefordert den Entwurf für einen Ausstellungspalast vor. Das 600 m lange Bauwerk, der Londoner Glaspalast, avancierte bald zu einer Inkunabel der Eisen-Glas-Architektur.

Das neue Baumaterial ermöglichte eine großzügige Variationsbreite der Nutzung. Ein Ausstellungspalast konnte später als Wintergarten oder als Palmenhaus Verwendung finden. Im Jardin d'Hiver, 1847 in Paris aufgestellt, fanden Konzerte und Theateraufführungen statt. Zuweilen traf sich dort die gehobene Gesellschaft zu einem festlichen Ball. Der Wintergarten machte rasch eine Metamorphose zum vielseitigen Zentrum des geselligen Lebens durch.

Barcelona, Parc de la Ciutadella
»Umbracle« – Schattenspender – heißt das Gewächshaus, das von Josep Fontserè für die Weltausstellung 1888 errichtet wurde.

Paris, ehem. Jardin d'hiver an den Champs-Elysées
1846–47 von H. Meynadier und Rigolet errichtet (1852 zerstört)

Anduze, Bambouseraie de Prafrance
Der seit 1850 existierende Garten mit annähernd 200 Bambusarten ist in seiner Art einzigartig in Europa.

Gärten in Südfrankreich

Der südfranzösische Garten hat keinen eigenen Typus ausgebildet, da auch seine Gestaltung abhängig ist von den Traditionen der italienischen und französischen Gartenkunst, weniger des englischen Landschaftsgartens. Doch haben zweifellos das Klima, die Landschaft und die Beschaffenheit der Böden zu spezifischen Formen geführt, die in der europäischen Gartenlandschaft ihresgleichen suchen. Auffallend ist die häufige und üppige Verwendung von Palmen, wie beispielsweise im Jardin Thuret.

Wer die Côte d'Azur in Erwartung einer paradiesischen Landschaft besucht, wird angesichts der prachtvollen Anlage des Gartens der Villa Ephrussi auf dem Cap Ferrat seine Erwartungen noch übertroffen finden. Und zwar hinsichtlich der luxuriösen Anlage selbst wie auch der einzigartigen Kombination von subtropischer Pflanzenwelt, barocken Gestaltungselementen und der eindrucksvollen Küstenlandschaft des Cap Ferrat (siehe S. 462/63).

Die Gärten Südfrankreichs führen die Aspekte des traditionellen Gartens mit Wasserbassin, Rundtempel und Buchsparterre zusammen mit avantgardistischen Kunst- und Architekturbeispielen (Abbn. S. 464–465). Der Landschaftsgarten als Gartenkonzept fällt hierbei weniger ins Gewicht, da der landschaftliche Anteil von dem stupenden Naturschauspiel (Berge und Meer) selbst vorgegeben wird.

Eine europäische Rarität bietet die Bambouseraie de Prafrance in Anduze, in der fast 200 verschiedene Bambussorten kultiviert werden (Abb. links). Der Garten geht zurück auf das Jahr 1850, als man damit begann, winterfeste Bambusarten zu sammeln. Beeindruckend sind heute besonders die dschungelartigen Regionen des Gartens, in denen der Riesenbambus wächst.

Villa Thuret

Gustave Thuret entwarf seinen Garten im Jahr 1857 auf dem Cap d'Antibes, eine der schönsten Küstenregionen der Côte d'Azur, etwa drei Kilometer südlich der Stadt. Er orientierte sich am englischen Landschaftsgarten, schuf großzügige Freiräume und Rasenflächen für die Anpflanzung exotischer Bäume und verband die einzelnen Abschnitte mit einem gewundenen Wegesystem. Neben Palmenhainen richtete er unter anderem auch Gartenbereiche für Akazien und Eukalyptusbäume ein.

Heute wird dieser Garten zu den exotischsten in Südeuropa gerechnet. Über 3000 Pflanzen meist subtropischer europäischer, aber auch außereuropäischer Herkunft finden sich dort. Das milde Klima und die günstige Meereslage lassen den Jardin Thuret als eine monumentale und dem Himmel sich darbietende Orangerie erscheinen.

RECHTS UND GEGENÜBER:
Cap d'Antibes, Villa Thuret
Palmenhaine, Akazien und Eukalyptusbäume prägen das Bild dieses exotischen Gartens, in dem etwa 3000 Pflanzenarten aus aller Welt gedeihen.

Villa Ephrussi de Rothschild

Ähnlich wie das Cap d'Antibes ragt auch das Cap Ferrat halbinselartig ins Meer. Auf dem schmalen Felsrücken verwirklichte die Baronin Béatrice Ephrussi de Rothschild um 1905 einen ehrgeizigen Plan. Sie wollte sich mit einer Luxusvilla und einer anschließenden Gartenanlage ein Denkmal setzen. Das ist ihr zweifellos gelungen. Sie lud viele berühmte Architekten ein, ihr Entwürfe vorzulegen, konnte sich aber mit den Ergebnissen nicht zufrieden geben. Schließlich griff sie selbst zum Stift und skizzierte einen traditionellen Bau im historistischen Stil. Der Palast ist als Vierflügelanlage mit einem weiten Arkadenhof im Stil der italienischen Frührenaissance angelegt. Innen ist das Gebäude im Stil des französischen Rokoko ausgestattet. Die Dekorationen sollten offensichtlich auch im stilistischen Einklang mit dem Barockparterre und dem großen Wasserbassin stehen. Allerdings verzichtete die Baronin auf eine geometrische Beetornamentierung.

Der von Palmen, Zypressen und anderen subtropischen Bäumen dominierte Hauptgarten wird flankiert von einem italienischen Renaissancegarten mit geschweiften Buchshecken. Ein spanischer und ein japanischer Garten schließen sich an. Ein antikisierender Rundtempel mit einer Venusstatue, geschwungene Treppenläufe, unter denen sich eine kleine Grotte befindet, und intime Gartennischen mit Steinbänken gehören zur Ausstellung des Gartens.

Zu einer Zeit, in der die Kunst, die Architektur und zum Teil auch die Gartenarchitektur bereits im Umbruch begriffen waren, schuf die Baronin einen sehr eigenwilligen Gartenkomplex, der den damaligen Stilvorstellungen in keiner Weise entsprach.

Cap Ferrat, Villa Ephrussi de Rothschild
Blick über das zentrale längsrechteckige Bassin auf die Gartenfassade der Villa (links), zweiläufige Treppenanlage (oben)

Noailles heute wie ein frühes Fanal, die Grenzen der Kunst zu überschreiten, indem der abstrakten Form ein eigener ästhetischer Wert zugewiesen wird – in der Architektur, der Skulptur und der Gartenkunst.

Der Skulpturengarten der Fondation Maeght
In einem Kiefernwald in St-Paul-de-Vence arrangierte der Aimé Maeght seine Sammlung von Skulpturen unter anderem von Joan Miró, Alexander Calder und Pierre Bonnard. 1964 ließ er von dem katalanischen Architekten Josep Lluis Sert einen exentrischen Museumsbau errichten. Die u-förmig geschwungenen, fast wie frei schwebend wirkenden Dächer über dem Giacometti-Hof kontrastieren mit den zierlichen und gelängten Schreit- und Standfiguren des Künstlers.

Im Kiefernwald aber entfaltet sich der ganze Zauber eines Skulpturengartens. Die mobilen Segelarme Alexander Calders nehmen sich mit ihren grell-farbigen Flächen bizarr aus vor dem Gartenszenarium. Joan Miró erhielt den Auftrag, ein Labyrinth zu gestalten, eine Aufgabe, der er mit Witz und Fantasie nachkam. Andere Künstler positionierten ihre monumentalen Eisen- und Stahlfiguren im Wald oder stellten sie gleich Wächtern an markanten Plätzen auf. Der Reflex zur eigenwilligen Architektursprache des Museumsbaus sollte gewahrt bleiben.

Für seinen früh verstorbenen Sohn ließ der Bauherr eine Kapelle auf dem Gartengelände errichten. Als Baumaterial verwendete er zum Teil mittelalterliches Mauerwerk, um auf diese besondere Weise dem Andenken seines Sohnes Rechnung zu tragen.

Hyères, Villa de Noailles
Kubistische Gartenanlage von Gabriel Guévrékian

Der kubistische Garten der Villa de Noailles
Im Jahr 1924 gaben Charles und Marie-Laure de Noailles, bekannt als großzügige Kunstmäzene, den Bau einer Villa in Auftrag. Ihre Wahl war auf den nach Le Corbusier damals bedeutendsten Architekten Frankreichs gefallen, auf Rob Mallet-Stevens. Die von ihm im Einklang mit der Topographie der Umgebung geschaffene Villa stellt eine Architekturskulptur der Moderne dar – ein kubistisches Gebilde, das die Strukturen der modernen abstrakten Malerei seiner Zeit aufnimmt.

Für die Gestaltung des Gartens konnte das Ehepaar Gabriel Guévrékian gewinnen. Er entwarf einen kubistischen Garten. Auf einer spitz zulaufenden und aus der Villa herausgeführten Ebene legte er quadratische Beetkästen an, die er zur Spitze hin in die Höhe staffelte. Die Bepflanzung fiel sehr sparsam aus, um die Struktur, die einem Mondrian-Bild gleicht, zur Geltung kommen zu lassen. Die geometrische Wandgliederung und das auf Kuben reduzierte Mobiliar findet so in dem aus dem Wohnraum drängenden Garten ihre Entsprechung. In Verbindung mit den Skulpturen von Jacques Lipschitz erscheint das Villen-Garten-Projekt der Familie de

St-Paul-de-Vence, Skulpturengarten der Fondation Maeght
Museumsbau von Josep Lluis Sert und Giacometti-Hof

In einem Kahn stehend stakt Monet durch den berühmten Seerosenteich in seinem Garten.

Monets Garten in Giverny

Das Werk Claude Monets, des Vollenders der impressionistischen Malerei, läßt sich in drei Gruppen einteilen. Zur ersten zählen die Werke, die der junge und rastlose Monet bei jedem Wetter in der freien Landschaft oder in seinem unmittelbaren Alltagsraum schuf. Dabei nahm er visuelle Sezierungen seiner Welt vor und untersuchte die Veränderungsfaktoren der Farben unter den verschiedenen Lichteinflüssen. Der fünfzigjährige Monet, gesetzter und ruhiger geworden, verharrte vor seinem Sujet und fertigte Serienbilder an, um die Lichtmetamorphosen eines Gebäudes oder eines Landschaftsausschnittes zu dokumentieren. Der greise Monet schließlich hielt sich in Giverny auf, wo er sein Paradies gefunden hatte, in dem heute so berühmten Garten. Hier nahm er das Bild der Seerose auf und variierte es im Atelier in unzähligen Variationen.

Monet und Giverny sind eins geworden im ästhetischen Kalkül des Impressionismus: Die Nachahmung der Natur löst sich auf in einem Farbenrausch, dem unvermittelt eigene artistische Werte zuwachsen. Das Seerosenbild kann als Wiedergabe eines Gartenausschnittes gesehen werden und zugleich als eigenständige Farbkomposition, deren künstlerischer Wert nicht in der Nachahmung liegt, sondern in der Schaffung einer eigenständigen Kunstform, in der sich eine Seerose abbildete.

Ob sich Monet, ähnlich wie Paul Cézanne, auf dem Weg zum »abstrakten Impressionismus« befand, als er die Serienbilder angesichts von Heuschobern, Kathedralen oder Pappeln schuf, kann vermutet werden. Viele dieser Bilder datieren aus der frühen Giverny-Zeit. Im April des Jahres 1883 – in dem Monat starb Eduard Manet in Paris – zog Monet nach Giverny. Zunächst mietete er das Anwesen. Nachdem er immer bekannter und Giverny zum Treffpunkt der Avantgarde geworden war, erholte er sich allmählich von seiner bis dahin misslichen finanziellen Situation. Er brachte es zu einem bescheidenen Vermögen, das es ihm erlaubte, Giverny im Jahr 1890 zu erwerben. In den folgenden Jahren richtete er sich dort seinen Garten ein. Er legte keinen Wert auf ein vorgegebenes Gartenschema,

Giverny, Musée Claude Monet
Spiegelungen der Trauerweiden im Seerosenteich des Gartens von Monet

Claude Monet
Le Bassin aux nymphéas, le soir, um 1916–22 (linke Seite des Diptychons)
Öl auf Leinwand, 200 x 600 cm
Zürich, Kunsthaus Zürich

sondern erstrebte ein blühendes und eher wild wucherndes Ambiente. Später konnte er noch weiteren Grund erwerben, auf dem er mit dem Wasser des Flüsschens Epte einen Teich anlegte, der mit einer japanischen Brücke überspannt wurde.

Aus seinen zahlreichen Briefe und Notizen geht hervor, dass Monet in Giverny sein Ziel erreicht hat, in Ruhe und Abgeschiedenheit die Natur zu beobachten – eine Natur, die er mit eigenen Hände gestaltete. Der Garten bot ihm ein Naturszenarium, das er zu jeder Tageszeit bei unterschiedlichen Lichtverhältnissen studieren, skizzieren und in seinem Atelier farblich umsetzen konnte. Die Atelierarbeit war ihm ebenso wichtig wie das Skizzeren mit Pinsel und Farbe vor dem Motiv. Allerdings ging es ihm vorrangig um die Anschauung der Wirklichkeit. Vorstellungs- oder Erinnerungsbilder waren untaugliche Medien für seinen Schaffensprozess.

Oft hatte der Maler früher über die ihm willkürlich erscheinenden Veränderungen seines Sujets geklagt: Die Fischerboote von Étretat, schrieb er, seien in der Zeit, während er sie gemalt habe, von den Fischern umgestellt worden. Ihm sei nichts anderes übrig geblieben, als alles, was er bis dahin gemalt habe, wieder von der Leinwand zu kratzen. In Giverny konnte das nicht mehr passieren. Hier blieb sein Sujet unverrückbar. Er konnte sich dem widmen, was er als eigentliche Aufgabe des Künstlers bezeichnete, nämlich das zu entdecken oder aufzudecken, was zwischen ihm und dem Objekt sich entfaltete. Er nannte es die »Schönheit der Atmosphäre« oder auch »das Unmögliche«.

Vielleicht ist es genau das, was uns heute an den Seerosenbildern oder Darstellungen des Gartens von Giverny so fasziniert. Wir verspüren die Kristallisation einer Atmosphäre, ein in Farben und Formen eingefasstes Gefühl. Dass seine Seerosenbilder sich weit von der Realität Givernys entfernten, lag an ebenjener heraufbeschworenen Atmosphäre zwischen dem Sujet und der Leinwand.

Die Seerosenbilder von Monet werden oft mit dem Beginn der abstrakten Malerei in Verbindung gebracht. Darüber läßt sich streiten, und darüber wird auch gestritten. Ohne Frage begab Monet sich ab etwa 1890 mit seinen Werken auf die Schattenlinie von Nachahmung und Abstraktion. Er blieb dabei jedoch stets dem »Augenblickseindruck« der schönen Dinge – dem Bildgegenstand – verbunden.

NACHFOLGENDE DOPPELSEITE:
Giverny, Musée Claude Monet
Trauerweiden und Seerosenteich im Garten von Monet. Im Hintergrund ist die kleine »japanische« Brücke zu erkennen.

Gärten in Katalonien

Das gartenkünstlerische Spektrum der katalonischen Gärten des 20. Jahrhunderts ist weit: Neben dem im modernen Stil angelegten romantischen Garten von Santa Clotilde über den Buchten der Costa Brava behauptet sich der märchenhafte und teilweise bizarre »Jugendstilgarten« von Antonio Gaudí, der Parc Güell in Barcelona. Die weite städtische Anlage des Parc de la Ciutadella – ebenfalls in Barcelona – steht dem Stadtraum des Parc Joan Miró gegenüber. Hier das klassische Muster der Parkanalge des 19. Jahrhunderts, dort der nüchterne und nur durch die spielerische Bildsprache Mirós aufgelockerte Stadtraum. Der moderne städtische Garten bezieht stärker noch als in den Jahrhunderten zuvor die Architektur und Kunst sowie das soziale Alltagsleben der Bewohner mit ein.

Der Garten von Santa Clotilde

Eine der schönsten Küstenlandschaften Spaniens ist zweifellos die Costa Brava nördlich von Barcelona. Zu einem Zeitpunkt, als diese Region touristisch noch nicht in dem Maße erschlossen war, wie dies heute der Fall ist, ließ der Marquis von Roviralta in den 20er Jahren den Garten von Santa Clotilde anlegen. Das Areal erstreckt sich über ein felsiges Vorgebirge der Costa Brava unweit von Lloret de Mar. Vom Garten aus führen steile Wege und Treppen hinab zu den Buchten des Mittelmeers von Los Fanales und Santa Catalina.

Das Unternehmen war sehr aufwendig. Um eine ausreichende Bewässerung des Gartens zu gewährleisten, mussten viele Leitungen verlegt werden. Schließlich entschied man sich auch dafür, Löcher in den Fels zu sprengen, um größere Bäume zu pflanzen. Es entstand ein Garten, der Ähnlichkeiten mit

Lloret de Mar, Garten von Santa Clotilde
Rundes Bassin und Fontäne unterhalb der Villa (oben)
Die große zypressengesäumte Treppenanlage zum Meer (rechts)

italienischen Renaissancegärten aufweist (Abb. gegenüber oben). Das betrifft die geschnittenen Hecken, die hohen Zypressen und die vielen Blumenbeete. Doch ging es dem Marquis um eine malerische Anlage, die das atemberaubende Panorma der Küstenlandschaft mit einbezog. Aus diesem Grunde erwarb er benachbarte Grundstücke, um von den Terrassen und Treppen aus die Ausblicke unverändert zu halten. Mit dem malerischen Aspekt verbindet sich auch der romantische. Zwei Marmorstatuen, *Prudentia* und *Justitia*, die mythischen Wächterinnen der Elysischen Felder, befinden sich in einer Art Vorgarten, der von vier zylindrisch geschnittenen Zypressen gerahmt wird. Von hier aus erreicht man über kleine Treppen und Wege die verschiedenen, zum Meer hin offenen Gartenterrassen. Eine weitere, von hohen Zypressen gerahmte Treppenanlage führt hinunter zur Plaza de las Sirenas (Abb. gegenüber unten).

Der Parc de la Ciutadella in Barcelona

In den Jahren 1871 bis 1881 schuf der Gartenbauingenieur und Architekt Josep Fontserès den weitläufigen Park auf dem Gelände der ehemaligen Zitadelle von Barcelona, dort, wo der Bourbone Philipp V. die alte Zwingburg im Jahr 1716 zur Belagerung der Stadt anlegen ließ. 1869 veranlasste die Stadtverwaltung die Schleifung der Mauern und ermöglichte damit die künstlerische Gestaltung des Areals.

Kernstück ist die große Kaskade, die in den vergangenen Jahren restauriert wurde. Der junge Antonio Gaudí arbeitete an diesem Werk mit. 1888 feierte die Stadt Barcelona ihre erste Weltausstellung. Leider sind viele Gebäude mittlerweile wieder abgerissen worden. Der »Umbracle«, der Schattenspender, ein Gewächshaus für exotische Pflanzen (Abb. S. 459), und der »Hivernacle«, der Wintergarten, sind allerdings erhalten geblieben. Die Entwürfe zu diesen Gusseisenkonstruktionen stammen von Fontserès.

Barcelona, Parc de la Ciutadella
Brunnenanlage mit spielenden Putten

Der Parc Güell in Barcelona
Im Jahr 1900 erwarb der Fabrikant Eusebi Güell am Mont Pelat ein 15 ha großes Areal, wo er eine Mustersiedlung im Stil der englischen Gartenstädte anlegen wollte. Da die späteren Immobilienpreise jedoch zu hoch geworden wären, ließ er statt der Siedlung von dem Architekten Antonio Gaudí einen Park gestalten. Vierzehn Jahre dauerten die Arbeiten an diesem faszinierenden Projekt. 1920 übergab Güell den Park der Öffentlichkeit.

Wie immer man dn Park stilistisch klassifizieren mag, er überrascht durch ungewöhnliche Perspektiven und bezaubert durch seinen Reichtum an künstlerischer Ausstattung. Bunte Keramikscherben überziehen die Dächer der Gebäude, die Parkmauern und die Sitzbänke. Die Decke des »Saals der hundert Säulen«, ursprünglich als Markthalle geplant, aber wie ein Tempellabyrinth wirkend, dekorierte Gaudí mit seinem Mitarbeiter Josep Maria Jujol als kunstvolle plastische Collage (Abb gegenüber oben).

Eigentlich müsste man hier von der so genannten Trencadis-Technik sprechen, die dann für die Colla-

ge der 20er Jahre des 20. Jahrhunderts vorbildlich geworden ist. Gaudí drückte die Keramiksplitter und -scherben, die er sich bei Keramikbetrieben kostenlos besorgen konnte, in den noch feuchten Mörtel. Er achtete darauf, möglichst bunte Kachelstücke zu verwenden, um mit den Gelb-, Grün- oder Orangetönen Blumentupfer zu suggerieren. Sein Meisterstück ist sicherlich die in weiten Schwüngen angelegte Mauerbank, die, zumindest abschnittsweise, an Rasen- oder Blumenbänke mittelalterlicher Gärten erinnert (Abb. oben links). Phantastisch wirken auch die Eingangsbauten, das Bürogebäude und das Pförtnerhaus mit ihren abgesetzten Bordüren an den Fenstern, Türen und Dächern.

Gaudís Formensprache ist einzigartig. Den Park Güell einen Jugendstilpark zu nennen, fällt schwer, da sich seine Formenvielfalt und Thematik dem üblichen Formenkanon dieses Stils entzieht. Er ist Ausdruck des katalanischen Modernismo, der um 1900 für eine neue Kunstblüte sorgte und nur bedingt zum Jugendstil anderer Länder passen will, obwohl er diesem in der Regel zugeordnet wird.

Barcelona, Parc Güell
Barcelonas berühmteste Parkbank auf dem großen Platz am oberen Ende des Parks; neben Antoni Gaudí gehört auch Josep Maria Jujol zu ihren Schöpfern (oben links).

Detailansicht des so gensnnten »Saals der hundert Säulen« (oben)

Promenade mit schräg gestellten Stützen (links), dekorative Keramikornamente (gegenüber unten)

UNTEN UND GEGENÜBER:
Barcelona, Parc Joan Miró
Geometrisch konstruierte Pergola (unten)
Dona i Ocell (Frau und Vogel); die Skulptur ist eines der letzten Werke Mirós, die er 1984 für den nach ihm benannten Park geschaffen hat (gegenüber).

Der Parc Joan Miró in Barcelona

Der Parc Joan Miró entstand 1984 als »Espais urbans«, als Stadtraum, auf dem Gelände des ehemaligen Schlachthofs in Barcelona. Das streng geometrische Rasterschema erhielt seine plastischen Konturen einerseits durch die Bepflanzung und andererseits durch seine architektonischen Elemente, etwa die unten gezeigte Pergola. Als Grundmodell diente der gepflasterte Platz, wie er in mediterranen Ländern üblich ist. Es erfolgte eine Aufteilung in Spiel- und Ruhezonen. Da die Anwohner das Gelände als kühl und leblos empfanden und sich über das städtische Konzept entrüsteten, wurde Miró beauftragt, 30 Skulpturen für den Platz zu gestalten. Leider ist nur die *Dona i Ocell* (Frau und der Vogel, Abb. gegenüber) verwirklicht worden. Sie steht auf einem Plateau inmitten eines rechteckigen Wasserbassins.

Die weithin sichtbare, langgestreckte kubische Figur ist mit farbigen Mosaiken überzogen, so dass sie filigran und elegant wirkt. Das an den Rändern des Sees sich entlangziehende Gebäude, die Bibliothek Joan Miró, entstand zwischen 1988 und 1990. Es zeugt vom Phantasiereichtum und der Experimentierfreude der avantgardistischen katalanischen Architektur. Der zentrale Zugangsbereich wird von Rampen flankiert und führt zu zwei Säulenhallen, den Eingängen zur Bibliothek. Unter dem weit vorkragenden Dach sind Reproduktionen verschiedener Bronzestatuen Mirós ausgestellt.

Hamburg, Stadtpark
Stadtparksee mit abgetrenntem Bereich des Freibads; im Hintergrund ist das Planetarium zu sehen.

Volks- oder Stadtparks in Deutschland

Als einer der ersten Modernen der Gartenkunst in Deutschland darf wohl Leberecht Migge gelten, der um 1900 bei Jakob Ochs in Hamburg als Gartenarchitekt arbeitete und sich dann in Worpswede selbstständig machte. Hier wirkte er unter anderem zusammen mit dem Architekten und Stadtvisionär Bruno Taut. Migge verkündete das Ende der herkömmlichen Gartenkunst und verstand das Arbeiten im Garten als angewandte Kunst. Seine schroffe Einschätzung resultierte aus der in seinen Augen unglücklichen Langlebigkeit des romantischen Gartens im englischen Stil. Seine Definition der Funktion des Gartens, vorgetragen in seiner Schrift »Die Gartenkultur des 20. Jahrhunderts«, 1913 in Jena erschienen, ist knapp und griffig:

»Der Garten muss bedürfnisgerecht geplant werden. Ist das Phantasielosigkeit? Nein, es ist Zügelung, ein Sichbesinnen und Beschränken auf das Wesentliche. Es heißt organisieren. Es ist aber doch auch – Kunst.«

Migge ist der Meinung, dass sich der Gehalt und die formale Struktur des öffentlichen Gartens, des Volks- oder Stadtparks, an den Bedürfnissen der Bevölkerung bemessen soll. Er dürfe nicht, wie das in Deutschland immer noch der Fall sei, Repräsentationszwecken der Stadt dienen. Vor allem Einrichtungen für den Sport sind gefordert und darüber hinaus auch schattige Zonen für Spaziergänger und, wie er schrieb, Anlagen »für das Schauen schöner erhebender Vegetationsbilder«. Über die Komposition solcher Gärten oder Parks sagte Migge wenig. Er fertigte aber zahlreiche Entwürfe für öffentliche Stadtparks an, denen man die formale Struktur entnehmen kann. Ähnlich wie die neue Architektur des Bauhauses die Funktionalität des Wohnens als ästhetisches Modell begreift und entsprechende Auf- und Grundrisse mit unregelmäßig eingesetzten Fenstern und asymmetrisch einander zugeordneten Wohnbereichen entwarf, plante Migge große, von Alleen begrenzte Wiesen mit intimen Gartenzonen. Für den Privatgarten sah er den Nutzaspekt als vorrangig an und schlug deswegen eine geometrische Struktur vor: »Ich wünsche den architektonischen Garten aus volkswirtschaftlichen und sozialen sowie aus ethischen Gründen.«

Für Migge galt das Prinzip der Zweckmäßigkeit in Verbindung mit ästhetischen Vorstellungen. Hier stand er den Theorien der Neuen Sachlichkeit und natürlich den von Walter Gropius programmatisch erklärten neuen Bauvorstellungen sehr nahe. Mit dem architektonischen Garten, dem geometrisch strukturierten Gebilde, das sowohl den sozialen als auch den emotionalen Bedürfnissen der Menschen zu entsprechen hatte, sollte die strikte Abkehr vom englischen Landschaftsgarten vollzogen werden. Der Hamburger Stadtpark auf dem Gelände der aufgeforsteten Winterhuder Geest war der erste größere Park auf dem Kontinent, der sich entschieden vom romantischen Garten absetzte. Er war geplant als Erholungsstätte für die dicht besiedelten Stadtteile Hamburgs. Nach einem Wettbewerbsentscheid von 1908 wurde er nach den Plänen des Leiters der städtischen Baubehörde Fritz Schumacher ab 1912 auf 180 Hektar den Anforderungen der Großstadtbevölkerung entsprechend als Volkspark angelegt. Otto Linne war für die Anpflanzungen verantwortlich. Er legte entlang einer Mittelachse einen Waldpark, ein Wiesengelände und einen Blumengarten um einen See in geometrischen Grundformen an. Der ehemalige Wasserturm am westlichen Achsenende ist der Bezugspunkt der einzelnen Parkbereiche. Er dient heute als Aussichtsturm, in der Kuppel befindet sich das Planetarium. Der Turm war als eine Art Gelenkstelle zwischen dem angrenzenden Stadtteil Winterhude und dem Park gedacht (Abb. gegenüber).

Die von Migge geforderte Funktion des Volksparks, den Menschen Erholung an Leib und Seele zuteil werden zu lassen, entwickelte sich zunehmend zum Hauptaspekt bei der Anlage öffentlicher Gärten. Martin Wagner, der mit Migge zusammen in Worpswede gearbeitet hatte, wurde 1926 Stadtbaurat in Berlin. Im Jahre 1938 erhielt er einen Ruf als Professor nach Harvard. Er konzentrierte sich auf den Gesundheitsaspekt und sah darin den ausschließlichen Nutzwert des Gartens. So hat der Garten, beziehungsweise der Park, seine Daseinsberechtigung einzig als Luftspeicher und Luftverbesserer. Diese Gedanken führte Wagner erstmals in seiner Dissertation mit dem Titel »Das sanitäre Grün der Städte« im Jahre 1915 aus. Ähnlich wie Migge favorisierte er Volksparkanlagen – er spezifizierte sie als »städtische Freiflächen« – die für Sport, Spiel und Wandern angelegt werden sollten. Aus diesem Grunde suchte er nicht nach ästhetischen Kategorien, sondern versuchte, medizinische Beweise für den physiologischen Wert von Körperübungen auszuarbeiten. Dieser Zweckrationalismus, der bereits bei Migge zu spüren war, entfernte den Garten nicht nur von seinem traditionellen romantischen und historistischen Konzept, sondern generell auch von seinen künstlerischen Ansprüchen. Wagner hielt es offensichtlich nicht für notwendig, medizinische Beweise dafür vorzulegen, dass die Seele auch durch Augenlust gestärkt werden kann.

Wenn auch die von Wagner geforderte gesundheitliche Wirkung des Gartens später eine weite Verbreitung fand – in diesem Zusammenhang sind auch die so gensnnten »Trimm-dich-Pfade« der siebziger und achziger Jahre zu sehen –, verlief die Entwicklung des Gartens oder Parks im 20. Jahrhundert nicht ausschließlich in diese Richtung. Wichtige Schritte allerdings waren vollzogen: die Abkehr vom Repräsentationsgarten, von der romantischen Parklandschaft und von der im Garten installierten historistischen Theaterbühne. Trifft dies auch für das Ursprungsland des Landschaftsgartens, für England, zu?

Hamburg, Stadtpark
Beetdetail in Herbstfarben

Hamburg, Stadtpark
Brunnenrondell

Hidcote Manor, Gloucestershire
Gartenansicht mit beschnittenen Bäumen

Zwei formale Gärten in England

Um die Jahrhundertwende war in den Städten und auf dem Land der viktorianische Garten mit seinen Teppichbeeten und den historisierenden Attributen dominant. Als einer der ersten Gartenarchitekten Englands schuf sich Lawrence Johnston ab 1907 in Hidcote in den Cotswolds in der Grafschaft Gloucestershire nahe dem Städtchen Chipping Campden einen architektonischen Garten. Johnston, der viele Reisen und Expeditionen nach Südafrika und China unternahm, brachte exotische Pflanzen mit nach England und züchtete sie dort. Er war so erfolgreich, dass er seine Pflanzen bald in viele Länder Europas exportieren konnte.

Johnston legte in der Längsachse seines Landhauses eine weite Rasenfläche an, von der aus im rechten Winkel eine lange von beschnittenen Buchen gesäumte Allee über den Höhenrücken führte. Im Winkel zwischen dem Rasen, den er *Theatre Lawn* nannte, und der Allee schuf er kleinere geometrisch einander zugeordnete aber abgeschlossene Gartenbereiche, die er thematisch definierte. Nächst dem Landhaus legte er beispielsweise den Weißen Garten an, der von Eibenhecken umschlossen ist. Ein Wegkreuz unterteilt den Garten in vier Beetkompartimente, die nur mit weißblühenden Sorten bepflanzt wurden. Eine mächtige Libanonzeder ragt mit ihren weit ausladenden Zweigen wie ein Schirm über dem Garten auf (Abb. links). Während die im Bereich des Hauses und der Allee platzierten Gärten streng geometrisch geordnet sind, ohne allerdings ein symmetrisches Gesamtsystem zu ergeben, gestaltete Johnston jenseits seines *Long Walks*, der Buchenallee, einen malerischen Garten, den Stream Garden – eine Reverenz an die alte englische Tradition des Lanschaftsgartens. Ein Bächlein, gesäumt von üppiger Vegetation, windet sich hier durch das Gelände.

Es ließen sich hier noch viele vergleichbare englische Architekturgärten aufzählen, wie beispielsweise Hestercombe Garden nördlich von Taunton in der Grafschaft Somerset. Das aus dem 18. Jahrhundert stammende Anwesen wurde im ersten Jahrzehnt des

ABBILDUNGEN GEGENÜBER:
Hestercombe Gardens, Somerset
Ansichten des Edwardian Garden: quadratischer *sunken garden* (Abb. unten) mit zwei Kanalterrassen als Seitenbegrenzung (Abb. oben)

Hidcote Manor, Gloucestershire
Sichtachse mit Pavillon

20. Jahrhunderts von Edwin Lutyens und Gertrude Jekyll neu gestaltet. Herzstück der Anlage ist ein Terrassenparterre in der Art des italienischen Renaissancegartens. Das Parterre, the *Great Plat*, wurde zudem als *sunken garden* mit viertelkreisförmigen Treppen in den Ecken konzipiert (Abbn. oben und links).

Der Abschied vom viktorianischen Repräsentationsgarten und vom romantischen Landschaftsgarten fiel den Engländern offensichtlich nicht schwer. Interessant ist, dass der englische Garten des 20. Jahrhunderts einerseits wieder stärker auf geometrische Modelle zurückgreift legt und andererseits den Aspekt des natürlichen Pflanzenwuchses fördert. Der italienische Renaissancegarten rückte damals wieder in das Blickfeld, jedoch nicht allein wegen seiner architektonischen Gestaltungsweise, sondern auch wegen des raffinierten Blickachsensystems. Die eindrucksvolle, partiell schon manieristische Renaissanceanlage der Villa Lante mit ihren großartigen Ausblicken wurde zumindest für Hestercombe zum Vorbild, als es um die Frage ging, wie die umliegende Landschaft als visuelles und damit auch als ästhetisches Element mit in die Gartenstruktur einbezogen werden könnte.

Kopenhagen, Tivoli
Pagodendach des chinesischen Turms

ABBILDUNG GEGENÜBER:
Wien, Prater
Riesenrad, 1896–97 von Walter Basset, Ing. Hitchins

Vergnügungsparks

Die skizzierte Entwicklung vom Landschaftsgarten zum Volkspark und weiter zum Vergnügungspark ist im Kopenhagener Tivoli in einzigartiger Weise abzulesen. Das Areal nahe dem Hauptbahnhof wurde im Jahre 1843 als Landschaftsgarten konzipiert, um den Städtern einen Erholungsbereich zu schaffen. Alleen, ein See mit gewundenen Wegen und sanft gewellten Hügeln, chinesische Teehäuser und maurische Gebäude sowie ein Amphitheater schmückten in der traditionellen Weise den Park. Die Grundstruktur und viele der Gebäude sind bis heute erhalten geblieben. Im Jahre 1943, zwei Jahre vor seinem Tod, legte der dänische Landschaftsarchitekt Gudmund Nyeland Brandt ein Parterre in der Nähe des Sees an. In den fünfziger Jahren des 20. Jahrhunderts konstruierte Eywin Langkilde einen hängenden Garten und einen Skulpturengarten als Spielplatz für die Kinder. Zu dieser Zeit war der Tivoli schon längst als Vergnügungspark berühmt geworden (Abbn. links und unten).

In den folgenden Jahren und Jahrzehnten entstanden überall in Westeuropa Vergnügungsparks – zunächst auf der Grundlage des Volksparks. Der Park gab die formale Struktur vor, der sich der »Maschinenpark« anpasste. Später verselbstständigte sich die Vergnügungs- und Erlebnisthematik – beispielsweise in der nach Frankreich importierten Disney-World oder im deutschen Europapark in Rust. Der Park- oder Gartengedanke wurde weitgehend abgekoppelt. Viele der alten Vergnügungsparks, in denen sich Gaststätten, Karussells, Schießbuden oder Riesenräder der Parkanlage unterordnen, existieren heute noch, wie eben der Kopenhagener Tivoli oder der Wiener Prater mit seinem berühmten Riesenrad (Abb. gegenüber).

In diesem Gartentypus lebt noch der Gedanke sozialer Verbesserungen des Alltagslebens nach, der zu Beginn des 20. Jahrhunderts favorisiert wurde. Den von der zunehmenden Last der maschinellen Arbeit belasteten Bürgern sollten Freizeiträume zur Verfügung gestellt werden, in denen sie sich vom Arbeitsalltag erholen konnten.

Kopenhagen, Tivoli
See mit »Vergnügungsdampfer«-Restaurant

OBEN UND GEGENÜBER UNTEN:
Paris, Parc de la Villette
Eisenkonstruktionen, spiegelnde Glasflächen und grüne Einsprengsel dominieren den modernen öffentlichen Park von Bernard Tschumi.

GEGENÜBER OBEN:
Futuroscope, Technologiepark bei Poitiers

Architektur- und Technikparks

Vor einigen Jahren entwarf Bernard Tschumi nordöstlich des Pariser Stadtzentrums den Parc de la Villette, einen Vielzweckpark auf dem Gelände des ehemaligen Viehmarktes der Stadt. In der restaurierten Grande Halle, einer Eisen-Glas-Konstruktion aus dem 19. Jahrhundert, sind ein Restaurant sowie Räume für kulturelle Veranstaltungen untergebracht. In der Nachbarschaft öffnet sich eine weite Rasenfläche, die die Anwohner gern für sportliche Zwecke nutzen. Eine lange Platanenallee schließt sich an. Am nahen Canal de l'Ourq wurden im Laufe der Jahre verschiedene so genannte Themengärten angelegt, wie beispielsweise ein Bambusgarten, ein äußerst lebhafter Wassergarten und ein Spaliergarten, den der Bildhauer Jean-Max Albert mit seinen Skulpturen schmückte. Am Nordrand des Parks fällt ein ungewöhnliches und fast futuristisch anmutendes Gebäude auf, das kugelförmige »La Géode«. Es handelt sich dabei um ein Kino, das den Erlebnis- und Unterhaltungsbereich der Gesamtanlage ergänzt. Aber auch für Bildung und Information ist gesorgt: Neben dem Musikmuseum, der Cité de la Musique, nahe der Platanenallee wurde auch ein Museum für Wissenschaft und Technologie eingerichtet.

Dieses Konzept der Verbindung von Spiel, Information und Unterhaltung wurde in einer phantasievollen und faszinierenden Anlage, dem Futoroscope in der Nähe von Poitiers, aufgegriffen. Seit 1987 entsteht dort auf einem 53 Hektar großen Gelände ein audio-visueller Technologiepark mit Pavillons, Wasserspielen, 3D-Kinos und Lichtspieltheatern mit Riesenleinwänden. Jedes Jahr vergrößert sich der Park. 1998 wurden 2,7 Millionen Besucher gezählt. Es gibt wohl keinen zweiten Park auf der Welt, in dem die avantgardistische Architektur – man kann sogar von Architekturexperimenten sprechen – so in ein einheitliches Parkkonzept mit gewundenen Wegen, Hügeln, weiten Rasenflächen, kleinen Bosketten und einem See integriert worden ist. Das Futuroscope ist vielleicht der Auftakt für eine neuartige Park- oder Gartenkunst (Abb. gegenüber). Der Park dient nicht nur der Unterhaltung, sondern auch der Information über die Möglichkeiten der audio-visuellen Technologien. Überdies ist es ein Vergnügen, durch das Parkgelände zu streifen und in immer wieder neuen Blickwinkeln die futuristisch und bizarr anmutenden Pavillons und Lichtspieltheater zu entdecken. Architektur, Technologie und Gartenkunst haben sich auf der Schwelle zum 21. Jahrhundert zu einer harmonischen und zugleich spannungsvollen Einheit zusammengefunden.

Das Futuroscope hat möglicherweise einen Gedanken aufgegriffen, der gegen Ende des 19. Jahrhunderts in Deutschland entstand und sich nach dem Zweiten Weltkrieg zu einer ungewöhnlichen Blüte entfaltete: die Gartenschau. Die Erste ihrer Art fand 1887 als Internationale Gartenausstellung in Dresden statt. Nach dem Zweiten Weltkrieg wurde die erste Bundesgartenschau im Jahre 1950 auf dem Killesberg in Stuttgart eröffnet. Später hob man ihre »kleinere Schwester«, die Landesgartenschau, aus der Taufe. Oft sind es bestimmte Themen, die eine Gartenschau prägen, wie beispielsweise der von Horst Antes eingerichtete »Garten der Lüste« auf der Bundesgartenschau des Jahres 1967 in Karlsruhe. Experimentelle Architektur dagegen bot die baden-württembergische Landesgartenschau »Grün 99« in Weil am Rhein. Zaha M. Hadit zeigte dort einen schlangenförmigen Bau aus Sichtbeton und Glas: Eine gläserne Rampe führt als Brücke über das Gebäude und gibt den Blick auf das Innere frei.

A0 13

Heale Garden, Wiltshire
Landschaftsgarten mit Blick auf den Fluss Avon

Im 20. Jahrhundert haben sich verschiedene Richtungen des Gartens und des Parks entwickelt. Dominante Typen wurden zweifellos der Erholungspark, der Vergnügungspark und der gestaltete Stadtraum. Neben individualistisch gestalteten romantischen oder bizarr-märchenhaften Anlagen ist die eigentliche gärtnerische Aufgabe in den Hintergrund getreten. Ein Garten soll nicht als Naturersatz verstanden werden, sondern als ein künstlerisches Mittel, dem Menschen die Natur nahe zu bringen. Dieser Aufgabe kann der Volkspark nur bedingt gerecht werden, da dort die Natur lediglich als Ort der Erholung und Zerstreuung genutzt wird – was sicherlich notwendig und begrüßenswert ist. Aber bei einer Gartenanlage geht es um mehr: Hier setzt man sich mit den Formen und der Dynamik der Natur auseinander. Das Arrangement von Pflanzen setzt wissenschaftliche Kenntnis und zugleich künstlerisches Vermögen voraus. Diese Verbindung von Kunst, Wissenschaft und Natur, die sich in einer vollendeten Harmonie im Garten äußern kann, ist seit je der Motor der Zivilisation gewesen.

Anhang

Glossar

Aha oder Haha Um den visuellen Übergang vom Garten zur Landschaft nicht durch Begrenzungswälle oder Mauern zu stören, zog man breite Gräben, in die man die Mauern versenkte. Die erste Darstellung einer Aha-Mauer stammt von dem Engländer Stephen Switzer, 1715.

Amphitheater Gartenbereiche, die in der Gestalt des antiken Amphitheaters angelegt worden sind. Seit der Antike ein gebräuchliches Gartenmotiv. Im Barockgarten wurde das Amphitheater häufig für szenische Aufführungen genutzt.

Arboretum In einem abgesonderten Gartenbereich werden exotische Gehölze zu wissenschaftlichen Zwecken kultiviert.

Arkadien Sehnsuchtslandschaft, in der der Mensch eins ist mit der Natur. Teile des englischen Landschaftsgartens wurden gern als arkadischer Bezirk bezeichnet. Ursprünglich galt Arkadien, eine Hochfläche auf dem Peloponnes, nicht als arkadische Gegend, sondern als eine Landschaft des Todes.

Belt Walk Ein Weg oder Pfad, der sich um den Garten oder Park herumzieht. Besonders häufig im englischen Landschaftsgarten anzutreffen, um die Besucher zu den point of views zu führen.

Belvedere Architektonisch gestalteter Aussichtspunkt in Garten- oder Parkanlagen. Gleichbedeutend mit dem französischen Terminus Bellevue.

Berceau Seit dem 18. Jahrhundert Laubengänge, die aus Latten und Draht konstruiert sind. Um die Gänge herum sind Hecken oder Büsche, zuweilen auch kleinere Bäume angeordnet. Bei Dézallier d'Argenville taucht auch der Begriffe »berceau de treillage« auf. Er bezeichnet die Verbindung von Berceau und Treillage.

Boskett Der Waldbereich eines Gartens. Die Bäume sind regelmäßig geschnitten, um Räume auszubilden wie beispielsweise cabinets, cloîtres (siehe jeweils dort) oder salons.

Botanischer Garten Die ersten botanischen Gärten wurden im 16. Jahrhundert in Italien vorwiegend zu wissenschaftlichen Studien angelegt. Seitdem Europa sich im 18. Jahrhundert nach Übersee orientiert hatte, kamen viele exotische Pflanzen nach Europa, die man in Orangerien und botanischen Gärten kultivierte.

Broderie-Parterre oder Parterre de broderie Beete, die wie ziseliert – vorwiegend mit Buchs – ornamental gestaltet sind. Erhieltenihren Namen wegen ihre Ähnlichkeit mit Mustern von Stickereien (frz. broderie). Wichtigstes Gestaltungselement des geometrischen Gartens von 1620 bis 1720.

Boulingrin oder Bowlinggreen Abgesenkte Rasenfläche, häufig im Bereich des Parterres zu finden.

Cabinet Ein vom Boskett ausgesparter Platz mit ovalem oder rechteckigem Grundriss. Häufig ist der Platz von beschnittenen Hecken umgeben. Größer dimensionierte Plätze werden salons oder salles genannt.

Chinoiserie Nachdem gegen Ende des 17. Jahrhunderts chinesische Erzeugnisse nach Europa gekommen waren und man bei Hofe damit eine heitere und unbekümmerte Lebensweise assoziierte, wurden die Formen im Laufe des 18. Jahrhunderts in die Rokokowelt integriert – zunächst in Frankreich, dann in England und schließlich auch in Deutschland. Beliebt war der chinesische Pavillon im Areal des Landschaftsgartens.

Cloîtres Platz innerhalb eines Bosketts, der mit Brunnen, Laubengängen oder Bassins sehr aufwendig ausgestaltet wurde.

Clumps Baumgruppen, die im englischen Landschaftsgarten auf weiten Rasenflächen angepflanzt wurden.

Dorf Im Barock- oder Rokokogarten wurden ländliche Gebäude zu Dörfern arrangiert, um das Landleben zu simulieren. Auch Hameau genannt. Siehe auch ferme ornée.

Englisches Parterre oder Parterre à l'angloise Auch Rasenparterre genannt. Rasenfläche, die ornamental gestaltet ist. Häufig gerahmt von Blumenrabatten.

Eremitage Entlegener und verborgener Bereich im Barockgarten, der häufig als Grotte gestaltet war. Rükkzugsort der höfischen Gesellschaft.

Ferme ornée Dem Park- oder Garten des 18. Jahrhunderts wurde ein landwirtschaftlich genutzter Bereich angegliedert. Erstmals vom englischen Gartentheoretiker Stephen Switzer 1715 geäußert. Siehe auch Dorf

Folly Vielleicht mit Verrücktheit oder Tollheit zu übertsetzen. Es handelt sich dabei um eine besondere Form von Staffagebauten, die in ihrer Proportionierung und Ausrichtung bewusst irregulär gestaltet waren. Die Rometta in der Villa d'Este in Tivoli – eine kulissenhafte Nachbild der Stadtvedute von Rom – oder der manieristische Garten von Bomarzo wären zu nennen. Der englische Landschaftsgarten wartet hin und wieder mit Phantasie-Follys auf, so beispielsweise der Connolly Folly in Casteltown House in Kildare, Irland.

Gardenesk Der Begriff wurde 1832 von John Claudius Loudon für den freien und natürlichen Pflanzenwuchs geprägt. Später als Bezeichnung für die ästhetische Entfaltung des Gartens durch seine Blumenzier verwendet.

Gartenschau Die erste ihrer Art fand 1887 als Internationale Gartenausstellung in Dresden statt. Nach dem Zweiten Weltkrieg wurde die erste Bundesgartenschau im Jahr 1950 auf dem Killesberg in Stuttgart eröffnet. Später hob man ihre »kleinere Schwester«, die Landesgartenschau, aus der Taufe.

Giardino segreto Geheimgarten. Meistens an die Schlaf- oder Privatgemächer des Palastes oder Schlosses grenzend. In anderen Fällen befand sich der Geheimgarten auch an entlegenen und schwer zugänglichen Stellen der Gartenanlage. Er war oftmals durch hohe Hecken oder Mauern abgeschirmt. Eine Spezialität des italienischen Renaissancegartens.

Geometrischer Garten Nach geometrischen Mustern regelmäßig angelegte Beete und Parterres. Vorwiegend in der Renaissance und im Barock. Der geometrische Garten wird vom Landschaftsgarten abgelöst.

Gloriette Ehrentempel oder Pavillon, häufig in der Art des griechischen Rundtempels gestaltet. Vorwiegend im Landschaftsgarten anzutreffen.

Grotte Künstliche Felshöhlen in den Gärten der Renaissance und des Barock. Im 18. Jahrhundert wurden Gartensäle mit Muscheln, Schnecken, Moos und Felsgestein als Grotten ausgestattet.

Hameau Weiler, kleines Dorf

Heilkräutergarten Auch Herbularius genannt. Er befand sich im mittelalterlichen Kloster hinter dem Komplex von Arzthaus und Apotheke. Unter anderem waren Salbei, Weinraute oder Kümmel sowie Fenchel oder Liebstöckel angepflanzt.

Hortulus Ein 27 Strophen umfassendes Gedicht von Walahfried Strabo aus der ersten Hälfte des 9. Jahrhunderts. Die wohl erste umfassendste Äußerung über den Gartenbau im christlichen Abendland. Sie bezieht sich auf den Klostergarten von St. Gallen.

Hypnerotomachia Polyphili Allegorischer Roman von Francesco Colonna. Erschienen erstmals 1499 in Venedig. Die Illustrationen – es handelt sich um Holzschnitte – veranschaulichen die verschiedenen Varianten des Baumverschnitts sowie Topiari (siehe dort) und Beetornamentierungen.

Klostergarten Er setzt sich aus verschiedenen Abteilungen zusammen wie dem Heilkräutergarten, dem Gemüsegarten sowie Bepflanzungen des Friedhofs und des Kreuzgangsgevierts. Im Kräutergarten finden sich auch Rosa und Lilium, die für einen Klostergarten unerläßlichen Marienblumen.

Knotenornament Typische Beetmusterung der Renaissance. Taucht in ausgeprägten Formen erstmals bei Sebastiano Serlio zu Beginn des 16. Jahrhunderts auf. Die Formen gehen zurück auf die Hyptnerotomachia Polyphili (siehe dort).

Kompartiment Größere Beeteinheit, die aus einem symmetrischen Ornament besteht, das sich aus Kieswegen, Einzelbeeten und aus Blumen gebildeten Phantasiemustern zusammensetzt.

Landschaftsgarten Ein in England Mitte des 18. Jahrhunderts sich entwickelnder Gartentypus, der den natürlichen Wuchs der Pflanzen förderte und sich strikt gegen die Geometrisierung des französischen Barokkgartens wandte. Das Ergebnis waren weite Wiesenflächen und schattenspendende Baumgruppen, Flussläufe, Seen und viele Staffagebauten.

Meierei Landwirtschaftlicher Gebäudekomplex im Landschaftsgarten, als Stimmungsträger meist ohne funktionalen Nutzen. Siehe auch Dorf, Ferme ornée.

Menagerie Tiergarten im Barockpark und im Landschaftsgarten des 18. Jahrhunderts

Orangerie Gartenbereich abseits des Schlosses oder Palastes, wo sommers die Orangenbäume aufgestellt wurden. Er war mit einem Gebäude versehen, das der Orangenzucht diente. Im Renaissancegarten wurden häufig Holzlauben errichtet, die winters mittels Rollen über die Orangenbäume gezogen wurden.

Parterre Anordnung von Beeten, die durch ein einfaches Wegesystem unterteilt sind und unmittelbar vor der Gartenfront des Palastes oder Schlosses angelegt wurden.

Parterre d'Orangerie Beet- oder Rasenkomplex unmittelbar vor der Orangerie.

Patte d'oie oder Gänsefuß Alleensystem im äußeren Park- oder Gartenbereich, das sich in drei Arme auffächert. Von einem gemeinsamen Ausgangspunkt streben die Alleen oder Wege sich spreizend einem halbkreisförmigen Weg zu und bilden somit den harmonischen Abschluss eines Gartenbereichs.

Pleasureground Rasenplatz, der unmittelbar vor dem Schloss oder der Villa liegt und besonders aufwendig mit Skulpturen gestaltet ist. Meistens durch ein Wasserbassin vom übrigen Garten abgetrennt.

Point de vue Aussichtspunkt oder Blickpunkt auf eine Skulptur, einen Brunnen oder einen Staffagebau als Abschluss einer Blickachse.

Quartier oder quarreaux Ein Quartier fasst mehrere Kompartimente zusammen. Es ist von einem anderen Quartier durch Wege oder Alleen getrennt. Die Einheit mehrerer Quartiere wird Parterre genannt.

Quincunx Fünfzahl. Die Anpflanzung von Bäumen nach dem Muster der Fünf des Würfels. Es handelt sich dabei um ein so genanntes lotrechtes Quadratraster, bei dem in die Mitte eines jeden Quadrats ein fünfter Baum gesetzt wurde. Beim Passieren eines solchen Bosketts sind in jeder Richtung Baumalleen auszumachen, die entweder diagonal oder im rechten Winkel von der Blickachse fortstreben. Es kommt also zu einem ständigen rhythmischen Wechsel.

Rabatte Langes und schmales Zierpflanzenbeet längs von Wegen und Rasenflächen sowie von Mauern oder Spalierwänden.

Rasenparterre siehe Englisches Parterre

Ruinenromantik Im Landschaftsgarten taucht als Staffagebau häufig die mittelalterliche Ruine als sentimentales Zeichen vergangener Ritterherrlichkeit und nationaler Größe auf.

Salon siehe Cabinet

Salle siehe Cabinet

Staffagebauten Eigens für den Landschaftsgarten entwickelte Architektur als monumentales Schmuckelement. Häufig bediente man sich, dem Zeitgeschmack entsprechend, zurückliegender Stilepochen, exotischer Vorbilder oder so genannter Follies, architektonischer Verrücktheiten. Siehe auch Ruinenromantik, Chinoiserien, Folly

Topiari Die Kunst des Baum- und Buschbeschnitts, die erstmals ausführlich in der antiken Agrarliteratur und bei Plinius d. Ä. beschrieben wurde (lat. topiaria = Kunstgärtnerei). Viele für die Gärtnerei der Renaissance und des Barock vorbildhaft benutzte Topiarii sind in der Hypnerotomachia Polyphili (siehe dort) zu finden.

Treillagen Laubengänge, die aus Holzgittern gefertigt sind. Sie werden häufig von Holzpavillons unterbrochen. Bei Dézallier d'Argenville taucht auch der Begriffe »berceau de treillage« auf. Er bezeichnet die Verbindung von Berceau und Treillage.

Tumulus Ein in der Antike so genannter Grabhügel, der im Landschaftspark als sentimentalischer Blickpunkt künstlich angelegt oder, wie in Branitz, als Grablege von und für Fürst Pückler errichtet wurde.

Bibliographie

Adorno, Th. W.: Amorbach. In: ders., Ohne Leitbild, Frankfurt am Main 1967

Andreae, B.: Am Birnbaum. Gärten und Parks im antiken Rom, in den Vesuvstädten und Ostia, Mainz 1996

Baumüller, B., Kuder, K., Zoglauer, U. (Hg.): Inszenierte Natur. Landschaftskunst im 19. und 20. Jh. Stuttgart 1997

Baudy, G. J.: Adonisgärten. In: Beiträge zur klassischen Philologie 176, 1986

Baumann, H.: Die griechische Pflanzenwelt in Mythos, Kunst und Literatur, München 1986

Baumgardt, U., Olbricht, I. (Hg.): Die Suche nach dem Paradies. Illusionen. Wünsche. Realitäten, München 1989

Beazley, M.: Gardens of Germany, London 1998 (deutsche Ausgabe 1999 bei Birkhäuser)

Bianca, St.: Hofhaus und Paradiesgarten. Architektur und Lebensformen in der islamischen Welt, München 1991

Böhme, G.: Für eine ökologische Naturästhetik, Frankfurt am Main 1989

Börner, K. H.: Auf der Suche nach dem irdischen Paradies. Zur Ikonographie der geographischen Utopie, Frankfurt am Main 1984

Brodersen, K.: Die Sieben Weltwunder. Legendäre Kunst- und Bauwerke der Antike, München 1996

Brunner-Traut, E.: Die alten Ägypter, Stuttgart 1981

Buttlar, A. von: Der Landschaftsgarten, München 1980

Buttlar, A. von: Der Englische Landsitz 1715–1760 – Symbol eines liberalen Weltentwurfs, Mittenwald 1982

Buttlar, A. von: Der Landschaftsgarten. Gartenkunst des Klassizismus und der Romantik, Köln 1989

Carroll-Spillecke, M (Hg.): Der Garten von der Antike bis zum Mittelalter, Mainz 1992

Carroll-Spillecke, M.: Kepos. Der antike griechische Garten. Wohnen in der klassischen Polis III, München 1989

Carvallo, R.: The Gardens of Villandry, Techniques and Plants, Joué-lès-Tours 1991

Chambers, D.: The planters of the english Landscape Garden, London 1993

Clifford, D.: Geschichte der Gartenkunst, München 1966

Cohen, R. (Hg.): Studies in Eighteen-Century British Art und Aesthetics, Los Angeles 1985

Correcher, C.M./George, M.: Spanische Gärten, Stuttgart 1997

Curtius, E. R.: Europäische Literatur und lateinisches Mittelalter, Bern/München (9.Aufl.) 1978

Eisold, N.: Das Dessau-Wörlitzer Gartenreich, Köln 1983
Ermann, A. (Hg.): Die Literatur der Ägypter, Leipzig 1923

Fahlbusch, H.: Elemente griechischer und römischer Wasserversorgungsanlagen. In: Garbrecht, G. et al., Die Wasserversorgung antiker Städte. Geschichte der Wasserversorgung 2, Mainz 1987, S. 135–163

Fröhlich, A. M. (Hg.): Gärten. Texte aus der Weltliteratur, Zürich 1993

Fleming, J.: The »Roman de la Rose« – a Study in Allegory and Iconography, Princeton 1969

Friedlaender, L.: Darstellungen aus der Sittengeschichte Roms,4 Bde., Leipzig 1919

Gerndt, S.: Idealisierte Natur, Stuttgart 1981

Glaser, H.: Industriekultur und Alltagsleben. Vom Biedermeier zur Postmoderne, Frankfurt am Main 1994

Gothein, M. L.: Geschichte der Gartenkunst. 2 Bde., Jena 1926, Neuauflage 1988

Günther, H. (Hg.): Gärten der Goethezeit, Leipzig 1993

Hajós, G.: Romantische Gärten der Aufklärung. Englische Landschaftskultur des 18. Jahrhunderts in und um Wien, Wien/Köln 1989

Hajós, G. (Hg.): Historische Gärten in Österreich. Vergessene Gesamtkunstwerke, Wien, Köln, Weimar 1993

Hajós, B.: Die Schönbrunner Schlossgärten, Wien, Köln, Weimar 1995

Hamilton Haziehurst, F.: Gardens of Illusion – The Genius of André Le Nôtre, Nashville, Tennessee, 1980

Hammerschmidt, V., Wilke, J.: Die Entdeckung der Landschaft. Englische Gärten des 18. Jh., Stuttgart 1990

Hannwacker, V.: Friedrich Ludwig von Sckell. Der Begründer des Landschaftsgartens in Deutschland, Stuttgart 1992

Hansmann, W.: Gartenkunst der Renaissance und des Barock, Köln 1983

Harten, H. C. und E.: Die Versöhnung mit der Natur. Gärten, Freiheitsbäume, republikanische Wälder, heilige Berge und Tugendparks in der Französischen Revolution. Reinbek 1989

Hartmann, G.: Die Ruine im Landschaftsgarten. Ihre Bedeutung für den frühen Historismus und die Landschaftsmalerei der Romantik, Worms 1981

Heinemann, E.: Babylonische Spiele. William Beckford und das Erwachen der modernen Imagination, Diss., Berlin 1996

Hennebo, D., Hoffmann, A.: Geschichte der deutschen Gartenkunst,3 Bde., Hamburg 1965

Hennebo, D.: Gärten des Mittelalters, Zürich 1987

Heyer, H.-R.: Historische Gärten der Schweiz, Bern 1980

Hobhouse, P.: Gardens of Italy, London 1998 (deutsche Ausgabe 1999 bei Birkhäuser)

Otto Gillen (Hg.): Herard von Landsberg, Hortus deliciarum, Landau 1979

Hirsch, E.: Dessau-Wörlitz, Zierde und Inbegriff des 18. Jh., Leipzig und München 1985
Hirschfeld, Chr., C., L.: Theorie der Gartenkunst. 5 Bde., Leipzig 1985

Hoepfner, W., Schwandner, F. L.: Haus und Stadt im klassischen Griechenland. Wohnen in der klassischen Polis 1, München 1994

Hoffmann, A.: Gärten des Rokoko: Irrendes Spiel. In: Park und Garten im 18.Jahrhundert, Heidelberg 1978

Irrgang, W.: Bemerkenswerte Parkanlage in Schlesien, Dortmund 1978

Jashemski, W. F.: The Gardens of Pompeii, Herculaneum and the villas destroyed by Vesuvius, 2 Bde., New Rochelle 1979 und 1993

Kluckert, E.: Der »hängende Garten« der Apollonia. Renaissance-Gärten in Württemberg, Schwäbische Heimat, 3, 1986.

Kluckert, E.: Heinrich Schickhardt. Architekt und Ingenieur, Herrenberg 1992

Kluckert, E.: Vom Heiligen Hain zur Postmoderne. Eine Kunstgeschichte Baden-Württembergs, Stuttgart 1996

Kluckert, E.: Auf dem Weg zur Idealstadt. Humanistische Stadtplanung im Südwesten Deutschlands, Stuttgart 1998

Koenigs, T. (Hg.): Stadt-Parks. Urbane Natur in Frankfurt am Main, Frankfurt am Main/New York 1993

Koopmann, H.: Eichendorff und die Aufklärung. In: Aurora 1988, Park und Garten im 18.Jh., Heidelberg 1978

Kuhnke, R. W.: Die maurischen Gärten Andalusiens, München 1996

Kuterbach, J.: Der französische Garten am Ende des Anciên Régime, Worms 1987

Lablaude, P.-A.: Die Gärten von Versailles, Worms 1995

Lazzaro, C.: The Italian Renaissance-Garden, London 1990

Le Nôtre, A.: Bericht über das Schloß und die Gärten des Trianon an den schwedischen Architekten Nikodemus Tessin, 1693. In: Mariage, Th.: L'univers de Le Nôtre, Brüssel 1990

Mader, G./Neubert-Mader, L.: Italienische Gärten, Stuttgart 1987

Maurer, D.: Pilgrime sind wir alle, die wir Italien suchen. Das Italienerlebnis deutscher Schriftsteller vor und nach Goethes italienischer Reise. In: Göres, J. (Hg.): Goethe in Italien, Mainz 1986

Mayer-Solgk, F./Greuter, A.: Landschaftsgärten in Deutschland, Stuttgart 1997

Mayer-Tasch, P. C., Mayerhofer, B. (Hg.): Hinter Mauern ein Paradies. Der mittelalterliche Garten, Leipzig 1998

Mosser, M., Teyssot, G.: Die Gartenkunst des Abendlandes. Von der Renaissance bis zur Gegenwart, Stuttgart 1990

Müller, U.: Klassischer Geschmack und Gotische Tugend. Der englische Landsitz Rousham, Worms 1998

Niedermeier, M.: Erotik in der Gartenkunst. Eine Kulturgeschichte der Liebesgärten, Leipzig 1995

Paracelsus, Vom Licht der Natur und des Geistes. Eine Auswahl, Stuttgart 1976

Pizzoni, F.: Kunst und Geschichte des Gartens, Stuttgart 1999

Pückler-Muskau, H. Fürst von: Andeutungen über Landschaftsgärtnerei, Frankfurt am Main 1988

Pückler-Muskau, H. Fürst von: Briefe eines Verstorbenen, Frankfurt am Main und Leipzig 1991

Taylor, P.: Gardens of Britain, London 1998 (deutsche Ausgabe 1999 bei Birkhäuser)

Taylor, P.: Gardens of France, London 1998 (deutsche Ausgabe 1999 bei Birkhäuser)

Thierfelder, W.: Gärten und Parks in Franken, Würzburg 1990

Schneider, K.: Villa und Natur. Eine Studie zur römischen Oberschichtkultur im letzten vor- und ersten nachchristlichen Jahrhundert, München 1995

Stoffler, H.-D.: Der Hortulus des Walahfrid Strabo, Sigmaringen 1996

Vérin, H.: Technology in the Park: Engineers and Gardeners in Seventeenth Century France. In: Mosser, M., Teyssot, G. (Hg.): The Architecture of Western Gardens, Cambridge, Mass. 1991, S. 135–146

Weiss, A. S.: Miroirs de l'infini – Le jardin à la française et la métaphysique au XVII. siècle, Paris 1992

Weitzmann, K.: Late Antique and Early Christian Book Illumination, New York 1977

Wenzel, W.: Die Gärten des Lothar Franz von Schönborn 1655–1729, Berlin 1970

Wiebenson, D.: The Picturesque Garden in France, Princeton 1978

Willis, P.: Charles Bridgeman and the English Landscape Garden, London 1977

Wimmer, C. A.: Geschichte der Gartentheorie, Darmstadt 1989

Wiseman, D. J.: Nebuchadrezzar and Babylon, Oxford 1985

Woods, M: Visions of Arcadia. European Gardens Form Renaissance to Rokoko, London 1996

Personenverzeichnis

Abd ar-Rahman I., Kalif 35
Abd ar-Rahman III., Kalif 34
Acton, Arthur 159, 160
Acton, Harold 159
Adam von Liechtenstein, Fürst 323
Aislabie, John 384
Albert, Erzherzog 132
Albert, Jean-Max 482
Alberti, Leon Battista 40–41, 42, 52–53, 131
Albertus Magnus 27–28, 30–31, 42
Aldobrandini, Kardinal Pietro 154, 156
Alexander VI., Papst 100
Alexander VII., Papst 171
Alfons XII., spanischer König 237
Algardi, Alessandro 150
Alkuin 22
Amboise, Kardinal George d' 103
Amboise, Karl von 102
Ammannati, Bartolomeo 54
André, Edouard François 449
Anne, englische Königin 337, 341
Anne von Dänemark 142
Antes, Horst 482
Anton Ulrich von Braunschweig-Wolfenbüttel, Herzog 295
Antoniano, Silvio 156
Albuquerque, Braz de 258
Alt, Salome 329
Ammanati, Bartolomeo 144
Anthoni, Johann Jakob 304
Aquaviva, Kardinal 153
Archer 338
Ariost 399
Artois, Comte d' 442
August der Starke, sächsischer Kurfürst und polnischer König 296, 299
Augustus, römischer Kaiser 17
Aumale, Herzog von 210
Aveline 187

Bacon, Francis 347–348
Bagutti, Domenico 249
Balat, Alphonse 457
Basedow, Johann Bernhard 404
Basset, Walter 480
Bartolomeo, Michelozzo di 51
Bautista de Toledo, Juan 233–234
Bayer, Hermann, Wiener Bürgermeister 322
Beatis, Antonio de 103
Beckford, William 261–262, 398–399
Beer, Georg 131
Bélanger, François-Joseph 442–443
Bellotto, Bernardo siehe Canaletto
Benedikt XIII., Papst 159
Biancour, Martin 183
Blaikie, Thomas 442
Blakewell, Robert 341
Boccaccio, Giovanni 50, 52–53
Bologna, Giovanni da 54, 63–65, 144
Bonavia, Santiago 240
Bongarsius, Jacobus 135
Bonnard, Pierre 464
Boothby, Sir Brooke 354
Borghese, Marc Antonio 148
Borghese, Kardinal Scipione Caffarelli 146–148, 152
Borromeo, Carlo 172
Borromeo, Vitaliano 172
Borromini, Francesco 151–152, 262
Boucher, François 207
Boutelou, Esteban 236
Boutelou, Étienne 245
Boyceau de la Barauderie, Jacques 117, 191, 228
Bramante, Donato 70, 77
Brandt, Gudmund Nyeland 480
Brendel, Johann Gottlob David 433
Bretagne, Anne de 103
Bridgeman, Charles 337, 352, 354, 365, 372
Broke, Lord 370
Brosse, Charles de 172
Brown, Lancelot »Capability« 338, 370–374, 393, 406, 427, 440, 449
Buonarotti, Michelangelo 52
Buontalenti, Bernardo 50, 60, 62
Büring, Johann Gottfried 421–422
Burton, Decimus 457–459
Busch, John 451–452
Byron, Lord 398

Calder, Alexander 464
Cameron, Charles 452–454
Campbell, Colen 365
Canal, Fabio 176
Canaletto 322–323, 325
Capello, Bianca 62
Capponi, Kardinal Luigi 160
Caracci, Annibale 153
Carl, preußischer Kronprinz 429
Carl Eugen, württembergischer Herzog 434–435
Carlier, René 245, 254
Carmontelle 442
Caroline, englische Königin 352
Carvallo, Joachim 119
Cäsar 151
Cassiodor 24, 26
Cato d. Ä. 26
Cavendish, Lord 337
Cecil, Robert 132, 141
Cenami, Gräfin Felice 163
Cézanne, Paul 466
Chambers, Sir William 358, 389–390, 393, 415, 440, 451
Charbonnier, Martin 291, 295
Charles II., englischer König 143, 334
Châtelet, Claude-Louis 207–208
Chaundler, Thomas 141
Chigi, Agostino 73
Chigi, Kardinal Flavio 171
Christine, schwedische Königin 343
Christoph, Herzog von Württemberg 31, 131
Cicero 17, 40–41, 151
Clemens VII., Papst 70–71
Clemens VIII., Papst 154
Clemens August von Bayern, Kurfürst und Kölner Erzbischof 287–288
Cobham, Viscount Richard 352, 359
Coke, Thomas 341
Colbert, Jean Baptiste 190
Colonna, Francesco 42–44, 47, 133, 136, 347
Columella 26
Conolly, William 443
Constable, John 349
Cordona, Marcos de 234
Corsini, Marchese 252, 254, 258
Costes de la Calprenede, Antoine de 219
Costes de la Calprenede, Louis Antoine Gabriel 219
Cotte, Robert de 236
Covo, Battista 92
Coyevo, Antoine 197
Cozens, Alexander 398

Dannreiter, Franz Anton 329
Daumet, Honoré 210
de Caus, Isaac 143, 392
de Caus, Salomon 132–135, 141–142, 276, 343
de Hooghe, Romain 347
de Lange, Philip 450
de Vries, Adrian 344
Deprez, Louis 451
Dernbach, Fürstbischof Peter Philipp von 313
Desvalls, Juan Antonio 249
Dézallier d'Argenville, Antoine Joseph 204, 208, 228–231, 295, 327, 348, 352, 392, 397
Diesel, Matthias 348
Diodati, Ottaviano 164
Dioscurides Pedanios 24
Disraeli, Benjamin 384
Dodsley, R. & J. 368
Doe, Richard 384
Domenichino 153
Domitian, römischer Kaiser 18
Donatello 52
Du Cerceau, Jacques Androuet 101–105, 114, 119
Du Ry, Friedrich Simon Louis 409
Duca, Jacopo del 98
Duchêne, Achille 374
Duchêne, Henri 114, 374
Dughet, Gaspard 358, 365
Duncombe, Sir Charles 383
Dupérac, Etienne 77–79

Eberhard III., der Milde, Graf von Württemberg 129
Eberhard im Bart, Herzog von Württemberg 130
Effner, Joseph 282
Eitelfriedrich IV., Graf 129
Eleonora von Toledo 144
Elisabeth I., englische Königin 136
Elisabeth Petrowna, russische Zarin 452
Elisabeth Stuart, Kurfürstin der Pfalz 132
Elsden, William 271
Encke, Wilhelmine 433
Erasmus von Rotterdam 42
Ermannsdorff, Friedrich Wilhelm von 401, 404
Este, Kardinal Ippolito II. d' 77–78, 97, 135
Este, Isabella d' 92
Estienne, Charles 45–47
Estrées, Marschall Victor d' 442
Eugen, Prinz von Savoyen 326–327
Evermann 295
Eyserbeck, Johann 401, 420

Fagiuli, Domenico 148
Falconet, Étienne Maurice 344
Falda, G. B. 146
Farnese, Elisabeth 180
Farnese, Giulia 85
Farnese, Isabella 247
Farnese, Kardinal Alessandro d. Ä. 18, 74
Farnese, Kardinal Alessandro d. J. 80, 97
Farnese, Kardinal Odoardo 98
Felice, Simon 150
Fénelon, François 310

Ferdinand II., König von Aragon 263
Ferdinand III. der Heilige, König von Kastilien 35
Ferdinand IV. von Bourbon, König von Neapel-Sizilien 183
Ferdinand, Erzherzog von Tirol 129
Fiamingo, Vasanzio 147
Ficino, Marsiglio 52
Fischer, Reinhard Ferdinand Heinrich 434
Fischer von Erlach, Johann Bernhard 322–323, 329
Fleck, Konrad 32, 34, 36
Flindt, Henrik August 450
Fontana, Carlo 160, 171
Fontana, Domenico 146
Fontana, Giovanni 147, 152–153
Fontane, Theodor 172
Fontserès, Josep 459, 471
Fosse, Remy de la 291
Fouquet, Nicolas 187, 190
Fouquières, Jacques 132–133
Fra Giocondo 40
Francine, François de 117
Francini, Alexandre 104, 116–117
Francini, Thomas 117
Franz I., französischer König 43, 101, 104–105, 108, 136
Franziska von Hohenheim, Reichsgräfin 434–435
Frederik IV., dänischer König 342, 450
Frederik Hendrik, Prinz 331
Freud, Sigmund 467
Friedrich II. der Große, preußischer König 308, 404, 422, 426
Friedrich II., württembergischer Herzog 434
Friedrich V., Kurfürst der Pfalz 132
Friedrich der Vielgeliebte, Markgraf 310
Friedrich von Württemberg, Herzog 62
Friedrich Wilhelm I., der Große Kurfürst 433
Friedrich Wilhelm II., preußischer König 420, 433
Friedrich Wilhelm III., preußischer König 421, 429, 433
Friedrich Wilhelm IV., preußischer König 421, 426, 459
Frigimelica, Girolamo 176
Furttenbach, Joseph 276–277

Gabriel, Ange-Jacques 204, 207–208
Galli-Bibiena, Ferdinando 319
Gambara da Brescia, Kardinal Giovan Francesco 80
Garibaldi, Giuseppe 151
Garzoni, Giovanni Antonio 97
Garzoni, Marchese Romano 164–165
Gaskell, Elisabeth Cleghorn 378
Gaudí, Antonio 470–473
George II., englischer König 352, 407
George III., englischer König 372
Ghyka, Fürstin Giovanna 95
Giambologna 60
Gibbs, James 354
Gilpin, William 365, 368, 390, 393–394
Gineste, François 457
Gino Lorenzi, Antonio di 54, 60
Girard, Dominique 280, 282, 284, 326, 287
Girardin, Louis-René, Vicomte d'Ermenonville 369, 440–441
Girardon, François 197–198, 201
Godeau, Siméon 295
Goethe, Johann Wolfgang von 88, 149, 182, 406
Gontard, Carl von 420
Gonzaga, Barbara 130
Gonzaga, Federico II. 92
Gonzaga, Francesco II. 92
Gothein, Marie Louise 105
Graefer, Giovanni Andrea 183
Greiffenclau, Fürstbischof Johann Philipp von 313
Gregor XIII., Papst 152
Gregor XV., Papst 149
Greuter, Matthias 152
Grof, Guillielmus de 282
Gropius, Walter 476
Güell, Eusebi 472
Guercino 149
Guerniero, Giovanni Francesco 303, 409
Guerra, Giovanni 63
Guévrékian, Gabriel 464
Guillaume de Lorris 28, 30
Guillot, Gilles 26
Günther, Ignaz 284
Gunzenhäuser, Elias 304
Gustav II. Adolf, schwedischer König 343
Gustav III., schwedischer König 451

Hadeerts, Jakob Friedrich 426
Hadid, Zaha M. 482
Hadrian, römischer Kaiser 18, 21
Halfpenny, John 451
Hansmann, Wilfried 110
Hardenberg, Staatskanzler Karl August Fürst von 421, 429
Hardouin-Mansart, Jules 192, 195, 197, 202, 204, 208, 210, 212
Hardwicke of Hardwicke, Bess 337
Harris, Walter 330
Hawksmoor, Nicholas 380
Hedvig Eleonora, schwedische Königin 343
Heideloff, Victor 434–435
Heinrich II., französischer König 108, 113, 116
Heinrich IV., französischer König 101, 108, 114, 116–117
Heinrich VIII., englischer König 136, 334–335, 347
Heinrich, Prinz von Wales 142
Heinrich Julius von Braunschweig-Wolfenbüttel, Herzog 133
Helfenstein, Gräfin Apollonia 128
Helfenstein, Graf Georg von 128–129
Hennebo, Dieter 26, 295
Henriette Adelaide, Kurfürstin 282
Herrera, Juan de 234
Herzendorf, Johann Ferdinand 323
Hibberd, Shirley 397
Hildebrandt, Johann Lukas von 278, 326–327, 329
Hill, Thomas 136
Hirschfeld, Christian Cay Lorenz 406–407, 413–415, 418, 427, 440
Hoare, Henry 365
Hohenems, Fürsterzbischof Markus Sittikus von 152, 329
Hohenlohe, Graf Carl Ludwig von 304, 307
Hohenlohe, Graf Wolfgang von 304
Holroyd, John, 1. Earl of Sheffield 374
Hondius 136
Hortensius 17
Howard, Charles, 3. Graf von Carlisle 380
Hüfingen, Meinrad von 128
Hummel, Johann Erdmann 409
Innozenz VIII., Papst 70
Innozenz X., Papst 150
Isabella I., Königin von Kastilien-Leon 232
Ittar, Henryk 453

Jacquin, Nicolaus 322
James I., englischer König 132
Jaszcold, Wojciech 453
Jean de Meun 28, 30
Jekyll, Gertrude 479
Jérome Bonaparte, König von Westfalen 413
Johann IV., portugiesischer König 261
Johnston, Lawrence 478
Jones, Inigo 143, 358
Jujol, Josep Maria 472–473
Julius II., Papst 70
Jussow, Christoph 410, 413
Juvarra, Filippo 163–164, 245

Karcher, Johann Friedrich 299
Karl der Große 22
Karl II., spanischer König 236
Karl III., spanischer König 237
Karl IV. von Bourbon, König von Neapel-Sizilien 180, 182, 245
Karl IV., spanischer König 240
Karl V., spanischer König und dt-röm. Kaiser 39, 71, 232–234, 236, 239, 241
Karl VIII., französischer König 100–102
Karl August, Herzog von Weimar 406
Karl Theodor, Kurfürst 312, 319, 414, 417
Karl von Hessen-Kassel, Landgraf 303, 409
Katharina die Große, russische Zarin 451–452
Kent, William 43, 338, 352–354, 358–360, 365, 370
Kleiner, Salomon 276–278, 326, 327
Klenze, Leo von 417–419
Knight, Thomas Andrew 457
Knobelsdorff, Georg Wenzeslaus von 308, 426
Koeber, Gerhard 420
Krieger, Johann Cornelius 342, 450
Krüger, Franz 435

La Perdrix 197–198
Langhans, Carl Gotthard 420
Langkilde, Eywin 480
Lapi, Zanobi di Andrea 95
Lauro, Giacomo 67
Laviron 198
Le Blond, Jean-Baptiste Alexandre 344
Le Brun, Charles 187
Le Corbusier 464
Le Hongre, Etienne 197–198
Le Nôtre, André 108, 110, 160, 186–187, 189, 190, 192, 195, 197, 202, 204, 208, 210, 212–214, 217, 228, 231, 261, 282, 287, 295, 331, 334, 338, 341–344, 352, 354, 359, 374, 440, 445
Le Nôtre, Jean 186
Le Pautre, Antoine 217
Le Rouge 389
Lechner, Johann Baptist 417
Lenné, Peter Joseph 308, 420–421, 426, 429–430, 433
Leopold I., österreichischer Kaiser 236, 279, 322
Leopold Friedrich Franz von Anhalt-Dessau 401, 404
Lesot, Sonia 26
Le Vau, Louis 187, 192, 202, 208
Ligorio, Pirro 17, 70, 73, 77
Linne, Otto 477
Lionardi, Porzio 183
Lippi, Annibale 67

Lipschitz, Jacques 464
Lyttleton, Lord George 359
London, George 337–338, 341
Lorrain, Claude 213–214, 228, 358–359, 364–365, 370, 374, 398
Lotti, Cosimo 236, 239
Loudon, John Claudius 396–397
Louis Bonaparte, holländischer König 448
Louis II. Condé, Prinz 210
Lucullus, Lucius Licinius 17, 151
Ludovico il Moro, Herzog von Mailand 100
Ludovisi, Ludovico 149
Ludwig I., bayerischer König 417
Ludwig XII., französischer König 101–103
Ludwig XIII., französischer König 117, 191
Ludwig XIV., französischer König 117, 143, 180, 186–187, 189–190, 192, 197, 204, 208, 212, 214, 236, 245, 261, 330–332, 334–345, 426, 443
Ludwig XV., französischer König 204, 207–208, 401, 442
Ludwig XVI., französischer König 204, 207–208, 442–443
Ludwig Wilhelm von Baden, Markgraf 279
Lunghi, Martino d. Ä. 152
Lüttich, Johann Christian 307
Luxembourg, François de 117
Lutyens, Edwin 479

Maccalary, John 362
Maderna, Carlo 152, 154
Madruzzo, Kardinal 85
Maeght, Aimé 464
Maintenon, Madame de 202
Mallet-Stevens, Robert 464
Mansart, François 217
Mansi, Ottavio Guido 163
Maratta, Carlo 186
Marchand 241
Mardel, Carlos 262
Mareschal, Jacques-Philippe 224
Marescotti, Graf Francesco 159
Marescotti, Graf Sforza 93, 159
Maria Antonia von Habsburg 279, 282
Marie Antoinette, französische Königin 204, 207–208, 442–443
Maria Carolina von Österreich 183
Maria Theresia, österreichische Kaiserin 322–323
Marinali 175
Marlborough, John Churchill, 1. Herzog von 335, 337
Marlborough, 4. Herzog von 372
Marlborough, 9. Herzog von 374
Maron, Anton von 401
Marot, Daniel 330–331, 335, 448
Marquês von Pombal 262, 270
Marquês von Castelo 258
Marsy, Balthasar 197–198
Marsy, Gaspard 197–198
Martial 40
Martin, Pierre Denis 202, 212, 228
Martinelli, Domenico 323
Mascarenhas, João, Marquês de Fronteira 252, 254
Mathias, österreichischer Kaiser 322
Matthieu, Daniel 304
Max Emanuel, bayerischer Kurfürst 279–280, 282, 284, 287
Maximilian I., Kaiser 100
Maximilian II., Kaiser 134–135
Maximilian (I.) Joseph, bayerischer König 414, 417
Medici, Cosimo I. de' 51–54, 60, 144
Medici, Ferdinando I. de' 50, 60
Medici, Francesco I. de' 62
Medici, Kardinal Giulio de' 70–71
Medici, Katharina de', französische Königin 105, 113–114
Medici, Maria de', französische Königin 117
Mercogliano, Pacello da 101–103
Merian, Matthäus d. Ä. 46, 128–131, 134–135
Messeri, Luigi 95
Meynardier, H. 459
Michelozzo di Bartolomeo 51–53
Migge, Leberecht 476–477
Miller, Sanderson 359
Milton, John 354, 370
Mique, Richard 207–208
Mirandola, Pico della 52
Miró, Joan 464, 474
Mirow, preußischer Hofrat 429
Molière 191, 208
Mollet, André 143, 228, 343
Mollet, Claude 110, 116, 143
Mollet, Claude II. 143
Mollet, Pierre 143
Mondrian, Piet 464
Monet, Claude 466–467
Montalto, Kardinal Alessandro 80
Montalto, Kardinal Paretti di 153
Montepulciano, Kardinal Ricci di 67, 234
Montespan, Madame de 202, 212
Morris, William 349
Moucheron, Isaac de 330
Mozart, Wolfgang Amadeus 398
Muhammad ibn al-Ahmad, Kalif 35
Muhammad III., Kalif 32
Muhammad V., Kalif 35
Muttoni, Francesco 175

Napoleon I. Bonaparte 204, 208, 239, 413, 448–449
Nash, John 369
Nasoni, Niccolò 272
Navagero, Andrea 36, 38–39
Neyelov, Vasily Ivanovich 451–452
Noailles, Charles 464
Noailles, Marie-Laure 464

Ochs, Jakob 476
Oddi, Muzio 163
Olivárez, spanischer Herzog 236, 239
Oliveira, Mateus Vicente de 261
Orleans, Gaston d' 187
Orme, Philibert de l' 108, 116
Orsini, Ottavia 159
Orsini, Vicino 84–85, 159
Oth, Johann Anton 313

Pacassi, Nikolaus 322
Paladini 166
Palissy, Bernard 43–44, 104
Palladio, Andrea 143, 175–176, 352, 358–359, 365, 380, 415
Pamphili, Camillo 150
Parigi, Alfonso 144
Patel, Pierre 191, 214, 228
Paul V., Papst 146–147
Paxton, Sir Joseph 378, 459
Pedro III., portugiesischer König 261
Pelli, Marcantonio 342
Pérac, Etienne du 110
Percival, Lord 352
Perelle 150
Persico, Paolo 183
Persius, Ludwig 426–427, 430
Peruzzi, Baldassare 73, 171
Peschel, Johann 45–47
Peter der Grausame, König von Kastilien und Leon 39, 232
Peter der Große, russischer Zar 344–345
Petrarca 426
Petri, Johann Ludwig 319
Petzold, Eduard 449
Philipp II., spanischer König 233–234, 236, 239, 241, 252
Philipp III. , spanischer König 252
Philipp IV. , spanischer König 236, 252
Philipp V. , spanischer König 236, 240, 245, 471
Pigage, Nicolas de 312, 320
Pillemont, Jean 270
Piper, Frederik Magnus 451
Pisani, Alvise 176
Pisano, Almorò 176
Pitt, Thomas 359
Pittoni, Lelio 67
Pius IV., Papst 73
Platon 25
Plinius d. Ä. 17, 347
Plinius d. J. 17
Plutarch 17
Poitiers, Diana von 108, 113
Poliziano, Angelo 52
Pontormo, Jacopo 52
Ponzo, Flaminio 148
Pope, Alexander 360
Pöppelmann, Matthäus Daniel 296, 299
Porcinai, Martino 95
Porta, Giacomo della 154
Poussin, Nicolas 358, 365, 374
Preti, Maria 176
Pückler-Muskau, Hermann Fürst von 398, 435–436, 449
Pulham, James 377

Raffael 70–71, 73–74
Rainaldi, Girolamo 74, 97–98, 152
Raithenau, Fürsterzbischof Wolf Dietrich von 329
Re, M. dal 172
Régnaudin 201
Renaud de Montaubon 31
Repton, Humphrey 377–378, 394, 396
Riario, Kardinal Raffaele 80
Ricci, Sebastiano 176
Richard, Antoine 207
Rigolet 459
Riquet, Adolphe de, Comte de Caraman 113
Robbia, della 256
Robert, Hubert 441, 443
Robillion, Jean-Baptiste 261
Rode, August von 401
Rohault, Christophe 457
Roman, Jacob 331
Rose, John 334
Rothe, Rudolf 450
Rothschild, Baronin Béatrice Ephrussi de 463

Rousseau, Jean-Jacques 208, 354, 369, 401, 404, 441, 443, 445, 450, 453
Roviralta, Marquis von 470–471
Royer, Johann 134
Rudolf II., Kaiser 135
Ruffino, Kardinal Alessandro 151
Ruggieri, Giuseppe 160
Rumford, Reichsgraf 414, 419
Ruskin, John 349

Sacchetti, Giovanni Battista 245
Sabatini, Francesco 240
Salomone, Gaetano 183
Sangallo, Antonio da d. Ä. 52–53
Sangallo, Antonio da d. J. 70, 74, 93, 97, 159
Sangallo, Battista 70
Sasse, J. van 291
Scheel, Christian Ludwig 450
Scheel, Hans Hendrik 342
Scheemakers, Peter 363
Schickhardt, Heinrich 62–63, 70, 131–133, 135, 276, 457
Schiller, Friedrich von 434
Schiller, Johann Caspar 434
Schinkel, Karl Friedrich 421, 426–427, 429–430
Schlaun, Johann Conrad 288
Schlüter, Andreas 344
Schoel, H. van 71
Schönborn, Friedrich Karl von 278
Schönborn, Lothar Franz von 276, 278
Schönfeld, Johann Heinrich 320
Schubart, Christian Friedrich Daniel 434
Schumacher, Fritz 477
Schwind, Johann 46
Sckell, Friedrich Ludwig von 414–415, 417–419
Segenschmid, Franz Xaver 458
Seinsheim, Fürstbischof Adam Friedrich von 313
Semper, Gottfried 296, 436–437
Serlio, Sebastiano 44–45, 67, 77, 131–134, 160, 186
Serres, Olivier de 47, 103, 114
Sert, Josep Lluis 464–465
Sgrilli, Bernardo Sanzone 63, 67
Sheffield, 1. Earl of 374
Sheffield, 3. Earl of 377
Shenstone, William 368–369, 440
Sibylla, Herzogin von Württemberg 131
Sixtus V., Papst 146, 148
Soams, Arthur 377
Solari, Santino 329
Sommer, Johann Jakob 304
Sonntag, Henriette 436
Sophie von Hannover, Kurfürstin 291, 295
Sophie Charlotte, preußische Königin 295
Southcote 370
Specchi 154
Starke, Johann Georg 299
Stewart, Charles 401
Stoopendaal, D. 330
Stuart, James 359
Suys, Tilman-François 457
Switzer, Stephen 228–229, 369, 380, 392

Taravella, Patrice 26
Tasso 426
Taut, Bruno 476
Temple, Richard, Viscount Cobham 352
Tessin, Nicodemus 342–343
Thévenin, Charles 443
Thomas von Aquin 27
Thomson, James 359
Thuret, Gustave 460
Tiepolo, Giambattista 176
Tietz, Ferdinand 313
Tijon, Jean 335
Townesend, William 360
Tradescant, John 141
Trehet, Jean 322
Tribolo, Niccolò 54, 144
Tschumi, Bernard 482
Tuby, Jean-Baptiste 197, 201–202
Turner, Joseph Mallord William 399
Turner, Richard 457–458

Ulrich der Vielgeliebte, Graf von Württemberg 130
Unterberger, Christoph 147–148
Urban VIII., Papst 73
Utens, Giusto 50–52, 54, 60, 62–63, 144

Van Nost, John 352, 383
Vanbrugh, Sir John 335, 337, 380, 383
Vanvitelli, Luigi 180, 182–183
Varro 26
Vasari, Giorgio 70
Vasi, G. 74
Velázquez 254
Veldhuysen, Diderick van 330
Vendôme, Louis-Joseph de 110
Vernet, Joseph 265
Verrocchio, Andrea del 53
Vicary, David 143
Vici, Busiri 151
Victor Amadeus II., Herzog von Savoyen 163
Victoria, englische Königin 377
Vignola, Giacomo Barozzi da 74, 80, 85, 97
Villanueva, Juan de 242
Ville-Issey, Nicolas Jadot de 322
Visconti, Antonia 129–130
Vitruv 41, 71
Voltaire 451
Vondel, Joos van den 449
Vouet, Simon 187

Wagner, Martin 477
Walahfried Strabo 24
Wallenstein 343
Walpole, Horace, 4. Earl of Oxford 370, 374, 393, 404, 453
Walpole, Robert 370
Walther von der Vogelweide 28
Watteau, Antoine 207, 313, 360
Wegerton, William 378
Welsch, Maximilian von 278
Welser, Philippine 129
Werneck, Graf 414, 419
Wieland, Christoph Martin 426
Whatley, Thomas 392–393
Wilhelm III., englischer König 330, 334–335
Wilhelm IX., Landgraf von Hessen-Kassel 407, 409, 410, 413
Wilhelmine, Markgräfin 310
Wilwert 320
Wise, Henry 337–338, 341
Wolsey, Kardinal 334
Wren, Christopher 334
Wright, Joseph 354
Wyatt, James 262, 398
Wyatt, Lewis 378
Wyatt, Samuel 378
Wyngaerde 136

Zais, Giuseppe 176
Zeyher, G. M. 319
Zocher, Jan David 449
Zucalli, Enrico 279–280, 282
Zuccari, Francesco 176
Zug, Szymon Bogumil 453

Ortsverzeichnis

Acqua Paola siehe Rom
Alhambra siehe Granada
Alkazar siehe Sevilla
Amboise, Château d'Amboise 100, 101–102, 129
Ambras, Schloss Ambras 128, 129
Anduze, Bambouseraie de Prafrance 460
Anet, Château d'Anet 104, 108–111, 113, 116, 143
Aranjuez, Schlossgarten 236, 239–243, 245
Arkadia in Polen 441, 452, 453
Arrábida, Quinta da Bacalhôa 258
Audley End House, Essex 372

Barcelona
– Labyrinth von Horta 248–251
– Parc de la Ciutadella 459, 470–471
– Parc Güell 470, 472–473
– Parc Joan Miró 470, 474–475
Bath, Somerset 395
Bayreuth, Felsengarten Sanspareil 310–311
Branitz, Landschaftsgarten 435–439
Belvedere-Schlossgarten siehe Wien
Benrath, Schlossgarten 312
Berlin
– Schloss Charlottenburg 295
– Tiergarten 441
Blenheim Palace, Oxfordshire 152, 335, 337, 372, 373, 374
Blois, Château de Blois 102–103, 114
Boboli-Garten siehe Florenz
Bois de Boulogne siehe Paris
Bomarzo, Sacro Bosco 44, 83, 84–87, 156, 165, 398
Braunschweig-Wolfenbüttel, Wasserschloß 134
Brécy, Château de Brécy 124–127
Brüssel
– Botanischer Garten 457
– Jagdschloss Bouchefort 288

Canon, Château de Canon 440, 444–445
Casa de Mateus, Vila Real 272
Casino Pius' IV. siehe Rom
Cassan 390–391
Castel Howard, North Yorkshire 380–381, 383–384
Castello Ruspoli, Vignanello 93, 156–159
Chantilly, Château de Chantilly 210–211, 440
Château de Vaux-le-Vicomte, Maincy 184–190, 210, 212–214, 228, 302
Chatsworth Garden, Derbyshire 336–339, 341, 347, 349, 459
Chenonceaux, Château de Chenonceaux 112–116
Clagny 212–213
Coimbra, botanischer Garten 270–272
Collis Hortulorum siehe Rom
Conolly-Tower, Castel Town 443
Cortile de Belvedere siehe Rom
Courances, Château de Courances 446–447
Croome Court, Worcestershire 370
Crucero siehe Sevilla

Delden 448
Disney World 480
Downtown Castle 457
Dresden
– Gartenausstellung 482
– Großer Garten 297, 299
– Japanisches Palais 296
– Schloss Pillnitz 298, 299
– Zwinger 296

Drottningholm, Schloss 343–344, 451
Duncombe Park, North Yorkshire 382–384

El Buen Retiro siehe Madrid
Enghien 347
Englischer Garten siehe München
Ermenonville 369, 440–441, 448
Eyrignac, Manoir d'Eyrignac 2, 218–223, 348

Ferrara, Schlossgarten 63
Florenz
– Boboli-Garten 44, 117, 144–145, 236, 239
– Villa Cafaggiolo 51–53
– Villa Gambereia 42, 94–95
– Villa La Pietra 159–160
– Villa Medici in Careggi 52–54, 67
– Villa Medici in Castello 54–59, 67
– Villa Medici La Petraia in Castello 43, 60–61
– Villa Palmieri 50
Fondation Maeght, St-Paul-de-Vence 464–465
Fontainebleau , Château de Fontainebleau 43, 44, 77, 104–108, 114, 117, 129, 187
Fontenay, Zisterzienserkloster 23
Fonthill Abbey, Wiltshire 262, 398–399
Fountains Abbey, North Yorkshire 384, 386–387
Frankfurt, Garten des Johann Schwind 46
Frascati 151–156, 303
Fredensborg, Schloss 342
Fünen, Glorup 450
Futuroscope, Poitiers 482–483

Gaibach, Schlossgarten 276–277
Gaillon, Château de Gaillon 102, 103–104
Generalife siehe Granada
Giverny, Monets Garten 466–469
Glorup auf Fünen 451
Granada 134
– Alhambra 32–36, 39, 232
– Generalife 32, 34, 36–39
Greenwich Palace 132, 142
Großsedlitz, Gartenanlage 299–302

Haga 451
Hagley Hall, Worcestershire 358–359
Hamburg, Stadtgarten 476–477
Hampton Court Palace siehe London
Hannover
– Herrenhausen 330
– Großer Garten 230, 290–295, 330
Hardwick Hall 337
Hatfield House, Hertfordshire 132, 140–143
Heale Garden, Wiltshire 389, 393, 484
Hechingen, Stadt- und Lustgarten 128–129
Heemstede 330–331
Hestercombe Garden, Somerset 478–479
Het Loo, Schlossgarten 278, 282, 291, 330–333, 346, 389
Herrenhausen siehe Hannover
Heveningham, Suffolk 374
Hidcote Manor, Gloucestershire 478
Hofgarten siehe München
Hohenheim, Schlosspark 434–435
Holkham Hall, Norfolk 352–353
Honselaarsdijk 291, 331
Horti Luculliani siehe Rom
Hortus Palatinus, Heidelberg 129, 132–135, 142, 276, 343

Hyde Park siehe London
Isola Bella, Lago Maggiore 172–173
Isola Madre 172

Jardin de la Fontaine, Nîmes 224–227
Jardin d'hiver siehe Paris
Jardin du Luxembourg siehe Paris
Kamp Lintfort, Terrassengarten 308
Karlsruhe, Bundesgartenschau 482
Kassel-Wilhelmshöhe
– Karlsberg 303–304, 409
– Landschaftsgarten 408–413
Kensington Garden siehe London
Kerameikos-Friedhof, Athen 25
Kew Gardens siehe London
Knutsford 378
Kopenhagen
– Tivoli 480
– Schloss Frederiksborg 342, 344, 450
Konstantinopel, Kaiserpalast 34

La Bagatelle siehe Paris
La Granja de San Ildefonso 182, 239, 244–248
Laeken, Königliche Gärten 456
Leasowes, Shropshire 368–369, 440
Levens Hall, Cumbria 138
Liselund auf Møn 450
Lloret de Mar, Garten von Santa Clotilde 470–471
London
– Hampton Court Palace 136, 334–335, 337, 347, 352, 372
– Hyde Park 352
– Kensington Garden 352, 448
– Kew Gardens 207, 388–389, 415, 457–458
– Regents Park 459
– St. James' Park 143, 352
Louvre siehe Paris
Luca 160, 163–164
Lumiar, Quinta dos Azulejos 268–269
Lustheim 279, 282

Madînat al-Zahrâ' 34
Madrid
– El Buen Retiro 236–238, 239
– Palacio Real 234–236, 239
– Sabatini-Gärten 236
– San Lorenzo de El Escorial 233–235
Mantua
– Palazzo Ducale 92
– Palazzo del Tè 92
Marly 191, 202, 208, 212–215, 261, 288, 299, 426
Melbourne Hall, Derbyshire 340–341
Melford Hall, Suffolk 136
Monceau 442
Monets Garten siehe Giverny
München
– Englischer Garten 389, 414–419
– Hofgarten 414–415
– Schloss Nymphenburg 282–285, 287–288, 326, 330
Muskau, Landschaftsgarten 435–436

Nieuwburg 291
Nonsuch Palace 136

Orti Farnesiani siehe Rom

Packwood House, Warwickshire 138–139
Palácio do Marquês de Pombal, Oeiras 262–267
Palácio dos Marqueses de Fronteira, Benfica 252–258
Palácio Nacional, Queluz 258–262
Palacio Real siehe Madrid
Palais de la Berbie, Albi 224
Palais Liechtenstein siehe Wien
Palais Schönborn siehe Wien
Palazzo Ducale siehe Mantua
Palazzo del Tè siehe Mantua
Palazzo Farnese siehe Rom
Palazzo Reale, Caserta 180, 182–183, 245, 247
Parc de la Ciutadella siehe Barcelona
Parc de la Villette siehe Paris
Parc de Saint-Cloud siehe Paris
Parc Güell siehe Barcelona
Parc Joan Miró siehe Barcelona
Paris
– Bois de Boulogne 442–443
– Jardin d'hiver 459
– Jardin du Luxembourg 114, 117, 187
– La Bagatelle 442–443
– Louvre 180
– Parc de la Villette 482–483
– Parc de Saint-Cloud 216–217
– Tuilerien 114, 143, 186–187, 332
Pawlowsk, Landschaftsgarten 452–455
Pfaueninsel, Berlin-Wannsee 432–433
Pierrepont House, Nottingham 137–138
Pilatushaus siehe Sevilla
Pomeranzengarten, Leonberg 70, 128, 130–132, 134–135, 276
Pompeji 17, 30, 36
– Villa des Loreius Tiburtinus 17
Potsdam
– Landschaftsgarten Klein-Glienicke 6, 428–431
– Neuer Garten 420–421, 429
– Park von Sanssouci 172, 308–309, 389, 421–427
Prater siehe Wien
Prieuré Notre-Dame-d'Orsan, Maisonnais 25–27
Pulkova 451

Quinta da Bacalhôa 258
Quinta da Piedade 270
Quinta de Sáo Sebastião 270
Quinta dos Azulejos 268–269

Rambouillet 443
Regents Park siehe London
Richmond 142, 372
Rom
– Acqua Paola 147–148
– Casino Pius' IV. im Vatikanischen Garten 72–73
– Collis Hortulorum 17
– Cortile de Belvedere im Vatikan 70–71, 77–80, 131
– Horti Luculliani 17
– Orti Farnesiani 74–75
– Palazzo Farnese 70, 303
– Villa Borghese 17, 146–150
– Villa Doria Pamphili 150–151, 358
– Villa Farnesina 73, 171
– Villa Ludovisi 149
– Villa Madama auf dem Monte Mario 70–71, 74
– Villa Medici 66–70, 147
– Villa Montalto 146, 152
Rousham Park, Oxfordshire 352, 360–363, 369
Rust, Europapark 480

Sabatini-Gärten siehe Madrid
Sacro Bosco siehe Bomarzo
Saint-Germain-en-Lain, Schloss Saint-Germain-en-Lain 114, 116–117
Salzdahlum, Schloss 295
San Lorenzo de El Escorial siehe Madrid
Sanspareil, Felsengarten siehe Bayreuth
Sanssouci, Park siehe Potsdam
Santa Chiara, Chiostro delle Maioliche 269
Santes Creus, Zisterzienserabtei 24
Schleißheim, Schlossgarten 276, 279–282, 287, 326, 330
Schloss Augustusburg, Brühl 231, 286–288
Schloss Charlottenburg siehe Berlin
Schloss Clemenswerth, Sögel 288–289
Schloss Frederiksborg siehe Kopenhagen
Schloss Heiligenberg, Neufra 128, 135
Schloss Neugebäude siehe Wien
Schloss Nymphenburg siehe München
Schloss Pillnitz siehe Dresden
Schloss Weißenstein, Pommersfelden 276, 278
Schlossgarten Mirabell, Salzburg 328–329
Schönbrunn, Schlossgarten siehe Wien
Schwetzingen, Schlossgarten 318–321, 389, 414
Sevilla
– Alkazar 34, 39, 232–233
– Crucero 34, 36
– Pilatushaus 241
Sheffield Park, East Sussex 374–377, 396
Sintra
– Quinta da Piedade 270
– Quinta de Sáo Sebastião 270
Somerset House 132, 142
St. Gallen, Klosteranlage 22, 24–25, 27
St. James' Park siehe London
St. Petersburg, Peterhof 344–345
Stockholm, Haga 451
Stoneleigh, Warwickshire 136
Stourhead, Wiltshire 364, 365–368, 393, 442
Stowe, Buckinghamshire 207, 208, 352–358, 365, 370, 383, 393, 452
Strà, Villa Pisani 176–179
Strawberry Hill, London-Twickenham 370, 404
Studley Royal, North Yorkshire 384–387
Stuttgart
– Bundesgartenschau auf dem Killesberg 482
– Gärten 31, 129–131, 135, 276, 389, 457

Tatton Park, Cheshire 378–379
Tivoli
– Villa d'Este 70, 76–79, 80, 97
– Villa Hadriana 18–19, 21–22
Tivoli (Kopenhagen) siehe Kopenhagen
Trianon 202
Tsarskoye Selo, Puschkin-Park 451–452
Tuilerien siehe Paris
Twickel 448–449

Ulm 276

Vadstena 343
Vaux-le-Vicomte siehe Château de Vaux-le-Vicomte
Veitshöchheim, Rokokogarten 313–317
Venedig siehe Strà
Versailles, Château de Versailles 108, 117, 143, 180, 186–187, 190–209, 210, 212, 214, 228, 229, 245, 247, 287, 327, 330, 332, 335, 338, 344–345, 348, 354, 365, 369, 374, 401, 440

Villa Aldobrandini, Frascati 154–157
Villa Bettoni, Gargnagno 180–181
Villa Borghese siehe Rom
Villa Cafaggiolo siehe Florenz
Villa Chigi, Cetinale 170–171
Villa dell' Ambrogiana 50
Villa d'Este siehe Tivoli
Villa de Noailles, Hyères 464
Villa Demidoff, Pratolino 62–65, 67, 131, 133
Villa des Loreius Tiburtinus siehe Pmpeji
Villa Doria Pamphili siehe Rom
Villa Ephrussi de Rothschild, Cap Ferrat 460, 462–463
Villa Falconieri, Frascati 151–152
Villa Farnese, Caprarola 41, 80, 96–99, 156
Villa Farnesina siehe Rom
Villa Gambereia, Florenz siehe Florenz
Villa Gambereia, Settignano 94–95
Villa Giusti, Verona 47, 88–89
Villa Garzoni, Collodi 164–169
Villa Grazioli, Frascati 153
Villa Hadriana siehe Tivoli
Villa La Ferdinanda 50
Villa La Pietra, siehe Florenz
Villa Lante, Bagnaia 44–45, 80–83, 155–156, 479
Villa Ludovisi siehe Rom
Villa Madama auf dem Monte Mario siehe Rom
Villa Mansi, Segromigno 163–164
Villa Medici, Careggi siehe Florenz
Villa Medici, Castello siehe Florenz
Villa Medici, Fiesole 53–54, 67, 95
Villa Medici La Petraia, Castello siehe Florenz
Villa Medici, Rom siehe Rom
Villa Mondragone, Frascati 152–153
Villa Montalto siehe Rom
Villa Palmieri siehe Florenz
Villa Torrigiani, Camigliano 160–163, 186
Villa Trissino Marzotto, Trissino 174–175
Villa Thuret, Cap d'Antibes 460–461
Villandry, Château de Villandry 100, 118–123
Vondelpark, Amsterdam 449

Warwick Castle, Warwickshire 370–371
Waterland 448
Weikersheim, Schlossgarten 304–307
Weil am Rhein, Landesgartenschau 482
Weimar 449
– Park an der Ilm 406
Welbeck Abbey 337
Whitehall 136
Wien
– Belvedere-Schlossgarten 326–327
– Palais Liechtenstein 323–325
– Palais Schönborn 278
– Prater 480–481
– Schloss Neugebäude 134–135
– Schlossgarten Schönbrunn 135, 322–323, 458
Wilderness House 372
Wilhelmshöhe siehe Kassel-Wilhelmshöhe
Wilhelmsbad, Landschaftspark 407, 409–410
Wilton House, Wiltshire 143, 451
Wilton Garden 392
Wimbledon 143
Wivenhoe Park, Essex 349–351
Wörlitz, Landschaftsgarten 389, 400–406, 441
Worpswede 476–477

Zwinger siehe Dresden

Bildnachweis

Der Verlag und der Herausgeber danken den Museen, Archiven und Fotografen für die Bereitstellung der Bildvorlagen und die erteilte Reproduktionsgenehmigung. Neben den bereits in den Bildlegenden genannten Museen und Institutionen seien hier im Einzelnen genannt:

AKG, Berlin: 156, 350/51

Andreae, Bernard, Rom: 16

Artothek, Foto: Joachim Blauel: 9

Artothek, Foto: Blauel/Gnamm: 21

Ashmolean Museum, Oxford: 136

artur, Köln, Foto: Klaus Frahm: 420, 427 o., 427 u.

Bassler, Markus, Dosquers (Girona): 2, 10, 236 u., 237 o., 237 u., 238 o., 238 u.l., 238 u.r., 239, 241 o.r., 241 u., 242 o., 242 u., 246 o.l., 246 o.r., 246 u.l., 246 u.r., 248, 249 o., 249 u., 250, 251, 252 o., 252 u., 253 o., 253 u.l., 253 u.r., 254 o., 254 u., 255, 256, 257, 258, 259 o., 259 u., 260 u.l., 260 u.r., 261 o., 261 u., 262, 263, 264, 265 o., 265 u., 266/67, 268, 269, 270, 271, 272, 273, 274 o., 274 u., 275, 459 o., 470 o., 470 u., 471, 474, 475

Bastin, Christine, und Evrard, Jacques, Brüssel: 12 o., 15, 23 o., 23 u., 32 o., 39, 152 u., 182 u., 182/83, 232, 233, 335 o., 456, 460 o., 472 o., 472 u.l., 472 u.r., 473 o., 473 u., 482, 483 u.

Bednorz, Achim, Köln: 25 o., 25 u., 26 o., 26 u., 27 o.l., 27 o.r., 27 u., 32 u., 33, 34 o., 34 u., 35, 36/37, 38 o., 100, 101 o., 102 r., 103 o., 104/05, 106/07, 108 o., 108 u., 109, 110, 111, 112/13, 114, 115, 116 o., 117 o., 118, 119, 120/21, 122, 123, 126 u., 132 o., 151 o., 184/85, 186 o., 190 o., 190 u., 194, 197 o., 203 o., 203 u., 205, 206, 211 o., 211 u., 213, 214, 215, 218, 219, 220/21, 222 0., 222 u., 223, 224, 225 o., 225 u., 227, 228, 229 o., 348, 390/91, 407 u., 440 o., 440 u., 443 o., 443 u., 444, 445 o., 445 u., 446/47, 460 u., 461, 466 u., 468/69

Bildarchiv Preußischer Kulturbesitz: 421

BPK, Foto: Jörg P. Anders: 129

Bollen, Markus, Bergisch Gladbach: 11 u., 18 o., 18 u., 19 o., 19 u., 42, 43 u., 44, 45 u.r., 47, 51 u., 55, 62 u., 63 u., 64, 65 o., 65 u., 66, 67 u., 68/69, 70, 74 o., 75, 77 o., 78 o., 78 u., 79 u., 80 o.l., 80 o.r., 80 u., 88 o., 88 u., 89, 92, 93, 94 o., 94 u.l., 94 u.r., 95 o., 95 u., 96 o., 96 u., 97 o., 97 u., 98 o., 98 u., 144 u., 145 l., 145 r.o., 145 r.u., 147, 148 u.l., 149, 154 u., 155 o., 155 u., 157, 158 o., 158 u., 161 o., 161 u.l., 161 u.r., 162 o., 162 u., 165 u.r., 170, 171, 180, 181 o.l., 180 o.r., 180 u.l., 180 u.r.

The Bridgeman Art Library, London: 29, 137, 399

By permission of the British Library, London: 152/53, 392 u.

Claßen, Martin, Köln: 41, 76, 79 o., 82/83, 84 o., 84 u., 85 o., 85 u., 86/87, 99, 165 u.l., 168, 169 o., 169 u.

© Crown Copyright: 11 o.

Dagli Orti, G., Paris: 216/17

English Heritage Photo Library: 372 l.

Das Fotoarchiv, Foto: Jörg P. Meyer: 342 o.

Helga Lade Fotoagentur: 342 u. (BAV), 344 (E. Bergmann), 345 o. (Eicke), 450 u. (Egon Martzik), 476 (Connor), 477 o. (Connor), 477 u. (Keres), 483 o. (Dieter Rebmann)

Hinous, Pascal, Paris: 124, 125 o., 125 u., 126 o., 127

Tandem Verlag GmbH, Königswinter/Foto: Achim Bednorz: 24, 148 u.r., 150, 188/89, 192 o., 193, 196, 197 u., 198 o.l., 198 o.M., 198 o.r., 198 u., 199, 200, 201 o., 201 u., 202 o., 204, 207 u., 209 o., 209 u., 234, 235 u., 240, 243, 244, 245, 247, 260 o., 296, 298 o., 299 o., 299 u., 303, 308, 413, 442 o., 462/63, 463 r., 464 o., 464 u., 465 o., 465 u.; Foto: Gerald Zugmann: 481

Magnus Edizioni, Fagagna: 48/49, 52 o., 54, 56/57, 58, 59, 60/61, 73, 159, 160, 163, 166, 167,174, 175,176, 177, 178/79

Monheim, Florian, Meerbusch
Bildarchiv Monheim.de: 6/7, 128 o., 130 u., 131, 134 o., 139, 140, 142, 143, 230 o.l., 231, 276 o., 279, 280, 281, 283 o., 283 u., 284, 285, 286, 287 o., 287 u., 288, 289, 290, 291 o., 292/93, 294, 295, 297, 298 o., 299 o., 299 u., 300/01, 302, 304, 305 o., 305 u.l., 305 u.r., 306, 307 o., 307 u., 309, 310, 311 o., 311 u.l., 311 u.r., 312, 313 o., 314, 315, 316, 317, 318 o., 318 u., 319 u., 320, 321, 323 o., 323 u., 326 o., 327, 328, 330 o., 331, 332, 333, 334, 335 u., 336 o., 336 u., 337, 338 o., 339, 340, 341, 346, 349, 353 o., 354, 355, 356/57, 358 o., 360 u., 361, 363, 366/67, 368 o., 369 o., 369 u., 370 o., 370 u., 371, 372/73, 376, 377, 378, 379 o., 379 u., 380, 381, 382, 384, 386, 387, 393, 395, 396, 400 o., 400 u., 401 o., 402/03, 404, 405, 406, 408, 410, 411 o., 411 u.l., 411 u.r., 412, 414 u., 415, 416, 417, 418, 419 l., 419 r.o., 419 r.u., 422 o., 422 u., 423, 424, 425, 426 o., 426 u., 428, 429, 430 o., 430 u., 431, 432, 433, 435 o., 436 o., 436 u., 437 o., 437 u., 438/39, 448, 449 o., 449 u., 457 o., 457 u., 478 o., 478 u., 479 o., 479 u., 484

Monheim, Florian; von Götz, Roman
Bildarchiv Monheim.de: 358 u., 359, 388, 458 o.

© The National Trust: 138, 139, 140, 142, 143, 364 u., 365, 366/67, 375, 376, 377, 395, 396, 478 o., 478 u., 479 o., 479 u.

Opitz, Barbara
Bildarchiv Monheim.de: 138, 329 o., 347 o., 352 o., 362 o., 362 u., 364 u., 365, 375, 383, 385, 389 u., 458 u.

Puschner, Christoph/laif: 345 u.

R. M. N., Paris: 153 u., 191 (Foto: Gerárd Blot), 202, 207 o. (Foto: Arnaudet), 212 u., 228 u., 442 u.

© Photo Scala, Florence: 13, 14, 50 o., 62 o., 72, 144 o., 156, 172 u., 173

Schmid, Gregor M., München: 452 o., 452 u., 453 o., 453 u., 454/55 o., 454 u., 455 u.l., 455 u.r.

Stockholm, Royal Academie of Fine Arts: 451

Tony Stone Images/Getty Images, Foto: Tony Craddock: 480 o.

Zanetti, Fulvio/laif: 343, 450 o., 480 u.

Zürich, Foto: © 2000 by Kunsthaus Zürich, alle Rechte vorbehalten: 467 o.